»Die Ausübung der Kunst ist die Luft, in der ich atme«, sagte Clara Schumann (1819-1896), deren Todestag sich am 20. Mai 1996 zum hundertsten Mal jährte. Das war zu Beginn ihrer Karriere. Nach acht Geburten in 16 Ehejahren schrieb sie: »Meine letzten Jahre gehen dahin, meine Kräfte auch.« Keine der in diesem Band vorgestellten Musikerinnenkarrieren verlief wie im Bilderbuch; was kometenhaft begann, wurde später oft be- und verhindert – durch die Familie, Ehe, Kinder, Hausfrauenpflichten, Krankheiten, Geldnot. Und durch das herkömmliche Frauenbild: »Das Hineinpfuschen von Frauen in alle möglichen Gebiete« befürchtete 1881 Ernst Rudorff in seiner Funktion als Direktor der Berliner Musikhochschule. Moura Lympany (geb. 1916) z.B. schrieb: »Das Publikum und die Kritiker mögen junge Pianistinnen, die rein und jungfräulich wirken. Ich trug keinen Schmuck, weil das Funkeln baumelnder Ohrringe von dem Ernst des Vortrags ablenken könnte ... Ich bin Konzertpianistin und kein Showgirl.«

Tagebucheintragungen, Briefe, Autobiographien berichten von acht großen Musikerinnenkarrieren: Clara Schumann, Amy Fay, Mathilde Verne, Adelina de Lara, Clara Haskil, Lili Kraus, Rosalyn Tureck und Moura Lympany.

Monica Steegmann, geboren 1942, promovierte Musikwissenschaftlerin. Noch vor dem Studienabschluß Programmleiterin eines Klassiksenders in Mexico City. Danach verantwortliche Redakteurin der Zeitschrift »Musik und Medizin«. Von 1978 bis 1991 leitete sie Redaktion und Produktion der Kammermusik beim Süddeutschen Rundfunk. Diverse Buchveröffentlichungen; 1997 erschien ihre Briefedition *»... daß mir Gott ein Talent geschenkt«, Clara Schumanns Briefe an Hermann Härtel.*

Eva Rieger, geboren 1940, Professorin für Sozialgeschichte der Musik an der Universität Bremen. Buchpublikationen zum Thema »Frau und Musik«, darunter *Nannerl Mozart. Leben einer Künstlerin im 18. Jahrhundert* (1992) und *Alfred Hitchcock und die Musik. Eine Untersuchung zum Verhältnis von Film, Musik und Geschlecht* (1996).

insel taschenbuch 1714

Frauen mit Flügel

Frauen mit Flügel

Lebensberichte
berühmter Pianistinnen
Von Clara Schumann
bis Clara Haskil

Herausgegeben von
Monica Steegmann
und Eva Rieger

Insel Verlag

insel taschenbuch 1714
Erste Auflage 1996

Vertrieb durch den Suhrkamp Taschenbuch Verlag
Umschlag nach Entwürfen von Willy Fleckhaus
Satz: Fotosatz Otto Gutfreund, Darmstadt
Druck: Druckhaus Nomos, Sinzheim
Printed in Germany
ISBN 978-3-458-33414-9

6 7 8 9 10 11 – 13 12 11 10 09 08

INHALT

Die Überhandnahme der Frauen in der Musikkunst, sowohl im instrumentalen Ausüben wie auch in der Komposition (ich nehme den Gesang aus, das Feld, auf welchem sie seit jeher Bedeutendes geleistet haben), datiert seit der zweiten Hälfte unseres Jahrhunderts – ich halte diese Überhandnahme auch mit für ein Zeichen des Verfalles unserer Kunst. – Es fehlen den Frauen zwei Haupteigenschaften sowohl für ausübende Kunst als auch fürs Schaffen – Subjektivität und Initiative. – Sie können im Ausüben sich nicht über Objektivität (Nachahmung) erheben, zur Subjektivität fehlt ihnen der Mut und die Überzeugung. – Zum musikalischen Schaffen fehlt ihnen die Vertiefung, die Konzentration, die Denkkraft, die Weite der Gefühlshorizonte, die Freiheit des Striches usw. Rätselhaft ist es, daß gerade die Musik – das Edelste, Schönste, Feinste, Seelischste, Herzlichste, was des Menschen Geist geschaffen, der Frau, die ja doch aus allen diesen Eigenschaften zusammengesetzt ist, so unerreichbar ist!

(Der Pianist Anton Rubinstein, 1890)

VORWORT

Kaum ein Instrument verfügt über eine so starke, so wandlungsfähige Symbolkraft und hat so viele Wahrnehmungskonflikte, so viele Vorurteile ausgelöst wie das Klavier. Die Ausstrahlung von Selbständigkeit, Selbstgenügsamkeit und Unabhängigkeit dieses Kleinorchesters ist gewaltig: Bei Klavierkonzerten fällt es selbst manchem Dirigenten schwer, sich hinter dem raumergreifenden Flügel verbergen zu müssen. Und daß die professionelle Pianistin mit der von der Gesellschaft ihr zugedachten Rolle bereits die Konventionen verletzt, wenn sie auf dem Klavierstuhl Platz nimmt, hat genau damit zu tun. Dabei gab es durchaus eine Zeit, wo das Klavier in den Häusern des ehrgeizigen Großbürgertums zu einem Saloninstrument wurde, auf dem herzergreifende, schmachtende Salonstücke unter den Fingern der »Höheren Töchter« zu erklingen hatten. Doch dann, um die Jahrhundertwende, kam dieser Flügel nicht mehr auf zarten, zerbrechlichen Füßen einher, sondern wuchs sich aus zu einem robusten, widerstandsfähigen Instrument: kraft- und klangstrotzend, groß und glänzend, brillantes und brillierendes Spiel herausfordernd. Imperial nannte Bösendorfer seinen Konzertflügel denn auch, die Wandlung vom »weiblichen« zum »männlichen« Instrument hatte sich vollzogen.

Die Dokumente dieses Buches, die Lebensbeschreibungen, Briefe und Musikschriften, umfassen von Clara Schumann (1819-1896) bis Moura Lympany (geb. 1916) genau jene Zeit, in der das Klavier diesen Wandel erfahren hat und zum Solo- wie Konzertinstrument par excellence wurde. Und die Pianistinnen mußten sich, bewußt oder unbewußt, mit jenen Vorurteilen und Wahrnehmungsstörungen auseinandersetzen. Aus dem Großbürgertum des 19. Jahrhunderts entstammte keine von ihnen, sie hätten sonst, wie Fanny Hensel-Mendelssohn, die Schwester von Felix Mendelssohn Bartholdy, dem Kanon dieser Gesellschaftsschicht gehorchend, niemals öffentlich auftreten dürfen. Eine Clara Schumann hingegen, aus kleinbürgerlichen Verhältnissen und schon als Kind von ihrem Vater, dem Klavierpädagogen Friedrich Wieck, zur Pianistenkarriere erzogen, kann als Fünfzigjährige mit Bestimmtheit sagen: »Ich fühle mich berufen zur Reproduktion schöner Werke.« Später, zu Beginn dieses Jahrhunderts, war es dann der kraftvolle Zugriff, den man mit diesem Instrument verband und den man Pianistinnen weder zutraute noch zusprechen wollte. So konnte Goethe nur staunen, als er die zwölfjährige Clara Wieck hörte: »Das Mädchen hat mehr Kraft als sechs Knaben zusammen«. Aus heutiger Sicht freilich verblüfft die Selbstverständlichkeit, mit der diese Pianistinnen sogenannte »Männerkonzerte« gespielt haben – in Deutschland in den letzten 40 Jahren nahezu undenkbar. Nicht nur Clara Schumann hat beispielsweise das Brahms-d-Moll-Konzert gespielt, und Myra Hess, die Schwestern Verne sogar beide, auch Clara Haskil, das vermeintliche Sinnbild des Zart-Weiblichen schlechthin, trat in jungen Jahren mit dem zweiten öffentlich auf, ebenso wie vor ihr Fanny Davies. Rosalyn Tureck debütierte als Zwanzigjährige mit dem B-Dur-Konzert von Brahms zusammen mit dem Philadelphia Orchestra unter der Leitung von Eugen Ormandy, und auch Moura Lympany trat damit auf, was freilich die Kritiker zur Äußerung veranlaßte, »sie spielten wie Männer«, mit Kraft also und nicht, allen Vorurteilen zum Trotz, schwächlich oder weichlich-weiblich. Auch das b-Moll-Konzert von Tschaikowsky oder Rachmaninoffs drittes Klavier-, das sogenannte »Elephanten-Konzert« gehörte zum Repertoire dieser Pianistinnen. Ähnlich war es mit Beethovens »Männersonaten«: Adela Verne spielte Paderewski die »Appassionata« schon mit fünfzehn Jahren vor und für Laura Rappoldi-Kahrer war die »Hammerklavier-Sonate« op. 106, die Clara Schumann ebenfalls spielte, eines ihrer Paradestücke, vielleicht hat deshalb der Komponist Robert Volkmann ihre »männliche Auffassung« gelobt. Die Verbindung von kraftvollem Klavierspiel und Männlichkeit war so selbstverständlich, daß die Pianistin Adelina de Lara sie sogar verinnerlicht hat: »Ich kann mich kaum wiedererkennen«, kommentiert sie ihr Klavierspiel beim Anhören einer BBC-Aufnahme, die sie, nota bene, als fast Achtzigjährige eingespielt hat, »das Spiel klingt mir, als würde ein Mann spielen, denn ich habe einen kraftvollen Zugriff und weiß, daß ich mit viel Energie spiele«. Damit hat Adelina de Lara, wie viele ihrer Kolleginnen, einfach männliche Vorurteile übernommen, denn in diesen Dokumenten sprechen nur Amy Fay und Rosalyn Tureck die Situation der Frau im Musikleben an, beide, wohl kein Zufall, amerikanischer Herkunft und daher mit einem untrüglichen Sinn für Realität ausgestattet. Letztere wehrte sich dagegen, weil sie nicht damit einverstanden war, daß »bedeutende Qualitäten nur Männern zugeschrieben wurden, aber ich mußte damit leben«. Und aus Amy Fay, der selbstbewußten Studentin, wurde später, nachdem sie 1875 wieder nach Amerika zurückgekehrt war, eine Künstlerin und Pädagogin, die sehr wohl um die Benachteiligung der Frau wußte. Ihrem Buch »More Letters« kann man entnehmen, daß sie sich von Schülern diskriminiert fühlte; für Männer wollte sie nicht arbeiten, weil es eine undankbare Aufgabe sei, nicht zuletzt wegen der schlechten Bezahlung, und anläßlich eines Konzerts von Frieda Kwast-Hodapp, die zusammen mit ihrem Mann auftrat, bemerkt sie: »Die Männer sind so beschäftigt, sich in Szene zu setzen, daß sie den Frauen den Zugang verwehren werden. Es ist immer so. Glücklicherweise benötigen sie weibliche Sänger.« Und auch das Musikleben sieht sie illusionslos und stellt nüchtern fest, daß die Kritiker schlechte Rezensionen schreiben, um für gute bezahlt zu werden. »Ich bin mehr und mehr davon überzeugt, daß alles Geschäft ist, in der Musik wie in anderen Dingen.« Sie selbst hat als Kritikerin versucht, das Bewußtsein für die musikalischen Talente der Frauen als Interpretinnen und Komponistinnen zu wecken. Von 1903-1912 war sie Präsidentin der »Woman's Philharmonic Society in New York«.

Überhaupt ist erstaunlich, wie stark, ungewöhnlich belastbar und couragiert diese Pianistinnen waren und sein mußten: Clara Schumann, die in sechzehn Ehejahren acht Geburten und dazu noch zwei Fehlgeburten zu verkraften hatte, in den ersten zehn Jahren kein Zimmer besaß, wo sie ungestört üben konnte, und meist nur gegen den Willen von Robert öffentlich auftreten durfte, fand nach seinem Tod ungebrochen zurück zu einem ungewöhnlich regen Musikerleben; Adelina de Lara, die als Sechsjährige bereits für wenig Geld täglich über fünf Stunden während sieben Jahren in einem Wachsfigurenkabinett und später auch in ganz England spielen mußte und als Zehnjährige innerhalb von zwei Wochen Vater, Mutter und eine Schwester verlor, gab ihr Abschiedskonzert erst mit 82 Jahren; die Schwestern Mathilde und Adela Verne führte ihr Unternehmungsgeist und ihre Abenteuerlust auch ohne männlichen Begleitschutz in fernste Kontinente; Clara Haskil, wiederholt von schweren Krankheiten heimgesucht, verkannt und immer wieder in ihrer pianistischen Laufbahn zurückgeworfen, gab nie auf, bis ihr schließlich, mit 50 Jahren erst, der Durchbruch gelang; Lili Kraus schaffte es, selbst während ihrer dreijährigen japanischen Gefangenschaft durch die reine Kraft der Vorstellung Musikstücke »abzurufen« und zu spielen; und Moura Lympany erarbeitete sich nach seelischem und physischem Zusammenbruch nochmals von Grund auf ihr Klavierspiel und nahm deshalb wieder Unterricht bei der berühmten ungarischen Klavierpädagogin Ilona Kabos.

Und erfinderisch waren sie, die Pianistinnen aus dem angelsächsischen Raum. Amy Fay rief um 1890 in Chicago eine neue Konzertform ins Leben, die »Piano Conversations«, die Klavier-Gespräche. Es waren »exquisite musikalische Bilder, auf eloquente Weise erläutert«. Auch damals berühmte Solisten wie Fanny Bloomfield-Zeisler oder Eduard Reményi waren Gäste in dieser Konzertreihe, in der Amy Fay vermitteln und mit dem Publikum auf verschiedenen Ebenen kommunizieren wollte. Im Mai 1907 fand erstmals in London eine der »Thursday Twelve O'Clocks« statt, eine Schöpfung von Mathilde Verne, in der interessante Programme, vor allem mit Kammermusik, auf höchstem Niveau aufgeführt wurden. Diese Konzerte waren außerordentlich beliebt, und viele bekannte Schauspieler waren unter den begeisterten Zuhörern. Gut dreißig Jahre später, 1939 bei Kriegsausbruch, rief Myra Hess die »National Gallery Concerts« ins Leben, um das leergeräumte Museum zu beleben und den Menschen in dieser Zeit geistig-musikalische Anregungen und Trost zu geben. Sie selbst hatte eine umfangreiche Amerika-Tournee abgesagt, um ihren Landsleuten mit ihrer Musik zu helfen. Auch hier stand Kammermusik im Mittelpunkt der Ein-Stunden-Programme. Die Konzerte, die weit über London hinaus bekannt wurden, fanden täglich in der Mittagszeit zu erschwinglichen Eintrittspreisen statt und hatten eine überwältigende Resonanz: Es kamen zwischen 250 und 1750 Zuhörer. Nach Kriegsende, 1946, wurde ihr vom neuen Museumsvorstand auf unschöne Weise die Veranstaltungserlaubnis entzogen. Myra Hess, die ihre eigene Karriere zurückgestellt hatte zugunsten dieser erfolgreichen Reihe, hat diese Enttäuschung nie verwunden. 1700 Konzerte hatte sie bis dahin durchgeführt, auf 824 152 belief sich die

Besucherzahl. Noch im Januar 1946 war sie zusammen mit Adelina de Lara aufgetreten.

Bei soviel künstlerischen Aktivitäten haben die meisten Pianistinnen auf eine Heirat, die sie zusätzlich belastet hätte, verzichtet. Selbst Clara Schumann stand der Sinn nach ihren Erfahrungen mit Robert, wie anzunehmen ist, nicht mehr nach Heirat. Rosalyn Tureck hatte einen Wissenschaftler geheiratet, der ihrer Hingabe an die Musik viel Verständnis entgegenbrachte, und Moura Lympanys Leben zeigt deutlich, wie sehr der Ehepartner die pianistische Laufbahn der Frau beeinflußt: Ihr erster Mann kümmerte sich um ihre Belange, was ihrer Karriere zugute kam, ihr zweiter hingegen, selbst ein erfolgreicher Geschäftsmann in der Fernsehbranche, hat dem Beruf seiner Frau wohl weniger Bedeutung beigemessen, was weder ihrem Klavierspiel noch ihren Engagements förderlich war. Dabei zählte sie zu den ausgesprochen gutaussehenden Pianistinnen und legte auch Wert auf ihr Äußeres, was früher, schenkt man Adelina de Lara Glauben, durchaus eine Seltenheit war. So führt Amy Fay ein erfolgloses Konzert von Laura Rappoldi-Kahrer auf ihre wenig vorteilhafte Erscheinung zurück: »Ihr Haar sah aus wie das eines Fidschi-Insulaners.« Clara Haskil, die Zeit ihres Lebens unter den taktlosen Bemerkungen der Kritiker litt, »die Art, wie ich auftrete, wie ich grüße, meine Haltung am Flügel – all dies wirkt offenbar verheerend«, nennt die attraktive französische Pianistin Monique Haas, wohl nicht ganz ohne Neid, aber auch mit der ihr eigenen Ironie: »Immer noch der Schmetterling mit dem ewigen Lächeln.« Denn gerade Clara Haskil war ein Paradebeispiel für Wahrnehmungsstörungen, die aus der unglückseligen Wechselwirkung von optischem und akustischem Eindruck entstanden: Das Aussehen, die Kleidung der Pianistinnen wurden in den Kritiken ohnehin meist vermerkt, aber daß Clara Haskil, bei all ihrer Prägnanz, Intensität und verhaltenen Aggressivität, wegen ihrer gebrechlichen Erscheinung vor allem als Lyrikerin des Klaviers aufgefaßt wurde, ist Wahrnehmungstäuschung, heißt nichts anderes, als mit den Augen hören.

Vielleicht war es auch die Haltung zur Musik, die die äußeren Signale bestimmte: Clara Schumann war »eine Coquetterie beim Klavierspiel zuwider«, mit »Coquetterie« wollte sie das Publikum nicht einnehmen, so sehr ihr Vater sie auch dazu drängte. Im Gegenteil: ihre Erscheinung war majestätisch und überaus ernsthaft ihre Musikauffassung, wie sie selbst, bis zur Humorlosigkeit. Effekte ohne alle Berücksichtigung der Komposition hat sie abgelehnt und »Feuer und Leidenschaft« durften »nie auf Kosten der Präzision gehen«. Allein, aber wie »auf einem anderen Planeten«, fühlt sich Adelina de Lara, wenn sie im Rundfunk spielte, »mit einer starken Verbindung zu denen, die nicht mehr unter uns weilen«. Hartnäckig und beharrlich ist Rosalyn Turecks Suche nach der Wahrheit, nach dem Aufspüren des »Kerns«. Intensiv setzt sie sich mit Bachs Musik auseinander, leistet als Musikwissenschaftlerin auch gründliche, schöpferische Forschungsarbeit und erreicht dann den Punkt, wo Einblick und Erkenntnis gleichsam visionär aus dem Unterbewußtsein zum Erfassen der Zusammenhänge, zum wahren Ausdruck und Charakter der Musik führen. Und überall klingt die große Liebe zur Musik durch: Mathilde Verne ist besessen von der Leidenschaft, Musik zu vermitteln, an ihre Schüler weiterzugeben, es ist ihre Lebensmission. Auch für Lili Kraus liegt hinter den Klängen »die Geschichte einer kosmischen Erfahrung«, und ihre Beziehung zum Komponisten empfindet sie so innig, daß sie, wie auch Rosalyn Tureck, ihm begegnen möchte. Und beide möchten über die Musik hinaus dem Publikum etwas mitteilen: Lili Kraus ihre eigene Freude am Spiel und Rosalyn Tureck ein anderes Lebensgefühl aufgrund ihrer eigenen

Musikerlebnisse. In ihrer aufgrund der Lebensbiographie fast selbstzerstörerischen Eigenkritik wird die ganze Liebe, die ganze Hochachtung sichtbar, die Clara Haskil der Musik entgegenbringt, und daher sind ihr auch gerade die »kleinen Dinge« die »wichtigen«, denn »nichts ist nichts in der Musik«. Und weit über allem Materiellen stehen ihr die musikalisch-geistigen Erfahrungen: »Ein gelungenes Konzert gibt mir mehr als alle Reichtümer dieser Welt.« Sicher hatten diese Pianistinnen keine Haltung zur Musik, die sich über Äußerlichkeiten mitgeteilt hätte. »Ich bin Konzertpianistin und kein Showgirl«, mit diesen Worten wies selbst die auftrittsbewußte Moura Lympany zudringliche Journalisten ab. Die Suche nach Wahrhaftigkeit, nach den Geschichten, die die Musik gewiß nicht vordergründig erzählt, wird schwerlich blenden, dafür um so eher berühren und bewegen.

Und wie der traurige Abgesang einer musikalischen Werteskala klingen denn auch die Kommentare der Pianistinnen zum jeweiligen Stilwandel, den sie noch miterlebten. Es wirkt wie eine Schritt-für-Schritt-Entwicklung hin zum unverbindlichen, mechanischen, materiellen Klavierspiel. Clara Schumann wird »das ganze mechanische Virtuosentum« immer mehr verhaßt; Laura Rappoldi-Kahrer stellt in ihren »Memoiren« fest, daß man heute nicht mehr wie Clara Schumann spiele, die sie um dreißig Jahre überlebt hat, »so einfach und natürlich«, so »ganz gegen den Effekt«. Und wenn man ihre Darstellung des Interpretationsstils dieser Zeit liest, so zeigt sie mit aller Deutlichkeit, daß das, was sich heute unter dem verschwommenen Begriff der »Romantik« subsumiert, auf einem gigantischen Mißverständnis beruht. »Die Menschen empfinden anders als früher«, schreibt Laura Rappoldi-Kahrer, »in musikalischer Hinsicht rhythmisch weniger scharf, verschwommen, verweichlicht, im Ausdruck mehr sentimental, im Dynamischen weniger herausgemeißelt, mehr verwischt, durch das Pedal getaucht.« Und das äußert sie nicht etwa zu Chopins oder Schumanns Zeiten, sondern zu Beginn des 20. Jahrhunderts. Etwa zwanzig Jahre später beklagt Mathilde Verne, die noch bei Clara Schumann studiert hat, das unpersönliche, mechanische, risikolose Spiel, das im angehenden Aufzeichnungszeitalter plötzlich gefragt ist. Und Clara Haskil ereifert sich über die technikbetonte Schnelligkeit der Spielweise, so »als ginge es darum, ein Geschwindigkeitsrennen zu gewinnen«, und fragt sich, ob das vielleicht der Einfluß aus Amerika sei. Auch Lili Kraus, oft Jurorin bei Wettbewerben, bedauert, wie sehr die Technik zum Maß aller Dinge geworden sei, und sieht es als Ergebnis der technologischen und ungeistigen Epoche, in der wir leben. Konturlos gleich klinge alles, ohne Risiko, ohne persönlichen Ausdruckswillen. Das »klassische« oder »romantische« Gefühl sei den jungen Pianisten fremd geworden, womit sie anklingen läßt, daß die Sprache dieser Musik von den jungen Musikern nicht mehr verstanden wird. Aber noch ein Aspekt kommt hinzu, den Lili Kraus nicht anspricht: Musik ist heute zu einem lukrativen Wirtschaftszweig mit bedeutenden Umsätzen geworden, und wo Konkurrenzdruck und Karriereeifer dominieren, ist der Weg über Effekte und Technik als nachvollziehbare Leistung der aussichtsreichste, der einträglichste.

Liest man die Lebensläufe dieser Pianistinnen, so erscheinen die Karrieren bruchloser und problemloser, als sie es tatsächlich waren. Der biographische Raffstil verdeckt manch' holprige Lebensphase, in der Anerkennung gering und Engagements rar waren. Nicht nur bestätigt sich, was Amy Fay schon 1911 bemerkt hat, daß die Männer den Frauen den Zutritt zum Podium verwehren werden; im Laufe der Jahre hat sich diese Haltung sogar verstärkt, und zwar in dem Maße, als immer mehr Geld, mehr Verwertungsmöglichkeiten durch Medien und die starre Rollenzuweisung, nicht zuletzt wegen der unliebsamen Konkurrenz, im Spiel waren. Alterskarrieren hat es bei Pianistinnen kaum gegeben, schon gar nicht bei solchen, die in jüngeren Jahren auch ihrer Schönheit wegen geschätzt waren – Monique Haas mußte das auf drastische Weise erfahren. Auch Clara Haskil hatte keine Alterskarriere; sie machte ihre Karriere überhaupt erst im Alter, also eine ausgesprochene Spätkarriere, weil sie erst als gebrechliche, mitleiderregende Erscheinung in das Nachkriegsklischee einer Pianistin paßte. Erst im Alter war sie so, wie sie als Pianistin sein durfte: augenscheinlich schwach und dem für Frauen erlaubten Repertoire mit Werken von Mozart, Schubert und Schumann zugewandt. Adelina de Lara und Mathilde Verne waren Sonderfälle: Die eine hat wegen ihrer pianistischen öffentlichen Kindesarbeit nie mehr ihre Scheu vor dem neugierigen Publikumsblick verloren und genoß deshalb die Ruhe eines Rundfunkstudios. Mathilde Verne empfand die pädagogische Arbeit als ihre Mission; 1400 Schüler hat sie im Laufe ihres Lebens ausgebildet.

Außerdem gab es die hochbedeutende Tradition der Clara-Schumann-Schule mit dem Mittelpunkt in England, die eben wegen der geringeren Öffentlichkeitspräsenz ihrer Schüler viel zu wenig beachtet wurde und wird. Clara Schumann hat England neunzehnmal bereist und wurde dort gefeiert wie kaum ein anderer Künstler. Mathilde Verne, Adelina de Lara und Fanny Davies zählten zu ihren Schülerinnen und haben diese Tradition in England weitergeführt, zeitweilig auch Eugenie, die Tochter von Clara Schumann. Mathilde Verne wiederum hat Moura Lympany ebenso unterrichtet wie Solomon Cutner. Und wer die Aufnahmen der Clara-Schumann-Schülerinnen gehört hat, der muß zutiefst bedauern, daß diese Art des Klavierspiels nicht noch viel deutlichere und zahlreichere Spuren hinterlassen hat.

Wie kam es nun zu dieser Textauswahl? Es wurde abgewogen zwischen der künstlerischen Bedeutung der Pianistinnen und der Lebendigkeit und Qualität dessen, was sie mitzuteilen haben. Daher rührt auch die abwechslungsreiche Mischung aus Reisebericht, Autobiographie, Gespräche, Briefe und Tagebücher ebenso wie Betrachtungen über Musik. Obwohl über Clara Schumann (1819-1896) bereits eine Reihe von Publikationen vorliegen, gibt die brennpunktartige Konzentration auf das, was sie über ihr Klavierspiel und ihre Haltung zur Musik aussagt, ein faszinierendes Bild ihres Künstlertums, auch aus menschlich-seelischer Sicht. Es sind Auszüge aus Briefen und Tagebüchern, auch aus dem mit Robert Schumann zusammen geführten Ehetagebuch. Da wird deutlich, daß sie die Heirat mit Robert Schumann im Jahr 1840 nicht nur als Glück, sondern auch als Schock erlebt hat: die Unterordnung, die Unfreiheit, die künstlerische Untätigkeit und die ungewohnte häusliche Arbeit rufen in ihr »Trübsinn«, »Melancholie«, »Verstimmung« hervor, machten sie lust- und kraftlos. Sie ist so sehr professionelle Pianistin – selbst in den größten Krisen, vor ihrer Heirat oder nach Roberts Einlieferung in die Nervenheilanstalt Endenich, konnte sie auftreten und spielen –, daß es für sie qualvoll gewesen sein muß, ihr Klavierspiel in dieser Weise in den Hintergrund gedrängt zu sehen: »Es ist schlimm, daß Robert mich in seinem Zimmer hört, wenn ich spiele, daher ich auch die Morgenstunden, die schönsten zu einem ernsten Studium, nicht benutzen kann.« Denn die Musik war ihr immer Trost; als sie zwei Jahre vor ihrem Tod Gichtknoten an ihren Händen entdeckt, fragt sie: »Was soll nur aus mir werden, wenn ich nicht mehr spielen kann?« In den ersten Ehejahren gerät auch ihr Selbstvertrauen ins Wanken; sie mißt ihre Bildung an der von Robert und empfindet ihre »Unwissenheit in den Wissenschaften, meine Unbelesenheit doch manchmal recht drückend. Ich fühle mich manchmal recht unglücklich mit mir selbst – wenn ich so in meinem leeren Kopf mich umsehe«. Erst nach Roberts Tod und mit zunehmendem Alter festigt sich ihr Selbstwertgefühl, und sie braucht sich vor Brahms wegen ihrer regen Konzerttätigkeit nicht mehr zu entschuldigen: »Eigentümlich erscheint mir Deine Anschauung des Konzertreisens! Du betrachtest es nur als Verdienst, ich nicht. Die Ausübung der Kunst ist ja ein großer Teil meines Ichs, es ist mir die Luft, in der ich atme.« Die Ausübung der Kunst, das heißt auch Publikum, Resonanz, Beifall, denn der Künstler »weiß ja sonst nicht, woran er ist«, und es gibt für sie »kein schöneres Gefühl, als ein ganzes Publikum befriedigt zu haben«. Ihre Einstellung in jungen Jahren ist durchaus kompetitiv: Um zu beweisen, daß sie auch virtuos spielen kann, führt sie Werke von Liszt und Thalberg auf und genießt es, daß sie dabei mehr Beifall erhält als Thalberg selbst.

Konsequent erweist sie als junge Pianistin der Erziehung Reverenz, die Frauen darauf einstimmt, vor allem Frauen als Konkurrenz zu erachten, ist gekränkt, wenn Camille Pleyel wohlwollend beurteilt wird, äußert sich vernichtend über Sophie Menter und stellt schließlich beruhigt fest: »Wär ich nicht eine Dame, hätte ich längst der Virtuosität Adieu gesagt, doch so beruhige ich mich noch ein wenig – mit den Damen nehm' ichs doch Allen auf.« Ihre Programmstrategien sind wohldurchdacht: Brillantes, wo sie das Publikum noch gewinnen muß, und Neues dort, wo sie berühmt ist, regelmäßig, aber dosiert: Brahms' Paganini-Variationen nur zögernd, weil »nicht mal der Musiker all den originellen Verzweigungen und piquanten Wendungen folgen kann«. Ihre Musikästhetik ist von ihren Urteilen her ziemlich genau abzuleiten. Anton Rubinsteins Spiel beschreibt sie zwar als »ein unsinniges Gepauke oder Verschiebungsgeflüster«, aber eines haben sie dennoch gemeinsam: Vom Verfall der Kunst sprechen sie beide. Clara Schumann, durchaus bescheiden, macht nur einen dafür verantwortlich: »Vor Liszt wurde gespielt, nach Liszt gehauen und gesäuselt. Er hat den Verfall des Klavierspiels auf dem Gewissen.« Anton Rubinstein hingegen zieht die Frauen schlechthin für den Verfall in der Musikkunst zur Rechenschaft. Da war Wolfgang Amadeus Mozarts Vater Leopold hundert Jahre zuvor doch noch anderer Meinung: Am 7. Dezember 1785 schreibt er aus beobachtender, nicht konkurrierender Distanz heraus an seine Tochter Nannerl, er finde, »daß ein Frauenzimmer, die Talent hat, mehr mit Ausdruck spielt, als ein Mannsperson«. Noch die 74jährige Clara Schumann kann sich an Brahms' letzten Klavierstücken mit bewegenden Worten und vitaler Anteilnahme begeistern und beglücken. Eine der bedeutendsten Pianistenkarrieren geht zu Ende, als sie am 12. März 1891 ihr letztes Konzert gibt. Ihre große Autorität und ihre entschlossene Ablehnung des reinen Virtuosentums haben dafür gesorgt, daß die Geschichte der Pianisten und der Interpretation bis heute auch mit ihrer musikalischen Handschrift geschrieben ist.

Ganz sicher liegt Amy Fays (1844-1928) Verdienst nicht in einer mit Clara Schumann vergleichbaren Bedeutung als Konzertpianistin. Als allerdings ihr Buch »Music Study in Germany« 1880 in Amerika erschien, wurde es als »Veröffentlichung des Jahrzehnts« gefeiert. 25 Editionen erlebte es bis zu Amy Fays Tod, und auf Liszts Wunsch erschien es bald auch in deutscher Sprache. Und immer wieder erfuhr es Neuauflagen, zuletzt 1979 von Edward Downes herausgegeben. Zweifellos zählen diese Briefe an ihre Familie zu den großen musikalischen Reiseberichten, wie etwa das »Tagebuch einer musikalischen Reise« des Engländers Charles Burney (1726-1814), Vincent (1781-1861) und Mary (1789-1854) Novellos »Pilgerfahrt zu Mozart«, wo sie über ihre Begegnungen mit Constanze und Nannerl Mozart berichten, oder Johann Friedrich Reichardts (1752-1814)

Briefe aus Deutschland, Paris und Wien. Mit viel Sinn für Humor, scharfer Beobachtungsgabe und für eine 25jährige erstaunlichem Urteilsvermögen beschreibt sie ihren Studienaufenthalt in Berlin und Weimar, zeichnet Künstlerportraits von Tausig, Liszt, Kullak und Wagner, vergleicht die Spielweise von Pianisten wie Rubinstein, Bülow, Tausig oder Clara Schumann und beschreibt Unterrichtsmethoden und Lehrtheorien. Ihre Bemerkungen über Deutschland sind unverblümt und erfrischend: An diesem Land schätzt sie seine Vögel und Blumen, die schönen Männer, die ihr im Vergleich zu denen in Amerika riesenhaft vorkommen, und empfindet es als Wohltat, daß Damen überall alleine hingehen können, auch in Droschken zu Konzerten fahren. Unbeschwert und unbefangen aus der Sicht einer Amerikanerin bemängelt sie das flegelhafte Benehmen der deutschen Männer, die unbequemen Häuser, die unmäßigen Eßgewohnheiten, die zeitraubende Auffassung von »Gemütlichkeit«, wundert sich, wie hier »Ehen überhaupt zustande kommen«, da sich junge Leute nie alleine sehen dürfen, und erklärt die Eifersucht zum »nationalen Laster der Deutschen«, womit sie vielleicht nicht ganz unrecht hat.

Obwohl Mathilde Verne (1865-1936) eine passionierte Pädagogin war, ist ihre Autobiographie »Chords of Remembrance« (1936 in London erschienen) alles andere als ein Lehrhandbuch, es ist vielmehr die farbige Geschichte von drei hochtalentierten Schwestern: Alice, Adela, Mathilde. Nach einer bewegten Kindheit studiert Mathilde schließlich bei Clara Schumann in Frankfurt, und sie gibt uns in ihrem Buch Einblick in die Atmosphäre des Hauses in der Myliusstraße, den Tagesablauf, die musikalische Stimmung, die dort herrscht, und in das Kommen und Gehen von Schülern und Künstlern. Zurück in London, beginnt sie ihre Pianistenlaufbahn und erfüllt sich dann einen Traum: Mit viel Unternehmungsgeist eröffnet sie ihre eigene Klavierschule, wie später auch der bekannte englische Pädagoge deutscher Herkunft, Tobias Matthay. Im Gegensatz zu ihm entwickelt sie keine Lehrmethode; sie geht vielmehr auf die physischen und seelischen Gegebenheiten eines jeden Schülers ein und hebt nur einen Grundaspekt hervor: »Das schlichte, altmodische Herz – die stärkere Betonung der tiefen, einfachen, allgemein verständlichen Emotionen«, und formuliert damit auch das Credo ihrer eigenen Spielweise.

Wie begabt muß ein Kind sein, um bereits mit sechs Jahren fast fünf Stunden täglich öffentlich aufzutreten und dabei die Werke noch einzuüben? Nicht einmal Adelina de Lara (1872-1961) weiß in ihrer Autobiographie »Finale« (1955 in London erschienen) eine Antwort darauf. Wie sie es schaffte, in kürzester Zeit die Stücke einzustudieren, auswendig natürlich, und wie sie überhaupt lernte, Musik zu lesen, das kann sie sich selbst, über siebzig Jahre danach, nicht mehr erklären. Kein Wunder, daß Clara Schumann 1891 schrieb: »Adelina de Lara ist nun von der Schule gegangen; sie gehörte zu den besten meiner Schüler.« Fünf Jahre lang hat sie bei ihr studiert, und anschaulich schildert sie diese Unterrichtsstunden. Auch Clara Schumanns eigenes Spiel und ihre Darbietungskunst werden dabei lebendig, konkret nachvollziehbar besonders an Werken von Robert Schumann. Und Johannes Brahms lernt man hier von seiner humorvollen Seite kennen, aber auch als Interpreten und Lehrer seiner eigenen Werke. Mit einem Empfehlungsschreiben ihrer Lehrerin startet sie ihre Karriere in London. Auf ihre glücklichsten Momente als Konzertpianistin mußte sie freilich lange warten, fast fünfzig Jahre, als sie von der BBC zu Rundfunkaufnahmen eingeladen wurde: ein weiter Weg vom erfolgreichen Wunderkind in die für sie wohltuende Stille und Abgeschiedenheit eines Rundfunkstudios. Denn die lauten Kindheitsjahre hat Adelina de

Lara, in ihren Karriere- und Lebensansprüchen von bewegender Genügsamkeit und Bescheidenheit, später nie mehr gesucht.

Clara Haskil (1895-1960) hatte allerdings gar keine andere Wahl. Sie mußte im Alter noch jene Öffentlichkeit suchen, die sie als junge Frau nicht erreicht hatte. Ihre Beziehung zu den Werken von Brahms und Schumann war nicht so persönlich wie die von Adelina de Lara. Woher Clara Haskil dennoch ihre musikalische Erfassungsgabe nahm, in diesen Briefen von 1918 bis 1960 gibt sie es nicht preis. Sie hat nie unterrichtet, und wie sie selbst arbeitet, »würde ich nicht einmal meinem Feind empfehlen«. Ambivalent ist ihr Verhältnis zur Musiktheorie, über Fachausdrücke macht sie sich lustig: »Wenn Sie mich fragen, ob ich an Dominanten oder Dominos denke, während ich spiele, werde ich Ihnen mit Überzeugung sagen ›Nein‹, die Musik allein genügt mir.« Auch wenn sie ihre Eindrücke über Dinu Lipattis Spiel wiedergibt, ist es vor allem das Pianistische, sind es die Tempi, die sie erwähnt. Daß sie in der Musik den kleinsten Dingen die größte Bedeutung beimißt, »es gibt noch Pausen, die keine sind, und Gegensätze, die nicht deutlich genug herausgearbeitet wurden, und andere kleine, aber wichtige Dinge«, zeigt jedoch, wie sie sich in die Sprache der Musik hineinversetzen und verbohren kann. Sie ist sich selbst gegenüber eine unerbittliche, erbarmungslose Kritikerin. Viele ihrer Aufnahmen findet sie »abscheulich«, nur wenige läßt sie gelten. Dabei war ihr musikalisches und pianistisches Talent enorm: In zwölf Tagen studiert sie ein Konzert von Saint-Saëns aufführungsreif ein, und über das zweite Brahms-Konzert schreibt sie 1936 fröhlich: »es geht ganz famos, ich konnte es schon am zweiten Tag auswendig«. Aus dieser Zeit, in der sie ihren um 22 Jahre jüngeren Kollegen Dinu Lipatti kennenlernt, stammen überhaupt ihre ausgelassensten, übermütigsten Briefe, und ihre Bewunderung für seine strahlende Persönlichkeit, ihre innige Zuneigung und Zuwendung sprechen aus jeder Zeile ihrer fast schwärmerischen Briefe an ihn. Sie, die selbst so lebensuntüchtig war, setzt sich unermüdlich und übereifrig für ihn als Interpreten und Komponisten ein. Mit Clara Schumann fast verwechselbar – zu ihren Lebzeiten wurde sie oft genug mit ihr verglichen –, sind später freilich die Töne der Mutlosigkeit, der Melancholie, des »caffard« oder Trübsinns, die beider Lebensumstände, das Nicht-spielen-Können und Krankheiten, in ihnen hervorrufen: die eine wegen der Heirat, die andere, weil sie ihre Karriere nicht in Gang bringen kann. Beide sprechen in den Phasen mangelnden Selbstvertrauens von ihrem »leeren Kopf«, vom ungenügenden Verstand, von ihrer Unbelesenheit, und beiden ist der Publikumserfolg vorantreibende Anerkennung und Selbstbestätigung. Übermächtig war der einen die Leitfigur des Vaters, der anderen die des Onkels, deren Strenge und Ansprüche sie übernommen haben. Möglicherweise litten sie deshalb vor Auftritten unter starker Nervosität und quälendem Lampenfieber, gerade in den späteren Jahren, wo die musikalischen Einsichten tiefer und das Verantwortungsgefühl größer wurden. Allerdings steht Clara Schumanns unerschütterlichem Ernst Clara Haskils Ironie und skurriler Witz gegenüber, und nur selten verliert sie ihren »Galgenhumor«. Ob sie sich in die Seine oder den Zürcher See fallen lassen will, an der »Schnur« sich aufhängen möchte, ob sie gerne des Teufels Adresse wüßte, um sich selbst zu ihm zu schicken, oder hofft, daß sie für die andere Welt kein Visum braucht – all das zählt zu ihren fast kindlichen Tod-und-Teufel-Metaphern, mit denen sie sich gerade gegen solche Gedanken zu wehren weiß. Und nichts braucht sie neben ihrem Klavierspiel dringender als die Zuwendung von Menschen, an denen sie hängt. In ihren Erholungsaufenthalten oder auf ihren Konzertreisen versucht sie sich von ihren Einsamkeitsgefühlen, von ihrem Mitteilungsbedürfnis zu befreien, indem sie auch über die Entfernung den Kontakt sucht. Daher sind ihre Briefe lebendige Zeugnisse eines komplexen, warmherzigen, spontanen Menschen und geben Einblick in ein Musikleben, in dem sich Clara Haskil nur mit großen Mühen und bewundernswertem Durchhaltevermögen etablieren konnte.

1940 begegnet sie Lili Kraus (1905-1986) in Holland. Die Ungleichheit der Lebensumstände der beiden Pianistinnen hätte zu diesem Zeitpunkt nicht größer sein können: Lili Kraus hatte gerade für eine Tournee mit Mozart-Konzerten in Eigeninitiative einen Dirigenten und 50 bis 60 Musiker ausgesucht, und Clara Haskil, um zehn Jahre älter, ohne Pläne und Perspektiven und nicht ahnend, daß sie selbst einmal von der Presse »zur Stellvertreterin von Mozart hier auf Erden erkoren« würde, schreibt indigniert: »Was soll ich dazu sagen, außer daß ich neidisch bin auf all diese Aktivitäten, während ich dahinvegetiere und darauf warte, 200 Jahre alt zu werden.« Doch Lili Kraus hatte ihre schwersten Jahre noch vor sich, ihre Gefangenschaft, die sie in diesem 1980 erschienenen Gespräch so bewegend schildert. Daß sie sie unbeschadet übersteht, hat zu tun mit einer Philosophie, die sie auf das Künstlertum überträgt: auch der Künstler solle mit Himmel und Hölle Erfahrungen machen. Und diese Haltung war es, die sie spiegelbildlich in der Musik Mozarts suchte und fand: »Seine Vollkommenheit bestand im Einbeziehen des ganzen Lebens, des guten und des schlechten.«

Rosalyn Tureck (*1914) ist eine Universalistin, die mit der aktiven Neugier einer schöpferischen Wissenschaftlerin ihr Gebiet, die Musik, trotz ihrer Spezialisierung auf Bach, an allen Ecken und Enden auslotet und, auf der Suche nach Analogien, Naturwissenschaften miteinbezieht. Kein Tasteninstrument, das sie nicht spielt, vom Clavichord, Cembalo über die Orgel bis zum Flügel. Doch sie gehörte nie zu denen, die ihr Publikum mit Brillanz, äußerlichem Schwung oder effektvollem Gestikulieren blenden möchten. Die Musikdarbietung ist für sie nach wie vor ein »heiliger Ritus«, und wie vergleichbar auch immer ihre Musikauffassungen sein mögen – fast glaubt man, den Geist Clara Schumanns, über ein Jahrhundert später, zu spüren. Auch zum Dirigieren ist sie nicht aus wirtschaftlichen oder beruflichen Überlegungen gekommen, wie heute einige Pianisten; sie fand einfach, daß ihre Ergebnisse bei den Proben rascher und gültiger sein würden als bei den Dirigenten, die sich nicht so intensiv wie sie mit Bach beschäftigt hatten. Und den ersten Klang, den sie aus dem Orchester hervorbrachte, zählt sie zu den aufregendsten Momenten ihres Lebens. Der Respekt, den die Orchestermusiker ihr entgegenbrachten, war offenbar so groß, daß sie niemals Probleme als Frau hatte, vielleicht auch deshalb, weil sie nur in England und Amerika dirigierte. Die Art, wie sie in diesem 1980 veröffentlichten Gespräch das innere Leben von Bachs Partituren entdeckt und plausibel macht, ist, verglichen mit den Schriften von Glenn Gould, konkreter und intuitiver zugleich und, was die Umsetzung ins Pianistische angeht, weitaus differenzierter. Es ist bedauerlich, daß ihr großer Ruf in Amerika unseren Kontinent nicht erreicht hat. »Die Welt ist voller Pianisten«, bemerkt der bekannte amerikanische Kritiker John Ardoin, »aber es gibt nur eine Tureck.«

Zur Wesensart von Moura Lympany (* 1916) gehört gewiß nicht das Einsiedlertum. Sie liebt die Geselligkeit, den Umgang mit Freunden, Einladungen, Empfänge, kennt Gott und die Welt, von Herbert von Karajan bis zum britischen Politiker Edward Heath. Sie verfügte, wie man heute sagen würde, über jene »Beziehungen«, die unter ihren männlichen Musikerkollegen so karrierefördernd funktionieren. Doch Karajan hat mit ihr ebensowenig zusammen musiziert wie Wilhelm Furtwängler mit Clara Haskil, obwohl er nach einem Konzertbesuch ihr ausrichten ließ, wie »außergewöhnlich musikalisch« er sie fände. Überhaupt haben in der Musikgeschichte äußerst selten berühmte Dirigenten freiwillig mit Pianistinnen gespielt; Bruno Walter und Myra Hess bilden eine Ausnahme. Nun konnte es sich Moura Lympany in ihrer Zeit ohnehin nicht leisten, besonders wählerisch zu sein; ohne im geringsten darüber zu klagen, schreibt sie in ihrer 1991 in London erschienenen Autobiographie »Moura«, daß sie dauernd gebeten wurde, Kompositionen zu spielen, die sie nicht kannte und in aller Eile einstudieren mußte. Das erinnert an ein Gespräch mit der italienischen Pianistin Maria Tipo, die deutlich zum Ausdruck brachte, daß sie von ihren Schülerinnen viel mehr verlange als von ihren Schülern, denn diese hätten nur eine Chance, wenn sie sehr schnell lernen würden und innerhalb von Stunden einspringen könnten. Das bedeutet für die Pianistinnen eine besonders rasche Auffassungsgabe und eine außergewöhnliche Technik, verbunden mit einem problemlosen Umsetzungsvermögen. Nein, ein kleines Repertoire, mit dem sich bis heute einige Pianisten ihren großen Namen erspielt haben, konnten sich Pianistinnen weder früher noch heute leisten. Moura Lympany allerdings hat aus der Not eine Tugend gemacht, und beispielsweise das Klavierkonzert von Aram Chatschaturjan zwar nur für fünfzehn Guineas (300 DM) einstudiert, doch später damit tausendfache Gewinne erzielt. Und so hat sie auch ihre Krisen gemeistert, indem sie das Negative ins Positive zu wenden wußte.

Gerade in der letzten Zeit sind von Lili Kraus, Rosalyn Tureck, Myra Hess, Irene Scharrer, Wanda Landowska, den Clara-Schumann-Schülerinnen Adelina de Lara und Fanny Davies, aber auch von Moura Lympany wieder CDs auf den Markt gekommen. Nostalgie oder erneute Bereitschaft, sich von der Wirkungskraft eines »einfachen und natürlichen«, auf die Sprache der Musik eingehenden, immateriellen Klavierspiels fesseln zu lassen? Wie auch immer, die interessanten, eigenwilligen, persönlichkeitsstarken Pianistinnen von heute haben durchaus Tradition. Ihre bedeutenden Vorbilder reichen zurück bis zu Clara Schumann, bis zu den Anfängen der interpretierenden Klavierkunst überhaupt. Und was sie gedacht, empfunden, erlebt und getan haben, das wird in der Sammlung dieser Texte lebendig.

Monica Steegmann

Clara Schumann

1819-1896

Die Ausübung der Kunst ist mir die Luft,
in der ich athme

Clara Schumann, am 13. September 1819 in Leipzig geboren, wird bereits mit fünf Jahren von ihrem Vater, dem Klavierpädagogen Friedrich Wieck, systematisch unterrichtet und durch die Scheidung ihrer Eltern von ihrer Mutter Marianne Wieck, geb. Tromlitz getrennt. Als Achtjährige debütiert Clara mit einem Mozart-Konzert; ein Jahr später tritt sie im Salon der Agnes Carus auf und begegnet 1828 Robert Schumann, der zu der Zeit sein Klavierstudium bei Friedrich Wieck beginnt. 1831/32 geht Clara Schumann erstmals mit ihrem Vater auf Tournee, spielt Goethe vor, hält sich zwei Monate in Paris auf und lernt Chopin kennen. Nach ihrer zweiten großen Tournee 1834/35 löst Schumann seine Verlobung mit Ernestine von Fricken, und es beginnt die intensive Beziehung zu Clara, die ihr Vater zu verhindern versucht und mit allen Mitteln bekämpft. Den 1837 gestellten schriftlichen Heiratsantrag lehnt er ab und trennt die Liebenden, indem er mit Clara nach Wien auf Tournee geht, wo sie wahre Triumphe feiert und zur K. K. Kammervirtuosin ernannt wird. Nur in Begleitung einer Französin geht die Zwanzigjährige 1839 auf Konzertreise nach Deutschland und Paris, mietet selbst die Konzertsäle, stellt die Programme zusammen, läßt sie drucken, verschickt Eintrittskarten und besorgt Stimmer und Instrumententräger. Nach ihrer Rückkehr im August 1839 stellen Clara und Robert ein Gesuch an das Appellationsgericht, das ein Jahr später bewilligt wird. Am 12. September 1840 heiraten sie und beziehen eine Wohnung in Leipzig.

Am 1. September 1841 wird ihre Tochter Marie geboren, das erste von acht Kindern (nebst zwei Frühgeburten), die Clara Schumann in sechzehn Jahren zur Welt bringt. Die von ihrem Mann erwünschte künstlerische Untätigkeit durchbricht Clara, als sie 1842 Konzertreisen nach Norddeutschland und Kopenhagen und 1844 nach Rußland unternimmt, zusammen mit Robert, der unter seiner Rolle als Begleiter leidet. Ende des Jahres zieht das Paar nach Dresden. 1850 erfolgt der Umzug nach Düsseldorf, wo Schumann seine Stelle als Musikdirektor antritt. Ab 1852 verschlechtert sich Schumanns Gesundheitszustand. Nach einer sehr erfolgreichen gemeinsamen Konzertreise nach Holland wird er im März 1854 in die Nervenheilanstalt in Endenich bei Bonn eingeliefert. Ab Herbst nimmt Clara ihre Konzerttätigkeit wieder auf, und es beginnt eine tiefe Freundschaft mit Johannes Brahms, den sie ein Jahr zuvor kennengelernt hatte. Ihren Mann sieht sie erst zwei Tage vor seinem Tod am 27. Juli 1856 nach über zweijähriger Trennung wieder. Die folgenden 40 Jahre sind erfüllt von unermüdlicher künstlerischer Tätigkeit. Allein neunzehnmal bereist sie England und wird dort gefeiert wie kaum ein anderer Künstler. Zwanzig Jahre nach der ersten unternimmt sie ihre zweite Rußlandtournee. Paris, Wien, Holland, Belgien, selbst 1882 zum erstenmal Italien und ganz Deutschland sind ihre Hauptstationen, auf denen sie auch den Werken von Brahms und Schumann zu Geltung verhilft. Ihr reges Konzertieren führt 1868 vorübergehend zu Verstimmungen mit Brahms. 1863 kauft sie in Lichtental bei Baden-Baden die »Hundehütte«, die während zehn Jahren in den Sommermonaten zum Familien- und Freundesmittelpunkt wird. 1873 zieht sie nach Berlin, 1878 nach Frankfurt am Main, wo sie ihre Lehrtätigkeit am Konservatorium aufnimmt. Zu ihren begabtesten Schülern zählen Fanny Davies, Adelina de Lara und Mathilde Verne. Überschattet wird ihr Leben von der Krankheit ihrer Söhne und dem frühen Tod ihrer Kinder Julie und Felix. Schwere rheumatische Beschwerden in den Armen führen immer wieder zu Unterbrechungen ihrer Konzerttätigkeit, und 1884 bemerkt sie erstmals Gehörprobleme. 1891 gibt sie ihr letztes

Konzert. Nach dem zweiten Schlaganfall stirbt sie am 20. Mai 1896.

Die ausgewählten Dokumente von Clara Schumann widmen sich ausschließlich den Dingen, die mit ihrem Klavierspiel zusammenhängen: ihrer Karriere als Pianistin, ihrer Musikauffassung, ihrem Musikgeschmack und der Bedeutung, die die künstlerische Tätigkeit für sie hatte.

1827 · Leipzig

Vom Vater in der Ich-Form in Claras Tagebuch eingetragen:
1827 fing mein musikalischer Sinn an, sich immer mehr und schneller auszubilden, und mein musikalisches Gehör wußte die Tonarten bei dem bloßen Hören ziemlich sicher zu unterscheiden, auch in den ersten Elementen der Theorie war ich nicht fremd, wußte von allen Tonarten die Unter- und Oberdominanten-Accorde geschwind zu finden, modulirte in alle Dur- und Moll-Accorde durch den verminderten Septimenaccord auf dem Leiteton der Dominante, wohin ich wollte und sollte. Aber mein Spiel wurde auch besser, mein Anschlag gut, fest und sicher, und die Kraft meiner Finger stieg so, daß ich bereits zwei Stunden hintereinander schwere Stücke mit ziemlicher Ausdauer spielen konnte, und mein Geschick für einen natürlichen und guten Vortrag lobte mein Vater manchmal, was mir immer gefallen hat. Ich wurde aber leicht eigensinnig darauf und in meinen Wünschen unbändig – (so sagt mein Vater)!

Wie mein Vater versichert, so habe ich jetzt bereits vielen und guten Ton auf den Flügeln, woran meine kleine dicke volle Hand und die Beweglichkeit meiner Finger (ohne den Ellenbogen zu gebrauchen) einen nicht geringen Antheil haben soll.

(Von Clara selber):
Liebe Mutter. Du hast noch nichts von mir gelesen, da ich nun ein wenig schreiben kann will ich Dir ein kleines Brifchen schreiben, worüber Du Dich freuen wirst. Zum meinen 8chgten Geburtstag bin ich auch beschenkt worden, von meiner guten Bertha und von meinen guten Vater, Von meinen guter Vater hab ich ein Wunderschönes Kleid be-

kommen, und von meiner Bertha hab ich ein Aschkuchen ein Pflaumkuchen und ein rechten schönen Strikbeutel bekommen. Auch spilte ich ein Concert aus Es dur von Mozart, was Du auch gespielt hast. mit Orchesterbegleitung, wo Herr Mathäi, Lange, Belka, und viele andere noch mitspielten. Es ging recht gut und ich hab gar nicht gestokt. nur meine Kadänz wollte nicht gleich gehen, wo ich eine chromatische Tonleiter 3 mahl spielen mußte, Angst hatte ich garnicht.

1828

Vom Vater in der Ich-Form in Claras Tagebuch eingetragen: Mein Vater, der längst schon vergebens auf eine Sinnesänderung von meiner Seite gehofft hatte, bemerkte heute nochmals, daß ich immer noch so faul, nachlässig, unordentlich, eigensinnig, unfolgsam etc. sey, daß ich dies namentlich auch im Klavierspiel und im Studieren desselben sey und weil ich Hünten neue Variationen Op. 26 in seiner Gegenwart so schlecht spielte und nicht einmal den ersten Theil der ersten Variationen wiederholte, so zerriß er das Exemplar vor meinen Augen und von heute an will er mir keine Stunde mehr geben und ich darf nichts weiter spielen als die Tonleitern, Cramer Etüden L. 1 und Czerny Trillerübungen.

1829

Tagebuch: Am 30. September abends ist Paganini angekommen, und nun werde ich also den größten aller Künstler auch hören.

Ich mußte ihm auf einen alten schlechten Pianoforte mit schwarzer Klaviatur (was ein Student zurückgelassen hatte) die von mir componirte Polonaise in Es vorspielen, was ihn sehr erfreute und was er meinem Vater mit den Worten andeutete: ich habe Beruf zur Kunst, weil ich Empfindung hätte. Er erlaubte uns sogleich, in alle seine Proben zu gehen, was wir auch gethan haben.

1831

Chopin-Variationen op. 2 (»La ci darem la mano«), welche ich in acht Tagen einstudierte, ist das schwerste Musikstück, was ich bis jetzt gesehen und gespielt habe. Diese originelle geistreiche Composition ist noch so wenig erkannt, daß sie fast alle Klavierspieler und Lehrer für unverständlich und unspielbar halten. In meinem nächsten Concert, das ich gebe, hier oder in Berlin, oder anderswo, werde ich sie zum erstenmal öffentlich vortragen.

1837 · Prag

An Robert Schumann: Heute habe ich im Conservatorium Concert gegeben (die Concerte sind hier des Theaters wegen um Mittag 12 oder Nachmittags 5 Uhr) und bin 13mal gerufen worden. Mein Gott, das war ein Enthusiasmus, wie mir noch nicht vorgekommen. Du kannst Dir denken, ich wußte gar nicht was thun; immer mußt ich wieder aus meinem Schlupfwinkel heraus, und nun die Knixchen, die ich so herzlich schlecht mache! Der Gedanke an Dich begeisterte mich so beim Spiel, daß das ganze Publikum mit begeistert wurde. Schon Gratulationsbriefe und Besuche habe ich heute bekommen – die Leute sind hier wie närrisch. – Doch sieh an die Uhr, wie spät es ist, und ich, die ich heute der Ruhe so sehr bedarf, plaudere so lange! ach könnt ich doch immer so plaudern! –

Den 19ten, Sonntag. Heute war der Abend, wo ich mir vorgenommen, Dir recht viel zu schreiben, da kommt so ein schmachtender Courmacher und verdirbt mir den ganzen schönen Abend.... Du wirst errathen und lächeln! – Auch noch ein Enthusiast ist hier, der mich mit jedem Blick zu verschlingen droht, und setz ich mich an das Klavier, so ist es vollends aus, dann mach ich mich jedesmal auf eine Umarmung gefaßt; glücklicher Weise steht, wie Du weißt aus alten Zeiten, immer ein Stuhl an meiner Seite, auf den er zuerst fällt.... Aber nun ein schrecklicher Schwätzer, das ist Tomaschek, der wüthend auf Dich ist, weil Du Dreyschock (seinen Schüler) getadelt hast. Mich ärgert nichts mehr, als daß ich denen von Deinen Compositionen vorgespielt. Tomaschek versteht sie nicht oder er will sie nicht verstehen. – Ich hab mich mit ihm gestritten um Bellini, Spohr (Du kennst meine Schwäche), Mozart etc.: als er mir nun sagt, Gluck sei der erste Componist der Welt und ich verstünde die wahre Musik nicht, so sagte ich: »Wenn ich werde einmal eine alte Jungfer sein, dann werde ich auch über Gluck schmachten – jetzt will ich noch allem Schönen in der Kunst leben und fühle mich glücklich, daß ich nicht einseitig bin. Er ging – und kam nicht wieder.

Wien

Heute war mein zweites Concert und abermals ein Triumph. Unter Vielem fand mein Concert die beste Aufnahme. Du fragst ob ich es aus eigenem Antriebe spiele – allerdings! ich spiele es weil es überall so sehr gefallen, und Kenner wie Nichtkenner befriedigt hat. Jedoch ob es mich befriedigt, das ist noch sehr die Frage. Meinst Du ich bin so schwach, daß ich nicht genau wüßte, was die Fehler des Concertes? Genau weiß ich es, doch die Leute wissen es nicht und brauchen es auch nicht zu wissen. Glaubst Du ich würde es spielen, wenn es überall so wenig anspräche als in Leipzig? Ueberhaupt wenn man hier gewesen, möchte man nie mehr nach dem Norden gehen, wo die Menschen Herzen von Stein haben (Du bist natürlich ausgenommen). Hier solltest Du einmal einen Beifallssturm mit anhören. Die Fuge von Bach und das Finale der Henselt'schen Variationen mußte ich wiederholen. Kein schöneres Gefühl, als ein ganzes Publikum befriedigt zu haben.

1838

Das war ein schwerer Tag für mich, aber auch ein schöner. Es war heut Mittag mein viertes Concert, wo ich von Liszt und Thalberg spielte, um auch die verstummen zu machen, welche immer noch glaubten, ich könne Thalberg nicht spielen. 13 Mal ward ich gerufen, was selbst dem Thalberg nicht widerfahren. Dazu kam wohl auch, daß das Publikum allgemein indignirt war über einen Aufsatz, der, von dem ehemaligen Stiefelputzer Beethovens, Herrn Holz, ausgehen, behauptete, ich verstände nicht Beethoven zu spielen. Nun kannst Du Dir den Lärm denken ... Du wirst diesen Enthusiasmus nicht begreifen können, da Du gar nicht weißt, was ich eigentlich leiste und was nicht; da Du mich als Künstlerin überhaupt viel zu wenig kennst. Doch glaube ja nicht, daß ich Dir deßwegen gram, im Gegentheil macht mich das glücklich, daß ich weiß, Du liebst mich nicht um meiner Kunst willen, sondern wie Du mir einmal auf ein kleines Zettelchen schriebst, »ich liebe Dich nicht, weil Du eine große Künstlerin bist, nein, ich liebe Dich, weil Du so gut bist«. Das hat mich unendlich gefreut und das hab ich auch *nie* vergessen.

... Das Spiel drängt sich so aufeinander, daß ich mein Leben wirklich nicht genieße. Neulich hab' ich das erste Auftreten im Theater glücklich überstanden; es war so voll, daß mehrere hundert Menschen das Haus wieder verlassen mußten, was hier noch nie da war. Ich begreif nicht, woher das kömmt und zwar noch dazu am letzten Faschingstag, wo die Wiener die Nacht hindurch förmlich rasen (ein nobles, sittsames Tanzen kennt man hier gar nicht). Ich weiß wohl, daß ich gut spiele, aber woher ich den Enthusiasmus erweckt, das weiß ich nicht. –

... Jetzt bin ich immer unzufrieden mit mir, trotz des stürmischen Beifalls. Je größer der Beifall, desto unzufriedener bin ich mit mir selbst, denn die Ansprüche vermehren sich mit dem Beifall. Dieser kann mich nie stolz machen, auch keine Titel. Mich könnte nur eines stolz machen – Du!

Morgen spiel ich im Theater zum 2ten Male, den 18ten im Concert zum Besten der Universitätswittwen, den 25sten zum Besten der Bürger und am 6. April (wenn wir noch hier sind) bei Merk mit ihm und Mayseder ein Trio. Ich hab Lust fortzureisen, denn es treibt mich, ich bin auf einmal so unruhig. Morgen hat sich meine Gegenpartei vorgenommen, mich auszuzischen, doch ich bin ein gepanzertes Mädchen, wie Du selbst gesagt.

Graz

Mir kommt mein Spiel jetzt so fad und ich weiß gar nicht wie vor, daß ich beinah die Lust verloren hab, ferner noch zu reisen. Seit ich Liszts Bravour gehört und gesehen, komme ich mir vor wie eine Schülerin.

Maxen

...Wie macht einen die Liebe auch so empfänglich für alles Schöne; die Musik ist jetzt ein ganz anderes Ding für mich als ehemals. Wie selig, wie sehnsüchtig stimmt sie, es ist unbeschreiblich. Ich könnte mich aber jetzt zuweilen aufreiben am Klavier, mein Herz macht sich Luft in den Tönen und welche Sympathie, auch Du liebst das Gretchen so sehr? Ich spiele es immer und möcht vergehen dabei, mir ist als sei ich das Gretchen, als wären es meine Worte. – Ach wie schön ist doch die Musik, so oft mein Trost, wenn ich weinen möcht; das hab ich doch dem Vater zu danken, und werd es *nie* vergessen.

Leipzig

Thalberg ist gestern angekommen und hat heute 2 Stunden hier gespielt und uns aus einem Erstaunen in das andere versetzt; er kann sehr viel und mehr als wir Alle (außer Liszt), da hast Du wohl recht, und wär ich nicht eine Dame, so hätte ich längst der Virtuosität Adieu gesagt, doch so beruhige ich mich noch ein wenig – mit den Damen nehm' ichs doch Allen auf. Thalberg ist ein liebenswürdiger Künstler und gefällt mir viel besser als damals in Wien ...

... Vor meiner Reise nach Paris wird mir Himmel-Angst; wenn ich so einen wie Thalberg und Liszt gehört habe, da komme ich mir immer so nichtig vor, und da bin ich unzufrieden mit mir, daß ich weinen möcht! Hätte ich nur genug Kraft und könnt ich mich nur aufraffen, ich müßte viel mehr noch leisten, aber die Liebe, die spielt mir zu sehr mit, ich kann nun einmal nicht einzig und allein der Kunst leben, wie es der Vater verlangt, nur erst durch Dich lernt ich die Kunst lieben und daher kömmt es, daß ich oft zu viel Anderes denke – Du weißt schon, was ich sagen will.

1839 · Paris

... Ich hab einen Erard auf meinem Zimmer, der kaum zu erdrücken ist; ich hatte allen Muth verloren, doch gestern hab ich Pleyel gespielt und die gehen doch nicht so schwer. Drei Wochen muß ich noch studiren, ehe ich einen Ton vorspielen kann. Schon drei große Instrumente sollte ich jetzt auf meinem Zimmer haben – jeder will, ich soll das Seine nehmen. Wenn ich nur wüßte wie anfangen auf Pleyel zu spielen ohne Erard zu beleidigen, der mir alle nur möglichen Gefälligkeiten erweist.

Ich weiß gar nicht, lieber Robert, warum Du mir immer sagst, ich spiele nicht gern von Deinen Compositionen, das ist recht Unrecht und schmerzt mich; eben weil ich Deine Compositionen so sehr verehre und liebe, darum spiele ich sie nur Auserwählten. Ich sehe übrigens wohl ein, daß man mit dem Gefühl nicht immer durchkommt, und ich werde sie so viel als möglich spielen. Sieh, das ist mir so schrecklich, Jemand dabei zu sehen, der nichts versteht – das bringt mich außer mir. Ich werde mich Dir so wohlgefällig als möglich zu machen suchen. Von Moscheles, Bennet, und (wie heißt der Dritte?) Potter* soll ich spielen? Vom Ersten ungern (denn er ist trocken; ich meine nämlich die neuen Compositionen), vom Zweiten *sehr* ungern (ich kann es Dir durchaus nicht verhehlen, ich kann seine Compositionen nicht lieben) und vom Dritten? den kenne ich noch vollends gar nicht, klingt mir auch nicht sehr hoffnungsvoll. Doch auch hierin will ich Dir so viel gefallen als möglich. Was soll ich denn von Moscheles, Bennet und Potter spielen? schreib es mir. –

Wie unbeschreiblich schön sind doch Deine Kinderscenen ... könnte ich Dich nur küssen! – Gestern dachte ich und denke es auch immer noch, ist es denn wahr, daß der Dichter, der da spricht, Mein sein soll, ist denn das Glück nicht zu groß? Ach, ich kann's nicht fassen! Mein Entzücken steigert sich mit jedem Male, daß ich sie spiele. Wie viel liegt doch in Deinen Tönen und so ganz versteh' ich jeden Deiner

Gedanken, und möchte in Dir und Deinen Tönen untergehen.

Das ahntest Du wohl nicht, daß ich heute um 2 Uhr noch am Clavier saß und Deinen Carnaval spielte? – Ich war bei einer Gräfin Perthuis und die Kenner waren noch alle geblieben, und ich spielte denn da das Meiste aus dem Carneval, dann von Chopin, von mir, Scarlatti etc. Gestern machte ich wirkliches Furore. Sonderbar ist es mir, daß mein Scherzo hier so sehr gefällt, immer muß ich es wiederholen ...

... Höre Robert, willst Du nicht auch einmal etwas Brillantes, leicht Verständliches componiren, und etwas das keine Überschriften hat, sondern ein ganzes zusammenhängendes Stück ist, nicht zu lang und nicht zu kurz? Ich möchte so gern etwas von Dir haben öffentlich zu spielen, was für das Publikum ist. Für ein Genie ist das freilich erniedrigend, doch die Politik verlangt es einmal ...

Mein Concert hab ich gestern ganz glücklich überstanden, ich wollte, Du wärest da gewesen, wahrhaftes Furore hab ich gemacht, wie man sich lange bei keinem Künstler erinnern kann ... Es war ungeheuer voll, doch sind die Kosten so groß in Paris, daß nichts übrig bleiben kann, was ich auch gar nicht anders erwartet habe – mein renommé ist gemacht und das ist mir genug.

Glaubst Du wohl, daß ich noch jeden Morgen die beiden ersten Etuden von Cramer spiele? einzeln erst und dann die erste in Oktaven, das ist ein gutes Studium. Eine Sonate von Scarlatti spiele ich auch immer; die hab ich so gern.

Gestern hab ich Deine wunderherrliche Fantasie erhalten – ich bin noch heute halb krank vor Entzücken; als ich sie durchgespielt, trieb es mich unwillkürlich an das Fenster, und da war mir es doch, als müßte ich mich hinausstürzen auf die schönen Frühlingsblumen und sie umarmen. Ich hab während Deiner Fantasie einen schönen Traum geträumt. Der Marsch ist entzückend, und ganz außer mir bringen mich die Takte von 8-16, Seite 15, sag mir nur, was Du dabei gedacht? noch nie hatte ich so einen Eindruck, ein ganzes Orchester hörte ich, ich kann nicht sagen, wie mir dabei ward.

Leipzig

Tagebuch: Als ich dem Vater sagte, ich müsse doch Geld zu einer Einrichtung haben, sagte er, »wenn Dein Bräutigam Dich liebt, so wird er Dir 1000 Thaler auf so feine Weise in die Hände spielen, daß Du es kaum merkst«. Das empörte mich bis in das Innerste hinein! Das ist also der Lohn für mein jahrelanges Herumreisen, daß ich nun nicht einmal so viel haben soll, mich ausstatten zu können?

An Robert Schumann: Lieber Robert, wenn Du nun in 3 Wochen keinen Brief von mir hast, so sey nicht traurig. Du kannst dann überzeugt sein, daß es keine Möglichkeit war zu schreiben. Jeden Tag, jede Stunde denke ich, daß mich Vater plötzlich überrascht. Das Orchester hat abgesagt zu spielen, und so muß ich die Caprice von Thalberg noch schnell studieren, die ich gar nicht mehr in den Fingern hab. Alle Briefchen (was so zum Concert gehört), muß ich selbst schreiben, Freibillette herumschicken, [–] Stimmer, Instrumententräger besorgen und dabei studieren? das ist ein wenig viel, ich weiß nicht wo eher anfangen, und nun die vielen uninteressanten Besuche! ach Gott, was giebt es doch für geistlose Menschen in der Welt!

1840 · Berlin

Du hast mir heute weh gethan, daß Du mir nicht einmal zum Concerte ein freundliches Wort schriebst. Ich hätte gar nicht gedacht, daß Du es könntest. Das »aufdrängen« hat mir den ganzen Abend noch nachgeklungen, als hätt' ich es Dich sagen hören. Und siehst Du, doch setze ich mich jetzt um 11 Uhr noch hin und schreibe Dir mit liebendem Herzen, obgleich ich sehr trübe gestimmt, wie ich es fast immer bin nach einem Concert. Es ging Alles gut, Deine Sonate auch – ich glaube, ich hätte sie noch schöner gespielt, wenn Du mir freundlich und mild vorher geschrieben gehabt hättest.

Hamburg

Du weißt, lieber Robert, daß ich alle großen Künstler anerkenne, daß ich Thalberg und Liszt insbesondere sehr verehre, wie es nur irgend Einer kann, findest Du es aber nicht auch höchst undelicat, mir ein paar Stunden in solchem Tone zu sprechen, wie es Cranz und Avé thaten? Ersterer sagte, nachdem er mich gehört gehabt, habe er geglaubt, nun könne ihm kein Clavierspieler mehr gefallen, da wäre die Pleyel gekommen und da hätte er erst das wundervollste Spiel von der Welt gehört. Dies und noch Vieles sagte er. Ich sollte wohl über solche Reden hinweg sein, doch ich kann mich einer Muthlosigkeit und schrecklichen Unzufriedenheit mit mir selbst dann gar nicht erwehren. Das sind 3 furchtbare Camilla-Enthusiasten, der dritte ist Gathy. Mich betrübt nichts mehr, als daß ich die Pleyel nicht selbst gehört habe. Das Concert ist glücklich vorüber gegangen und ich habe das Publikum denn doch wenigstens in einen norddeutschen Enthusiasmus gebracht. Ich wurde beim zweiten Auftreten sehr lebhaft empfangen, was bei diesen kalten

Kaufleuten wohl etwas sagen will. Aber Eines hat mich furchtbar verdrossen, daß mir die Thränen in die Augen kamen – Cranz und Avé sagten mir *nicht eine* Silbe über's Spiel, und Cranz lobte am Schluß des Concerts meine Ohrringel – ich hätte ihn mögen prügeln! Du wirst mich recht kleinlich heißen, ich kann mir aber nicht helfen. Verkenne mich nicht, ich habe ein Gefühl gehabt seit gestern, das sich nicht beschreiben läßt, aber gewiß ist es keins, das Dich erzürnen kann auf mich. Grund (der Capellmeister) hat mich gefreut, der war so recht künstlerisch warm. Denke Dir, daß ich das Capriccio von Mendelssohn von Noten gespielt, aus lauter unbegreiflicher Angst...

Als Du den letzten Brief schriebst, dachtest Du wohl nicht, daß er mich eine Stunde vor dem Spiel auf dem Theater treffen würde. Ich kann Dir nicht sagen, wie heiter mich dieser Brief gestimmt, ich verlor alle Angst und spielte das Concert von Chopin... ganz schön zu meiner eigenen Zufriedenheit, das will doch viel sagen. Das Haus war voll, das Publikum empfing mich gleich mit dem lebhaftesten anhaltendsten Beifall und wurde bis zum Schluß immer wärmer und wärmer. Bei der Caprice von Thalberg hatte ich ein fatales Malheur. Du weißt, man sitzt doch auf dem Soufleurkasten und dieser wackelte immer fort und krachte jedes Mal wenn ich in den Diskant kam – meine Angst war furchtbar, das Ding würde einstürzen und daher kam's, daß mir einiges in der Caprice verunglückte, doch das Publikum hats nicht gemerkt. Das Ave Maria, das ich vor der Caprice spielte, gefiel außerordentlich, ich hab's aber auch schön gespielt – das machte Dein Brief, den ich nicht aus dem Sinn brachte. Na, nun hab ich Dir wohl genug von meiner Spielerei erzählt – nimm's nicht übel, wenn ich aber zufrieden gewesen, so erzähl ich Dir auch gern davon.

Bremen

Das Concert ist glücklich vorübergegangen, ich hatte ein schönes Instrument vom Vater und spielte gut, kam mir aber so unglücklich dabei vor, daß mir Alles, was ich spielte, traurig schien. Das Publikum klatscht hier *nicht*, das nimmt auch alles Anima. (Es ist Gesetz in den Concerten, weil darin oft Dilettanten mitwirken, aber es gehört norddeutsche Kälte dazu, solch ein Gesetz mit solcher Gewissenhaftigkeit zu befolgen.) Der Künstler bedarf nun einmal durchaus der äußeren Beifallsbezeugungen, er weiß ja sonst nicht, woran er ist. Uebermorgen geb ich mein Concert, reise Sonnabend ab, und laufe mit Gott Sonntag früh 9 Uhr glücklich im Hamburger Hafen ein.

Weimar

Tagebuch: Das war mein letztes Konzert als Clara Wieck, und wehmütig ward mir ums Herz.

Leipzig

Wir haben begonnen mit den Fugen von *Bach*; Robert bezeichnet die Stellen, wo das Thema immer wieder eintritt – es ist doch ein gar interressantes Studium die Fugen, und schafft mir täglich mehr Genuß. Robert gab mir einen starken Verweiß; ich hatte eine Stelle in Octaven verdoppelt und dadurch unerlaubt eine fünfte Stimme dem vierstimmigen Satz beigefügt. Er hatte Recht das zu rügen, doch schmerzte es mich, daß ich selbst dies nicht gefühlt hatte.

Ich habe Abends recht ernstlich wieder angefangen, das Concert in *E moll* von *Chopin* zu studieren, auch mache ich mich jetzt über meines Mannes Compositionen mit Ernst.

Ich habe eine gefährliche Nebenbuhlerin in der *Rieffel*, von der Robert, wie ich aus einer Aeußerung schließen konnte, seine Compositionen lieber hört als von mir – das ist mir denn nicht wenig in den Sinn gefahren! Er sagte, sie spiele die Sachen exacter; dies mag auch sein, denn ich erfasse immer gleich das Ganze und übersehe darüber wohl manchen kleinen aber bedeutungsvollen Accent, wie es Deren in Roberts Compositionen sehr Viele giebt – fast jede Note hat ihre Bedeutung, das kann man wohl sagen. Ich übersehe über die Composition die Ausführung, und das soll nicht mehr sein, ich will mich bemühen seinem Ideale nachzukommen.

Könnte ich nur den Robert bewegen mit mir nach Holland und Belgien zu reisen, damit ich doch nächsten Winter benutze – es ist mir schrecklich ihm gar nichts mit meinem Talente nützen zu können, jetzt, wo ich die besten Kräfte dazu besitze. Ueberlege es Dir doch noch einmal, mein lieber Mann! laß uns *nur ein paar* Winter noch benutzen – ich bin es ja auch meinem Rufe schuldig, daß ich mich jetzt noch nicht ganz zurückziehe. Es ist ein Pflichtgefühl gegen Dich und mich, das in mir spricht.

Meine Unwissenheit in den Wissenschaften, meine Unbelesenheit fühle ich doch manchmal recht drückend! wann soll ich aber lesen? ich finde die Zeit nicht wie Andere, und dann glaube ich, mir fehlt der eigentliche Trieb zum Lesen, den ich mir durchaus nicht geben kann. Ich lese gern, ja, aber ich kann (aber) auch ein Buch lange unberührt lassen, was z. B. Emilie und Elise nicht im Stande sind; sie fallen gleich über Alles, das zu lesen, her, daher auch ihre Kenntnisse, ihr Bewandertsein in Allem, was in der Welt vorgeht.

Ich fühle mich manchmal recht unglücklich in mir selbst – wenn ich so in meinem leeren Kopf mich umsehe.

Nun, so lange nur noch mein Robert sich mit mir begnügt, ist's gut, aber wär' das auch nicht, da wär's ganz aus mit mir! –

Als ich (erst) so recht innig meinen Robert zu lieben anfing, da fühlte ich erst was ich spielte, und die Leute sagten, eine tiefere Regung müsse es seyn, die mich so seelenvoll spielen mache.

Noch immer bessert sich mein Unwohlsein nicht – meine Angst steigt von Tag zu Tag. Ich bin melancholisch, und manche Sorgen quälen mich – gebe Gott, daß meine Besorgnisse nicht eintreffen! meine große Liebe zum Robert macht, daß ich mich quäle; ich möchte ihm nur Freude machen, und mache ihm Sorgen.

Jeder fragt, ob ich nicht reise – ich komme ganz in Vergessenheit, und in einigen Jahren, wenn wir vielleicht eine Reise machen wollen, wer weiß, (es) was da Anderes in der Kunst die Leute beschäftigt. Ich möchte so gern diesen, und vielleicht auch nächsten Winter noch reisen, und mich dann von der Oeffentlichkeit zurückziehen, meinem Haus leben und Stunden geben. Wir können dann sorgenfrei leben – überlege es Dir doch noch einmal recht ordentlich, mein lieber Mann.

Amalie *Rieffel* spielte die erste Ballade von *Chopin*, mit Feuer, nur gingen die Finger einigemal durch. Ich behaupte, das Feuer und die Leidenschaft darf nie auf Kosten der Präzision gehen, wo es dann keinen vollkommenen Genuß gewährt, auch liebe ich nicht wenn das Feuer in einem *unaufhaltsamen* Eilen besteht, wie es nicht etwa bei Amalie immer, aber doch zuweilen der Fall ist. Das ist ein Fehler vor dem ich mich entsetzlich hüte, und der mir, besonders früher, sehr oft passirte. Eilen, in Passagen z. B., ist schülerhaft, wo es nicht etwa dem Character des Stückes angemessen, vielleicht vom Componisten selbst vorgezeichnet ist, dann ist es aber *agitato* – ein anderes Ding! – Ich gerieth mit Robert in einen Streit (des)wegen Amalie, der aber bald persönlich und für mich sehr betrübend wurde. *Tempi passati.*

Ich fange wieder an regelmäßig zu studieren werde aber meines Spielens nicht froh. Er gelingt mir wohl zuweilen Etwas, doch es ist nur Zufall, und so kann denn mein Spiel auch keinen wahren Genuß gewähren, da ich ängstlich spiele, und dies theilt sich leicht dem Zuhörer mit. Diese Angst Jemand vorzuspielen betrübt mich oft, doch ich kann mir nicht helfen – ich tröste mich manchmal damit, daß es vielleicht auch von körperlicher Schwäche rührt! Ich bin immer matt, und traurig macht mich der Gedanke, daß es vielleicht lange dauert, ehe ich meine alte Kraft wieder gewinne. Um Roberts Willen möchte ich das, denn für einen Mann ist es schrecklich(es) immer eine lamentierende Frau um sich zu haben. Mein Robert ist übrigens bei alledem so liebreich, und freundlich zusprechend, daß er fast immer meine trüben Gedanken verscheucht.

Ich wurde von *Mendelssohn* und *Ole Bull* dringend zum Spielen aufgefordert, was mich ganz entsetzlich verstimmte, da ich es abschlagen mußte. Wer weiß wäre ich standhaft geblieben, hätten (ich) nicht die bedeutungsvollen Blicke meines Mannes bewirkt, der übrigens volles Recht hatte mich nicht spielen zu lassen. Man muß sich etwas selten machen, und überdieß würde ich jetzt nicht mir zum Ruhme spielen, das auch Robert recht gut wußte.

Von jeher war mir eine Coquetterie beim Clavierspiel zuwider, vielleicht auch gab mir der Vater vielen Grund dazu, weil er immer darnach strebte, ich möchte das Publikum durch (eine äußere) Coquetterie im Spiel und Person einnehmen. Das kann man allerdings sehr leicht, (durch Coquetterie) doch schien mir das immer ein sehr unedles Streben zu sein, (ich) und ich förmlich talentlos dafür.

1841

Zum Spielen komme ich jetzt gar nicht; theils hält mich mein Unwohlseyn, theils Robert's Componieren ab. Wäre es doch nur möglich dem Uebel mit den leichten Wänden abzuhelfen, ich verlerne Alles, und werde noch ganz melancholisch darüber.

Mein lieber Robert hat des liebevollen und Schönen über mich so viel gesagt, daß ich gar nicht weiß was erwidern, nur so viel will ich sagen und hab es schon (sch) tausent Mal gesagt, daß mich diese Liebe gar zu unaussprechlich beglückt. Wir genießen ein Glück, das ich früher nie gekannt – ein sogenanntes *häusliches Glück* verspottete mein Vater allezeit. Wie bedauere ich Die, die das nicht kennen! sie leben doch nur halb! –

Unser Befinden war die Woche über schlecht! ich leide fortwährend am Kopf und Robert ist in einem vegetierenden Zustand – er hatte sich mit der Symphonie zu sehr angestrengt – es wird schon wieder besser werden, nur nicht niedergeschlagen mein Freund! –

Sonnabend d. 27 brachte *Mendelssohn* sein zu meinem Concerte componirtes Duo. Wir spielten es, es mißfiel ihm, und er gerieth in einen komischen Zorn, weil er sich Einiges schöner gedacht. Er spielte uns einige Lieder ohne Worte, darunter ein Volkslied einzig schön. Es stimmte mich sein Spiel melancholisch, ich mochte nicht mehr an meines denken; ich sah Roberts Freudestrahlenden Blick dabei, und es war mir so schmerzlich, daß ich fühlen mußte dies ihm nie bieten zu können.

Seit 3 Tagen habe ich wieder angefangen eine Stunde Tonleitern und Uebungen zu spielen, damit ich nur wenigstens nicht Alles verlerne, aber mit dem Componieren ist doch auch gar nichts mehr – alle Poesie ist aus mir gewichen.

Ich habe diese Woche angefangen regelmäßig zu spielen, täglich wenigstens 2 Stunden. Ich spiele meist Fugen und Sonaten von *Beethoven*, will mich aber nächstens auch wieder einmal ernstlich an Roberts Compositionen machen. Leider bleiben mir doch zu wenig Stunden zu musikalischer Beschäfftigung, und das wird nun vor der Hand auch nicht besser werden – froh bin ich, daß ich wenigstens täglich wieder spiele! ich lege mich ruhiger zu Bett, wenn ich diese Pflicht an mir selbst erfüllt habe. Robert scheint auch zufrieden, und läßt es nie fehlen an Aufmunterung.

Je weniger ich jetzt öffentlich spiele, je mehr wird mir das ganze mechanische Virtuosenthum verhaßt! Die Concertcompositionen als: Etuden von Henselt, Fantasieen von Thalberg, Liszt, pp: sind mir ganz zuwider geworden.

Sontag d. 5ten kam *Liszt* wieder, um Montag d. 6ten das *Duo* mit mir zu spielen. Wie das Publikum seine Gefälligkeit gegen uns aufnahm läßt sich denken. Es machte Furore, und wir mußten einen Theil davon wiederholen. Ich war nicht zufrieden, sogar sehr unglücklich diesen Abend, und die folgenden Tage, weil Robert von meinem Spiel nicht befriedigt war, auch ärgerte ich mich, daß Roberts Symphonieen nicht besonders ausgeführt wurden, und hatten sich diesen Abend überhaupt manche kleine Fatalitäten ereignet, mit Wagen, vergessenen Noten, wacklichen Stuhl beim Spielen, Unruhe vor Liszt *ect: ect:* Es vereinigte sich zu viel des Guten – *Liszt*, ein ungeheuer voller Saal (900 Menschen) – als daß nicht etwas Unangenehmes mein Vergnügen darüber hätte stören sollen.

In der Pause war *Liszt* so aufmerksam mir einen Blumenstrauß zu bringen, was das Publikum sehr freundlich aufnahm. Man empfing mich bei'm ersten Auftreten mit allgemeinem Applaus, der sich während des Concertes steigerte, obgleich, wie Robert sagt, ich nicht so gut gespielt habe, als oft andere Male – ich muß es auch zugeben!

1842 · Kopenhagen

An Emilie List: Ja wirklich ging ich allein nach Kopenhagen (d. h ohne Robert, aber doch mit einer Dame aus Bremen), trennte mich von ihm, doch dies soll nie mehr geschehen, so Gott will. Ich will Dir die ganze Sache erklären:

In Hamburg redete man uns außerordentlich zu, Kopenhagen zu besuchen, auch bekamen wir von daher verschiedene Aufforderungen, so daß wir uns entschlossen und zusagten, zugleich den Auftrag gaben, mein Konzert vorzubereiten.

Als nun aber die Zeit herankam, so sah Robert immer mehr die Unmöglichkeit ein, seine Zeitung noch vielleicht zwei Monate in fremden Händen zu lassen; die drei Wochen, auf die er sich eingerichtet, waren vorüber, und somit beschlossen wir, die Reise aufzugeben; ich aber überlegte mir die Sache! ich bin eine Frau, versäume zu Hause nichts, verdiene nichts, warum sollte ich nicht meinem Robert auch einmal mit meinem Talente ein kleines Scherflein spenden? konnte mir das irgend Jemand verdenken? und meinem

Mann, daß er zu Haus zur Kleinen und zu seinen Geschäften ging? Ich schlug meinen Plan Robert vor, vor dem er zwar erschrak, endlich jedoch einwilligte, da ich ihm die Sache so vernünftig als möglich vorstellte. Es war gewiß für eine Frau, die so ihren Mann liebt wie ich, ein großer Schritt, doch, ich tat es aus Liebe zu ihm, und dann ist mir kein Opfer zu groß und schwer.

Tagebuch: Ich hatte während meines ganzen Aufenthalts in Kop.[enhagen] immer Noth und Angst auszustehen mit meinen Fingern, die fortwährend entzündet waren von vielem Spielen. Zum Glück hinderte es mich an keinem Concert, obgleich ich besonders das letzte Concerte mit vielen Schmerzen durchbrachte.

Sontag d. 17 machte ich den Beschluß bei'm Publikum. Ich spielte noch eine Piece in einem Armenconcert im Königl[ichen] Theater, und wollte mit dem höchsten Enthusiasmus vom Publikum begrüßt – nach dem Ende des Stücks hervorgerufen. Ich war sehr weich gestimmt! ungern schied ich von der Stadt, wo man mir so viel Liebes erwiesen, (und wo ich reich beschenkt wurde) und wo mir zu jeder Zeit so viel Auszeichnung zu Theil wurde, doch der Gedanke an meine Lieben zu Haus verscheuchte auch gleich wieder alle Wehmuth, die sich in die freudigste Hoffnung dann verwandelte.

Leipzig

Ach Robert! wüßtest Du doch, wie es immer so liebevoll in meinem Innren aussieht, wie ich Dich auf Händen tragen, Dir das Leben immer nur rosenfarben zeigen möchte, wie ich Dich so unendlich liebe! all meine Sorge ist ja nur für Dich; der Gedanke, Du sollst für Geld arbeiten, ist mir der

Schrecklichste, denn dies kann Dich einmal nicht glüklich machen, und doch sehe ich keinen anderen Ausweg, wenn Du nicht mich auch arbeiten läßt, wenn Du mir alle Wege, etwas zu verdienen, abschneidest. Ich möchte ja aber gerne verdienen, um Dir ein nur Deiner Kunst geweihtes Leben zu schaffen; es schmerzt mich aufs tiefste, wenn ich Dich um Geld bitten muß, und Du mir Dein Erworbenes giebst, es ist mir oft, als müßte dies alle Poesie von Deinem Leben rauben.

Eroica von *Beethov*[en] beschloß das Concert. Heute erschien mir der Marsch am schönsten, erhaben, groß, wie immer der ganze *Beethoven*. Ich habe so meine Gefühle für Jeden der beiden großen Meister, *Beethov*[en] und *Mozart*. *Mozart* den liebe ich recht zärtlich, *Beethoven* aber verehre ich wie einen Gott, der Einem aber immer fern bleibt, nie Eines mit uns wird. Robert wird jetzt denken »ein Gänschen hab ich zur Frau, will poetisch sein und ist doch so ledern«. Du hast Recht mein Lieber! hätte mir doch der Himmel einen kleinen Theil so viel Verstand und Geist gegeben, als ich Gefühl für Alles Schöne und Edle besitze, so wäre es gut.

1843

Marie spielt allerliebst, doch störte mich bei ihrem Spiel immer die Unlust, die aus jedem Ton zu klingen schien, doch, ich soll es ja eben so gemacht haben, und kann mir nun wohl denken, wie schrecklich das manchmal für den Vater gewesen sein mag. *Marie* aber soll nächstens öffentlich auftreten – es geht ihr wie mir als Kind – sie fürchtet sich nicht vor dem Spielen, nur vor dem Kniks.

Robert hat mit Ende vorigen Monats den ersten Theil seiner *Peri* beendet, und wird nun bald an den zweiten gehen, leider hält ihn die fatale Zeitung schon seit 8 Tagen von allem Anderen ab, was ihn recht sehr verstimmt – warum bin ich doch keine Schriftstellerin! wie könnte ich ihm nutzen, mehr als je mit meinem Klavierspiel. Ich spiele jetzt fast gar nicht; am Tage geht es nicht, da stört es Robert, und Abends bin ich immer zu müde dazu, und meine Umstände erschweren mir das Spielen gar zu sehr.

Unser eheliches Zusammenleben war wie immer liebevoll und glücklich, bis auf einige kleine Stürme, die aber vorübergingen, deren Schuld ich übrigens trug. Ich kümmere mich um unsere Zukunft, möchte jetzt, wo wir jung sind verdienen, ein kleines Capital sammeln, während Robert anderer Ansicht ist und sich dazu nicht entschließen kann. Doch hat er mich beruhigt durch das Versprechen, daß wir nächsten Winter gewiß etwas Großes unternehmen.

1844 · Dorpat

Freitag d. 23/11 brachte Robert im Bette zu, konnte natürlich auch meinem zweiten Concert am Abend nicht beiwohnen. Es fand in der *Ressource* statt und war sehr besucht – der Beifall stürmisch. Allgemein schrie man »noch ein Concert« und erst mit dem Versprechen eines dritten Concerts wurde ich aus dem Saal gelassen. Robert war unter der Zeit aufgestanden, war aber zu schwach gewesen um außer Bett zu bleiben.

Moskau

Sonnabend d. 27/15 April um 1 Uhr gab ich mein zweites Concert im Saal der *Noblesse*, das wieder wenig besucht war, obgleich mehr als das Erste. Das Publikum aber höchst enthusiastisch, trotzdem daß das Klavier ganz und gar nicht deutlich zu hören war, da der Saal überhaupt für Musik ungünstig ist, und wir das Pianoforte in die Mitte des Saales gestellt hatten, was uns Alle riethen, was wir aber bitter bereut haben. Ich war sehr unglücklich darüber, sowie über das kleine Publikum, was freilich in diesem ungeheueren Local noch kleiner erschien, als es wirklich war.

1845 · Dresden

Marie Wieck hat alles, was ein Unterricht wie der vom Vater ausrichten kann, ... doch es fehlt ihr der Spiritus, mir kommt ihr Spiel immer maschinenmäßig vor, immer unlustig, und dann fehlt es ihr auch noch sehr an Kraft und Ausdauer. Ich hatte wohl auch keine Lust als Kind, spielte ich aber vor, oder gar öffentlich, so kam doch immer ein Animus in mich; was mir aber vorzügliche Sorge machte, war, daß es ihr noch an mechanischer Fertigkeit fehlt, und bedenken muß man, daß das Publicum seit der Zeit, wo ich als Kind reiste, ganz andre Ansprüche an Leistungen von Kindern zu machen gelernt hat; was jetzt Kinder oft leisten, ist ja eminent, und das ist bei Marie nicht der Fall – sie spielt gut, aber nicht ausgezeichnet. Bewunderungswürdig ist die Ausdauer des Vaters, mit welcher er es soweit gebracht, und darum wünschte ich ihm so sehr, daß er vollen Lohn dafür fände, was aber jetzt noch nicht möglich ist.

1846 · Wien

Das Publikum nahm mich (besonders nach dem G-dur-Konzert von Beethoven) sehr freundlich auf, ich fand aber nichts von dem Enthusiasmus, wie er vor 9 Jahren war.

Meine andern Sachen (außer der A-moll-Fuge von Bach) sprachen nicht so sehr an, man machte mir den Vorwurf, ich spiele zu gute Sachen, die verstünde das Publikum nicht. Mir war dieser Vorwurf lieber als ein umgekehrter. Ich merkte aber gar bald, daß ich nicht nach Wien passe, und die Lust, hierzubleiben, verging mir ganz, noch viel weniger kann sich Robert hier auf die Länge gefallen. Die Mittel zu dem Besten sind hier, doch der gute Sinn fehlt – die Italiener verderben das Publikum.

1847

Das Konzert war das schönste und brillanteste, was ich gegeben, ... bezahlte uns die ganze Reise, und wir brachten auch noch 300 Taler nach Dresden mit. Und doch gehört es zu meinen traurigsten Erinnerungen; ich konnte mich des bittersten Gefühles nicht erwehren, daß ein Lied der Lind bewirkte, was ich mit all meiner Spielerei nicht hatte können erreichen.

Dresden

So glücklich ich nun auch war, wieder bei den Kindern zu sein, so war mir die plötzliche Ruhe nach so bewegtem Leben die ersten Tage peinlich, aber bald gewöhnte ich mich und fing an, Roberts letzte (C-dur) Symphonie für 4 Hände zu arrangieren.

Ich bin faul, kann aber nicht anders, denn ich bin auch immer unwohl und schrecklich matt. Ach könnte ich nur arbeiten, das ist mein einziger Kummer.

1848

Am 14 Oktober: Soiree zu Ehren der Schröder-Devrient, die Roberts »Frauenliebe und Leben«, alle 8 Lieder, ganz herrlich sang! Es war für uns ein hoher Genuß, und wieder mußten wir ausrufen: »es gibt doch nur eine Devrient!« – Außerdem sang sie aus dem »Orpheus« von Gluck und zwei Lieder von Schubert »Am Meer« und »Trockne Blumen«. Letztere beiden aber sang sie mir zu übertrieben! Wenn die Leidenschaft alle Grenzen überschreitet, dann packt sie mich nicht, sondern wird mir zuwider; die Arie von Gluck aber entzückte mich! und wie klang ihre Stimme doch wieder so schön, so weich, so nobel! für einen Ton von ihr geb ich sie alle hin, die jungen Sängerinnen! Sie haben alle keinen Geist und kein Gemüt!

1850 · Hamburg

Die Soiree am Abend in Altona war herrlich! selten vereinte sich wohl soviel als heute! voller Saal, ungeheuer enthusiastisches Publikum, der herrliche Gesang, mein Spiel auch nicht schlecht, Roberts wundervolles Trio mit Böie und Kupfer, kurz es fehlte nichts zu einem schönen Ganzen! ich war sehr glücklich, auch dadurch, daß ich dem Publikum gegenüber als Künstlerin nicht gegen die Lind zurückstand, sondern gleiches Interesse und gleichen enthusiastischen Beifall fand als sie. Das begeisterte mich aber auch zur höchsten Anspannung meiner geistigen und körperlichen Kräfte. Ich hatte mich sehr vor dem demütigenden Gefühle einer Zurücksetzung gefürchtet, und daß es nun nicht so war, freute mich sehr!

Dienstag, den 24., fand das erste Abonnementskonzert statt. Es war der Saal so voll wie nie in den Konzerten; viele Fremde aus Elberfeld, Krefeld, aus Münster sogar, waren gekommen. Robert wurde beim Auftreten mit einem dreimaligen Tusch empfangen. Die Ouvertüre von Beethoven (Op. 124) ging sehr schön, und war es mir ein besonderer Genuß, Robert heute dirigieren zu sehen mit der schönen Ruhe und doch so großen Energie dabei. Der Ouvertüre folgte Mendelssohns immer von neuem bezauberndes G-moll-Konzert. Auch ich wurde mit einem Tusch empfangen und ebenso nach meinem Spielen entlassen. Es gelang mir alles vortrefflich, und nie kann ich mich eines so allgemeinen Beifalls entsinnen, als ich heute fand. Seit vielen Jahren war es das erstemal wieder, daß ich ein Orchesterstück öffentlich *auswendig* spielte. Sollte die Jugendkraft und Frische wohl noch einmal wiederkehren? ich glaube es trotz des guten Gelingens nicht. Diese Dreistigkeit, die zum Auswendigspielen gehört, bringt doch nur die Jugend mit sich.

Ich weiß kaum mehr, wie ich noch spielen soll, während ich mich bemühe, den Sänger möglichst zart und nachgebend zu begleiten, spricht Robert, meine Begleitung ist ihm schrecklich! Müßte ich nicht mein Spiel benutzen, um auch etwas zu verdienen, ich spielte wahrhaftig keinen Ton mehr öffentlich, denn was hilft mir der Beifall der Leute, wenn ich ihn nicht befriedigen kann.

1852

Roberts Zimmer ist sehr freundlich und still gelegen, so daß er wie in einem Kästchen sitzt... die größte Annehmlichkeit ist noch die, daß ich mein Studierzimmer im zweiten Stock habe, wo Robert nichts hören kann. Zum ersten Male nach unsrer Verheiratung treffen wir es so glücklich!

1853

Heute fing ich auch endlich wieder an, zu studieren. Wenn ich so recht regelmäßig studieren kann, fühle ich mich doch eigentlich erst wieder so ganz in meinem Elemente; es ist, als ob eine ganz andre Stimmung über mich käme, viel leichter und freier, und alles erscheint mir heiterer und erfreulicher. Die Musik ist doch ein gutes Stück von meinem Leben, fehlt sie mir, so ist es, als wäre alle körperliche und geistige Elastizität von mir gewichen.

Meine letzten guten Jahre gehen hin, meine Kräfte auch – gewiß Grund genug, mich zu betrüben. Ich bin so entmutigt, daß ich es gar nicht sagen kann.

Den Haag

Robert sagt von mir in seinen Notizen: ich spiele hier in Holland wunderschön. Solch eine Teilnahme vom Publikum, die muß einen aber auch begeistern. Der Enthusiasmus des Publikums und des Orchesters (obgleich dies dem Rotterdamer nicht ebenbürtig war) nach dem ersten Beethovenschen Satze hob mich über mich selbst.

Robert sagt wieder in seinen Notizen: »Claras wunderschönes Spiel!« Das freut mich sehr, daß Robert immer so teilnehmend für mein Spiel ist, und er weiß auch, daß wenn er zufrieden, mir dies lieber ist, als läge mir ein ganzes Publikum zu Füßen.

Wir spielten Roberts dritte Sonate in A-moll, und heute haben wir beide sie erst so recht mit dem Animus gespielt, wie es sein muß. Ich hatte sie schon früher in mich aufgenommen, aber Joachim konnte sich noch das letztemal in Hannover gar nicht recht hereinfinden. Heute war er begeistert und ich mit. – Es ist das einzige, was mir Linderung schaffen kann – seine Musik! da gehe ich darin auf, sie ergreift mich aufs tiefste, lindert aber doch auf Minuten meinen Schmerz, der dann freilich um so lauter wird, wenn ich fertig bin, dann fühle ich doppelt die Wucht des harten Schicksals, ihm nicht mehr die Hand in Verehrung drücken zu können, nicht mehr ihm selbst es sagen zu können, wie sehr seine Werke mich begeistern.

Mittwoch, den 22. März. Freundliches Anerbieten von Dr. Härtel, für mich und die Kinder in Leipzig ein Konzert zu geben. Ich lehnte es natürlich gleich entschieden ab ... Konzert lasse ich niemand für mich geben, das tue ich selbst, wenn ich es bedarf ...

Brahms spielte mir Schunkes an Robert dedizierte reizend zarte, geistreiche Sonate vor ... und dann spielte ich meine Variationen über Roberts Thema, die mich aber schrecklich traurig stimmten, denn gerade ein Jahr ist es, daß ich sie komponierte und so glücklich in dem Gedanken war, ihn damit zu überraschen. Dies Jahr muß ich seinen Geburtstag allein verleben, und er weiß ihn nicht einmal! ... Wir spielten noch vierhändig die Bilder aus Osten und Ouvertüre, Scherzo und Finale vom Robert. Es spielt sich nicht leicht mit Brahms; er spielt zu willkürlich – auf ein Viertel mehr oder weniger kommt es ihm gar nicht an ...
25 Mai. Liszt sandte heute eine an Robert dedizierte Sonate und einige andre Sachen mit einem freundlichen Schreiben

an mich. Die Sachen sind aber schaurig! Brahms spielte sie mir, ich wurde aber ganz elend.... Das ist nur noch blinder Lärm – kein gesunder Gedanke mehr, alles verwirrt, eine klare Harmoniefolge ist da nicht mehr herauszufinden! Und da muß ich mich nun noch bedanken – es ist wirklich schrecklich.

Die Musik verfolgt mich wie nie, sie läßt mich abends nicht einschlafen und beschäftigt mich am Tage oft so, daß ich mich auf einer Zerstreutheit ertappe, wie sie mir sonst nicht eigen ist. –

Ach, lieber Joachim, was es Herrliches ist, Künstlerin zu sein, glaubte ich immer zu wissen und weiß es doch erst jetzt recht eigentlich, wo ich doch nur in der göttlichen Musik Leid und Freude so recht aushauchen kann, daß es mir dann oft ganz wohl wird.

1855 · Utrecht

Es ist unglaublich schwer, mit zerrissenem Herzen vor das Publikum zu treten.

Ems

Die Welt ist doch böswillig, immer bereit, Neues, Bedeutendes mit Füßen zu treten!

Unter welchen Gefühlen gab ich es! Wie fühlte ich mich entwürdigt vor solchem Publikum, das keines meiner Stücke begriff, sich auch gar nicht die Mühe nahm, sondern nur immer auf die Lind wartete. Wahrhaftig der ganze vergangene Winter mit all den großen Strapazen war mir kein solches Opfer als dieser Abend, wo ich mich demütigen mußte aus Pflichtgefühl ... Ich kämpfte schwer mit meinen Tränen und war nur froh, daß keins meiner Lieben zugegen war, denn Robert wie Johannes hätte das Herz geblutet, hätten sie mich in so entwürdigter Stellung gesehen ... Zu Hause weinte ich noch viel – hätte ich doch Johannes bei mir gehabt, er hätte gewiß Trost für mich gehabt. – Der Überschuß dieses Konzertes betrug 1340 Taler, hinreichend, meine Familie die Sommermonate hindurchzubringen und noch etwas zurückzulegen. Ich sandte zu den schon im vorigen Winter ersparten 500 Talern noch 500 an Paul Mendelssohn. Nun habe ich bei ihm 1000 Taler stehen, das macht mir Freude, wenn ich's meinem teuren Robert einmal sagen kann. So habe ich für dies Erlittene doch wenigstens den Trost!

1856 · Wien

Solche Stimmungen heiligen Feuers sind doch die glücklichsten – da vergißt man sich und alles um sich, man lebt und webt nur in Tönen.

Furchtbare Soiree bei Liszt: kleine Zimmer, mit Menschen vollgepfropft, eine Hitze zum Ersticken ... fächelnde, vor Hitze fast hinschmelzende Damen mit ungeheuren Reifröcken und Haartoupeen, daß die Köpfe noch einmal so groß, als sie der liebe Gott geschaffen, erschienen ... Das war das Bild eines Salons, und da mußte ich spielen. Ich hätte weinen mögen um meine schönen Stücke, wo ein jedes zu gut war für solche Gesellschaft. Liszt spielte den Vornehmen ... Er sagte zu mir, als ich klagte, daß meine Stücke gar nicht hierher paßten: »ja, warum spielen Sie nicht so ein paar schlechte Stücke von Liszt, die wären hier am Platze!« ich erwiderte ihm ruhig: »Sie haben recht, doch das kann ich nicht.«

1857 · London

Den 18. Juni ... besuchte mich Rubinstein und spielte mir Mehreres von seinen Compositonen vor, die mich theilweise interessirten, weil sie doch Talent verrathen, jedoch entbehrte ich alle Anmuth, die auch seinem Spiel fehlt. Beim ersten Griff auf's Clavier entsetzte ich mich gleich über seinen harten Anschlag und dann gefiel mir sein Präludiren gar nicht; es kam mir so unkünstlerisch vor, sogleich über das Clavier hinwegzufahren in Sexten und Terzenläufen ... Seine Technik ist übrigens sehr groß. Von Joachim und Johannes sprachen wir, er nannte sie »Tugendpriester« – ich glaub es wohl, daß die nicht zusammenpassen.

München

An Woldemar Bargiel: Hier in München, Augsburg, überhaupt in Bayern, sind die Eintrittspreise sehr gering (das Höchste 20 Silbergroschen) die Kosten dabei unverhältnismäßig groß, was soll nun da herauskommen? Ich habe gestern im Odeon Concert gegeben es war sehr besucht, heute höre ich aber, daß, trotzdem die Capelle mir aus Gefälligkeit gespielt (wofür ich ihnen natürlich wieder aus Gefälligkeit spiele)) die Kosten dennoch sich auf 20 Louisdor belaufen. München ist übrigens in musikalischer Hinsicht noch sehr in der Kindheit – daß ein Künstler hier mehr als *ein* Concert gibt, scheint fast zu den Unmöglichkeiten zu gehören. Trotzdem ich wahrhaft enthusiastischen Beifall hatte gestern, so wird heute doch großer Rath gehalten, ob wohl noch Eines zu riskiren sei!

Tagebuch: 20. April. Langes Gespräch mit der Devrient, welche es Unrecht von mir findet, daß ich Johannes und Joachim über mein Spiel um Rath bitte... Sie behauptet dadurch verlöre man seine Selbständigkeit. Ich behaupte »Nein!« ein kräftiger Geist wird sich das Gute heraussuchen oder vielmehr das, was seiner Individualität zusagt und kann nur dabei gewinnen...

Düsseldorf

An Elisabeth Werner: Ich bekam nämlich von Cöln eine Einladung die Abonnementconcerte mit zu eröffnen, wovon das erste am 19. stattfindet; ich wies die Sache erst entschieden ab, weil ich mir es gar nicht möglich dachte, daß ich's so lange noch ohne die Kinder hier aushalten könnte, nun aber stellte man mir vor, wie sehr auch hier ein Concert von mir gewünscht wird, da ich seit 5 Jahren nicht hier gespielt, ich überlegte wie schrecklich viel Ausgaben ich jetzt habe, und daß ich, wenn ich vor meiner großen Reise nicht noch einige hundert Thaler verdienen kann, von meinem Capital zusetzen muß, so daß nun die Vernunft über das Herz siegen mußte.

Wien

An Joseph Joachim: Seien Sie froh, daß Sie nicht mit mir sind, denn mein Gemüthszustand ist furchtbar traurig, und oft so, daß meine Willenskraft ganz ohnmächtig dagegen. Freilich gebe ich Concerte, aber unter welch inneren Qualen? Meine Gesundheit geht dabei zu Grunde. Denken Sie, daß ich kein Concert gebe, wo ich nicht unter Todesangst ein Stück nach dem Andern spiele, weil mich das Gedächtniß immer zu verlassen droht, und die Angst davor quält mich schon Tage lang vorher... Nach dem ersten Stücke bekam ich solch einen Weinkrampf, daß es lange Zeit brauchte, bis ich wieder zu einiger Fassung kam. Ich glaube aber, es wäre besser, wären Sie mit mir...

An Johannes Brahms: Hier hat man mich schon die ganze Zeit her bestürmt die Kreisleriana zu spielen, ich finde sie aber so unpassend für's Concert; nun muß ich nachgeben, Spina sagt mir gerade zu, ich werde ein volleres Concert machen, wenn ich sie spiele. Ich will eine Auswahl treffen, Alle, das geht nicht.

1859

Ich habe hier furchtbar zu tun, ich arbeite unausgesetzt von früh bis abends, ins Theater komme ich fast gar nicht, weil's nicht möglich. Den ganzen Vormittag gebe ich Stunden, und nachmittags und abends besorge ich Korrespondenz, studiere, empfange Besuche, und das alles immer in größter Abspannung, denn die Stunden greifen mich furchtbar an, da ich mindestens drei jeden Tag hintereinander geben muß.

Habe ich einen Lohn aber, so ist es der, daß ich entschieden Gutes stifte hier, wo das Lehren auf der niedersten Stufe der Handwerkmäßigkeit steht. Talente gibt es genug. Die meisten meiner Schülerinnen spielen doch z. B. die schwersten Sachen Roberts, op. 13, 17, Kreisleriana, Sonaten usw....

Dresden

Heute jauchzen sie mir zu, morgen dem ärgsten Lumpen. Diese Erfahrung macht der ordentliche Künstler immer, und steht allein mit seiner Kunst, die ihn aber stützt und erhebt.

1860 · Amsterdam

Ich möchte Dir Interessantes von mir mitteilen können, doch kennst Du ja mein Leben; von außen mag es wohl manchem ein glückliches erscheinen, innen aber ist's unsäglich traurig oft. – Ehren habe ich genug hier genossen, in Utrecht Fackelzug und Ständchen von den Studenten, mit bengalischem Feuer – ich erschien dann im Halbdunkel am Fenster, da gab's Hurras, es wollte des Schreiens kein Ende nehmen, Begeisterung von der einen, Rührung von der andern Seite – das war schön! Nun, am Morgen waren die Fackeln verraucht, wohl auch die Begeisterung – wofür all den Aufwand an Gefühlen?! Recht ein Abbild des ganzen Lebens. Hier gab's Tusch, großen Enthusiasmus – nun, Du weißt's ja: »Heute mir, morgen Dir!« (ich meine aber nicht Dich!) Dir wollte ich gern meine Stelle und viel mehr noch einräumen.

Wien

Mein erstes Konzert hat schon am 1. März stattgefunden und war drückend voll; schon lange vorher waren die guten Plätze für alle drei Konzerte (ich habe nämlich einen Zyklus von dreien veranstaltet) fort, und zuletzt war alles genommen. Was mir aber am meisten Freude gemacht, war der Empfang, als ich erschien, ein endloser Applaus, dem ich's anfühlen konnte, daß er den Leuten von Herzen kam, die mich lieb haben; es war das gebildetste Publikum, was man überhaupt hier haben kann. Es läßt sich überhaupt gar gut hier musizieren – wenn man denn doch einmal vorm Publikum Musik machen muß, dann freut es einen aber auch, wenn man merkt, wie's die Leute packt. Im Carnaval z. B. verging doch kein Stück, wo ich nicht durch immer wieder Anfangen des nächstfolgenden Stückes den Beifall des Publikums so quasi abwehren mußte – stört das auch, so freut's im Grunde genommen doch. Wie übrigens die Verehrung für Robert hier wächst, glaubst Du kaum, und das gibt mir, wenn auch Schmerz einesteils, so doch auch das schöne Gefühl der Genugtuung für ihn, der hier vergebens kämpfte.

In meinem nächsten Konzert am 8. denke ich zwei Balladen von Dir zu spielen, die in D dur und H moll. Das 3. ist am 15. – was dann wird, weiß ich noch nicht, man spricht mir von einem zweiten Zyklus, doch ehe die drei nicht vorüber, entschließe ich mich nicht. Nach Pest gehe ich wohl nicht, es sieht dort gar zu unruhig aus. Merkwürdig ist aber, daß alle Theater, Konzerte diesen Winter so voll sind wie Jahre vorher nicht, und das kommt daher, weil das Geld gar keinen Wert hat; die Leute geben es aus, weil sie nicht wissen, ob es morgen nicht schon wieder wertloser geworden. Denke Dir nur, daß der Taler 10 Silbergroschen mehr als sonst gilt. Ich werde das beim Einwechseln des Geldes bitter genug empfinden.

Godesberg

Heute ist dies der 9. Brief, alle in Geschäften, zu diesem habe ich mir nun eine ruhige Nachtstunde genommen, sonst käme ich wieder nicht dazu. Du weißt, ich gebe in Dresden drei Soireen, desgleichen drei in Berlin und eine in Leipzig, diese nun alle schriftlich zu arrangieren, das ist keine Kleinigkeit, und es ruht ja immer alles allein auf mir!

In Köln habe ich für den 23. abgeschrieben – ich werde ganz nervös in dem Gedanken an die Hetzerei. Ich befinde mich überhaupt sehr schlecht – mit mir nimmt es gewiß noch ein schlimmes Ende – Sorgen und Gram drücken mich mehr, als ein Mensch es ahnt. Doch nichts weiter davon.

Düsseldorf

An Emilie List: Meine Pläne, den 6ten Concert in Barmen, den 8. in Cöln, den 11. und 14. in Hamburg, den 16. in Altona, den 20. Hannover, den 24. Osnabrück, den 26. und 3. Februar Concerte in der Stadt und bei Hofe in Detmold. Von da nach Düsseldorf Vorbereitungen zur Reise nach Belgien. Abgang dorthin den 10ten Februar etc. etc. Du siehst eine schwere Zeit habe ich vor mir.

1861

Du meinst, lieber Johannes, ich gebe zu viel Concerte, weil ich *zuweilen* Etwas zurücklege, aber bedenke meine Sorgen, noch sieben Kinder zu erhalten, fünf noch zu erziehen, nächsten Winter sind sie Alle wieder zu Haus; Du kennst ja meine Ansicht darüber, ich will sie ihre Jugend so lange als möglich genießen lassen, nicht in Faulheit, aber die Geschwister zusammen, so viel es geht. Die Jungen kosten jetzt mit jedem Jahre mehr, und kommen sie vor ihrem 20. Jahre zu einem Selbstverdienste, so kann ich es doch nur als einen glücklichen Zufall ansehen. Die Kleinen werden noch recht viel brauchen, allein schon der Musikunterricht, wieviel kostet der *schon jetzt*, und dann, soll ich denn gar nicht an meine Zukunft denken? ich kann ja nicht wissen, ob ich nicht noch lange leben muß? sollte ich das in steter Sorge um mein täglich Brot? oder abhängig von meinen Kindern? Meine Gesundheit würde ich allerdings wohl mehr schonen bei weniger Anstrengungen, doch, giebt nicht am Ende ein jeder tüchtige Mensch sein Leben für seinen Beruf? Ich übertreibe es doch nicht, denn an innerer Frische und

Wärme fühle ich mich nicht ärmer, im Gegentheil jugendlicher als vor 20 Jahren, und glaube, daß ein ruhigeres Leben meinem Kummer nur zu viel freien Raum ließe.

Ich hatte neulich wieder einen Antrag aus Amerika, 4 Monate, vom 1. November an, und 10000 Taler, habe es aber abgelehnt; ein Jahr geht mir damit doch verloren, und also von den 10000 mindestens 5000 ab für das, was ich brauche, hätte ich also für das große Opfer 5000 Tlr.; das ist nichts, hat mich aber doch einige Tage recht beschäftigt. Solche Sachen sind aber alle nichts gegen die Sorgen wegen der Kinder, die wirklich ins Endlose gehen! –

Hamburg

Tagebuch: December. Ich blieb bis zum 9. in Hamburg und machte noch viel Musik in der Zeit. Am 3. spielte ich Johannes D-moll-Concert unter seiner Direction im philharmonischen Concert; ich war wohl die froheste im ganzen Saal, denn obgleich die Anstrengung groß war und nicht weniger die Angst, so überwog die Freude an dem Werke und daß er es selbst dirigirte, alles Andere, auch sogar das dumme Publicum ärgerte mich nicht – es verstand eben gar nichts und fühlte auch nichts, sonst hätte es doch mindestens gehörigen Respect zeigen müssen, dem Componisten ein Zeichen seiner Theilnahme wenigstens geben müssen – ist er doch ein Stadtkind!

Am 7. December gab ich noch eine Soiree, wo ich Johannes Händel-Variationen spielte. Ich spielte sie unter Todesangst, aber dennoch glücklich und mit viel Beifall. Johannes aber kränkte mich tief durch die Gleichgültigkeit, die er mir in Bezug darauf bewies. Er äußerte, er könne die Variationen nun nicht mehr hören, es sei ihm überhaupt schrecklich, etwas von sich hören zu müssen, unthätig dabei zu sitzen.

Einestheils begreife ich dies Empfinden recht gut, anderntheils aber ist es doch sehr hart, wenn man alle seine Kräfte an ein Werk gesetzt, und vom Componisten selbst kein freundliches Wort dafür hat... übrigens verlebten wir noch manche schöne Stunde, namentlich entzückte mich Johannes durch sein A-dur-Quartett...

1862 · Paris

An Johannes Brahms: Neulich hörte ich ein Concert im Conservatoir, es war technisch das vollendetste, was ich noch gehört, aber – kalt. Da ist Alles auf Effect berechnet, dem aber auch geopfert wird ohne alle Berücksichtigung oft der Composition. Sie spielen oft ein ganzes herrliches Thema ohne alle Schattirung, alle Wärme, und heben dann plötzlich einen Accent so heraus, daß das ganze Publicum »touchirt« ist; pp und ff, Cresc: und Dim: hört man aber wie nie wo anders; z. B. in der B-dur Symphonie v. Beethoven der Uebergang im ersten Satz wieder in's Thema, das war so, daß es Einen überrieselte. Den letzten Satz habe ich nie in einem solchen Presto gehört, und in welcher Vollendung!

Nun kann ich Dir, lieber Johannes, auch den glücklichen Erfolg meines Spiels heute im Conservatoir melden; Das Esdur-Konzert von Beethoven ist mir sehr gelungen, und gab es einen Beifallssturm. Es wurde schön begleitet, und wie prächtig waren all die Musiker gegen mich! – Außer in Wien habe ich solche Aufnahme nirgends gefunden – daß mir das wieder eine frische Anregung ist, glaubst Du gewiß. Schätzen wir auch im Grunde genommen das Publikum gering, so hat eine so lebendige Teilnahme für den Augenblick, wo man dasitzt, doch etwas sehr Animierendes.

Tagebuch: 16. Januar. Ein entsetzlicher Tag (in Amsterdam). Ich hatte Migräne und fortwährende Krämpfe … dabei probirte ich Morgens und spielte Abends in Felix Meritis Concert von Mozart, das mir miserabel begleitet wurde.

17. Jan. In schrecklichem Zustande nach Utrecht, spielte dort unter wahren Qualen, oft meinte ich aufhören zu müssen, dann raffte ich mich wieder auf und spielte trotz Allem gut …

20. Januar fuhren wir nach Arnheim, dort war das schauerlichste Concert, daß ich je erlebt. Eine große bretterne Bude, und ein Sturm, daß man nicht ohne Gefahr dahin gelangte; der Sturm brüllte während des ganzen Concertes oft so, daß man Minuten lang nichts von der Musik hörte, und es war als ob das Dach immer abgehoben würde und wieder herunter fiele, so daß man meinte, es stürze Alles zusammen. Und da saßen die Leute eingehüllt in Pelze, die Damen mit den Stöfchen unter den Füßen und blieben ruhig sitzen, als seien sie das gewöhnt. Was ich den Abend gelitten, werde ich nie vergessen … im bloßen Halse, eine Kälte, die mir förmlich in den Halswirbelknochen schnitt, die Arme wurden beim Spielen steif, dazu ein jämmerliches Orchester …

Düsseldorf

An Johannes Brahms: Die Concert-Correspondenzen sind endlos, dazu muß ich doch auch fleißig studiren und leider, möchte ich sagen, nimmt meine Gewissenhaftigkeit auf peinigende Weise zu, mir ist immer bei jedem Stück, als wenn ich es erst recht anfangen müßte zu studiren.

Was mich speziell betrifft, d. h. meine Erfolge in Rußland, so bin ich in anbetracht der jetzigen, höchst schlimmen Geldverhältnisse dort doch zufrieden, in Deutschland hätte ich das nicht erschwingen können. Die Anstrengungen waren freilich oft *sehr groß*. So z. B. mußte ich von Petersburg nach Moskau 20 Stunden reisen, kam morgens 9 Uhr dort an, hatte um 11 Uhr Probe und abends Konzert, dann noch drei Konzerte darauf, einen um den anderen Tag. Dann kehrten wir von Petersburg *direkt* nach Berlin zurück, 44 Stunden Reise. Das war schlimm für meinen armen Rücken, ich überstand aber alles, trotzdem ich fast immer unwohl in Rußland war (ich konnte Klima und Wasser schlecht vertragen), sehr gut.

In Moskau fand ich Nicolas Rubinstein – der Mensch hat eine Technik, die enorm, dabei ganz kleine kurze Finger, spielt aber nur meist Salonsachen und haut nach der Mode, Pedalgerassel und Verschiebungsgefühl! Er ist aber ein sehr liebenswürdiger Mensch, freilich mit moralischen Grundsätzen, die mir entsetzlich.

Es ist doch wahrhaft schade um die beiden so sehr begabten Brüder, aber überall fehlt ihnen der eigentliche Ernst, der Respekt vor der Kunst.

Baden-Baden

Ich habe jetzt fleißig an den Paganini-Variationen studirt, je mehr ich aber daran studire, desto schwerer finde ich sie, ruhe aber doch nicht, bis ich sie kann, dazu interessiren sie mich durch ihre geistreichen Combinationen. Für den Concertvortrag scheinen sie mir aber nicht geeignet, denn nicht mal der Musiker kann all den originellen Verzweigungen und piquanten Wendungen folgen, und wie viel mehr steht dann das Publicum davor wie vor Hieroglyphen ... Deine à 4 m Variationen op. 23 spielte ich neulich auch mit Rubinstein – erst wollte er nicht recht daran – nachher spielten wir sie rückwärts noch einmal, fast alle, weil sie ihm so gefielen.

Hamburg

Das Konzert war sehr gut besetzt, nur oben die Tribünen nicht, dazu gehört aber auch viel und ein anderes Programm, als sie unsereins macht. Ein kleines Malheur hatten wir im B dur-Trio von Beethoven. Hegar vergaß das Wiederholungszeichen und konnte sich nicht wieder hineinfinden, so daß ich ruhig aufhörte und noch 'mal anfing. Rose wurde zur dunkelsten Rose vor Alteration, Hegar blaß, ich aber merkwürdig ruhig, hatte es schon auf der ersten Seite wieder vergessen.

Neulich hatten wir in einer Soiree in Düsseldorf ein kurioses Abenteuer; es ging plötzlich das Gas aus; nach Verlauf einer Viertelstunde gelang es, wieder anzuzünden, wir begannen das Schlußstück, die Kreutzer-Sonate, da, kaum angefangen, ein Aufflackern, und finster wurde es wieder; wir spielten aber bei den paar Lichtern am Klavier weiter, das Publikum blieb sitzen, und behaupteten die Leute, sie hätten niemals so andächtig Musik genossen; es soll ganz merkwürdig ausgesehen haben, wir beide geisterbleich bei den zwei Lichtern – wir waren merkwürdig animiert und hatten einen Beifall, wie ich ihn selten im Norden erlebt.

1866 · Baden-Baden

Ich habe ein Engagement für vier Wochen (v. 14. Januar bis 10. Februar) von Chappell in London angenommen, wozu mich die Rücksicht bewog, daß ich auf diese Weise in den verschiedenen Städten Englands Bekanntschaften mache, mich dem Publicum zeige, und später dann auf eigene Hand dahin gehen kann, was ich jetzt kaum erreichen würde. Es war mir ein furchtbar schwerer Entschluß und nur der Gedanke, daß Joachim die Reise mit unternimmt, wir also unter des liebsten Freundes Schutz sind, bewog mich dazu.

1867 · London

An Elise Junge: Ich habe mich neulich im Crystall-Palast-Concert zu sehr angestrengt. Um 11 Uhr fuhren wir hinaus mit der Eisenbahn, dort hatten wir eine Viertel Stunde Treppen zu steigen nach dem Palast, um 1 Uhr hatte ich Probe zum Es-dur-Concert von Beethoven, gleich danach wurde gefrühstückt, dann angezogen, um 3 Uhr begann das Concert, wobei ich von Anfang bis zu Ende sein mußte, weil sie mir zu Ehren mit Roberts 4ter Symphonie (die sie übrigens herrlich spielten) begannen und mit der Hebriden-Ouverture schlossen, die auch wundervoll ging. So war auch das Concert von Beethoven prachtvoll begleitet, und später nach dem Capriccio von Mendelssohn mußte ich noch zugeben, wie meist hier in England, wenn ich Solo spiele. Sie können sich überhaupt gar nicht denken, wie warm das Publicum gegen mich ist, wie sie mich schon immer empfangen. Und bei alledem fehlt mir hier doch die *künstlerische* Anregung, wie ich sie z. B. in Wien doch immer empfinde. Es ist die Kunst eben *ganz Geschäft* hier, *unter uns* gesagt...

1868 · Baden-Baden

An Johannes Brahms: Eigenthümlich erscheint mir aber Deine Anschauung des Concertreisens! Du betrachtest es *nur* als Verdienst, ich *nicht*; ich fühle mich berufen zur Reproduction schöner Werke, vor allem auch der Roberts, so lange ich die Kraft habe und würde auch, ohne daß ich es unbedingt nöthig hätte, reisen, nur nicht in so anstrengender Weise, wie ich es oft muß. Die Ausübung der Kunst ist ja ein großer Theil meines Ichs, es ist mir die Luft in der ich athme! hingegen wollte ich lieber hungern, als mit *halber* Kraft öffentlich wirken ...

Bremen

Tagebuch: Ich spielte zum ersten mal (das wird man mir kaum glauben) Beethovens C-moll-Concert, mit wahrem Entzücken. Ich hatte mir eine Cadenz dazu gemacht, die, wie ich glaube, nicht schlecht ist. Dieses Concert war früher sehr abgedroschen, dies der Grund, weshalb ich es nicht studirte, jetzt hört man es selten ...

Breslau

Am Abend war Concert von Rubinstein; ich ging hinein, war aber außer mir, denn das war kein Spiel mehr, sondern entweder ein unsinniges Gepauke oder ein Verschiebungs-Geflüster, und so etwas läßt sich ein gebildet sein wollendes Publicum vormachen.

1869 · Frankfurt

An Johannes Brahms: Ich bin nie aufgetreten, wo ich nicht die wärmste Sympathie des ganzen Publicums empfunden hätte und das ist denn doch für den Künstler außerordentlich wohlthuend. Es war nicht ganz leicht einen ›Punct‹ zu machen, aber ich halte immer an meiner Ueberzeugung, daß ein solches Leben, wie das des Künstlers in London, nur eine Zeit lang ohne äußeren und inneren Schaden angeht und so setze ich mir immer ein bestimmtes Maaß.

1870 · Baden-Baden

Besten Dank, lieber Johannes, für Deine beiden Briefe. Nun denke, wie sonderbar! Am Morgen des Tages, wo ich abends Deinen ersten Brief erhielt, hatte ich an Herbeck abgeschrieben, ganz offen, daß ich in Gemeinschaft mit Wagner, der das mir Heiligste und Höchste in der Kunst wie im Leben angetastet und künstlerisch eine mir ganz unsympathische Richtung verfolge, kein Beethoven-Fest feiern könne etc. etc.

Der Brief konnte in Ermangelung eines dienstbaren Geistes nicht besorgt werden und blieb bis abends, wo Deiner kam, liegen. Ich schrieb nun einen andern, ich welchem ich mich aber auch nicht band, sondern erst um genauere Nachricht, *wer* dirigiere, wie das Programm festgestellt, bat, um alsdann sogleich meine Entscheidung zu geben. Du bist aber im Irrtum, wenn Du meinst, Liszt geniere mich am meisten! Dieser hat mir persönlich nie etwas getan (mir oder Robert), während Wagner in geringschätzendster Weise über Robert, Mendelssohn und Euch spricht, in wahrhaft unverschämter Weise; und unter dessen Direktion sollte ich mich hinsetzen und spielen? Und hätte ich in einem schwachen Momente, wo die Lust, gerade da zu spielen, mich alles andere hätte übersehen lassen, zugesagt, ich glaube, ich hätte noch tags zuvor wieder abgesagt, ich schämte mich vor mir selbst.

1872 · London

Von mir kann ich Dir wohl Gutes sagen insoweit, als die Aufnahme enthusiastisch ist, die Leute behaupten, ich habe nie so gespielt etc.: aber, ich leide furchtbar an Rheumatismus in den Arm-und Fingermuskeln, so daß ich mit wahrer Angst von einem Engagement zum andern blicke. Obgleich ich alles pp. übe, so bin ich doch in einer Stunde aufs äußerste ermüdet – natürlich, der Rheumatismus setzt sich in die am meisten angestrengten Glieder.

Tagebuch: Am 20. war meine alljährliche Abschiedsmatinée bei Burnands... Ich mußte noch einige Tage zugeben, weil die Königin mich zum Spiel in Buckingham Palace eingeladen. Das war ein unglaubliches Concert... Mad. Neruda, Frl. Regan, einige Herren und ich wirkten mit. Das Zimmer war schön für Musik aber nicht sehr groß – 700 Personen waren geladen (von 5-7 Uhr fand es statt), etwa 100 Personen waren im Saale und zwar zum größten Theile hinter leeren Stühlen *stehend.* Mit der Königin saß die Herzogin von Cambridge und Prinzeß Louise. Die Königin begrüßte uns gar nicht, saß halb in das Zimmer gekehrt, sprach unausgesetzt, hörte nur immer die letzten Tacte von jedem Stück und applaudirte dann ein wenig. Wie... sah sie aus! ... mit weißer Mullhaube, ganz gewöhnlichem schwarzseidenem Kleide.... Während der Musik hörte man noch überdies das Gemurmel der übrigen 600 Menschen in den Nebensälen. Das Unglaublichste geschah nach dem ersten Theil: Die Königin stand auf um Thee zu nehmen und als Zwischenmusik ertönte erst ein Potpourri der Kgl. Bande und dann legten zwei Backpipers (im Nebensaal) los (diese in schottischen Kostümen!) Ich wußte nicht, was ich sagen sollte, begriff erst gar nicht was es war, bis Mad. Neruda mir erzählte, daß diese Musik der Königin Lieblings-Musik sei! ... Ich war außer mir, wäre am liebsten gleich fortgelaufen. Nun begann der zweite Theil und schon hatte die Königin sich halb wieder auf ihren Stuhl gesetzt, als ihr wohl einfiel, sie müßte uns etwas sagen. So kam sie denn, begann mit einer leichten Kopfneigung bei mir mit den Worten »sehr schön gespielt« wobei sie den Blick rund um (wir standen alle nebeneinander) gehen ließ und sich wieder zurückzog auf ihren Stuhl.

... Als Alles vorüber war sagte sie uns kein Wort des Dankes – Das war mir im Leben noch nie passirt ... nun *mich* sieht diese Königin nicht wieder bei sich, *so viel weiß ich*! ... Es war noch ein Diner nach dem Concert für uns bereitet in dem kleinen Zimmer, wo wir die Mäntel abgelegt hatten! Ich hatte aber schon vorher für das Diner gedankt ...

1874 · Berlin

An Johannes Brahms: Mit dem Arm geht's schlecht – ich schreibe ein Engagement nach dem andern ab – doch, das wäre mir das wenigste, aber mein Klavier steht geschlossen seit Wochen, das ist hart! Da heißt's, den Mut aufrecht halten. Ich hoffe, die Zeit in Leipzig soll meine Seele stärken.

In allen Prüfungen hatte ich die Kunst als treue, helfende Freundin mir zur Seite, *jetzt* fehlt sie mir, und mir ist's, als verliere ich ohne sie allen Halt fürs Leben.

Teplitz

Hier der Aufenthalt wird mir furchtbar schwer – so zwei ganz allein, ohne einen einzigen Menschen zu kennen, dabei sich mit nichts als Lesen (was mich lange hintereinander anstrengt) beschäftigen zu können – das ist eine Prüfung für mich. Zum Bummeln habe ich so gar kein Talent – es wird gleich so gar trübe in mir, wenn ich nicht tätig sein kann.

1875 · Berlin

Tagebuch: Sylvester 1875. So wäre denn wieder ein Jahr herum und dankbar muß ich sagen, es hat mir des Guten mehr als des Schlimmen gebracht, vor allem Heilung meinem Arm, was ja für mich ein großes Glück ist und manches Leid mir tragen hilft. Wahrhaft beseligend habe ich oft empfunden, wie ich frischer denn je mich bei der Ausübung der Kunst fühle, mehr und mehr stehe ich über den Werken, habe auch wirklich mehr Kraft in den Fingern, muß aber dennoch vorsichtig sein ... Marie und Eugenie standen mir treu zur Seite. – So genieße ich bei allem großen Leide großes Glück. Könnte ich nur die Kinder so beglückt sehen, wie ich es ersehne und sie so sehr verdienen!

1876

An Johannes Brahms: Denke Dir, auf der Rückseite hörte ich nach vielen Jahren 'mal wieder Liszt und war von einigen Sachen von Schubert, die er wunderbar schön spielte, hingerissen, von seinen eigenen Sachen aber freilich nicht – ein Duo für zwei Klaviere über B.A.C.H., das war entsetzlich und nur ergötzlich, wenn er Passagen über das ganze Klavier machte. Er beherrscht es doch wie keiner – schade, daß einem dabei so wenig *ruhiger* Genuß beschieden ist, es ist doch immer eine dämonische Gewalt, die einen mit fortreißt. Ich habe ihn viel beobachtet, seine feine Koketterie, seine vornehme Liebenswürdigkeit etc. Die Damen waren natürlich wie verrückt mit ihm – das war widerwärtig.

An Hermann Levi: Es bleibt mir dies Jahr wenig Zeit für Berlin, denn Anfang Februar reise ich schon wieder nach England über Holland und komme wohl erst nach Ostern zurück. Hier fühle ich mich eigentlich immer unbehaglicher, ich habe eben gar keinen Wirkungskreis hier, concertire auch sehr selten.

Das Publicum ist kein warmes und was das Schumann- und Brahms-Verständniß betrifft, weit hinter allen anderen Orten Deutschlands zurück. Ueberhaupt herrscht hier die Mittelmäßigkeit und dem Bedeutenden bringt das Publicum eigentlich kaum guten Willen zur Anerkennung mit, das sahen wir erst neulich wieder in dem Hochschul-Concert, wo die Orchester-Leistungen prachtvoll waren, die aber das Publicum so hinnahm als müsse es so sein!

1877 · Schwerin

An Johannes Brahms: Ich hatte all die Zeit her viel Schmerzen im Arm, durfte *selbst* gar nicht schreiben, um so weniger, als ich Hamburg und Schwerin vor mir hatte, und nun aber, das Allertraurigste für mich, daß ich eben doch zu der Überzeugung kommen mußte, daß ich mir mit dem Studium Deines Konzertes (d-moll) wohl wieder geschadet hatte! Wie hatte ich mich gefreut, es diesen Winter öfter zu spielen, wie ist es mir ans Herz gewachsen, wie machte es mich so froh wieder, wenn ich daran übte, und nun soll ich darauf verzichten, es jemals mehr zu spielen –

Baden-Baden

Tagebuch: Ich möchte noch mal 20 Jahre jünger sein, um noch recht viel spielen zu können, so wie ich es jetzt thue, besser als früher. Gäbe es doch mehr Neues, das ist recht eine Entbehrung für mich. Ich studire so gern Neues, das regt mich so an, verjüngt mich.

1878 · Düsseldorf

Ich soll die Schönheit der Mozart'schen Concerte nicht kennen? ich die ich seit 20 Jahren fast die Einzige bin, die Mozart'sche Concerte noch gespielt! Viele Male früher das D-moll, auch öfter das C-moll, ich die ich schwärme für das A-dur- und G-dur-Concert!!! Nein, lieber Avé, *das* mußten Sie mir nicht sagen!

Ich sollte mich *schämen* ein Mozart'sches Concert zu spielen! Sie hätten mir wohl kaum etwas ehrenrührigeres sagen können. Nun aber genug und zur Sache! – ... Die Hauptsache sagte ich Ihnen noch nicht, den Grund meiner Weigerung. Die Behandlungsweise des Claviers von Mozart ist nicht unserer Zeit gemäß und *leider* das Publicum nicht mehr im Stande, ein solches Concert zu würdigen. An einem Festtage wie der Ihrige spielt man aber doch gern Etwas, wofür auch das Publicum empfänglich ist; ob es Erinnerungsfest oder Musikfest heißt ist ja gleich, *es ist eben ein Fest.*

1879 · Frankfurt

Tagebuch: Spiel im Museum D-moll-Concert von Mozart, großer Enthusiasmus. Ich habe es auch schön gespielt, das weiß ich und trotzdem war mir innerlich recht traurig den ganzen Abend zu Muthe. Ich weiß nicht was es ist, daß ich seit einigen Malen jedes Mal so traurig bin, wenn ich auftrete. Ich denke auch stets es wird wohl nun bald das letzte Mal sein ... Eigentlich hätte ich ja genug von der Welt, aber von den Kindern fort, der Gedanke macht mich unaussprechlich traurig! – Die Oeffentlichkeit aufzugeben würde mir nur darum schwer, weil ich eben doch besser als je spiele ... Und doch muß ich es, wenigstens mich sehr beschränken, weil es mich zu sehr angreift ...

1880 · Schluderbach

An Johannes Brahms: Ich lebe in großer Sorge um meinen nervenüberreizten Zustand, und bin oft ganz mutlos deshalb. Ich habe nämlich seit 3-4 Wochen immer Melodien im Kopfe, besonders des Nachts, und kann sie nicht loswerden, es ist nun schon besser geworden, aber ich habe doch ab und zu Nächte, wo ich kein Auge deshalb zutun kann. Natürlich mache ich gar keine Musik, obgleich wir ein Pianino hier haben, höre auch keine, es quält mich aber die furchtbare Sorge, wie das werden soll, wenn ich im Herbst den Unterricht wieder beginnen soll! – Nun, ich muß ja noch hoffen, mit der Zeit die Nerven wieder ganz zu kräftigen. Es war auch gar zu vieles, was die letzten Monate in Frankfurt auf mir lag!

1882 · Frankfurt

Tagebuch: 25. Januar Concert im Theater: *St. Saëns* – eminenter Techniker... Er gab aus den Waldscenen »Abschied« zu. Hätte ich es nicht selbst gehört, ich hätte es nicht geglaubt, daß ein Mensch das *so* auffassen könnte. Es zeigte mir, auch das Scherzo aus der G-moll-Sonate, das er auch zu gab, daß er ... alles nur mit Fleiß erreicht; selbst als Techniker ist er nur Kunstreiter, denn es gab nicht eine einzige *schöne* Passage, nur Octaven, meist in zwei Händen vertheilt, Harpeggien über das ganze Clavier, wo jedes mal das Ende verwischt war, ungeheuer kräftige Accorde, Terzentriller von 2 Händen etc. Das ist ja doch eigentlich gar kein Clavierspiel sondern Seiltänzerei ...

London

5. März. Die schwere Spielart und hohe Stimmung des Instruments macht mir wieder zu schaffen. Die vergangenen Tag übte ich immer bei Broadwoods. – Neulich hat Scharwenka auf Blüthner gespielt, vorm Jahr Barth auf Bechstein, was Broadwoods viel geschadet hat. Ich könnte mich nicht entschließen Broadwoods das anzuthun, daß ich einen Steinweg mitbrächte, ach und wie glücklich wäre ich doch hätte ich Einen, anstatt daß ich mich auf Broadwood abquälen muß...

Frankfurt

An La Mara: Mein Vater hatte bei der künstlerischen Ausbildung vor Allem auch die körperliche im Auge, ich studirte nie mehr als in meinen Kinderjahren 2 und in späteren Jahren 3 Stunden täglich, mußte aber auch täglich mit ihm ebenso viele Stunden spazieren gehen, um meine Nerven zu kräftigen; ferner nahm er mich, so lange ich unerwachsen war, stets um 10 Uhr aus allen Gesellschaften nach Haus, weil er die Ruhe vor Mitternacht für mich nötig erachtete. Auf Bälle ließ er mich nicht, weil er sagte, ich brauche meine Kräfte nöthiger als zum tanzen, dafür ließ er mich aber stets in gute Opern gehen, außerdem hatte ich schon in frühester Jugend den Verkehr mit den ausgezeichnetsten Künstlern. Das waren meine Kinderfreuden, freilich nicht mit Puppen, die ich aber auch nie entbehrt. Die Leute, die von solch ernster Erziehung keinen Begriff haben, legten Alles als Grausamkeit aus und hielten meine Leistungen, die wohl über das kindliche Alter hinausgehen mochten, nicht für möglich, ohne daß ich Tag und Nacht studirt haben müsse, während es gerade hauptsächlich das pädagogische Genie meines Vaters war, das bei *mäßigem* Studium durch die vernünftigste Pflege auch des Geistes und Gemüthes mich so weit brachte.

Tagebuch: Concert der Sophie Menter, leider muß ich sagen, daß sie mir ganz den Eindruck der Kunstreiterin gemacht, vor allem ist sie mir kalt und unmusikalisch erschienen, im Vortrag ist nichts vermittelt, sondern ein fortwährender Wechsel von Ritardandos und Prestos. In Kunststücken ist ihre Technik und Sicherheit eminent, auch in der Geläufigkeit, aber sobald die Passagen ein edleres Gepräge tragen, wie z. B. in Schumann, sind sie ganz unvollkommen.... Sie gehört ganz in die Schule des Pedal-Gerassel oder Verschiebungsgefühl, wie mein Vater sagte.... Solch ein Spiel gefällt nun den Leuten, die junge Generation ahmt es nach und wo bleibt das schöne Clavierspiel? Wer bemüht sich nun dem Clavier einen edlen Klang abzugewinnen, wer macht es sich zur Aufgabe den Intentionen der Componisten gerecht zu werden? Wer characterisirt? wo ist die Pietät, die die Compositionen getreu so giebt, wie sie gedacht sind?... Das sind die Früchte des Liszt'schen Virtuosenthums. Die Fehler ahmen sie nach, die Genialität fehlt ihnen. *Vor* Liszt wurde gespielt, *nach* Liszt gehauen und gesäuselt! Er hat den Verfall des Clavierspiels auf dem Gewissen....

1884 · London

Die Dirigenten sind wahrhafte Tyrannen, wenn sie den Stab in der Hand haben, sie kennen dann kein Erbarmen. Nur die größten, feinsten Musiker, wie Mendelssohn und Robert waren, trafen das richtige Maaß. Unter diesen beiden waren die Concerte nie zu lang. Robert hat stets die Programme nach Minuten ausgerechnet; es durfte kein Concert – *mit* den Pausen – länger als zwei Stunden dauern: Das hat mir auch mein Vater schon in frühester Jugend zum Gesetz gemacht, wenn ich Concert gab. Jetzt kommt aber auch Alles auf die *Quantität* an.

Leipzig

Concert im neuen Gewandhaussaal, der ganz wundervoll akustisch ist. Ich spielte das F-moll-Concert von Chopin, das ich im Jahre 52, also vor 33 Jahren zuletzt in Leipzig gespielt hatte und es hat mir Freude gemacht. Ich hatte es ein ganzes Jahr wieder studirt und kam vorigen Winter durch mein Armleiden darum, ebenso neulich im Museum, wo ich absagen mußte. Ich hatte eigentlich alle Hoffnung aufgegeben es noch jemals zu spielen. Es schien auf das Publicum zündend zu wirken... Merkwürdig war mir, wie ohne jede Nervosität ich heute spielte – ich meinte ich säße nur so für mein Vergnügen da,... von Anstrengung fühlte ich keine Spur...

Frankfurt

Gutmann schrieb im Sommer an mich, ob ich nicht Konzerte in Wien geben wolle, die er arrangieren möchte und mir garantieren. Ich antwortete, daß ich keine eigenen Konzerte mehr gebe, nur noch in Abonnements-Konzerten spiele, wo ich nur ein bis zwei Nummern zu spielen brauche. Ich habe vielleicht noch aus Artigkeit hinzugefügt (doch das weiß ich nicht mehr genau), daß, da man in Wien zu solchen Engagements keine Gelegenheit habe, ich auf die Freude verzichten müsse. Wie gesagt, ich bin nicht sicher, was ich sagte, aber *sicher, daß ich ihm nie ein Versprechen gab.*

Nun schreibt er neulich an mich, er habe mich den Philharmonikern *vorgeschlagen* und sei mit Freuden angenommen und beauftragt worden, mich aufzufordern. Hellmesberger hoffe dann auch, und er hoffe, mich noch zu einem

Schumann-Abend zu bewegen. *Ich schrieb ihm ab*! Für *ein* Engagement kann ich die große Reise und Anstrengung nicht machen, *mehrmals* zu spielen habe ich nicht die Zeit, da ich zwischen den Konzerten zu lange Zeit zum Ausruhen brauche, das weißt Du und kannst es nötigenfalls bestätigen. In allen Fällen hat Herr Gutmann kein Recht, solche Notizen, wie er getan, zu verbreiten, sogar auch noch, daß ich bei Bösendorfer spielen werde, wovon nicht einmal die Rede seinerseits war. Ich würde doch Streicher das nicht antun – was muß er von mir denken.

Es ist doch ganz gewissenlos von dem Menschen.... Was müssen meine Freunde denken, als ob ich mein Wort gebrochen hätte, während ich doch 'mal gewiß zu den Gewissenhaftesten in diesem Punkte zähle! – Welche Frechheit, daß der Mann mich den Philharmonikern *anbietet*, als ob diese, wenn sie mich haben wollten, nicht *direkt* an mich schreiben könnten – ich unterhandle ja nie mit Unternehmern und hätte diesem auf alle Fälle nie zugesagt.

Lieber Johannes, vertritt mich hier, ich bitte Dich!

1886

Tagebuch: August: Gestern am 31. Juli starb Liszt in Bayreuth – wieder ein immerhin seltener Mensch zu Grabe getragen! Wie ist es Einem leid, daß man Diesen nicht so mit vollem Herzen betrauern kann. Der viele Flitter um ihn herum verdunkelt Einem das Bild des Künstlers und Menschen.

Ein eminenter Clavier-Virtuos war er, aber ein gefährliches Vorbild als Solcher für die Jugend. Fast alle auftauchenden Spieler imitirten ihn, aber es fehlte ihnen der Geist, das *Genie*, die Anmuth und so erstanden nur einige große reine Techniker und viele Zerrbilder... Dann war Liszt ein schlechter Componist – auch hierin für viele verderblich, doch dies nicht so nachhaltig, weil seinen Compositionen alle oben genannten Eigenschaften, die er als Virtuos besitzt, fehlen; sie sind trivial, langweilig und sicher werden sie mit seinem Hinscheiden bald ganz aus der Welt schwinden. Er hat die Leute durch seine Liebenswürdigkeit und Virtuosität immer bestochen und so haben sie seine Werke aufgeführt. Als junger Mann war er höchst fesselnd, später aber mischte sich in sein geistvolles anmutiges Wesen so viel Koketterie, daß es mir oft widerwärtig war.

1887 · Baden-Baden

Brahms spielte sein Concert mit Hausmann allein ein paar Mal durch, aber es war mir unmöglich, einen Begriff zu bekommen, da Johannes so unrein spielte, daß ich nur ein furchtbares Chaos empfand bis auf wenige melodische Stellen. ... Leider kommt nun noch mein entschieden krankes Gehör dazu. Ich kann seit einiger [Zeit] schnell aufeinander folgende Harmonien, wenn ich sie nicht kenne, nicht unterscheiden, höre oft ganz andere Töne, als gespielt werden.

1890 · Frankfurt

Auf Bitte der Landgräfin spielte ich noch Arie und Scherzo aus Roberts Fis-moll-Sonate, hatte aber das Mißgeschick mich ganz zu verwickeln, kam aber wieder hinein. Ich spiele eben zu wenig jetzt, übe gar nicht, worüber mir Eugenie immer Vorwürfe macht, ach, ich habe ja aber so wenig Anregung hier, woher soll mir die Lust kommen die alten Sachen zu üben? ich betrachte mich auch immer so fertig, abgethan. Es ist wohl unrecht von mir, liegt aber auch in meinem körperlichen Befinden ...

Den 8. November habe ich eigentlich den ganzen Tag immer Reflexionen gemacht über die sonderbaren Zustände meiner Seele und meines Körpers vor einem Concert. Die Kämpfe sind aufreibend und ich nahm mir vor, daß dieses das letzte große Concert gewesen sein soll, in welchem ich aufgetreten – aber das Herz blutet mir, denke ich, daß es wirklich das letzte gewesen!

An Johannes Brahms: Ich will Dir doch auch erzählen, daß ich vorgestern noch einmal im Museum Chopins F-Moll-Konzert gespielt, und daß es schön gelungen war, die Aufnahme riesig warm war. Es war aber eine große Aufregung für mich – die Finger tun's noch ordentlich, sogar mit Leichtigkeit, aber die Nerven wollen nicht. Es wird wohl auch das letztemal gewesen sein!

1891

Tagebuch: 3. März. Adeline de Lara ist nun von der Schule abgegangen; sie gehörte zu den besten meiner Schüler, und besonders Marie glaubt, sie werde eine bedeutende Zukunft haben…

1892 · Interlaken

An Joseph Joachim: Für den Künstler ist das Altwerden doch ganz besonders schwer – man hat eigentlich mit zwei Naturen zu kämpfen, und muß dankbar sein, wenn Einem noch die Kraft des Fühlens und Verstehens der Kunst bleibt, so wie ich sie bei allem Leide immer noch in mir empfinde…

Tagebuch: Brahms hat mir 11 seiner Stücke für Clavier gesandt (noch ungedruckt) mir eine wahre Quelle von Genuß, Alles, Poesie, Leidenschaft, Schwärmerei, Innigkeit, voll der wunderbarsten Klangeffecte... durchweg interessant. In diesen Stücken fühle ich endlich wieder musikalisches Leben in meine Seele ziehen und spiele wieder mit wahrer Hingebung, studire auch wieder mit mehr Begeisterung Roberts Claviersachen. Es ist ja Claviermusik die einzige, die ich genießen kann, dann schwindet das Dröhnen – einzelne falsche Töne höre ich freilich immer noch, aber ich ertrage sie leichter, wenn ich das Stück genau kenne. Die Brahmsschen Stücke sind, was Fingerfertigkeit betrifft, bis auf wenige Stellen nicht schwer, aber die geistige Technik darin verlangt ein feines Verständniß und man muß ganz vertraut mit Brahms sein, um sie so wieder zu geben, wie er es sich gedacht. Ich habe mit großer Liebe daran studirt und spiele sie, glaube ich, in seinem Sinne. Wie vergißt man da so vieles Leid, das er einem zugefügt...

1893

d. 18. Februar. Heute giebt Rubinstein in Bonn für das Beethovenhaus einen Beethoven-Abend mit 4 Sonaten. ... Ich möchte wohl wissen, was Mendelssohn und Robert dazu gesagt hätten? Mir erscheint es unkünstlerisch. Zu einer Sonate von Beethoven braucht man doch seine ganze Seele, aber kann man vier Sonaten hinter einander mit ganzer Seele spielen? ...

In den Blättern stand es sei sein letztes Auftreten als Concertspieler und da kamen die Leute von allen Seiten. Vier Sonaten spielte er und eine gab er zu, also fünf!

Interlaken

Lieber Johannes, nun endlich gelang es mir, Dein wunderbar originelles Stück kennen zu lernen, freilich immerhin nur mangelhaft, denn, immer gestört durch das fürchterliche Musizieren im Kopfe, brauche ich lange Zeit, bis ich komplizierte Harmonien und Fortschreitungen verstehe. Ich muß das Stück erst 'mal ordentlich studieren, bis ich alles richtig höre. Du begreifst den Zustand wohl nicht, und wie schwer zu tragen er ist, wie tief traurig es mich macht, wenn ich gehindert bin, zu genießen, was mir sonst leicht war, allerdings aber, habe ich erst 'mal alles klar erfaßt, dann genieße ich auch, und das sehr wunderbare Stück wird das erste sein, was ich wieder studiere, wenn ich ein Instrument habe, was ja im Sommer nie mehr der Fall ist, da ich mich dann ganz der Musik enthalten soll!

Lieber Johannes, welche Schätze sammle ich! Das ist ja ganz wunderbar, wie es in Dir aussieht, wie das sprudelt, leuchtet, säuselt und wieder packt durch Größe und Tiefe der Gedanken! Ich bin ganz hingenommen davon und denke nur mit wahrer Sehnsucht an mein Instrument zu Hause – so ein kleines, immer verstimmtes Pianino ist entsetzlich! Wie werde ich begeistert studieren, wenn ich wieder zu Haus bin! Der Himmel gebe nur, daß meine Leiden mich nicht ganz hindern, wovor ich eine wahre, heiße Angst habe.

Frankfurt

Tagebuch: Meine Nervenschmerzen sind arg, das Dröhnen und Musiciren im Kopf oft zum Verzweifeln... Es ist schrecklich keinen Augenblick zu sein, ohne an den elenden Körper erinnert zu sein – manche Tage habe ich nicht mal mehr Freude am Spiel und öffne lieber das Clavier gar nicht...

Ich leide an Gichtknoten an den Händen, was mich mit Sorge für die Zukunft erfüllt. Was soll aus mir werden wenn ich nicht mehr spielen kann? vielleicht auch nicht mehr unterrichten? Die Kräfte nehmen doch nach jeder Seite hin ab, das kann ich mir doch nicht verhehlen! . . .

Es ist nun einmal so, das Alter wird äußerlich für die Umgebung lästig, man sollte immer trachten es nur innerlich nicht zu werden, was recht schwer ist, weil man mit der Abnahme der Kräfte doch auch an innerer Elasticität verliert und alle äußeren Dinge wie auch die inneren schwerer ansieht, was für die Umgebung auch lästig wird. Da heißt es immer – »*kämpfen*«.

Amy Fay

1844-1928

Sie spielen wie ein Nußknacker

Amy Fay wurde weniger durch ihr Klavierspiel als durch die Veröffentlichung ihrer Briefe über ihre Studien in Deutschland berühmt. Sie waren 1881 in den USA erschienen und hatten dort Furore gemacht. Dabei hatte sie lediglich über ihre Erfahrungen berichtet, die sie während ihres Aufenthalts in Deutschland machte, wo sie ihr Klavierspiel perfektionierte. Nicht zuletzt aufgrund ihres Buches kamen eine Menge lernwillige Musikstudentinnen nach Deutschland. In der amerikanischen Zeitschrift *Musical Courier* wurde regelmäßig mit Anzeigen von Konservatorien aus Leipzig, Dresden, Hamburg und Weimar geworben.

Amy Fay wurde am 21. Mai 1844 in Bayou Goula, Mississippi, geboren. Nach ihrer Rückkehr aus Europa lebte sie von 1876 an in New York. Dort konzertierte sie im kleineren Rahmen, verdiente sich aber ihren Lebensunterhalt hauptsächlich durch das Unterrichten (wobei sie sich auf die Deppesche Methode stützte). Um die Jahrhundertwende gab es in der amerikanischen Metropole ein reges Konzert- und Opernleben. Amy Fay erlebte Solisten wie den Geiger Isaÿe, die Pianisten Paderewski (»Paddy«), Busoni und Backhaus (dessen Spiel sie übrigens mit dem Liszts vergleicht), die Dirigenten Safonoff und Mahler, der heftig umstritten war. Sie war außerdem jahrelang mit der »Women's Philharmonic Society« assoziiert, die Konzerte mit einem Frauenorchester veranstaltete, trat auf Frauen-Musikkongressen sowie Tagungen von Lehrerinnen auf und hielt dort Vorträge, mit denen sie sich für die Teilnahme von Frauen an der Musikkultur einsetzte. Sie starb am 28. Februar 1928 in Watertown, Massachusetts.

Vor einigen Jahren wurde eine Sammlung von Briefen Amy Fays, die diese in den USA schrieb, veröffentlicht. Der Vergleich zeigt jedoch, daß die Berichte über die Berliner

Jahre einen ungleich größeren Reiz besitzen. In einfacher, aber präziser und humorvoller Sprache schildert Amy Fay darin die Zeit von 1869 bis 1875, als sie in Deutschland Unterricht bei den Pianisten Louis Ehlert, Carl Tausig, Theodore Kullak, Franz Liszt und Ludwig Deppe nahm, wobei sie kulturhistorisch interessante Details über das deutsche Konzertleben einfügt.

Da bin ich nun endlich hier angekommen, Bernburgerstr. 26, genau 14 Tage, nachdem ich New York verlassen habe. Frau W. und ihre Tochter begrüßten mich mit der größten Wärme und Herzlichkeit, so daß ich mich sofort heimisch fühlte. Die deutsche Idee eines »großen« Zimmers finde ich eigentümlich; denn dieses hier hat nicht mehr als 10-11 Fuß im Geviert. Davon ist eine Ecke abgeschnitten, so daß das Zimmer von unregelmäßiger Gestalt ist. Als ich es zuerst betrat, glaubte ich, nicht darin stehen zu können, so klein erschien es mir; aber bei genauerer Prüfung fand ich, daß jeder Zoll in so ingeniöser Weise benutzt sei, daß ich zu der Überzeugung kam, ich würde mich ganz behaglich darin fühlen. Dessen ungeachtet ist es nicht das Gemach, »in dem der neueste Roman aufgeschlagen auf dem Tische liegt, und wo die in zierlichen Pantöffelchen steckenden Füßchen auf samtnen Kissen ruhen.« Nein, eher ist es die ernste Wohnung der Musen.

Es ist so viel zu sehen und zu hören in Berlin, daß man, wenn man nur Geld genug hätte, kein Ende fände. Oper, Schauspiel, herrliche Konzerte jeden Abend.

Am Sonntag und Dienstag abend hörte ich Clara Schumann. Sie ist eine herrliche Künstlerin. Im ersten Konzerte spielte sie ein Schumannsches Quartett, und Ihr könnt Euch denken, wie köstlich die Ausführung war: Clara Schumann – Klavier, Joachim – Geige, de Ahna – Viola, und Müller – Cello. Das Programm für beide Konzerte war ein sehr ausgedehntes und gab Frau Schumann Gelegenheit, ihre Kunst in jedem Genre der Musik voll zu entfalten. Das sehr schwere Impromptu von Schumann op. 90 war herrlich und voll Leidenschaft, das zweite der Mendelssohnschen Lieder ohne Worte geradezu elfenhaft. Es ist eines jener Stücke, welche mit der größten Grazie und Glätte hingeworfen werden müssen, und es verlangt die schönste und delikateste Technik. Sie spielte es vollendet. Das schwierige Scherzo von Chopin – brillant; aber ich glaube, daß sie die großen Oktavenpassagen im Basse ein wenig zu untergeordnet hielt und das Ganze, meinem Geschmack nach, nicht keck genug, wenn auch außerordentlich künstlerisch ausführte. Ihr Spiel ist sehr objektiv. Mir scheint, als tauche sie in die Musik hinein, anstatt die Musik von sich Besitz ergreifen zu lassen. Sie gewährt dem Hörer das exquisiteste Vergnügen mit jeder Note, die sie anschlägt; denn sie hat eine wunderbare Auffassung und Mannigfaltigkeit des Spiels; aber sie reißt selten mit.

Beim zweiten Konzerte war sie womöglich noch besser aufgelegt. Sie schien voll Feuer; und als sie Bach spielte, hätte sie mit Diamanten gekrönt werden müssen. Solch edles Spiel! Man blieb immer unter dem Eindruck der verständnisvollsten Wiedergabe, des Adels und der Breite ihres Stils. Könntet Ihr nur ihre Skalen hören! Kurz, es bleibt nichts mehr zu wünschen; sie besitzt alle Eigenschaften des großen Künstlers. Viele Leute sagen, Tausig sei noch größer; ich kann das nicht glauben; er mag mehr Technik und mehr Kraft, aber sicherlich sonst nichts mehr haben. Alle Welt ist voll von seinem Spiel, und ich erwarte schon ungeduldig seine Rückkehr, die nächste Woche erfolgen soll. Was Joachim anlangt, so ist er geradezu wunderbar und hat staunenswerte Kraft. Als er sein Solo, die zweite Bachsche Chaconne spielte, konnte man fast nicht glauben, daß es nur eine Violine sei. Er besitzt, wie Frau Schumann, die größte Mannigfaltigkeit des Tones; nur können auf der Geige die Schattierungen noch viel zarter ausgeführt werden als auf dem Klavier.

Der zweite Satz des Schumannschen Quartettes erschien mir fast als der beste von Frau Schumanns Vorträgen. Er war sehr schnell, sehr staccato, und von Anfang bis Ende pianissimo. Sie verfehlte keinen Ton und spielte mit einem Magnetismus, daß man kaum atmen konnte, bis sie zu Ende war. Ihr wißt, es gibt nichts Schwierigeres, als schwere Stücke leise und staccato durchzuführen. Die von Frau Schumann und Joachim gespielten Sonaten für Klavier und Violine, besonders die Beethovensche in a-moll waren göttlich, und von beiden Teilen unvergleichlich schön wiedergegeben, mit einem Feuer, einer begeisterte den andern. Diese beiden Vorträge zu hören wäre allein eine Spritzfahrt über den Atlantischen Ozean wert.

Denkt Euch, wie bequem es hier in Bezug auf öffentliche Vergnügungen ist: Damen können überall allein hingehen. Man nimmt eine Droschke und kann für ungefähr 15 Cents zu jedem beliebigen Theater und Konzert fahren. – Beim Eintritt in die Singakademie kommt man zuerst in die Garderobe, wo man die Sachen ablegt und sie der Garderobiere zur Aufbewahrung übergibt. Dann geht man hinein und sitzt so bequem wie in einem Wohnzimmer, erstickt während des Konzerts nicht in Hut und Mantel und erfriert nicht, wenn man herauskommt, wie es in Amerika der Fall ist. Auch sind hier die Programme nicht so unvernünftig lang wie die unsrigen; kurz, die ganze Methode des Konzertgebens ist verständiger als bei uns. Ich bin immer gern an der Garderobe; denn wenn man Bekannte hat, trifft man sie sicher da, und Ihr habt keinen Begriff, wie angenehm diese Begegnungen in einer fremden Stadt sind!

Erst am Sonnabend ist Tausig nach Berlin zurückgekehrt, und ich habe ihn noch nicht gesehen, obgleich ich sehnsüchtigst danach verlange, denn alle Deutschen sind in Ekstase wegen seines Spiels. Die meisten Schüler in Tausigs Klasse studieren für das öffentliche Auftreten, und ich glaube, er kann sehr stolz sein auf all die, die ich gehört habe. Von den vielen Zöglingen seines Konservatoriums unterrichtet er selbst nur die Fortgeschrittensten. Die Mädchen in seiner

Klasse haben entsetzliche Angst vor ihm, und wenn er böse wird, sagt er ihnen: »Sie spielen wie ein Rhinozeros« und viele dergleichen angenehme kleine Dinge mehr.

Ich habe nun Rubinstein und Tausig im Konzert gehört. Sie spielen beide wundervoll, aber in ganz verschiedener Art. Rubinstein hat die größte Gewalt, Kraft und Feuer im Spiel, die man sich denken kann, und er ist außerordentlich aufregend. Ich sah noch nie einen Menschen, dem das Spielen scheinbar so leicht fällt. Es ist, als ob er nur gerade mit dem Klavier scherzte und mit ihm machen könnte, was ihm beliebt. Tausig, im Gegenteil, ist außerordentlich zurückhaltend; er hat nicht genug Enthusiasmus; doch ist er absolut vollendet, und er spielt mit dem größten Ausdruck. Grazie und Zartheit der Ausführung sind seine hervorragendsten Eigenschaften, aber es kommt mir vor, als dämme er seine Kraft im Konzertsaale ein, was sehr sonderbar ist; denn wenn er im Konservatorium seinen Klassen vorspielt, ist er lauter Leidenschaft. Seine Auffassung ist so verfeinert, daß sie es mitunter ein bißchen zu sehr ist, während Rubinstein sich gelegentlich überstürzt. Folgendes war Tausigs Programm:

1.		Sonate Op. 53	Beethoven
2.	a.	Bourrée	Bach
	b.	Presto Scherzando	Mendelssohn
	c.	Barcarole Op. 60	Chopin
	d.	Ballade Op. 47	Chopin
	e.	Zwei Mazurken Op. 59 u. 33	Chopin
	f.	Aufforderung zum Tanz	Weber
3.		Kreisleriana Op. 16	Schumann
		Acht Phantasiestücke	Schumann
4.	a.	Ständchen von Schubert nach Shakespeare	Liszt
	b.	Ungarische Rhapsodie	Liszt

Tausigs Oktavenspiel ist das Wunderbarste, was ich je gehört habe. Der letzte große Effekt seines Programmes war eine Oktaven-Variante in einer Lisztschen Rhapsodie. Er spielte sie zuerst so pianissimo, daß man sie nur leise hören konnte, und dann wiederholte er sie, und zwar fürchterlich stark. Es war kolossal! Seine Skalen übertreffen noch die Clara Schumanns; als spielte er mit Samtfingern, so weich ist sein Anschlag. Er trug die große E-Dur-Sonate op. 109 von Beethoven vor. Ihr wißt schon, Moscheles' Lieblingsstück; seine Auffassung derselben war nicht, wie ich es erwartet hatte, brillant, sondern sehr ruhig und träumerisch, und besonders den ersten Satz nahm er ganz piano. Er machte es sehr schön; und doch war ich von dem letzten Satz nicht recht befriedigt; ich vermutete, er würde eine große Steigerung in den leidenschaftlichen Trillern hervorbringen, aber er tat es nicht. Chopin spielt er göttlich, und die kleine Bourrée von Bach, die Ihr von mir immer gehört habt, war unvergleichlich. Wie ein Blitz schoß es dahin; vollkommen bezaubernd! Alles in Allem, er ist ein großer Mann. Seine Hände sind so klein, daß ich mich wundere, wie er imstande war, solch immense Virtuosität zu erreichen. Er ist erst 30 Jahre alt, also viel jünger als Rubinstein und Bülow.

Den Tag nach Tausigs Konzert ging ich wie gewöhnlich in seine Oberklasse, um zuzuhören. Ich kam ein wenig zeitiger, und die Mädchen waren im Ankleidezimmer und warteten, bis die jungen Männer aus ihrer Stunde kämen. Sie plauderten über das Konzert. »War es nicht herrlich?« sagte die kleine Timanoff zu mir. »Ich konnte die ganze Nacht nicht schlafen« – ein Zeichen von Empfindung, das mich bei dem kleinen Persönchen sehr überraschte und bei mir eine gewisse Zerknirschung hervorrief, da ich vortrefflich geschlafen hatte. »Ich habe heute schon fünf Stunden geübt«, fügte sie hinzu. Darauf kamen die jungen Männer aus der Klasse, und wir gingen hinein. Tausig stand am Klavier. »Fangen Sie an«, sagte er zur Timanoff, noch kürzer als gewöhnlich. »Ich hoffe, Sie haben mir diesmal eine Etüde gebracht.« (Er verlangt immer auch eine Etüde neben dem Stück.) Die Timanoff bejahte und öffnete Chopins Etüden, von denen sie die große a-Moll-Winterwind-Etüde vortrefflich mit größtem Glanze und größter Verve spielte. Ich war völlig verblüfft über solche Fertigkeit bei solchem Kinde und erwartete, daß Tausig in Bewunderung ausbrechen würde. Nicht so dieser Rhadamantys. Er hörte ohne Bemerkungen und Korrekturen zu, und als die Timanoff geendet hatte, sagte er einfach, ruhig: »So, haben Sie auch die nächste Etüde dabei?« Als ob die große a-Moll nicht genug für eine Mahlzeit wäre! Erstens, um nur das zu erwähnen: ist sie acht Seiten lang und außerdem von Anfang bis zu Ende voller Schwierigkeiten. Später jedoch sagte er den jungen Leuten, daß er selbst es nicht besser machen könnte.

Tausig ist so hastig und ungeduldig, daß es eine Qual sein muß, in seinen Klassen zu sein. Er erträgt nicht den geringsten Fehler; das letzte Mal, als ich zuhörte, war er schrecklich, Frl. H. fing an; sie hat bedeutendes Talent und ist viel weiter als ich. Sie spielte ihm nicht leise genug, und endlich stieß er mit dem Fuße auf, riß ihre Hand vom Klavier und sagte: »Wollen Sie piano spielen oder nicht? Denn wenn nicht, so wollen wir nicht weiter gehen.« Das nächste junge Mädchen setzte sich und spielte einige Zeilen; er ließ sie mehrfach wieder anfangen und endlich stand er auf, nahm ihr die Noten weg, warf sie auf das Klavier und sagte: »Sie haben das wochenlang studiert und können noch keine Note davon spielen, üben Sie's einen Monat, und dann bringen Sie's mir wieder.«

Die dritte war Frl. Timanoff, welche ich für ein kleines Genie halte. Sie brachte eine Sonate von Schubert, die reizende in a-Moll, und nach der Art seines Benehmens zu urteilen, muß Tausig für diese besondere Sonate auch eine besondere Vorliebe haben. Timanoff begann sie herunterzuspielen, in ihrem gewöhnlichen raschen Stile; sie hatte sie augenscheinlich, seit der letzten Stunde, jede Minute mit Ausnahme ihrer Schlafenszeit geübt. Noch war sie auf der ersten Seite nicht weit gekommen, als er sie unterbrach und über den Ausdruck spottete. Sie fing wieder an, aber mit nicht besserem Glück. Ein drittes Mal, und wieder war er unzufrieden, obgleich er sie ein bißchen weiter hatte fortfahren lassen. Er unterbrach sie jeden Augenblick in der quälendsten, erbitterndsten Manier. Wäre ich's gewesen, ich hätte geweint, aber die Timanoff war's gewöhnt und wurde nur dunkelrot bis zu den Spitzen ihrer kleinen Ohren. Aus einer Apfelblüte verwandelte sie sich in eine dunkle Nelke. Tausig wurde immer wilder und ließ sie in seiner Ungeduld ganze Seiten überspringen. »Spielen Sie hier«, sagte er in dem befehlendsten Tone, auf eine halbe oder ganze Seite weiter deutend, »Das kann ich nicht hören; weiter; es ist gräßlich anzuhören.« Endlich schlug er mit dem Handrücken auf die Noten und rief in verzweifelndem Tone: »Kind, es liegt eine Seele darin! Weißt Du nicht, es liegt eine Seele darin?« Der kleinen Timanoff, die keine Seele hat und noch nicht erfahren genug ist, um eine zu heucheln, vermittelte die Rede keinen besonderen Begriff. Sie fuhr so glatt wie bisher fort, bis Tausig es nicht mehr aushalten konnte und die Noten zuschlug. Ich war enttäuscht; das war mir neu, und ich liebte es, der Timanoff kleine Fingerchen über die Tasten gleiten zu sehen; Seele oder nicht Seele, sie hat die sauberste und glänzendste Art, alles auszuführen, und gewissermaßen – wünsche ich mir für ihr gesundes kleines Gehirn gar keine Seele!

Zuletzt spielte Fräulein L., und sie allein befriedigte Tausig. Sie ist eine Schwedin und seine beste Schülerin, aber sie hat so entsetzlich häßliche Hände und hält dieselben auch so schrecklich, daß ich, wenn ich ihr zusehe, keine Freude an ihrem Spiele habe. Tausig lobt sie stets sehr, und sie ist fürchterlich ehrgeizig.

Tausigs Gesicht ist sehr hübsch, voller Ausdruck und Empfindung. Er ist außerordentlich scharfsichtig, und ich glaube, er hat Augen im Rücken. Um einen zu bezaubern, ist er zu klein und zu herrisch; aber er hat eine gewisse fesselnde Art, wenn er guter Laune ist.

Nach meinem letzten Brief habe ich Rubinstein wieder gehört. Er ist der sensationellste Spieler, den ich kenne, und wie Gottschalk hat er ganz eigne Finessen. Es ist entsetzlich aufregend, ihn zu hören, so daß ich bei seinem letzten Konzerte schon während des ersten Stückes – einer langen Komposition von Schubert – starke Kopfschmerzen bekam und die anderen Nummern des Programms nicht mehr mit Vergnügen hören konnte. Er hat einen Riesengeist und ist außergewöhnlich poetisch und originell; aber für ein ganzes Konzert ist er zu gewaltig. Gebt mir Rubinstein für einige Stücke, aber Tausig für einen ganzen Abend. Wieviel Noten er verfehlt, darum kümmert sich Rubinstein nicht, wenn er nur seine Auffassung lebendig zum Ausdruck bringen kann. Tausig spielt jede Note mit striktester Gewissenhaftigkeit, und vielleicht macht es gerade diese seine Vollkommenheit, daß er zuweilen etwas kalt erscheint. Rubinstein spielte Schuberts »Erlkönig« – von Liszt arrangiert – glorreich! Wo das Kind so erschreckt ist, flogen seine Hände all' über das Klavier und ließen es wahrhaft schreien vor Entsetzen. Man erstarrt förmlich!

Nächsten Montag soll ich vor Tausig spielen, und ich habe sehr fleißig daraufhin studiert. Er lobte mich das letzte Mal sehr und sagte, er würde mich bald in seine regelmäßige Klasse nehmen; aber er ist ein so launenhafter Mensch, daß kein Verlaß auf ihn ist. Ich spiele Scarlatti; damit ist er schrecklich genau, und ich erwarte, daß er mir den Kopf abreißt. Zwei seiner Schülerinnen lernen immer dieselben Stücke wie ich, und zu der einen sagte er jüngst: »Sie spielen wie ein Nußknacker.« Mitunter ist er sehr spaßhaft, einer der jungen Leute trug neulich die Pastoral-Sonate vor. Tausig seufzte tief auf und sagte: »Dies sollte einem Rosengarten gleichen, aber wie Sie es spielen, ist es nur ein Kartoffelacker.«

Ich erstaune immer von neuem über die Größe der Deutschen. Im ganzen sind die Menschen hier viel größer als die Amerikaner, und man begegnet oft wahren Riesen. Aber in ihren Straßenmanieren sind die Preußen bisweilen geradezu unverschämt den Damen gegenüber; manchmal stoßen sie dieselben förmlich vom Trottoir, einfach weil es ihnen nicht beliebt, sie zu sehen. Ich vermute, diese Arroganz ist einer der »Vorteile« ihrer militärischen Erziehung. Sie beanspruchen die Mitte des Weges, das Trottoir, wo Ihr dann gehen müßt, kümmert sie nicht.

Die Deutschen sind der Meinung, daß man sich stärken muß; daher essen sie alle paar Stunden. Wenn man hier ankommt, fühlt man sich zuerst ordentlich gestopft zum Platzen, da man natürlich gründlich zu jeder Mahlzeit ißt; weil wir, die wir in Amerika nur dreimal täglich speisen, gewöhnt sind, viel auf einmal zu uns zu nehmen. Hier haben sie fünf Mahlzeiten, und man muß lernen, wenig auf einmal zu essen. Aber es ist eine recht gute Art und Weise, man erfrischt sich immer von neuem, und der Körper muß nicht erst wieder hungrig werden. Die deutschen Frauen sind gewöhnlich recht dick und rund, vermutlich infolge dieses beständigen Kräftigens. Man hat beste Gelegenheit, ihre Wohlgenährtheit zu bemerken; denn sie tragen gewöhnlich ihre Kleider mit viereckigem Ausschnitt, um die Kragen zu sparen, und man sieht sie sogar auf den Straßen mit dekolletierten Kleidern. Sie sind nicht hübsch, haben meist unregelmäßige

Gesichtszüge und unreinen Teint. Aber am schlimmsten ist die Art, wie sie ihre Zähne vernachlässigen. Sie bekomplimentieren uns Amerikanerinnen immer wegen unserer griechischen Nasen, wie sie sagen, und in der Tat, seit sie soviel darüber sprachen, habe ich bemerkt, daß fast alle Amerikanerinnen gerade und wohlproportionierte Nasen haben. – Doch sieht man sehr viele schöne Männer auf den Straßen, viel mehr als bei uns zu Hause. Vielleicht deshalb, weil die preußische Uniform sie so aufrichtet, und dann geben ihnen auch die blonden Bärte und Schnurrbärte ein distinguiertes Aussehen.

Was Ihr mir über den Anstoß mitteilt, den unser ehrenwerter Freund an Bs. Reise nach dem Westen genommen hat, weil sie dieselbe unter dem Schutze von Mr. S. antritt, läßt mich befürchten, daß die Konvenienzen sich zu sehr in Amerika festsetzen, und daß man dort bald ebenso streng wie hier sein wird, wo junge Leute verschiedenen Geschlechts nie etwas voneinander sehen. Ich halte das System, wonach die Deutschen verfahren, für unangemessen und beleidigend. Junge Damen und Herren sehen einander nur in Gesellschaften, und ein junger Mann darf nie eine junge Dame besuchen und muß sie stets in Gegenwart der ganzen Familie sehen. Ich wundere mich nur, wie Ehen hier überhaupt zustande kommen, denn die Geschlechter scheinen ganz getrennt voneinander zu leben. Die Folge davon ist, daß die Mädchen sich eine Menge dummes Zeug in den Kopf setzen, und was die Männer betrifft, so weiß ich gar nicht, was sie denken; denn ich habe, seit ich hier bin, noch keinen gesehen, mit dem ich davon sprechen könnte. Ihr mögt Euch vorstellen, daß ich mit meinen Ansichten von gemeinschaftlicher Erziehung Frl. Ws. Moralsystem unaufhörlich erschüttere. Sie ist, um mich so auszudrücken, ihr ganzes Leben lang eingehegt gewesen und nun natürlich ganz »baff« über den kühnen Standpunkt, den ich einnehme. Seit ich soviel von der Welt gesehen, bin ich zu der Überzeugung gekommen, daß der Grundsatz Neu-Englands, die Töchter unabhängig zu machen und auf ihre eigenen Füße zu stellen, ein vortrefflicher ist. Ich habe das Üble des deutschen Systems, das den Kindern nie erlaubt, selbst zu denken, kennengelernt. Es macht sie so abgeschmackt. Ein Mädchen von 30 Jahren weiß hier kaum das einfachste Ding zu kaufen und kann, wie ein Baby, nichts ohne ihre Mutter tun. Der beste Grundsatz ist der altmodische Amerikanische: »Gebt euren Kindern einen festen Begriff von Pflicht, und dann verweist sie auf ihre eigenen Kräfte!«

Bis gestern hatte ich keinen freien Tag; denn ich kam endlich in Tausigs Klasse, und so mußte ich tüchtig üben. Er war so liebenswürdig mit mir, wie er nur irgend sein kann; aber er ist der quälendste und aufregendste Lehrer. Es ist sein Grundsatz, Euch anzufahren und zu schelten, selbst wenn kein Grund dazu besteht, und man muß sich glücklich preisen, wenn er einen nicht vor der ganzen Klasse lächerlich macht. Ich bin in die Klasse mit Frl. Timanoff gekommen, die so fortgeschritten ist, daß Tausig ihr sagte, er wolle ihr nicht mehr länger Stunden geben, da sie genug wisse, um allein fortzuschreiten. Ich brachte ihm ein langes und schweres Scherzo von Chopin, das ich sorgfältig einen ganzen Monat hindurch studiert hatte und gut konnte. Stellt Euch vor, wie leicht es für mich war zu spielen, wo er dabeistand und ständig ausrief: »Schrecklich«, »beleidigend«, »entsetzlich«, »O Gott, o Gott!« Ich spielte es wirklich gut und fuhr trotzdem fort, aber all meine Nerven waren angespannt und aufs höchste erregt, und als ich zu Ende war und er mir mit den Worten: »Gar nicht schlecht« meine Noten gab, rannte ich aus dem Zimmer und brach in Tränen aus. Er folgte mir sofort und sagte ganz kühl: »Warum weinen Sie denn, Kind? Sie haben gar nicht schlecht gespielt.« Ich sagte ihm, daß ich nicht anders könne, »wenn er in solcher Weise mit mir spräche«. Er aber schien gar nicht zu wissen, daß er etwas Beleidigendes gesagt hat.

Die Deutschen wissen nicht, was Niedergeschlagenheit ist, und meinen, man könne stets seinen Gleichmut bewahren. Sie quälen Euch zu Tode mit ihrem »Was ist denn geschehen?«, wenn nichts geschehen ist, ausgenommen, daß man sich in einem Zustande der Unzufriedenheit mit Allem und Jedem befindet. Stimmungen sind ihnen ganz und gar unbegreiflich. Sie fühlen stets gleich, das ganze Jahr hindurch.

Die deutschen Häuser sind so unbequem wie möglich. Nur die neuen haben Gas und Wasserleitung und die üblichen Bequemlichkeiten, die jedes Haus bei uns hat. Keine Teppiche auf den Fußböden; steife, hochlehnige Stühle, kleine, kümmerliche Feuer bei kaltem Wetter usw. Die Zimmer haben keine Garderoben, und man benutzt plumpe Schränke, mit hölzernen Pflöcken statt der Haken, so daß, wenn man ein Kleid herausnimmt, stets alle anderen mit herunterfallen. Kurz und gut, die Deutschen sind 50 Jahre hinter uns zurück. Freilich, die Reichen haben kostbare Häuser; aber ich spreche von den Leuten in gewöhnlichen Verhältnissen. Wie oft denke ich an den soliden Komfort der Häuser in Cambridge. Dort versteht man zu leben. Wie wird mir ein gutes Mittagbrot munden, wenn ich zurückkomme! Denn hier ist das Land, wo das, was wir »Familiendinner« nennen, unbekannt ist. Sie haben fünf Mal des Tages Teile einer Mahlzeit, aber nie eine vollständige. Das Fleisch ist schrecklich, und ich weiß niemals, welcher Art Tier es eigentlich zugehört. Zum Abendbrot bekomme ich zwei gekochte Eier – ich kann also leben. Aber sind Beefsteaks in das Land der Träume entschwunden? Ist ein Truthahn nur das Gebilde meiner verworrenen Einbildungskraft? Das Brot ist vorzüglich und ebenso die Butter, nur

»lebt der Mensch nicht von Brot allein«. Mr. F. erzählt gar, daß man ihm in seiner Pension Birnen-, Kirschen- und Pflaumensuppen gibt!

Kullak ist als Lehrer nicht halb so schrecklich wie Tausig. Er hat die größte Geduld und Sanftmut und hilft einem voranzukommen. Tausig hört nicht auf zu schelten und Euch in die Ohren zu rufen, was Ihr ohnehin zutiefst selber fühlt, daß Euer Spiel »entsetzlich« sei. Wenn Tausig sich in seiner ungeduldigen Weise hinsetzte, ein paar Takte anschlug und dann verlangte, ich sollte es ebenso machen, war mir immer, als ob jemand mir geböte, den gezackten Blitzstrahl mit dem nassen Ende eines Schwefelholzes nachzuahmen. Zu der letzten Stunde, die Tausig mir gab, änderte er übrigens gänzlich seinen Ton und war außerordentlich freundlich gegen mich. Ich glaube, daß es ihm leid tat, mich in der vorhergehenden Stunde zum Weinen gebracht zu haben; denn gerade als ich mich zum Spielen niedersetzte, drehte er sich zu der Klasse um und machte einige scherzhafte Bemerkungen über diese »empfindlichen Amerikanerinnen«! Dann stellte er sich zu mir, und nichts konnte sanfter sein als seine Art. Nachdem ich geendet hatte, setzte er sich hin und spielte mir das ganze Stück vor (etwas, was er selten tut), legte einen köstlichen Doppeltriller ein, und endete mit einer ganz eigentümlichen Wendung, bei der er seine Virtuosität einen Augenblick vor mir aufblitzen ließ. Nur einen Augenblick; denn er ist viel zu stolz und hat viel zu viel Verachtung für Schaustellung; also hielt er sich auch sofort zurück. Es war, als ob seine Finger gegen seinen Willen in den Triller ausgebrochen wären, und als müßte er sie nun mit strengem Griffe zurückziehen. Sonderbares, unerforschliches Wesen, das er ist! Kullak selbst ist ein wahrhaft glänzender Künstler; was ich nicht vermutete. Er hatte einst einen großen Ruf als Pianist, und ich glaubte, daß er denselben nicht aufrechterhalten konnte, weil er das

Konzertspielen aufgegeben hatte. Nun fand ich aber, daß ich mich sehr geirrt hatte. Sein Spiel leidet selbst im Vergleich zu dem Tausigs nicht. – Warum er aufgehört hat, öffentlich zu spielen, ist mir unbegreiflich. Man sagt, er sei zu nervös. Wie alle Künstler ist er fesselnd, voller Kaprizen. Er weiß alles und jedes, was sich auf Musik bezieht. In den Stunden stehen zwei große Flügel nebeneinander, an dem einen sitzt er, ich an dem anderen. Jedes Stück, das er lehrt, kennt er auswendig, manchmal spielt er mit, manchmal spielt er mir vor und zeigt mir alle Arten des Passagenspiels. Ich bekomme immer mehr Respekt vor ihm. Das Einüben des Beethovenschen Konzertes hat mir so viel Vergnügen gemacht; denn er übernahm die Orchesterpartie. Denkt Euch nur, welche Aufregung! Einen so großen Künstler wie diesen am zweiten Klavier! Nächstens werde ich ein Chopinsches Konzert studieren.

Frau v. Staël hatte recht, als sie sagte, daß in Deutschland die Etikette sehr streng sei. Sie ist Gesetz, und jedermann muß sich ihr beugen. Welches andere Volk würde zum Beispiel darauf bestehen, daß, wenn die Gesellschaft aus zwölf bis zwanzig, meist verheirateten, mittelalterlichen oder älteren Leuten besteht, man um 8 Uhr abends kommt und bis 4 Uhr des Morgens bleibt? Ich starb beinahe vor Ermüdung und Langeweile; aber sie würden es mir alle sehr übel nehmen, wenn ich nicht hinginge, und da ist kein Entrinnen. Mit schrecklichem Kopfweh kam ich zurück. Bei einer Tanzgesellschaft hält einen die Erregung wach. Aber drei geschlagene Stunden vor dem Abendbrot mit viel älteren Leuten, an denen man nicht das geringste Interesse nimmt, zusammensitzen, Unterhaltung in fremder Sprache führen, wo man kaum in seiner eigenen glänzen würde, dann bei Tische wieder drei Stunden, und vielleicht hinterher noch eine, das ist zu viel für ein amerikanisches Gemüt. Ich bin immer innerlich wütend, wenn ich daran denke, wie bequem ich in Cambridge um 9 Uhr in den Wagen sprang, um zu einer Gesellschaft zu fahren, und um ½ 11 oder ½ 12 Uhr nach Hause kam. Diese langen Gesellschaften sind, was die Deutschen »gemütlich« nennen. Der Franzose würde sagen: »assommant«, und er würde ganz recht haben.

Könntet Ihr nur Joachim hören! Ich war gestern in seiner dritten Soiree; er ist entschieden das Wunder des Jahrhunderts; ich kann nicht von ihm erzählen, ohne in Ekstase zu geraten. Bezaubernd war ein Quartett von Haydn. Das Adagio spielte er wundervoll; er zog einen so rührenden Ton aus seiner Violine, daß es einem wirklich durch und durch ging. Der dritte Satz war eine Gigue, das heiterste kleine Stück. Es flog dahin wie ein zwitschernder Vogel, und er spielte jede Note so deutlich und so schnell, daß die Leute außer sich gerieten und es beinahe unmöglich war, still zu bleiben. Ein donnerndes »da capo« erscholl. Joachim ist so kühn! Weder seinen Bogenstrich, noch die Töne, die er der Violine entlockt, könnt ihr Euch vorstellen. Er spielt die größten tours de force, bei denen seine Finger über die ganze Violine rasen, gerade wie Tausigs über die Tasten. So frei! Und dann seine Auffassung! Es ist, als ob Beethoven mit Fleisch und Blut auferstände.

Neulich hörte ich eine Pianistin, die im Begriff ist, sehr berühmt zu werden, und herrlich spielt, Fr. Menter aus München. Sie war Schülerin von Liszt, Tausig, Bülow. – Denkt, welche Sternenreihe von Lehrern! Sie ist wunderhübsch und sieht reizend aus, wenn sie am Klavier sitzt und ein Stück nach dem andern vorträgt. Ich beneidete sie schrecklich. Sie spielt alles auswendig, hat eine wunderschöne Auffassung und gab ihre Konzerte ganz allein, nur einige Lieder wurden gesungen, und am Ende spielte Tausig mit ihr am zweiten Flügel. So gut zu spielen, daß solch ein hoher Künstler sich herabläßt, das zu tun! Es war so hübsch, als man sie herausrief; er machte ihr ein Zeichen, vorauszugehen; sie sah fragend auf und schritt dann eine Stufe tiefer als er; er lächelte und applaudierte ihr so sehr, als nur irgendeiner im Publikum. Ich fand es sehr galant von ihm, dazustehen und vor dem ganzen Auditorium in die Hände zu klatschen, und, obgleich seine Partie so bedeutend wie die ihrige und er der größere Künstler war, nichts von dem Beifall auf sich zu beziehen. Doch hat sie mich entzückt; sie steht weit über der Mehlig und der Topp.

Habt Ihr meinen Brief an A. S. gelesen, in dem ich von Aline Hundt erzählte, die eine Symphonie komponierte und dirigierte? Das ist doch für Frauen ein Schritt vorwärts auf dem musikalischen Wege! Die Männer waren alle entrüstet, daß man ihr gestattet hatte, das Orchester selbst zu leiten. Ich hielt es ebenfalls nicht für passend, obgleich ich keine Vorurteile habe. Jedenfalls sieht eine Frau, den Stock in der Hand und eine Körperschaft von Männern dirigierend, nicht vorteilhaft aus.

Wagner war in Berlin. Seine Ankunft verursachte große musikalische Aufregung. Er wurde mit höchstem Enthusiasmus empfangen, und die Ovationen ihm zu Ehren nahmen kein Ende. Zuerst hatten Tausig und einige andere distinguierte Musiker ein Souper für ihn arrangiert. Dann fand Sonntag vor 14 Tagen ein Konzert in der Singakademie statt, zu welchem man freien Eintritt hatte. Da der Saal nur ungefähr 1000 Personen faßt, ist es ziemlich schwer, Billette zu bekommen. Ich versuchte es nicht einmal, aber glücklicherweise schickte mir Waitzmann, der ein alter Freund Wagners ist, eins.

Das Orchester war sehr zahlreich und sorgfältig aus allen Orchestern Berlins zusammengesetzt. Stern, der es dirigierte, hatte sich unendliche Mühe damit gegeben. Wagner verlangt enorm viel; so war er z. B. höchst unzufrieden mit dem Leipziger Gewandhaus-Orchester, das sich für das erste der Welt hält; und natürlich zitterten die Berliner einigermaßen. Der Saal war überfüllt, und endlich kam Wagner mit seiner Frau herein, vor und hinter ihm verschiedene bedeutende Künstler. Bei seinem Erscheinen erhob sich das Publikum, das Orchester begrüßte ihn mit dreimaligem Tusche, und alle schrien »hoch« »hoch«. Es ging einem durch und durch.

Das Konzert begann um 12 Uhr und wurde mit einer Begrüßung durch Frau Jachmann-Wagner, Wagners Nichte und hiesige Hofschauspielerin, eingeleitet. Sie ist eine hübsche Frau, »fair, fat, and forty«, und sie spricht vorzüglich. Am Schluß brach sie in Tränen aus. Die Estrade herunterschreitend, trat sie mit einem Lorbeerkranz vor Wagner hin und küßte ihn. Dann spielte das Orchester Wagners Faust-Ouvertüre ganz wunderschön, und darauf den Festmarsch aus dem Tannhäuser. Der Beifall war grenzenlos. Wagner bestieg die Estrade und hielt eine kleine Rede, in welcher er den Musikern und Stern seinen Dank ausdrückte und sich dann erst zum Publikum wandte. Er sprach sehr schnell und in jener naiven Art, die alle großen Musiker zu haben scheinen, und als Beweis seiner »Zufriedenheit« bat er die Musiker, die Faust-Ouvertüre unter seiner Leitung nochmals zu spielen. Wir standen alle auf den Zehenspitzen, um ihn dirigieren zu sehen, und das war wirklich wunderbar: Er kontrollierte das Orchester, als wäre es ein einziges Instrument, auf dem er spielte. Er gab nicht bloß, wie die meisten Dirigenten, einfach den Takt an, sondern bediente sich allerhand kleiner Zeichen, um deutlich zu machen, was er wünschte.

Für die Leute war es schwer, ihm zu folgen, und sie mußten ihre Augen weit öffnen. Er hielt sie zuerst zurück, um das Schwanken und Spekulieren Fausts wiederzugeben, dann, als Mephisto auftrat, ließ er sie nach und nach los, bis zu einem betäubenden Crescendo. Es klang, als ob die Hölle sich plötzlich unter unseren Füßen öffnete. Wo Gretchen erschien, war alles entzückende Melodie und Süße, und so ging es fort, wie eine Folge von Bildern. Die Wirkung war großartig.

Ich hatte einen der besten Plätze und konnte Wagner und seine Frau die ganze Zeit über sehen. Er hat eine enorme Stirn und ist der nervösest aussehende Mann, den man sich vorstellen kann; aber er besitzt jene schreckliche Art von Mund, die einen eisernen Willen bekundet. Wenn er dirigiert, ist er beinahe außer sich vor Erregung, das ist wohl eine der Ursachen, weshalb er als Dirigent so groß ist, denn seine Verzückung teilt sich dem Orchester mit, und jedermann spielt wie unter einer plötzlichen Eingebung. Es scheint wirklich, als improvisierte er mit seinem Orchester.

Wagner kam hierher, weil er seine »Nibelungen« hier aufführen wollte. Es ist ein Zyklus von Opern, der vier Abende beansprucht. Hat man je so etwas gehört! Er legt alles in solch ungeheurem Maßstabe an. Es erinnerte mich an die Anekdote, die man sich von ihm als Knaben erzählt: Er war ein großer Shakespeare-Enthusiast und wollte auch Dramen wie dieser schreiben, und so verfaßte er ein Schauspiel, in welchem er 40 der Hauptpersonen im letzten Akte tötete!

Er gab hier im Opernhause ein großes Konzert, das er selbst dirigierte. Es bestand nur aus seinen eigenen Kompositionen, mit Ausnahme von Beethovens c-Moll-Symphonie, von der er sagte, daß niemand außer ihm sie verstände. Das kränkte die Berliner einigermaßen, aber alle mußten nach dem Konzerte zugeben, daß sie sie niemals so prachtvoll gehört hatten. Er hat seine eigene, besondere Auffassung. Es war sehr voll; sämtliche Plätze lange vorher bestellt. Alle Künstler waren anwesend, außer Kullak, der krank war. Ich sah Tausig im ersten Range mit der Baronin S. sitzen. Das Orchester bestand mindestens aus zweihundert Musikern. Der Beifall wurde immer mächtiger, bis er sich endlich in einem Regen von Blumen und Kränzen ergoß. Es schien, als wollten die Gemüter sich nie mehr beruhigen; Wagner verbeugte sich wieder und wieder. Am Ende des Konzertes erfolgte ein erneuter Blumenregen, und der Kaisermarsch wurde da capo verlangt. Dieser Effekt! Nach einem Sturm von Tönen kommen die Pausen mit einem scharfen »tat-tat-tat-tat«; dann übernehmen die Blasinstrumente die Melodie, gehen crescendo vorwärts und blasen zuletzt mit solcher Kraft und Vehemenz, daß man bis ins Mark erschüttert wird. Es war wie ein Erdbeben.

Der Lärm war fürchterlich, wie das Brausen der Brandung. Ich hörte nie Musik, die dieser annährend gleichkäme, und Wagner gemahnt mich an einen riesigen Tritonen, der sich auf den Wogen belustigt und diese großen Tonwellen von einer Hand in die andere wirft. Man sieht natürlich sein Gesicht nicht, nur seinen Rücken; und doch weiß man alles, was ihn bewegt; jede Sehne seines Körpers spricht. Er läßt die Instrumente die Töne so verlängern wie außer ihm niemand; die Wirkung ist unbeschreiblich schön, und doch beklagt er sich, daß er nie ein Orchester dahin bringen könnte, den Ton so auszuhalten, wie es eigentlich sein müßte.

Am Ende des Konzerts war der Blumenberg vor dem Dirigentenpulte so hoch, daß Wagner nicht stehen konnte, ohne sie zu zertreten. Im ganzen war es ein glänzendes Ereignis und ein großer Triumph für seine Freunde. Doch hatte er auch viele Gegner. Joachim ist einer von ihnen, obgleich das unbegreiflich scheint bei einem Manne von seinen musikalischen Gaben. Ehlert ist auch ein starker Anti-Wagnerianer, und die Juden hassen ihn ungemein. Vielleicht ist sein Charakter dabei im Spiel; denn er hat alle Gesetze der Ehre, Dankbarkeit und Moral sein Leben lang außer Kurs gesetzt. Er ist ein schlimmes Beispiel für junge Künstler, und ich glaube, Wagner demoralisiert sie. Hierzulande vergibt man jedoch der Kühnheit und dem Genie alles, und ich muß sagen: können wir von Deutschland Musik – so kann Deutschland von uns Moral lernen! –

Das beste Konzert aber dieser Saison war dasjenige, welches im vergangenen Monat Clara Schumann gab. Sie wurde von Joachim und dessen Frau unterstützt. Drei Sterne erster Größe! Frau Joachim singt wundervoll; nicht, daß ihre Stimme so außergewöhnlich wäre; man hört oft solche Stimmen, aber die Art, wie sie dieselbe zu gebrauchen versteht, grenzt an Vollendung, und sie singt deutsche Lieder, wie eben nur eine Deutsche sie singen kann. Ich kenne keine Sängerin, die ihr in solch zurückhaltender, und doch so vollkommener Kunst gleichkäme. Sie erobert nicht im Sturm, und als ich zuerst herkam, hielt ich nicht viel von ihr; aber jedesmal, wenn ich sie wieder höre, bin ich erstaunt, wie ausgesucht schön sie singt. Jedes Wort hat eine Bedeutung, und deswegen versteht man die Sprache, noch ehe man ihre Schönheit wahrnimmt. Eines ihrer Lieder war Schumanns »Frühlingslied«, mit der raschen agitato-Begleitung. Sie begann mit halbem Atem und mit Zittern, wie ein aus seinem Nest flatternder Vogel, und ging dann in einem Portamento in die Höhe mit einer Freiheit! gleich der im Fluge sich aufschwingenden Lerche. Ich werde die Wirkung nie vergessen. Man war gänzlich hingerissen.

Nicht nur, daß sie so wunderbar singt, sie ist auch noch eine Schönheit, eine Art Kinder-Schönheit (baby beauty), und wenn sie hervortritt in der mit ihrem schwarzen Haare kontrastierenden blaßrosa Seide, dem kaiserlichen Nacken, die schönen Arme enthüllt, ist sie bezaubernd. Man sagte, sie wäre unbedeutend gewesen, als Joachim sie heiratete, und ich zweifle nicht, daß die Lebensgemeinschaft mit solch einem Genius sie entwickelt hat. Das ist sicher, daß er alles überragt. Diesmal spielte er Beethovens Kreutzer-Sonate für Violine und Klavier mit Clara Schumann! Die herrlichste Leistung, die man je hören konnte! – Ich bete Joachim an und halte ihn für das Wunder des Zeitalters. Ihn zu hören ist einfach Entzückung!

In der vorigen Woche reiste ich mit J. S. nach Dresden, um B. H. zu besuchen. Sie haben eine reizende Wohnung. Mrs. H. ist die Liebenswürdigkeit selbst und eine ausgezeichnete Wirtin. Sie tat alles, was in ihren Kräften stand, uns angenehm zu unterhalten, und so lud sie unsertwegen verschiedene Male mehrere ihrer Bekannten und Freunde, unter andern Marie Wieck (die Schwester Clara Schumanns) ein. Ich war sehr erfreut, sie kennenzulernen; denn sie ist selbst eine Künstlerin und spielt im Clara Schumannschen Stile, obgleich ihre Auffassung nicht so bedeutend ist. Ihr Anschlag ist vollkommen schön. Auf Frl. Bs. Bitte wollte sie uns etwas vorspielen; aber das Klavier war ihr nicht recht, und sie stand sofort wieder auf, indem sie sagte, auf diesem Instrumente sei es nicht möglich; wenn wir aber zu ihr kommen wollten, würde sie es mit Vergnügen tun. Der Vorschlag entzückte mich; denn ich war sehr begierig, den berühmten Wieck, den Bildner so vieler Generationen von Musikern, kennenzulernen. Frl. Wieck bestimmte den Sonnabendabend, und wir gingen demgemäß hin. B. hatte uns gesagt, wie wir uns zu verhalten hätten; denn der alte Herr bewahrt sich seine Eigentümlichkeit, und man muß ganz nach seiner Weise mit ihm verkehren. Wir sollten hineingehen (nachdem wir unsere Sachen abgelegt), als hätten wir ein Leben lang zur Familie gehört, und sagen: »Guten Abend, Papa Wieck«. Jedermann nennt ihn »Papa«. Dann müßten wir uns hinsetzen, und wenn wir eine Strick- oder Näharbeit mitbrächten, würde es um so besser sein. Jedenfalls aber müßte es den Anschein haben, als wollten wir mehrere Stunden dableiben; denn nichts brächte ihn so auf, als wenn Leute kämen, um nur einen kurzen Besuch zu machen. »Was«, würde er sagen, »erwarten Sie, einen berühmten Mann wie mich in einer halben Stunde kennenzulernen?«

Ferner (ganz sarkastisch): »Vielleicht wünschen Sie ein Autograph?« Er haßt es, Autographen zu geben. –

Gut; also wir führten das vorgeschriebene Programm aus. Man geleitete uns in ein großes Zimmer, das viel länger als breit war. An jedem Ende stand ein Flügel, im übrigen war es mit der größten Einfachheit möbliert. Einige Portraits und Basreliefs hingen an den Wänden. Die Instrumente waren schön. Frau Wieck und »Papa« empfingen uns sehr zuvorkommend. Wir tranken erst Tee, bald aber wurde der alte Herr ungeduldig und sagte: »Kommt! Die Damen wollen mir etwas vortragen, und wenn wir nicht bald beginnen, können wir nichts zu Ende bringen.« Er lebt ganz in der Musik und hat eine Klasse junger Mädchen, die er allabendlich unentgeltlich unterrichtet. Fünf von ihnen waren zugegen. Er ist sehr taub, aber merkwürdigerweise für jeden musikalischen Ton ebenso empfindlich wie früher, und dasselbe ist mit Clara Schumann der Fall. Frl. Wieck eröffnete den »Ball«. Sie ist ungefähr 40 Jahre alt und eine sehr phlegmatisch aussehende Dame. Aber sie spielte herrlich, und ihr Anschlag ist köstlich. Wenn man sie gehört hat, ist man nicht mehr überrascht, daß die Wiecks denken, es könne außer ihnen niemand den Anschlag lehren. Sie begann mit einem Nocturne F-Dur von Chopin. Ich vergaß zu sagen, daß der alte Herr auf seinem Stuhle sitzt mit einer Miene, als säße er auf einem Throne, und daß er jedes Stück, welches gespielt werden soll, zuvor ankündigt und hinterher einen Kommentar folgen läßt: »Dieses Nocturne erlaubte ich vor 40 Jahren meiner Tochter Clara in Berlin zu spielen, worauf die damals bedeutendste Zeitung in ihrer Kritik bemerkte: ›Das junge Mädchen scheint viel Talent zu haben; es ist nur zu bedauern, daß sie sich in den Händen eines Vaters befindet, dessen Kopf voll von wunderlichen Neuerungen steckt‹.« So fremd war Chopin dem Publikum damals noch.

Nachdem Frl. Wieck das Nocturne beendet hatte, bat ich

um etwas von Bach, den sie bewundernswert spielen soll. Sie sagte, daß sie in diesem Augenblick nichts von Bach zu Händen habe, daß sie aber eine Gigue von einem Komponisten aus Bachs Zeit spielen wolle – Haesler nannte sie ihn, wenn ich nicht irre; es war ein mir gänzlich unbekannter Name. Das Stück war brillant, und sie spielte es sehr schön. Hierauf trug sie den letzten Satz von Beethovens Es-Dur-Sonate vor; aber von ihrer Auffassung desselben war ich nicht besonders eingenommen. Dann hatten wir eine Pause, und sie forderte mich auf zu spielen. Ich lehnte aber ab; denn da ich eine ganze Woche in Dresden gewesen war, ohne zu üben, wollte ich mich nicht hinsetzen, ohne mir selbst gerecht werden zu können. Meine Hand ist so steif, daß ich, wie Tausig von sich, von mir sagen kann (obgleich ich es von ihm nicht glaube): »Wenn ich 14 Tage nicht gespielt habe, kann ich gar nichts machen.« Der alte Herr sagte: »Nun wollen wir etwas anderes haben«, stand auf, ging zum Flügel und rief die jungen Mädchen. Er ließ drei von ihnen singen, eine nach der andern, und sie sangen in der Tat sehr reizend. Eine von ihnen ließ er eine Kadenz improvisieren, während eine zweite den Alt dazu ohne Begleitung sang. Er war sehr stolz darauf. Nach jeder Richtung hin bildet er seine Schüler, lehrt sie jeden gegebenen Ton treffen und die »Leiter herauf- und herunterklettern«, wie sie die Skala nennen.

Nachdem der Gesang beendet war, spielte Frl. Wieck drei weitere Stücke, von denen eines ein wunderschönes Arrangement von Liszt über das Schumannsche »Du meine Seele« war. Mit einer Gavotte von Gluck endete sie. Oder wie Papa Wieck sagen würde: »Dies ist eine Gavotte aus einer von Glucks Opern, für das Klavier arrangiert von Brahms. Dem oberflächlichen Beobachter wird der zweite Teil sehr leicht erscheinen, aber meiner Meinung nach ist es eine schwere Aufgabe, ihn exakt wiederzugeben.« Zum Glück wußte ich, wie das Ding gespielt werden muß, denn ich hatte es dreimal von Clara Schumann selbst gehört. Frl. Wieck gefiel mir ganz und gar nicht darin; sie nahm den zweiten Teil zweimal schneller als den ersten. »Ihre Schwester spielt den zweiten Teil viel langsamer«, sagte ich. »So«, erwiderte sie, »ich habe es nie von ihr gehört.« Sie fragte mich dann: »So langsam?« indem sie es langsamer spielte. »Noch langsamer?« sagte sie, es ein drittes Mal unter meiner wiederholten Mißbilligung beginnend. »Streng im Tempo«, erwiderte ich, meinen Kopf orakelmäßig bewegend. »Väterchen«, rief sie dem alten Herren zu, »Miss Fay meint, daß Clara den zweiten Teil so langsam nimmt«, und sie machte es vor. Ich weiß nicht, ob diese Korrektur einen Eindruck gemacht hatte; aber er war nun entschlossen, daß ich spielen müsse, und auf mein beständiges Verneinen sagte er endlich, er fände es sehr merkwürdig, daß eine junge Dame, die zwei Jahre in Tausigs und Kullaks Konservatorium studiert habe, nicht ein einziges Stück hätte, das sie vorspielen könne.

Dieser kleine Vorwurf forderte mich heraus; ich sprang auf, mir innerlich zurufend: »Kopf in die Höhe, Brust heraus – vorwärts!«, ging an den Flügel und spielte die Schlußfuge von Beethovens A-Dur-Sonate op. 110. Während ich spielte, saßen sie alle im Kreise um mich herum und so still wie Bildsäulen. Ihr könnt Euch keine Vorstellung machen, wie sehr nervös ich war. Fünfzigmal dachte ich, ich müßte steckenbleiben; denn es ist wie mit allen Fugen, wenn man einmal herauskommt, kann man nicht wieder hinein; selbst Bülow verirrte sich neulich in seinem Konzerte beim letzten Teil. Aber ich kam dennoch gut durch, und der alte Meister war so gut, mich sehr warm zu loben. Er sagte, ich müßte viel studiert und viel Etüden gespielt haben. Ich antwortete in höflichem Deutsch: »Ich würde mich freuen, wenn er so dächte.«

Während meiner nächsten Sommerferien möchte ich gerne bei den Wiecks studieren, wenn sie mich nur annähmen! Man hält sie für gewissermaßen altmodisch im Stil, und ich möchte sie nicht gegen Kullak eintauschen; aber sie sind solche Veteranen, daß sie einem dennoch viele schätzenswerte Ideen überliefern. Papa Wieck war Bülows Lehrer, ehe dieser zu Liszt ging.

Sagte ich Euch schon, wie hingerissen ich von Bülow war? Er ist herrlich und steht genau zwischen Rubinstein und Tausig. Ich werde ihn nächsten Sonnabend wieder hören und will Euch dann meine volle Meinung über ihn schreiben. Er ist berühmt wegen seines Beethovenspiels, und ich wünschte, Ihr hättet die Mondscheinsonate von ihm hören können. Etwas macht er, was ganz und gar nur ihm eigen ist: er spielt alle Teile einer Sonate, ohne dazwischen zu pausieren. Es gefiel mir sehr; denn er erzielt dadurch einen einheitlicheren Eindruck, da es scheint, als erzeuge ein Teil stets das folgende.

Ich wünschte, L. könnte hier bei Kullaks Sohn Klavier studieren. Er hat eine kleine reizende Schülerin, 10 Jahre alt, Adele aus der Ohe (ist das nicht ein hübscher alter Rittername?), und es ist erstaunlich, dieses Kind zu hören. Sie spielte mit Orchesterbegleitung ein Beethovensches Konzert mit eingelegter großer Kadenz von Moscheles, fast vollendet. Sie verfehlte keine Note, und ich glaube, sie wird einst eine große Künstlerin wie die Mehlig werden. Aber vielleicht wird ihr auch, wie dieser, die große Auffassung abgehen. Man kann nie wissen, wie diese Wunderkinder sich entwickeln.

Ich vergaß immer, Euch Bülows Spiel zu beschreiben, und es ist nun so lange her, seit ich ihn gehört habe, daß meine Eindrücke nicht mehr so lebendig sind. Er hat den markigsten, eindrucksvollsten Stil, den ich bisher kannte, und er phrasiert wundervoll. Es ist, als sähe man durch ein

Stereoskop, wenn man ihn hört. Alle Punkte eines Stückes scheinen lebendig vor einem aufzuleuchten. Er erinnert mich etwas an Gottschalk; denn er hat dieselben Manieren. Sein Gesichtsausdruck ist stolz, herausfordernd. Wenn er spielt, mustert er rund herum seine Zuhörer. Er hat stets zwei Flügel auf dem Podium, die er abwechselnd benutzt. Sein Gesicht scheint dem Publikum zuzurufen: »Ihr seid alle Hunde und Katzen, und es ist mir ganz egal, was Ihr von meinem Spiele denkt.« Manchmal durchblitzt ein köstlicher Zug von Humor sein Antlitz, besonders wenn er ein Rondo oder irgend etwas Lustiges vorträgt. Eine wunderbare magnetische Macht ist ihm eigen, und man fühlt, daß man unter der Gewalt eines eisernen Willens ist. Viele tadeln sein Spiel, sie sagen, es sei »reiner Verstand«; aber ich meine, er hat doch zu viel Leidenschaft, um bloß verständig genannt zu werden: nur ist es kontrollierte Leidenschaft. Beethoven gehörte das große Studium seines Lebens, und er spielt dessen Sonaten wie niemand sonst.

Gestern bin ich in Weimar angekommen, und heute war ich im Theater, das hier sehr billig ist. Die erste Person, die ich in der gegenüberliegenden Loge sah, war Liszt, bei dem ich, wie Ihr wißt, so gerne Unterricht haben möchte, obgleich es, wie ich fürchte, schwer sein wird; denn man sagt, Weimar sei von jungen Leuten, die zu demselben Zweck dort angelangt sind, überfüllt. Ich erkannte Liszt nach seinem Bilde; es war mir überaus interessant, ihn zu beobachten. Er saß mit dem Rücken gegen die Bühne gekehrt, augenscheinlich dem Spiele nicht die leiseste Aufmerksamkeit schenkend; denn er plauderte beständig und äußerst liebenswürdig mit drei Damen, von denen die eine sehr hübsch war, und doch entging ihm selbst die kleinste Nuance nicht, wie ich an seinem Gesichtsausdruck wahrnehmen konnte. –

Liszt ist der denkbar interessanteste Mann und macht

sofort den bedeutendsten Eindruck auf jeden, der ihn sieht. Groß und schlank, mit tiefliegenden Augen, buschigen Augenbrauen und langem grauen Haar. Sein Mund geht an den Winkeln etwas in die Höhe, was ihm, sobald er lacht, einen feinen mephistophelischen Ausdruck gibt; seine ganze Art und Erscheinung hat etwas von jesuitischer Leichtigkeit und Eleganz. – Seine Hände sind sehr schmal mit langen, schlanken Fingern, die aussehen, als hätte er doppelt soviel Gelenke wie andere Leute. Sie sind so beweglich und biegsam, daß es einen fast nervös macht, sie anzusehen. Die Feinheit seiner Manieren ist unvergleichlich. Wenn er in der Loge aufstand, legte er, z. B. nachdem er sich von den Damen verabschiedet hatte, die Hand auf sein Herz und machte eine letzte Verbeugung – nicht mit Affektion oder aus bloßer Galanterie, nein, mit einer ruhigen Höflichkeit, die jedem das Bewußtsein gab, daß keine andere Form, sich vor einer Dame zu verbeugen, recht und geeignet wäre. Es war ganz charakteristisch.

Nun hört! Ich traf Liszt vor zwei Tagen in einer kleinen Teegesellschaft, die von einem seiner Schützlinge, einer älteren Freundin, für alle seine bereits angekommenen Schüler gegeben wurde. Ich war ebenfalls geladen. Liszt hatte versprochen, später zu kommen. Wir waren nur sieben Personen, drei Herren und vier junge Damen, drei davon, mich inbegriffen, Amerikanerinnen. Die meisten hatten schon früher bei Liszt studiert, und einige sind bereits bekannte Künstler. Um die Zeit, bis Liszt kam, auszufüllen, veranlaßte unsere Wirtin uns alle zu spielen und ließ die zuletzt Angekommenen beginnen. Nachdem wir uns alle »ausgestellt« hatten, wurden kleine Tische gebracht und das Souper serviert. Wir waren mitten drin und sehr heiter, als die Tür sich plötzlich öffnete und Liszt erschien. Sofort erhoben wir uns, und er schüttelte jedem die Hand, ohne die Vorstellung abzuwarten.

Liszt sieht aus, als wäre er durch »Alles« gegangen. Sein Antlitz ist gleichsam mit Erfahrungen bedeckt. Er trägt einen langen Abbé-Rock, der fast bis zu seinen Füßen reicht. An die Magier alter Zeiten gemahnte er mich, und es war mir, als könnte er uns alle mit einer Berührung seines Zauberstabes verwandeln. Nachdem die Begrüßung zu Ende war, ging er in das andere Zimmer und ließ sich dort nieder. Die jungen Leute umringten ihn und boten ihm Zigarren an, die er annahm und rauchte. Wir anderen fuhren in dem begonnenen Unsinn fort, und ich bin überzeugt, Liszt hörte etwas von unsrer »brillanten« Unterhaltung; denn er fragte, wer wir wären, worauf die Dame des Hauses Miss W. und mich – die beiden Fremden – sofort hereinholte, um uns vorzustellen. – Nach der Begrüßung erkundigte er sich, ob ich in Berlin in Sophie Menters Konzert gewesen wäre. Ich bejahte, und er sagte, Frl. Menter sei ein großer Liebling von ihm, und die Dame, von der ich ihm einen Brief gebracht, habe sich ihrer sehr angenommen. Ich fragte, ob die Menter seine Schülerin wäre. »Nein, er könne sich die Ehre ihres künstlerischen Erfolges nicht zurechnen.« Später hörte ich, er habe viel für sie getan, wünsche aber nicht, daß man glaube, er unterrichte. Nachdem er seine Zigarre geraucht hatte, stand Liszt auf, sagte: »Amerika soll nun den Platz behaupten« und forderte Miss W. auf, ihm etwas vorzuspielen. Diese schreckliche Feuerprobe hatten wir Neuangekommene nicht erwartet. Ich erbebte innerlich; denn ich war beinahe eine Woche ohne Klavier gewesen und gänzlich unvorbereitet zum Spielen, während Miss W. seit 5 Uhr morgens auf war und den ganzen Tag gearbeitet hatte. Aber es half nichts. Ein Wort von Liszt ist ein Befehl, und Miss W. setzte sich hin und zog sich so gut, wie es unter den Umständen zu erwarten war, aus der Affäre. Liszt bewegte seine Hand, nickte von Zeit zu Zeit mit dem Kopf und schien befriedigt zu sein. Dann rief er Herrn Leitert heran, der eine

Lisztsche Komposition sehr schön spielte. Liszt lobte ihn und klopfte ihm auf die Schulter. Ich schlüpfte, sobald Leitert geendet hatte, in das Hinterzimmer, hoffend, Liszt würde mich vergessen, aber er folgte mir auf dem Fuße wie die Katze der Maus, nahm meine beiden Hände in die seinigen und sagte in gewinnendster Weise: »Mademoiselle, vous jouerez quelque chose, n'est-ce pas?« Ihr habt keine Idee von seiner Überredungskunst! Genug, um Euch zu allem zu verlocken! Es war ein so verzweifelter Moment, daß ich, alles nichtsachtend, selbst ohne ihm zu sagen, daß ich außer Übung und unvorbereitet sei, mich niedersetzte und wie besessen in die As-Dur-Ballade von Chopin tauchte. Das Klavier hatte glücklicherweise eine leichte Spielart. Liszt rief unentwegt »Bravo«, um mich zu ermutigen, und so kam ich durch. Dann klatschte er in die Hände und sagte: »brav gespielt.« Er fragte, bei wem ich studiert hätte, und machte einige kleine Bemerkungen. Ich hoffte, er würde mich beiseite schieben und selbst spielen; aber er tat es nicht.

Gestern ging Miss W. zu ihm, er fragte, ob sie Miss Fay kenne, und trug ihr auf, mir zu sagen, ich möge zu ihm kommen. So werde ich ihm denn morgen meine Aufwartung machen, obgleich ich nicht weiß, wie der Löwe sein wird, wenn ich ihn in seiner Höhle aufsuche.

Liszt wird so belagert und mit Gesuchen gequält, daß ich sicher abgewiesen worden wäre ohne den Empfehlungsbrief der Baronin S.; denn er bewundert sie sehr, und sie hat viel Einfluß auf ihn. Er sagt, »die Menschen bedrängten ihn zu Dutzenden und glaubten, er wäre nur zum Stundengeben da«. Überhaupt gibt er gar keine bezahlten Stunden; er ist viel zu groß für das; aber wenn jemand Talent genug hat oder ihm gefällt, so darf er kommen und ihm vorspielen. Ich gehe jeden zweiten Tag zu ihm, spiele aber nur zweimal in der Woche, weil ich nicht so viel vorbereiten kann, und so höre ich den anderen zu. Bis jetzt waren außer mir nur vier in der Klasse, und ich bin die einzige Neue. Von 4-6 Uhr nachmittags ist die Zeit, wo er seine Schüler empfängt. Urspruch und Leitert, die ich schon neulich traf, haben lange bei Liszt studiert und spielen beide wunderschön. Fräulein Schultz und Miss Gaul sind ebenfalls sehr begabte Geschöpfe.

Als ich das erste Mal in Liszts Salon eintrat, spielte Urspruch gerade Schumanns »Symphonische Etuden«, eine großartige Komposition, die zum mindesten ½ Stunde dauert. Er trug sie so herrlich vor, daß mir mein Herz immer tiefer sank, ich glaubte, ich würde das niemals erreichen. Liszt kam mir entgegen und begrüßte mich sehr freundlich. Er war sehr guter Laune und machte ständig kleine witzige Bemerkungen. Ich spielte diesmal nicht; aber ich ging nach Hause und übte mehrere Tage unaufhörlich an Chopins h-Moll-Sonate. Als ich sie zu können glaubte, ging ich, wenn auch zitternden Herzens, zu Liszt. Ich kann es nicht sagen, was es mich jedes Mal kostet, seine Treppen hinaufzusteigen; kaum finde ich den Mut, sein Zimmer zu betreten, und stehe gewöhnlich eine ganze Weile auf den Stufen, ehe ich mich dazu entschließe.

An diesem Tage wurde es mir besonders schwer, weil ich zum ersten Male ernstlicher vor ihm spielen sollte. Und er spricht so undeutlich, daß ich fürchtete, seine Verbesserungen nicht zu verstehen, und daß er dann ungeduldig werden würde; denn er kann das Erklären nicht leiden. Ich glaube, er haßt die Mühe des Deutschsprechens; er murmelt seine Worte nur und beendet seine Sentenzen bloß zur Hälfte. Gestern, als ich bei ihm war, sprach er mit mir beständig französisch und mit den andern deutsch.

Nur Leitert, Urspruch und der junge Komponist Metzdorf, der immer um Liszt herum ist, befanden sich im Zimmer, als ich kam. Erst, die Begrüßung ausgenommen, beachtete er mich nicht, bis Metzdorf sagte: »Herr Doktor, Miss Fay hat eine Sonate mitgebracht.« »Ach schön, wir wollen sie hören«, antwortete Liszt. Dann ging er einen Augenblick aus dem Zimmer, und ich bat die drei Herren, sich zu entfernen und mich Liszt allein vorspielen zu lassen. Sie lachten mich aus und meinten, sie würden nicht einen Zoll weichen. Als Liszt zurückkam, sagten sie ihm: »Miss Fay will uns fortschicken.« Ich bemerkte ihnen, daß ich vor solchen Künstlern nicht spielen könne. »Ach, das ist Ihnen ganz gesund«, erwiderte Liszt lächelnd. »Sie haben ein sehr gewähltes Auditorium.« Ich weiß nicht, ob er sah, wie sehr nervös ich war, aber anstatt nach seiner Gewohnheit im Zimmer auf und ab zu spazieren, setzte er sich ganz wie ein Lehrer zu mir und ließ mich den ersten Teil spielen: Er ist sehr schwer, aber ich hatte so viel geübt, daß ich ziemlich gut durchkam. Nichts kann der Liebenswürdigkeit, nichts der Mühe gleichkommen, die er sich mit mir gab. Seine Nähe inspirierte mich, statt mich zu ängstigen. Einen solch entzückenden Lehrer gab es nie! Es ist der erste sympathische, den ich hatte. Man fühlt sich so frei mit ihm, und er entwickelt den wahren Geist der Musik in einem. Er flickt und tadelt nicht die ganze Zeit an einem herum, sondern überläßt auch der eigenen Auffassung etwas. Hie und da kritisiert er oder spielt eine Passage, und mit ein paar wenigen Worten gibt er einem zeitlebens zu denken. In allem, was er sagt, ist eine feine Spitze, so fein wie er selbst. Über das Technische verliert er kein Wort; das muß man für sich allein bewältigen. Als ich den ersten Teil der Sonate beendet hatte, sagte er wie immer: »Bravo«, und meinen Sitz einnehmend machte er einige kleine Bemerkungen, und hieß mich dann weiterspielen. Nun konnte ich die andern Teile nur halb; denn der erste ist so enorm schwer, daß es schon all meiner Arbeitskraft bedurfte, um nur den vorzubereiten. Aber Liszt vorspielen erinnert mich an den Versuch, den

Elefanten im Zoologischen Garten mit Zuckerstückchen füttern zu wollen. Er verfügt über alle Teile, als wenn sie nichts wären, und verlangt ernsthaft nach mehr. Glücklicherweise begann einer meiner Finger zu bluten, und dies gab mir einen schicklichen Vorwand, um aufzuhören. Liszt setzte sich selbst hin und spielte die drei letzten Sätze. Es war das erste Mal, daß ich ihn hörte; ich wußte nicht, welchem Teile ich den Vorzug geben sollte: dem Scherzo mit seiner wundervollen Geschwindigkeit und Leichtigkeit, dem Adagio mit seiner Tiefe und seinem Pathos oder dem Finale, wo die ganze Klaviatur zu »donnern und zu blitzen« scheint. Ein solches Leben ist in allem, was er spielt, daß es scheint, als wäre es nicht nur Musik, der wir lauschten, sondern als hätte er eine wirkliche Gestalt wachgerufen, die wir vor unseren Augen atmen hören. Mir gibt es allemal eine geisterhafte Empfindung, ihn zu hören; ich glaube die Luft mit Geistern bevölkert. Ach! Er ist ein wahrer Zauberer! Ihn zu sehen ist ebenso interessant, wie ihn zu hören; denn sein Gesicht verändert sich bei jeder Modulation, und er sieht genauso aus, wie er spielt, etwas ist in ihm, das vollständig gefangennimmt; eine Art delikater, zufälliger Luftigkeit, die hie und da auf uns herableuchtet. Wenn er in dieser Weise spielt, bekommt sein Antlitz den bezauberndsten Ausdruck. Es scheint, als ob ein kleiner neckischer Kobold hervorblitzte und Verstecken mit einem spielte.

Freitag machte mir Liszt einen Besuch und improvisierte sogar ein wenig auf meinem Klavier. Denkt nur, solcher Vorzug! Gleichzeitig lud er mich für den Sonntag zu einer Matinée ein, die er zu Ehren einer durchreisenden Gräfin gab. Keiner der andern Schüler war gebeten; als ich ins Zimmer trat, waren nur drei Personen außer Liszt anwesend: der Großherzog selbst, die Baronin M. (von Geburt eine russische Prinzessin) und die Gemahlin eines russischen Ministers. Sie standen mit Liszt zusammen und sprachen französisch. Ich hatte keine Ahnung, wer sie waren; denn der Großherzog war in Morgentoilette, und weder ein Stern noch eine andere Dekoration zeichnete ihn aus. Ich sah aber doch mit einem Blicke, daß sie alle stolze Aristokraten seien; darum sprach ich glücklicherweise zu keinem, obgleich ich mich eigentlich versucht fühlte, etwas zu sagen, um die Verlegenheit zu bemänteln, in welcher ich mich befand, als ich so auf verlorenem Posten dastand. Man hatte mich übrigens schon vorbereitet, daß Liszt niemals vorstelle. Er begrüßte mich sehr freundlich und präsentierte mich dennoch der Baronin, aber ihre furchtbare Erhabenheit machte es ihr unmöglich, mehr als ein paar eisige Worte herauszubringen. Ich war sehr froh, als mehr Personen kamen und ich mich in eine Ecke zurückziehen und dort unbeachtet niedersetzen konnte; denn ich fühlte mich zu unbehaglich, als Fremde dicht bei vier Fashionables zu stehen und nicht wagen zu dürfen, mit einem von ihnen zu sprechen, weil sie mich eben nicht anredeten.

Als die Gesellschaft versammelt war, zählte ich vierzehn Personen, von denen fast alle betitelt waren. Ich die einzige unwichtige. Liszt war reizend. Er kam zu mir, plauderte und versprach mir ein Billet zu einem Privatkonzert, in dem nur Kompositionen von ihm aufgeführt werden sollten. Er schien es darauf anzulegen, daß ich mich behaglich fühlte. Fünfmal spielte er, aber keine großen Sachen, eine Enttäuschung für mich, zumal die drei letzten Stücke Duos waren, die er mit Musikdirektor Lassen ausführte. Er rief mich zum Umwenden heran. Großer Gott! Wie liest er! Es war ein schweres Amt für mich, denn er übersieht mit einem Blicke fünf Takte, so daß man den Moment erraten muß, wo er das Blatt umgewendet haben will; einmal drehte ich zu spät, das andre Mal zu früh um. Für mich Schüchterne nicht ganz die geeignete Situation!

Meinen Geburtstag heute glaubte ich nicht besser feiern

zu können, als wenn ich zu Liszt ginge. Ich war noch nicht ganz so weit, um spielen zu können, aber ich nahm seine zweite Ballade mit, um ihn über einige schwere Stellen zu befragen. Er bestand darauf, daß ich spiele. Als wir eintraten, sah er leidend und nervös aus. Unsere Noten legen wir gewöhnlich auf den Tisch; er nimmt sie, sieht sie durch und nennt das Stück, das er gespielt haben will. Er bemerkte das meinige und rief: »Wer spielt diese große, mächtige Ballade von mir?« Mir war, als hätte er gefragt: »Wer schlug Cock Robin tot?« Und als wäre ich wirklich derjenige, der es getan hat, nur daß ich mich, um es zu gestehen, nicht so leichtbeschwingt fühlte als der Sperling; denn Liszt schien sehr schlechter Laune und war sehr heftig gegen den vor mir Spielenden gewesen. Endlich faßte ich meinen Mut zusammen und sagte, daß ich es sei, die Ballade aber noch nicht gut könne. »Schadet nichts, spielen Sie«, erwiderte er. Ich setzte mich hin und erwartete, daß er mir wenigstens den Kopf abreißen würde; aber wunderbar! er schien über mein Spiel erfreut zu sein und sagte, daß ich ihn »beinahe gerührt« hätte. Denkt Euch! Das von Liszt! Und noch bei seiner eigenen Komposition. Als ich fortging, nahm er meine Hände in die seinen und sprach: »Heute haben Sie sich mit Ruhm bedeckt.« Ich antwortete, ich hätte das Stück erst angefangen; aber ich hoffte, er würde es mich nochmals spielen lassen, wenn ich es besser könne. »Was, ich muß Ihnen noch größere Komplimente machen?« meinte er. »Natürlich.« »Il faut vous gâter?« »Oui«, sagte ich, und er lachte.

Gestern hatte ich »Au bord d'une source« von Liszt vorbereitet. Ich war nervös und spielte schlecht. Er wurde gleichwohl nicht ärgerlich, sondern tat, als hätte ich's reizend vorgetragen, setzte sich hin und spielte das ganze Stück selbst, ach! so wundervoll! Ich kam mir wie ein Holzhacker vor. Die Noten schienen mit fast unmerklicher Bewegung von seinen Fingerspitzen zu träufeln. Als er sich dem Ende näherte, sah ich den feinen, schalkhaften Ausdruck über seine Züge gleiten, den er immer annimmt, wenn er überraschen will, und plötzlich griff er einen unerwarteten Ton und extemporierte einen poetischen kleinen Schluß, ganz verschieden von dem geschriebenen. Wundert es Euch, daß die Menschen ihm gegenüber ihre Besinnung verlieren?

Als wir in dieser Woche bei Liszt waren, fanden wir ihn einmal so gut gelaunt, daß es schien, als wäre er plötzlich um zwanzig Jahre verjüngt. Ein Schüler des Stuttgarter Konservatoriums, Herr B., spielte ein Konzert. Während der ganzen Zeit unterhielt Liszt ein kleines satirisches Feuer, aber in gutmütigster Weise. Wenn es mich betroffen hätte, hätte es mich nicht geärgert, im Gegenteil, angeregt. Alles, was er bemerkt, ist so treffend. An einer Stelle, als B. die Melodie schwach, fast undeutlich, gab, nahm Liszt plötzlich seinen Sitz am Klavier ein und sagte: »Wenn ich spiele, so spiele ich stets für das Volk auf der Galerie, so daß die Leute, die nur fünf Groschen für ihren Platz zahlen, auch was hören.« Dann begann er und oh! – wie wünschte ich, daß Ihr es vernommen hättet! Der Ton schien nicht laut zu sein, aber er war weittragend und drang durch. Als er geendet hatte, hob er eine Hand in die Luft, und man glaubte ordentlich das Volk auf der Galerie zu sehen, wie es den Ton in sich aufnahm. Das ist die Art, wie Liszt lehrt. Er vergegenwärtigt einem eine Idee, diese nimmt Besitz von deinem Geiste und haftet da fest. Musik ist für ihn ein so wirkliches, sichtbares Ding, daß er stets, auch in der physischen Welt, sofort ein Gleichnis oder ein Zeichen findet, um seine Ideen auszudrücken. Eines Tages bewegte ich meine Hand bei einer schwierigen Passage zu sehr und in rotatorischer Weise: »Halten Sie Ihre Hand still, machen Sie keine Omeletten«, sagte Liszt. Ich mußte natürlich lachen. Er ist leider, wie Tausig, viel zu sparsam mit seinem Spiel, höchstens ein paar Takte auf einmal. Es ist schrecklich, wenn er gerade dann aufhört, wenn man auf der Höhe des Genusses ist; aber er ist so durchaus »blasé«, daß er sich nicht zeigen will und es nicht leiden kann, wenn irgend jemand ihm ein Kompliment macht. Selbst bei Hofe stört es ihn, so daß die Großherzogin die Anwesenden bittet, nicht Notiz zu nehmen, wenn er vom Flügel aufsteht.

Oft macht Liszt so bezaubernde kleine Sachen! Neulich z. B. spielte Frl. Gaul, und da kamen zwei Läufe und nach jedem Laufe zwei Staccatoakkorde. Sie machte sie sehr schön und schlug die Akkorde unmittelbar darauf an. »Nein, nein«, sagte Liszt, »nach jedem Lauf müssen Sie eine Minute warten, bevor Sie den Akkord anschlagen, wie in Bewunderung Ihrer eigenen Ausführung. Sie müssen pausieren, als wollten Sie sagen: wie nett habe ich das gemacht.« Dann setzte er sich nieder, spielte selbst einen Lauf, wartete eine Sekunde und schlug dann zwei Akkorde scharf an, gleichzeitig sagte er: »Bra-vo«, spielte wieder, nahm die anderen Akkorde und sagte abermals: »Bra-vo«, und wirklich, es war, als ob das Klavier sanft applaudiert hätte! In dieser Art trägt er jedes Stück vor, wie wenn das Instrument mit menschlicher Zunge redete.

Unsere Klasse ist nun schon auf ein Dutzend Personen angewachsen, und sehr viele andere kommen auf ein- oder zweimal, um Liszt vorzuspielen, und gehen dann wieder, wie die liebe kleine Schülerin von Henselt, Frl. Kahrer. Sie war ein sehr interessantes Geschöpfchen und erzählte einige lustige Geschichten von Henselt, der giftigen Temperaments und sehr streng sein soll. Sie erzählte, daß er eines Tages der Prinzessin Katharina Stunde gab und so wütend über ihr Spiel wurde, daß er ihr die Noten wegriß und sie auf die Erde schleuderte. Die Prinzessin aber verlor ihren Gleichmut nicht; sie kreuzte ihre Arme und sagte: »Wer soll sie aufheben?« Und er mußte sich bücken und die Noten wieder auf ihren Platz legen.

Liszt habe ich nur ein einziges Mal ärgerlich gesehen; aber da war er schrecklich. Wie ein Löwe! Das war, als ein Schüler des Stuttgarter Konservatoriums es unternahm, die Sonate Appassionata zu spielen. Er hatte viel Technik und eine ziemlich gute Auffassung; aber dennoch war er dem Werke nicht gewachsen, und in der Tat, nur ein so machtvoller Künstler wie Tausig oder Bülow sollte das zu spielen wagen. Der Nachmittag war heiß; die Wolken zogen sich zum Sturm zusammen. Als der Stuttgarter anfing, bewegten sich die Wipfel der Bäume wild hin und her, und ein leises Donnerrollen kam aus der Ferne heran. »Ach«, sagte Liszt, der am Fenster stand, mit seiner delikaten Raschheit des Empfindens, »eine passende Begleitung.«

Der Stuttgarter machte einige so auffallende Fehler, nicht in den Noten, sondern im Rhythmus usw., daß Liszt ausrief: »Sie kommen von Stuttgart und spielen auch so.« Und dann zog er in langer Tirade gegen das Konservatorium und die Lehrer im allgemeinen los. Er glich selbst einem Gewitter; er runzelte die Stirn und neigte den Kopf, und sein langes Haar fiel über sein Antlitz, während der arme Stuttgarter dasaß wie ein geschlagener Hund. Oh! – es war entsetzlich! Hätte es mich betroffen, ich glaube, ich wäre vergangen, denn Liszt ist stets so liebenswürdig, daß der Kontrast um so auffallender war. »Aber das geht Sie nichts an«, sagte er in einem versöhnlichen Tone, indem er sich plötzlich selbst »Halt« gebot und lächelte. »Spielen Sie weiter.«

Liszt hat die nervöse Reizbarkeit nicht, die gewöhnlich Künstlern eigen ist, im Gegenteil; er ist sehr glücklich und ruhig. Ich bin sehr oft bei ihm gewesen, und ich habe ihn nur ein- oder zweimal rauh und ungehalten gesehen, und da war er ermüdet und nicht er selbst. Wenn ich denke, wie heftig erregt Tausig oft war, und wie schneidend sarkastisch

Kullak zuzeiten ist, so bin ich erstaunt, wie selten Liszt seine Ruhe verliert. Er hat die Macht, jedes Menschen beste Seite hervorzukehren, und er findet diese beste Seite mit überraschender Leichtigkeit und Schnelligkeit. Wenn irgend etwas in Euch steckt, so könnt Ihr sicher sein, Liszt weckt es.

Liszt hat eine so gewaltige geistbelebende Macht, daß man versuchen muß, im doppelten Maße mit ihm fortzuschreiten, sei es auch durch verdoppelten Kraftaufwand. Ich bin heute mehr tot als lebendig, da wir gestern bei ihm eine Lektion von vollen vier Stunden hatten. Es waren 20 Künstler da, von welchen jeder gern spielen wollte, und da Liszt in sehr guter Laune war, spielte er auch selbst viel. Es war herrlich, aber anstrengend und höchst aufregend. Wenn ich von der Stunde nach Hause komme, werfe ich mich aufs Sofa, und mir ist, als sollte ich nie wieder aufstehen. Ein furchtbares Tagewerk liegt hinter mir. Erst am Vormittag 4 Stunden üben. Dann ein nervöses, angstvolles Gefühl, das mir den Appetit raubt und mich hindert, mein Mittagbrot zu mir zu nehmen, alsdann mehrere Stunden bei Liszt, wo eine Reihe von Konzerten, Fantasien und alle Sorten schrecklicher Dinge gespielt werden. Auch weiß man nie, vor wem man da spielen wird, es ist das musikalische Hauptquartier der ganzen Welt; Konservatoriums-Direktoren, Komponisten, Künstler, Aristokraten, alle kommen herein, und man muß den Schock ertragen, so gut man eben kann. Der Salon ist jetzt immer dicht gefüllt.

Wenn einer der jungen Pianisten ihm eine Sonate bringt, nimmt er allemal eine figurierte Miene an und protestiert dagegen; dann aber besinnt er sich und sagt: »Gut, fangen Sie an« und ist sehr genau damit. Er lehrt Beethoven stets mit Noten, ein Beweis seiner Sorgfalt; denn er kennt alle Sonaten auswendig. Er hat Bülows Ausgabe, welche er öffnet und auf das Ende des Flügels legt. Dann, während er auf und ab geht, kommt er dahin zurück und zeigt dem Rest der

Klasse die Passagen, die gerade gespielt werden. Bülow hat wahrscheinlich viele seiner Ideen von Liszt.

Mitunter spielt Liszt auch einmal einen falschen Ton, aber das beirrt ihn nicht im geringsten. Im Gegenteil! Es amüsiert ihn eher, wenn er einmal fehlgreift, da es ihm Gelegenheit verschafft, sein Genie zu entfalten und der Sache eine solche Wendung zu geben, daß die falsche Note als der Leitton zu neuer, unerwarteter Schönheit dient. Etwas Ähnliches passierte ihm in einer der Sonntags-Matinéen, als das Zimmer voll des gewähltesten Publikums und seiner Schüler war. Er arpeggierte in großartiger Weise, vom Baß nach oben, über die ganze Klaviatur, bis er einen halben Ton tiefer als beabsichtigt ankam. Ich hielt den Atem an und war neugierig, ob er die Harmonie unaufgelöst lassen, oder ob er sich der Demütigung unterwerfen würde, sich gewöhnlichen Sterblichen gleich zu verbessern. Ein halbes Lächeln glitt über sein Gesicht, als ob er sagen wollte: »Denkt nur nicht, daß solch eine Kleinigkeit mich incommodiert«, und augenblicklich rollte er die Klaviatur herunter, in Harmonie mit dem fälschlich angeschlagnen Ton, und dann ging er frei herauf in einer zweiten großen Passage, aber diesmal bis zur richtigen Note. Niemals habe ich eine herrlichere Probe von Gewandtheit gesehen. Es war so scharfsinnig und so absolut charakteristisch für Liszt. Statt daß er uns Gelegenheit gab zu sagen: »Er hat einen Fehler gemacht«, zwang er uns zu bekennen: »Er zeigt uns, wie man sich aus Verlegenheiten ziehen muß.«

Was Eure Fragen über Konservatorien betrifft, so weiß ich nicht viel mehr zu sagen, als was Ihr schon gehört. Das Stuttgarter hält man für das beste; dort werden die Schüler durch eine regelmäßige, stufenweise Methode geführt, beginnend mit der Handhaltung und den Fünf-Finger-Hebungen. Es gibt da gewisse Dinge und Etüden, die alle Schüler zu lernen haben. Ganz so war es in Tausigs Konservatorium. Erst mußten wir durch Cramer, dann durch den Czerny Gradus ad Parnassum, Moscheles, Chopin, Henselt, Liszt, Rubinstein gehen. Ich selbst bin nicht weiter als bis zu Chopin gekommen. Aber bei Kullak studierte ich ein ganzes Jahr lang Czernys Virtuosen-Schule, das Buch, auf das er schwört. Man braucht Jahre, um es ganz kennenzulernen; aber wenn man damit durch ist, dann ist man ein Künstler.

Ich selbst denke, daß die »Virtuosen-Schule«, sosehr ich sie auch hasse, unerläßlich ist. Nichts anderes gibt solche Technik. Sie ist ermüdend bis zum Äußersten; aber sie egalisiert und stärkt die Finger. Sie lehrt »Zeit nehmen«, oder wie es die Deutschen nennen: »Sie gibt Ruhe«. Das große sine qua non! Man lernt »ausspielen«, wie Kullak sagt. – Ich habe Lebert, den Chef des Stuttgarter Konservatoriums, gesehen. Er war in diesem Sommer hier, und ich hatte lange Unterhaltungen mit ihm. Er betrachtet Bach als das beste Studium und das »Wohltemperierte Klavier« als Grundlage für alles. Die Stuttgarter studieren alle Tage Bach. – Ich tue es jetzt auch, da ich es für vortrefflich halte. Aber ich glaube, es kommt am Ende auf eins heraus, ob man Bach, Czerny oder den Gradus nimmt. Man muß nur stetig bei einem bleiben. Die Hauptsache bei allen dreien ist, daß jeder Eurer fünf Finger immer »dumm, dumm, dumm« eine ganze Zeitlang macht. Tausig war für den Gradus und studierte ihn jeden Tag, in verschiedenen Schlüsseln, spielte dasselbe mit der rechten und mit der linken Hand und vermehrte die Schwierigkeiten selbst; ich fand sie schon groß genug, so wie sie geschrieben waren. Bach stärkt die Finger und macht sie unabhängig; Czerny egalisiert sie und gibt eine leichte gefällige Ausführung, und der Gradus ist nicht allein für die Fingerfertigkeit gut, sondern auch für Arm und Handgelenk, auch macht er das Spiel kraftvoller.

Alle Konservatorien bieten wenigstens sechs Stunden in

der Woche, zwei solo – zwei zum Vom-Blatt-Lesen – und zwei für Komposition. Dann gibt es Vorträge der Professoren über Musikgegenstände. Alle großen Konservatorien haben ein Orchester, welches gewöhnlich aus ihren eigenen Schülern und einigen Musikern von Profession zusammengesetzt ist. Mit diesem Orchester spielen die besten Pianisten alle 4-6 Wochen ihre Konzerte. Die Zahl der öffentlichen Aufführungen variiert an den verschiedenen Instituten. Die Hochschule in Berlin veranstaltet jährlich zwei Aufführungen in der Singakademie. In Stuttgart sind es, soviel ich weiß, vier. Kullak sagt, er habe eine; aber er nimmt so wenig Interesse an seinen Schülern, daß er, wenn es ihm beliebt, auch die eine streicht. Über die innere Einrichtung seiner Akademie weiß ich nicht viel, weil ich nur in seine eigene Klasse kam, da ich zu entfernt wohnte, um in die Theorie- oder Kompositionsstunde zu gehen. Liszt sagt, daß von allen Schülern die Kullakschen stets die bestgeschulten seien, was mich überraschte, da eine gewisse Intimität zwischen ihm und Stuttgart besteht und er den Schülern immer riet, in dieses Konservatorium einzutreten.

Sie haben dort eine bedeutende Technik, und es kommt mir vor, als lehre man die Schüler besser, wie sie studieren müssen. Stuttgart scheint mir der Platz, wo man die Maschine in richtige Tätigkeit setzt; aber Kullak erzieht mehr den Kopf. Hier ist ein junger Amerikaner, Herr Orth, der zwei Jahre bei Kullak war und ein Jahr in Stuttgart, und der nun wieder zu Kullak zurückgeht. Er meint, nicht Lebert, sondern Pruckner sei die wirkliche Stütze des Stuttgarter Konservatoriums. Fräulein Gaul wieder, mit der sich Lebert die größte Mühe gegeben, sagt, daß dieser ein vortrefflicher Lehrer sei. Es ist wahrscheinlich mit ihm wie mit allen andern, die, wenn sie einen Schüler gern haben, viel für ihn tun, wenn nicht, nichts. Liszt macht keine Ausnahme; ich habe ihn junge Künstler von Talent und Können antreten und ganz und gar vernachlässigen sehen, nur weil ihre Persönlichkeit ihm nicht gefiel.

Ihr fragt mich nach einem Vergleiche zwischen Clara Schumann, Bülow, Tausig und Rubinstein; das ist nicht so leicht zu beantworten, denn sie sind alle total verschieden. Clara Schumann ist durch und durch eine klassische Spielerin. Beethoven, Bach sind ihre Stärke. Aber sie scheint mir keine Feinheit und nicht viel Poesie zu besitzen. In ihrer Auffassung ist nichts Scharfsinniges. Sie hat viel Feuer, und ihr ganzer Stil ist groß, fertig, vollendet, abgerundet, solid und gediegen, wie die Deutschen sagen. Sie ist, was ich einen gesunden Künstler nennen möchte. Aber es ist nichts Analytisches, kein Balzac oder Hawthorne in ihr. Beethovens c-Moll-Variationen waren vielleicht das Beste, was ich von ihr gehört habe, und sie sind außerordentlich schwer. Ich glaube, sie spielte sie schöner als Bülow, obgleich er doch ein großer Beethovenianer ist. Vielleicht weil sie die moderne Manier des Auswendigspielens gewagt findet, wiederholt sie dieselben Sachen so oft. Man erzählt, sie habe über die Notwendigkeit, es tun zu müssen, geweint, und es ist sicher lächerlich, bei einer so großen Künstlerin wie Clara Schumann darauf zu achten. Wenn die Menschen nur jedem seine eigene Individualität zugestehen könnten!

Bülows Spiel ist vielseitiger und hauptsächlich durch große Kraft ausgezeichnet. Seine Energie ist unbegrenzt, und je mehr er spielt, desto mehr wächst das Interesse. Er ist mir der liebste von den vieren. Chopin spielt er ebenso gut wie Beethoven und Schumann. Alles zusammen: er ist ein Superlativ-Pianist, wenn auch nicht unfehlbar. Ich bin schon Zeugin gewesen, wie er sich recht ordentlich verwirrte. Er vertraut wohl seinem Gedächtnisse zu sehr und bereitet sich nicht genügend vor. Alles spielt er auswendig, und welche Programme! Stets und bei allem trifft er den Nagel auf den Kopf. Und dann sein Anschlag! Die beiden letzten Sätze der Mondschein-Sonate muß man von ihm hören, wie er da die Arpeggien in der rechten Hand heraufrennt, so leicht und pianissimo und dann, krach – krach, die beiden Akkorde nimmt. Bei den Bachschen Gavotten, Giguen, Suiten usw. gleitet stets ein schalkhaftes Lächeln über sein Gesicht, und er legt die unbeschreiblichsten Possierlichkeiten und Originalitäten hinein. Er sieht so gut , worauf es ankommt, und das macht, daß man es dann auch sieht. – Vielleicht bezeichne ich seine eigentümliche Größe am besten, wenn ich sage, daß er den Eindruck macht, als benutze er das Instrument nur, um Ideen auszudrücken. Man vergißt bei ihm das Klavier ganz und gar und ist nur mit dem Gedanken oder der Leidenschaft des Stückes beschäftigt.

Rubinstein habt Ihr ja gehört. Viele stellen ihn Liszt gleich. Wie Ihr ihn kalt finden könnt, ist mir unbegreiflich; denn wenn es etwas gibt, weswegen er hier zumeist berühmt ist, so ist es eben das Feuer und die Leidenschaft seines Spiels, seine lebhafte Einbildungskraft und seine reiche Erfindung. Ich glaube, daß Tausig, Bülow, Clara Schumann, alle drei ein Stück erst völlig zugeschnitten und getrocknet haben, ehe sie es vortragen, aber daß Rubinstein es im Augenblick schafft. Er spielt ohne Plan. Vielleicht hörtet Ihr ihn des Nachmittags, und er war nicht in der Stimmung. Als Komponist steht er weit über den dreien. Tausig ähnelte Liszt mehr in der Freiheit, die diesem eigen, und war daher eine besserer Chopin-Spieler als irgendeiner, Liszt natürlich ausgenommen. Niemals werde ich seine Wiedergabe von Chopins großer g-Moll-Ballade vergessen. Es ist eine göttliche Komposition, und er spielte sie mit Wärme und Inbrunst, so poetisch, daß er wirklich einen Zauber über die Zuhörer ausstreute, und mehrere Minuten vergingen, bevor dieselben applaudieren konnten. Es war wie ein in der Luft schwebender Traum von Schönheit, den man nicht zu zerstören wagte. Tausig hatte eine große Liebe zu Chopin und wünschte immer, ihn gekannt zu haben. Meines Erachtens hatte er mehr Virtuosität, und doch noch zartere Empfindungen als Bülow oder auch Rubinstein. Sein Anschlag, sein vollendetes Können überstieg alles; aber er blieb kalt, wenigstens im Konzertsaale, außer wenn er Chopin spielte. Leider hatte ich zu der Zeit noch so wenig studiert, daß ich mich nicht für berechtigt hielt, ihn zu kritisieren. Ich zweifle, ob er »der Erbe von Liszts Spiel« geworden wäre; denn in dem Winter, bevor er starb, sagte Kullak zu mir, daß sein Spiel von Jahr zu Jahr trockener würde, wahrscheinlich durch seine krankhafte Aversion vor »Spektakel«, wie er es nannte, während Liszt sich immer von seinem Empfinden mitreißen läßt.

Die Philharmonie-Konzerte finden täglich statt, und zu den wenigen Klavierkonzerten geht niemand. Die kleine Laura Kahrer, nun Frau Rappoldi, die ich in Weimar bei Liszt hörte, wollte mit ihrem Mann, einem ausgezeichneten Violinisten, hier auftreten; aber sie wagte es nicht, weil alle Musiker ihr sagten, daß sie nicht auf die Kosten kommen würde. Sie spielte im Philharmoniekonzert; seitdem jedoch wollten sie auch dort kein Klavierspiel mehr haben. Niemand macht sich etwas daraus, wenn nicht Bülow oder Rubinstein oder Clara Schumann spielen. Ich fand, Frau Rappoldi hat vortrefflich gespielt; aber ich war die einzige Person, die dies dachte. Es war ein schreckliches Fiasko. Alle fielen über sie her. Die Kritik sagte ungefähr: Frau Rappoldi spiele recht hübsch, recht weiblich, aber sie habe keinen Ton, usw. Armes Ding! Am nächsten Tage, als Schubert zu ihr kam, weinte sie bitterlich und mit Recht. Schubert ist einer der Direktoren der Philharmonie, und durch ihn wurde sie engagiert. Er war ebenfalls sehr verstimmt durch ihren Mißerfolg: »Das hat man davon«, sagte er zu mir, »wenn man Leute empfiehlt; gefallen sie nicht, so muß man allen Tadel auf sich nehmen.« Er merkte, daß er sich die Finger verbrannt hat: Ich denke, das ganze Geheimnis, warum Frau Rappoldi keinen Beifall errang, war, daß sie nicht hübsch aussah. Sie war so ungeschickt gekleidet, und ihr Haar sah wie das eines Fidschi-Insulaners aus. Das Publikum lachte schon, ehe sie noch anfing. Es ist wahr: »Kleider machen Leute«.

Meine Meinung von der menschlichen Natur ist nicht gestiegen, seit ich unterwegs bin, und dieser Winter hat daran auch nichts geändert.

Ich sehe jetzt, wie der Charakter der Menschen, der Männer wie der Frauen, ohne eigene Religion in sich und um sich herum wird. Ich glaube wohl, daß Religion in Deutschland eine Rolle spielt; aber ich habe davon wenig bemerkt, weder bei Protestanten noch bei Katholiken, und das Resultat ist einfach schrecklich! Ein gleichwertiges Mittel, um der Befriedigung jedes Triebes Einhalt zu tun, gibt es nicht. – Eifersucht scheint mir das nationale Laster der Deutschen zu sein. Jeder ist auf jeden eifersüchtig, ganz gleich, wie töricht oder grundlos das von ihm ist. Alte Frauen auf junge, ja, selbst Schwestern sind es in solchem Grade aufeinander, daß ich es nicht glauben würde, wenn ich es nicht gesehen hätte.

Ich werde jetzt schon sehr ungeduldig, nach Hause zu kommen, um für mich zu studieren und mir soviel Zeit nehmen zu können, wie ich für ein Stück brauche.

Mathilde Verne

1865-1936

Das Unterrichten ist ein
untrennbarer Teil meines Wesens

Mathilde Verne kam am 25. Mai 1865 in Southampton als viertes von zehn Kindern zur Welt. Ihr Vater war Musiklehrer, und auch ihre Mutter unterrichtete Musik, komponierte und entwarf Kostüme für Theateraufführungen der Schule. Die Eltern, beide deutschen Ursprungs, übernahmen die musikalische Ausbildung der zehn begabten Kinder, wobei später vor allem die vier Geschwister Mary (1860-1938, sie war die einzige, die ihren Familiennamen Wurm beibehielt), Mathilde, Alice (1868-1958) und Adela (1877-1952) die Musik zu ihrem Beruf machten. Als Achtjährige trat Mathilde erstmals öffentlich mit einer Mozart-Sonate auf. Wenig später erfuhr ihre Mutter, daß Clara Schumann, die jährlich in London konzertierte, gelegentlich auch begabte Schüler aus England in ihre Frankfurter Klasse aufnahm. Sie waren ohnehin keine Unbekannten, denn die älteste Tochter Mary hatte ihre Studien am Stuttgarter Konservatorium bei Clara Schumann fortgesetzt. Mathilde spielte vor und wurde angenommen. Ehe sie nach Frankfurt aufbrach, starb ihre Mutter. Drei intensive Lehrjahre verbrachte sie bei Clara Schumann in Frankfurt, ihre glücklichsten, wie sie schreibt.

Zurück in London begann sie ihre pianistische Laufbahn, doch bald zog es sie nach Amerika, wo sie glaubte, ihren Lebensunterhalt leichter verdienen zu können. Diese erste Amerikareise hielt nicht, was sie sich davon versprochen hatte, und so endete ihr erstes Abenteuer im Sinne der Karriere zwar wenig erfolgreich, doch um so reicher an Erfahrungen. Ihrem Unternehmungsgeist hat das keinen Abbruch getan. Bald fuhr sie mit ihrer Schwester Adela zu Konzerten nach Paris, nach Tirol, nach Wien und Berlin. Inzwischen hatten die drei Schwestern Mathilde, Alice und Adela 1893 den Familiennamen Verne angenommen. 1909 konnte Mathilde sich ihren Traum erfüllen, die Gründung der »Mathilde Verne Pianoforte School«, in der die Schüler eine umfassende Ausbildung, auch im Ensemblespiel und mit Orchester, erhalten sollten. Von den 1400 Pianisten, die sie ausgebildet hat, waren Moura Lympany und Solomon die bekanntesten. Etwa um dieselbe Zeit erfand sie die »Thursday Twelve O'Clocks«, Konzerte um die Mittagszeit mit ausgesuchten Kammermusikprogrammen, eine Konzertform, die später oft nachgeahmt wurde. 1926, mit über sechzig Jahren, unternahm sie ihre zweite und letzte Amerika-Tournee. Zehn Jahre später, am 4. Juni 1936, starb sie in London. Daß ihre Schwester Mary kaum erwähnt ist, liegt wohl daran, daß sie ab 1898 in Deutschland tätig war; bis 1900 leitete sie ein Damenorchester und lebte als Pädagogin in Hannover, Berlin und München. Sie komponierte u. a. eine Oper, Kammermusik- und Klavierwerke und Lieder, und sie schrieb Klavierlehrbücher.

Trotz aller Erfolge, die Mathilde Verne vor allen Dingen als Pädagogin hatte, endet ihr Buch *Klänge der Erinnerung*, in welchem sie ihren Lebensweg beschreibt, mit den Worten: »Es war für uns oft so schwer gewesen ...«

Ich stamme von ländlichen Vorfahren ab, die väterlicherseits aus den unberührten südbayerischen Gegenden stammen. Mein Vater wurde in Oberdorf, einem winzigen bayerischen Dorf, geboren. Seine Eltern waren verarmt, aber dem Jungen machte das nichts aus, da ihn seine Musik gegenüber Armut und Entbehrung unempfindlich machte.

Das Ziel eines jeden Mannes – so hat man mir es jedenfalls beigebracht – steht ihm auf die Stirn geschrieben, und mein Vater erfüllte sein Schicksal, als er sich um eine Stelle als Musiklehrer an einer Schule bewarb, dreißig Meilen von Oberdorf entfernt. Er wanderte zu Fuß dorthin und wurde von dem Direktor nach seinen Qualifikationen befragt. Anschließend wollte jener wissen, ob er auch die Zither spielen könne. »Selbstverständlich, Herr Direktor«, sagte mein Vater, obwohl er das Instrument nicht beherrschte. Aufgrund seiner Kenntnisse der Zither, der Geige, des Klaviers und der Orgel wurde er für den Posten ausgesucht.

Kurze Zeit darauf erschien ein junges Mädchen, das Geigenstunden bei dem neuen Musiklehrer nehmen wollte, aber das Instrument bereits besser beherrschte als sein Lehrer. Sophie Niggl, das Waisenkind des Dorflehrers von Denklingen, entstammte einer musikalisch begabten Familie; Musik und musikalische Unterweisung waren die Berufe ihrer beiden Eltern. Ihre Mutter war eine gute Sängerin, ihr Vater unterrichtete zusätzlich zu seinen Pflichten als Schullehrer die Orgel und die Geige.

Zwischen dem Waisenkind und dem jungen Musiklehrer war es Liebe auf den ersten Blick. Sophie Niggl war das hübscheste Wesen, das man sich vorstellen konnte, von mittlerer Größe, mit einer hellen Gesichtshaut und glänzenden braunen Augen. Sie war charmant und lebhaft, aber nachdem sie den Antrag meines Vaters angenommen hatte, verweigerten die Behörden in Lautrach die Bewilligung zur Eheschließung. Vermutlich begriffen sie, wie wertvoll ihre Dienste waren, da sie jedes und alles ausführen konnte, was man von ihr verlangte; zusätzlich zum Unterrichten arrangierte sie Theaterstücke, komponierte die Musik und nähte die Kostüme für die Schauspieler.

Als das Paar begriff, daß es keinerlei Absegnung zu erwarten hatte, machte es sich auf den Weg nach Oberdorf, wo die Mutter meines Vaters noch immer in dem alten Holzhäuschen wohnte, in dem so viele Generationen geboren worden waren.

Meine Großmutter hatte keine Ahnung von der Welt draußen, und als die jungen Menschen überlegten, sich in Southampton niederzulassen, konnte sie es nicht verstehen, daß die deutsche Sprache nicht in ganz Europa gesprochen wurde. »Wenn ich sage, daß dies ein Tisch ist«, behauptete sie, »kann es unmöglich ein Stuhl sein.«

Meine optimistische junge Mutter glaubte tatsächlich, daß die englischen Straßen mit Gold gepflastert seien. Nachdem sie und mein Vater in Southampton angekommen waren und dort einige Zeit gelebt hatten, so arm wie die berühmte Kirchenmaus, verloren sie ihre Illusionen, und mein Vater litt häufig unter Depressionen. Er glaubte an nichts, das er nicht selbst sehen oder hören konnte, aber seine Leidenschaft für Weiterbildung ähnelte der von Benito Mussolini. Er beherrschte sechs Sprachen fließend, war als Klavier-, Orgel-, Geigen- und Zitherlehrer qualifiziert und hatte außerdem einige charmante Klavierwerke komponiert, obwohl er niemals daran dachte, sie zu veröffentlichen – dies war typisch für ihn.

Meine Mutter war eine dieser unbekannten Heldinnen, geschaffen, um das Leben zu verschönern. Ihr Dasein war ein einziges großes Opfer, um die Interessen ihrer Kinder zu fördern (wir waren insgesamt zehn). Da ihr die Armut vertraut war und sie wußte, daß mein Vater den Weg des geringsten Widerstandes zu gehen pflegte, begriff sie, daß sie die Verantwortung für unsere Zukunft trug. Diese Erkenntnis ging ihr in Fleisch und Blut über, und als sie sah, wie begabt wir alle waren, plante sie Jahre im voraus. Ihr Ehrgeiz war grenzenlos; sie unterrichtete Klavier, Geige und Zither, um unsere musikalischen Karrieren voranzubringen.

Sie schonte sich nie, und ihre erstaunliche Vitalität ermöglichte ihr, täglich stundenlang zu unterrichten, in den Pausen zu kochen und unsere Kleider zu nähen. Zum Glück besaß sie im Gegensatz zu meinem Vater einen ausgeprägten Humor, der es ihr ermöglichte, immer dann zu reagieren, wenn das Leben besonders schwierig war.

Auf meine älteste Schwester Mary folgte mein Bruder Josef, der später an Schwindsucht starb; Charly starb in Deutschland an Gehirnhautentzündung; dann folgten ich, mein Bruder John und Alice, deren uneigennützige Art sich mit der meiner Mutter messen konnte. Anschließend folgte Nellie, die an Blinddarmentzündung starb; dann Fred, der auf See ertrank, darauf Arthur, ein Opfer der Tuberkulose, und schließlich Adela. Alle Kinder waren musikalisch.

Das Leben war stets fröhlich und etwas chaotisch. Das Geld war immer knapp, so daß wir uns in der Woche selbst unterhalten mußten, denn am Sonntag gab es viel zu tun – morgens den Gottesdienst, und nachmittags mußten wir mit unserem Vater Violinsonaten von Beethoven und Mozart spielen. Es war uns eine Ehrensache, einander abzulösen. Wir verabredeten uns (ich glaube, daß ich es war, die es sich ausdachte), daß nach einer kurzen Spielzeit der nächste in den Raum trat und zu dem Vorgänger sagte: »Laß mich doch bitte jetzt spielen.« Ich erinnere mich noch sehr wohl an meinen Ärger über einen Bruder oder eine Schwester, die mich zu lange warten ließen. Es flogen einige Schimpfwörter hin und her!

Mit acht Jahren hatte ich anläßlich eines der jährlichen Schülerkonzerte meiner Eltern den ersten öffentlichen Auftritt. Ich spielte zusammen mit meinem Vater eine Mozart-Sonate, wobei ich mich geniere zuzugeben, daß ich nur den letzten Satz mochte. Herr Morant, ein Musikliebhaber, der in Brockenhurst lebte, war so von meinem Spiel angetan, daß er mir ein Puppenhaus schenkte mit einem Klavier, das zu meiner Freude Töne von sich gab, wenn man die Tasten berührte.

Meine Tante Josefine überredete meine Eltern kurz darauf, mich auf ein Internat zu schicken, denn ich war eine Anführerin des Unfugs zu Hause und sie beschrieb mich als ein »unartiges und unbezähmbares Kind«. Ich kann mich nicht erinnern, daß ich besonders ungezogen war, aber ich war voller Späße und wollte um jeden Preis das Beste aus meinem Leben machen.

Ich erwähnte zuvor, daß meine Mutter eine ausgeprägte Persönlichkeit besaß und ihr Charakter sich diametral von dem meines Vaters unterschied. Sie konnte nie gewohnte Geleise fahren, sie mußte dort hingehen, wo ihr Unterbewußtsein sie hinzog, und daher entflog sie zuweilen dem Familiennest und nahm stets einige von uns unter ihren Fittichen mit. Als sie plötzlich entschied, Stuttgart zu besuchen, fuhren die sechs Kinder mit (die jüngste, Alice, war erst sechs Monate alt), damit meine Schwester Mary eine musikalische Erziehung in Deutschland erhalten konnte.

Meine Mutter hatte kein Geld, und sie mußte von dem wenigen leben, was mein Vater ihr gelegentlich schickte. Das Unglück holte sie rasch ein: Sie erkrankte an den Blattern, während vier ihrer Kinder Keuchhusten bekamen und mein Bruder Charly starb. Gramerfüllt ertrug meine arme Mutter die Trennung von ihrem Mann nicht mehr, so daß wir nach England heimkehrten, wobei die zwei älteren Kinder in Stuttgart blieben. Ich war damals erst vier Jahre alt, und man hat mir erzählt, daß ich erleichtert war, wieder daheim zu sein, wobei meine ersten Worte an meinen Vater lauteten: »Jetzt ist immer jemand da, der die Knöpfe an deinem Hemd annäht, wenn sie abgehen!«

Als ich elf Jahre alt war, nahm mich mein Vater zum Crystal Palace mit, um Arabella Goddard zu hören, die ihm zufolge die größte lebende englische Pianistin war. Nach den ersten Takten war ich enttäuscht, und ich drehte mich meinem Vater zu: »Warum spielt sie so ein leichtes Stück?« »Sei ruhig«, sagte er, »sie spielt ein Mozart-Konzert, und das ist sehr schwierig.« »Du liebes bißchen«, dachte ich mir, »er will mich wohl auf den Arm nehmen. Ich könnte doch das Stück glatt vom Blatt spielen.« Fröhlich-ungebildetes Kind, das ich war! Ich brauchte nur wenige Jahre, um zu erkennen, daß Mozart von allen Komponisten fast der schwierigste ist.

Ich erwähnte bereits, daß meine Mutter vom ersten Augenblick unseres Eintritts in die Welt allein für uns und unser Fortkommen lebte, und rückblickend begreife ich, was sie für einen Kampf gegen überwältigende Probleme durchgefochten haben muß. Sie glaubte, daß es nichts gäbe, das man nicht mit Ausdauer überwinden könne, und daß mit Beharrlichkeit selbst die steilste Leiter zu erklimmen war. Wie wahr dies doch ist! Sie ließ keine Hindernisse zu, die unsere Interessen berührten, sie unterrichtete ununterbrochen und unermüdlich, damit mein Vater die absoluten Notwendigkeiten des Lebens erwirtschaften konnte. Das Wichtigste war, daß sie für die Kontinuität unserer Ausbildung fern von Southampton sorgte, indem sie begriff, daß wir niemals in einem so beschränkten Umfeld die Höhen würden erreichen können, die sie für uns anstrebte.

Es wurde bestimmt, daß Alice und ich bei unserem Vater in Southampton blieben, bis sie entschied, wann wir sie und die anderen Kinder in Norwood treffen sollten. Obwohl wir sie alle schrecklich vermißten, trösteten wir uns damit, daß wir jeden Donnerstagabend die Chorproben an der römisch-katholischen Kirche besuchen durften. Ich liebte diese Chorproben von Herzen, denn die wunderschönen alten Messen von Hummel, Mozart, Haydn und Beethoven bezauberten mich. Gelegentlich sang ich im Sopran, manchmal im Alt, stets, so fürchte ich, ein wenig verstimmt, aber ich kannte die Musik auswendig, und wenn die Harmonien durch die nur spärlich beleuchtete Kirche strömten, spürte ich ein intensives Glücksgefühl, das fast schmerzte.

Mein Vater war über dreißig Jahre lang Organist an der Kirche von Southampton. Dann überwarf er sich mit dem neuen Priester und gab seine Stelle auf. Zuvor durften wir Kinder oft die Orgelzwischenspiele gestalten, und ich erinnere mich, daß meine Schwester Alice selbst als kleines Kind immer improvisierte. Als man sie fragte, was sie gespielt hatte, glaubten ihr offenkundig die meisten Menschen nicht, wenn sie behauptete, daß es sich um eigene Improvisationen handelte. Daraufhin nannte sie immer irgendeinen bekannten Komponisten, dessen Name ihr zufällig einfiel.

Als Alice und ich nach Norwood zogen, gingen die Chorproben zu Ende und eine neue Welt tat sich vor unseren erstaunten Augen auf. Wir waren in Norwood glücklich und hatten in dem Haus einen Dachboden zu unserer freien Verfügung. Hier gaben wir Konzerte, indem wir alle möglichen Geräte benutzten, die Geräusche und Musik von sich gaben und Resultate erzielten, die sehr dem Modern Jazz ähnelten!

Anschließend zogen wir nach Kensington, wo ich ernsthaft mit dem Klavierspiel begann. Bald gewann ich ein Stipendium für das Royal College of Music, eine große Freude für die Familie. John erhielt zur gleichen Zeit ein Stipendium für das Dulwich College, und meine Mutter gab weiterhin Musikunterricht. Aber ihre Aktivitäten sollten zu einem Ende kommen – es regierte ein unverzagter Geist in einer sterbenden Brust. Ihre Gesundheit war schon seit einiger Zeit mehr oder weniger gefährdet, und als sie ihren Freund Sir Henry Thompson konsultierte, teilte er ihr mit, daß eine sofortige Operation notwendig war. Da er über unsere finanziellen Umstände informiert war, deutete er mit äußerstem Taktgefühl an, daß für sie Pflegekosten nicht zu entrichten seien. Meine Mutter saß weiterhin stumm da, aber nicht, wie Sir Henry vermutete, aus Mangel an Mut, sondern aus größter Sorge.

»Was bekümmert Sie so sehr?« fragte Sir Henry vorsichtig.

Meine arme Mutter schlug ihre Augen auf und schaute ihn an. »Die Kinder!« antwortete sie. Dann begriff der große Arzt das wahre Wesen dieser kranken Frau – ihre einzigen Gedanken galten angesichts einer vielleicht tödlichen Krankheit nicht sich selber, sondern anderen Menschen.

Kurz bevor ihre Gesundheit nachzulassen begann, war sie Feuer und Flamme für eine Sache, die, wie sie zu Recht annahm, eine Lebenschance für Alice oder mich bedeuten würde. Madame Clara Schumann kam jedes Jahr nach London, um an den sonntäglichen und montäglichen »popular concerts« in der St. James Hall teilzunehmen und um anderen Konzertverpflichtungen nachzukommen. Gelegentlich akzeptierte sie eine englische Schülerin oder einen Schüler, da sie stets daran interessiert war, junge Talente zu fördern. Madame Schumann wußte einiges über uns (da meine Schwester Mary bei ihr studiert hatte), und während ihres darauffolgenden Englandbesuchs willigte sie ein, Alice und mich im Hause von Mr. Arthur Burnand anzuhören, wo sie früher mit ihrer Tochter Marie gewohnt hatte. Man kann sich die ehrfürchtige Stimmung leicht vorstellen, in der wir diese Nachricht erhielten, und auch meine Mutter war außerordentlich dankbar. Alice und ich trafen pünktlich bei Mr. Burnand ein und wurden sofort in ein Zimmer geführt, wo Madame Schumann neben einem offenen Pianoforte saß. Sie grüßte uns sehr freundlich, und als ich mein Selbstbewußtsein wiedergewonnen hatte, sah ich eine grauhaarige Dame, die ein weiches, schwarzes Spitzentuch auf ihrem Kopf trug und deren seidenes Gewand mit winzigen Rüschen am Hals und an den Handgelenken verziert war; ihre wunderschönen Hände waren weich und weiß, und sie trug einige hübsche Ringe. Ihr Gesicht wurde durch sehr ausdrucksstarke blaue Augen erleuchtet, und ich fand ihren Mund besonders schön. Sie vermittelte den Eindruck großer Würde.

Ihre gutaussehende Tochter Marie, die immer mit ihr reiste, saß neben ihr, und ich bemerkte, daß die Luft voll des sauberen Duftes eines Eau de Cologne war, ein Parfüm, das, wie ich später erfuhr, untrennbar mit ihr verbunden war. Ich spielte die c-Moll-Sonate von Schubert. Madame Schumann bemerkte: »Sehr musikalisch, aber der Anschlag ist noch nicht differenziert genug. Auch viele technische Übungen sind notwendig. Spiel mir jetzt eine Tonleiter.«

Ich raste mit höchster Geschwindigkeit hindurch und hoffte, daß sie mein Spiel bewundern und ihre Meinung über meine fehlerhafte Technik ändern würde. Aber sie schüttelte den Kopf und sagte: « Du mußt noch viel lernen.«

Dann war Alice dran; sie spielte so schlecht wie es ging, denn sie hatte nicht die geringste Lust, von zu Hause wegzugehen, auch nicht unter dem Schutz von Madame Schumann.

»Ich bin sicher, daß ich nicht genommen werde«, sagte sie vergnügt, als wir uns wieder auf der Straße befanden. Sie hatte recht. Etwa eine Woche später erzählte mir meine Mutter, daß ich auserwählt war, nach Frankfurt zu gehen, nicht weil mein musikalisches Talent größer als das von Alice war (Madame Schumann war der Meinung, daß wir beide gleich begabt waren), sondern weil ich die Ältere und Fortgeschrittenere war. Ich bin froh, daß meine Mutter das absolute Glücksgefühl über meine gesicherte musikalische Zukunft noch genießen durfte. Kurz danach ließ ihre Gesundheit nach, und bald mußte sie ins Pflegeheim. Aber sie war ungeduldig und grämte sich so lange, bis es sinnlos war, darauf zu bestehen, daß sie dort blieb und sich von der Operation erholte.

Unsere liebe Mutter kam nach Hause, um zu sterben. Sie war kaum fünfundvierzig Jahre alt: ein Opfer der den Müttern abgeforderten Liebe, erschöpft vom unermüdlichen Dienst an ihrer Familie. Einige Wochen später brach ich nach Frankfurt auf, ein verängstigtes, unglückliches Mädchen, ohne meine Mutter, deren Stimme ich niemals wieder hören würde. Als ich in Frankfurt spätabends ankam, holte mich niemand ab, was mich in meinem Glauben bestärkte, daß ich schon erwachsen war und das Leben einer echten Studentin führen würde. Mit dieser Einstellung nahm ich eine Droschke zu der Adresse, die ich zum Glück kurz vor meiner Abfahrt aus England erhalten hatte. Und bald sah ich ein rundliches kleines Dienstmädchen, das mit einer Laterne an einem offenen Gartentor stand und mich augenscheinlich erwartete. Hinter ihr machte ich zwei verschwommene Figuren aus, die sich als zwei Damen herausstellten und die mich herzlich empfingen. Kurz darauf begriff ich, daß ich nicht bei einer Familie leben würde, sondern daß es sich um ein Internat handelte, wo ich drei sehr glückliche Jahre verbringen sollte; die beiden Damen, die mich willkommen hießen, waren die Direktorinnen.

Am darauffolgenden Nachmittag brachte man mich zu Madame Schumann. Ihr wunderschönes Haus in der Myliusstraße war äußerst bequem, und ich erinnere mich, daß ein großes Bildnis Robert Schumanns in dem Zimmer, wo sie unterrichtete, auf einer plüschdrapierten Staffelei stand.

Madame Schumann und ihre beiden Töchter Marie und Eugenie sahen, daß ich den Tränen nahe war, als man mich nach meinen Brüdern und Schwestern fragte. Sie versicherten mir, daß ich mich in Frankfurt sehr wohl fühlen würde. Madame Schumann sprach auch sehr ernsthaft mit mir über die Zukunft und betonte, wie notwendig es sei, hart zu arbeiten. Abschließend sagte sie, daß Fräulein Marie Schumann mir meine erste Stunde am nächsten Tag geben würde.

Ich drängte natürlich darauf, meine Studien zu beginnen, aber es war eine ziemliche Überraschung, als Marie Schumann damit begann, mir zu zeigen, wie ich meine Hände halten sollte. Ich konnte die Tonleiter schnell spielen, meine Oktavläufe hatten sich immer gut angehört, und ich war stolz auf meine Dreiklänge, die aus meiner Sicht umwerfend waren. Daher war mein Erstaunen groß, als man mir einfache kleine Übungen gab, sie schienen zumindest leicht zu sein, bis ich allmählich begriff, daß es gar nicht leicht war, sie so, wie Marie Schumann es wollte, zu spielen – nicht mechanisch, sondern mit einem wunderschönen Legato-Ton. Die Übungen waren interessant – wie erstaunlich und wie wunderbar!

Man sagte mir als nächstes, daß mein Ton nicht rund und nicht warm genug sei; bisher hatte ich niemals Wärme mit etwas anderem als der Melodie in Zusammenhang gebracht, und man hatte mir gewiß niemals gesagt, wie sehr es die Tonerzeugung beeinflußt, je nachdem, ob ich die Tasten schlage oder drücke. Dies alles war eine Offenbarung.

»Ich möchte gern, daß Du eine Beethoven-Sonate lernst«, sagte Marie Schumann. Sie nahme einen Sonatenband aus dem Musikschrank und bat mich, die Sonate F-Dur op. 10,2 von Beethoven vom Blatt zu lesen. Da ich niemals die geringsten Schwierigkeiten beim Blattlesen gehabt habe, stieg meine Stimmung, besonders nach ihrem Lob, und sie bat mich, diese Sonate zu studieren und sie innerhalb einer Woche Madame Schumann vorzuspielen. Ich nahm die Sonate zurück in mein Internat, lernte sie auswendig und muß leider zugeben, daß ich mich sehr wenig um die sorgfältig erläuterten Übungen kümmerte. Ich spielte sie zwar jeden Tag durch, und jedesmal war ich fest davon überzeugt, daß mein Anschlag nun absolut warm, rund und wunderschön legato war! Als der große Tag meiner ersten Stunde bei Madame Schumann anbrach, entdeckte ich drei andere Schüler in dem Raum, die, so dachte ich jedenfalls, blaß und besorgt aussahen. Ich war aber weder blaß noch besorgt, ich war voller Glücksgefühl und Selbstvertrauen; denn ich beabsichtigte doch, die Beethoven-Sonate auswendig zu spielen, und war davon überzeugt, daß Madame Schumann beim langsamen Satz sofort wissen würde, daß ich dessen Schönheit begriffen und jedesmal geweint hatte, wenn ich ihn spielte.

Eine der anderen Schülerinnen, Fanny Davies, war viel älter als ich und bereits eine ausgezeichnete Pianistin. Sie spielte zuerst. Was sie vortrug, weiß ich nicht mehr, aber es beeindruckte mich tief, sie mit solcher Begeisterung über die Tastatur gebückt zu sehen. Ich wußte sofort, daß sie an den Legato-Anschlag dachte und sich sehr um ihn bemühte. Die Leidenschaft, mit der sie an jedem Wort hing, das von den Lippen Madame Schumanns fiel, erstaunte mich sehr, aber ich begriff und bewunderte diese ehrfürchtige Haltung später, als ich selber im Banne unserer großen Lehrerin stand.

Ich war als nächste dran. Ich stellte meine Beethoven-Sonate auf das Klavier und drehte das Pult nach hinten, als würde ich bei einem Konzert vortragen, was Madame Schumann ein wenig erstaunte. Sie bat mich, die Noten aufzustellen. Dann setzte sie sich in ihren Stuhl zurück und sagte freundlich lächelnd auf deutsch: »Nun können wir anfangen.« Während ich den ersten Satz durchspielte, sagte sie kein Wort, sondern nickte nur mit dem Kopf. Ich verstand ihr Schweigen so, daß sie den langsamen zweiten Satz hören wollte. Ich spielte ihn und hörte sie auf deutsch murmeln: »Sehr musikalisch.« Durch diese Anerkennung meiner Anstrengung ermutigt, stürzte ich mich in den letzten Satz hinein, den ich nur respektierte, weil er von Beethoven stammte! Plötzlich stoppte mich Madame Schumann. »Dein Rhythmus ist hier nicht gut«, sagte sie und zeigte auf mehrere Stellen in den Noten, »und der Satz ist technisch nicht gut bewältigt. Spiel mir noch einmal den langsamen Satz.«

Als ich fertig war, schaute mich Madame Schumann ernst, aber freundlich an und sagte wieder auf deutsch: »Nun mußt du das Stück ernsthaft studieren.«

Meine musikalische Ausbildung hatte begonnen.

Madame Schumanns Unterrichtsmethode (ich hasse das Wort) war eher suggestiv als erklärend. Nachdem ein Schüler ein Stück ganz durchgespielt hatte, machte sie Bemerkungen über die Interpretation. Ich habe sie beispielsweise oft sagen hören: »Du interpretierst dieses Werk nicht poetisch«, und dann pflegte sie auch zu sagen: »Du verstehst diesen Satz nicht, er ist nicht brillant genug.« Nur in ganz seltenen Fällen kritisierte sie das Spiel eines Schülers in Grund und Boden, sie versuchte eher, das Emotionelle und Intellektuelle als Einheit zu begreifen. Nie kritisierte sie mit einem ausdruckslosen Gesicht, auch hierin erkannte man ihre wunderbare Fähigkeit, einem Schüler wirkliche Kritik nahezubringen. Man mußte nur in ihre Augen sehen, um erkennen zu können, daß sie von Herzen sprach.

Technische Brillanz allein bereitete ihr wenig Vergnügen: Wie würde sie sich über manche Interpretation wundern, die man heute zu hören bekommt! Madame Schumann war von der Notwendigkeit des ständigen Übens überzeugt, und sie sagte immer: »Wenn ich das Üben vernachlässigt habe, ist mir, als wäre ich meinen Verpflichtungen mir selbst gegenüber nicht nachgekommen.«

Ich wünschte, ich könnte sagen, daß nach meiner ersten Stunde alles gut verlief und daß ich rasch vorankam. Leider geschah dies ganz und gar nicht. Marie Schumann war nie mit meinen Übungen zufrieden; sie schaute gelegentlich traurig drein und sagte etwas vorwurfsvoll: »Wann wirst du anfangen, ernsthaft zu arbeiten?«

Nun hoffe ich, daß das, was ich jetzt niederschreibe, einigen Studenten und Studentinnen eine Hilfe sein wird. Ich war davon überzeugt, gearbeitet zu haben: Ich hatte wie befohlen Übungen und Tonleiter gründlich und täglich eine Stunde lang gespielt. Ich hatte Bach geübt so wie alle anderen Werke, die mir Madame Schumann gegeben hatte, so gut es ging. Was war also los? Ich setzte mich hin, um nachzudenken, dann glaubte ich, es zu wissen. Ich hatte regelmäßig Stunden zum Üben eingeplant, drei Stunden täglich, zwischen dem Schulunterricht, aber ich betrachtete diese drei Stunden niemals als kostbar. Sie waren lediglich ein Zeitabschnitt, in dem ich eine Pflicht erfüllen mußte. Eine Stunde lang befaßte ich mich aus einem fast religiösen Ehrgefühl heraus mit Technik, nicht weil ich es mochte oder weil es mich besonders interessierte, und was Bach, Beethoven und Mozart betraf – nun, ich hatte sie gerade gespielt und Freude daran gehabt.

An diesem Tag der Selbstprüfung spürte ich, daß ich meine Art des Übens völlig umkrempeln und nicht nur mehr nachdenken, sondern ebenfalls intensiver meinem eigenen Spiel lauschen und es kritisieren mußte, da ich doch immer so genau wußte, was andere Leute falsch machten!

Ich erzählte Fanny Davies von meinen Überlegungen, und das gutmütige Mädchen bat mich, mich ihr anzuvertrauen, und versprach sofort, mir zu helfen. Als erstes verriet sie mir, daß sie das Geheimnis entdeckt hätte, wie man eine gute Technik schnell erwerben kann. »Hör zu, Tilly«, sagte sie. »Wenn du deine Übungen machst, mußt du Schmerzen bekommen, und du mußt deine Gelenke weit in die Tasten hineindrücken, bis deine Handflächen die Tasten berühren.«

»Aber wie schrecklich!« rief ich entsetzt aus. »Es ist doch ganz unnatürlich, so steif zu werden. Ich könnte in einem so steifen Zustand nicht spielen.« »Mach dir nichts aus der Steifheit, wenn du übst«, sagte meine Freundin, »du kannst dich immer entspannen, wenn du vorspielst; dann kommt dir alles wunderbar leicht vor. Ich mache es selber, und du weißt doch, daß ich kaum Technik besaß, als ich hierherkam.«

Dies wußte ich nicht, aber ich wußte, daß Madame Schumann immer mit Fannys Technik zufrieden war und einmal nach einer Unterrichtsstunde sagte: »Ich wünschte, ich könnte Fanny Davies und Tilly zusammenwerfen.« Fanny Davies machte von allen Schülern und Schülerinnen Madame Schumanns die größte Karriere. Sie war eine sehr würdige Musikerin und spielte Bach, Beethoven und Brahms besonders gut, aber ich glaube nicht, daß sie jemals zeitgenössische Werke spielte. Sie war auch eine große Begabung im Anknüpfen und Bewahren von Freundschaften. Ich spielte oft mit ihr in der Öffentlichkeit, zuletzt 1926 bei einem Sinfonischen Konzert in London, wo wir Mozarts Doppelkonzert spielten und anschließend das Konzert für drei Klaviere, bei dem sich Frau Norman O'Neill hinzugesellte.

Trotz des Wunsches von Madame Schumann, die Fähigkeiten von Fanny Davies mit den meinen zu verbinden, wollte ich alleine zurechtkommen, und an diesem Tag des gegenseitigen Vertrauens beschloß ich, mich meiner wunderbaren Lehrerin würdig zu erweisen.

Fanny hatte darauf bestanden, daß es weh tun mußte. Ich starrte jeden Finger an, bevor ich ihn auf die Tasten legte.

Ich hielt meinen Arm rigide ruhig. Ich nahm mir eine Übung vor, benutzte nur drei Finger, übte langsam, sehr langsam zehn Minuten lang – und dann tat es mir wirklich weh. Anstatt nur eine Stunde Übungen zu machen, verdoppelte ich die Zeit, auch am nächsten Tag, an dem ich Oktavenläufe hinzufügte, obwohl man mir nicht gesagt hatte, daß ich sie üben sollte.

Bei meiner Unterrichtsstunde war ich zum ersten Mal nervös; mir war klar, daß ich dem Bach-Präludium und der Beethoven-Sonate nicht genügend Aufmerksamkeit gewidmet hatte. Man hatte mir erzählt, daß Madame Schumann immer ihren goldenen Stift in den Fingern drehte, wenn sie mit dem Spiel zufrieden war, und daß er sich nicht bewegte, wenn sie unzufrieden war. Meine Erleichterung war groß, als sie kurz nach dem Beginn meines Spieles an dem goldenen Stift zu drehen begann. Nach dem Beethoven klopfte sie mir auf die Schulter und sagte, daß sie sehr erfreut über meine Interpretation sei. Sie gab mir das a-Moll-Konzert von Hummel zum Studium. Also hatte Fanny Davies recht behalten!

Sie hatte aber nicht vollständig recht behalten, wie ich bald herausfand, nachdem ich begonnen hatte, ernsthaft zu unterrichten, wobei ich meinen Schülern und Schülerinnen zunächst erlaubte, ihre »Knöchel einzutauchen« und mit steifem Handgelenk und Arm zu spielen. Diese Methode ist in der Tat gefährlich und führt oft zu einem Desaster, denn normale Studierende sind nicht fähig, während des Spiels zu entspannen, nachdem sie mit angespannter Muskulatur geübt haben. In meinem Fall hat sich diese Methode als sehr erfolgreich herausgestellt, denn ich lernte bald, differenziert zu üben, indem ich auch auf den schönen Ton achtete, und weil ich trotz der Schmerzen bald fähig war, meine »Knöchel hineinzulegen« (jedoch nur geringfügig), ohne die Muskeln meines Armes zu versteifen. Nachdem ich einige

Minuten lang eine schwierige Passage in dieser Weise geübt hatte, entdeckte ich, daß sie beim Entspannen ganz leicht geworden war. Diese Methode hat mich noch nie im Stich gelassen, aber sie muß mit der größten Vorsicht angewandt werden, da sie nicht leicht erlernbar ist. Natürlich darf kein Kind in dieser Weise üben.

Fräulein Janotha, eine frühere Schülerin und inzwischen eine berühmte Pianistin, besuchte Madame Schumann häufig. Viele Menschen werden sich noch an ihre Erscheinung in London zusammen mit ihrem untrennbaren Begleiter »Weißer Flieder« erinnern, einer großen schwarzen Katze. Madame Schumann, die viel auf Janothas Meinung gab, organisierte ein Treffen zwischen uns, bei dem ich das a-Moll-Konzert von Hummel spielte, mit Leonard Borwick am zweiten Klavier. Als wir das Stück beendet hatten, sagte Janotha in ihrer etwas dramatischen Art: »Du hast einen wunderschönen Ton, ein großes, warmes Herz und viel Phantasie. Aber du bist ein ungezogenes Mädchen. Warum arbeitest du nicht ständig? Ich übe fünf bis sechs Stunden täglich.« Ich war völlig überrascht. »Ja, und nachdem ich drei Stunden geübt habe, fange ich an, mich zu erholen.« Ich war sprachlos! Ich hörte und lernte ständig etwas Neues, aber diese Aussage einer bereits berühmten Pianistin warf mich regelrecht um. Sollte ich denn mein ganzes Leben lang immerzu üben, fragte ich meine Lehrerin. Sie antwortete: »Ja, solange du in der Öffentlichkeit spielst, und wenn du ein Werk erarbeitet hast, mußt du es vor jedem neuen Auftritt neu einstudieren.« Für einige Augenblicke wünschte ich mir, ich könnte nach England zurückkehren. Aber Madame Schumann schaute mich freundlich an und lächelte, so daß ich mich zu beruhigen versuchte, indem ich mir sagte: »Das ist nicht wahr, und Fräulein Janotha hat sich nur einen Scherz erlaubt.« Aber jetzt weiß ich es!

Kürzlich erfuhr ich, daß Janotha eine kurze Zeit lang

Paderewski in seiner Jugend einige Unterrichtsstunden erteilte. Dies muß ihr doch gewiß eine große Freude bereitet und sie sehr interessiert haben.

Marie Fromm war eine andere Schülerin von Madame Schumann – sie zog schließlich nach England, wo sie großen Erfolg als Lehrerin und Pianistin hatte.

Leonard Borwicks erfolgreiche Karriere ist allen Musikliebhabern wohlbekannt. Kurz nach seiner Ankunft in Frankfurt bat sein Vater Madame Schumann, ihm offen zu sagen, ob der Sohn Erfolg haben würde, wenn er Musik professionell betreibe. Da sie immer gewissenhaft war, wollte sie sich nicht auf ihr eigenes Urteil verlassen. Leonard war zweifellos begabt, aber er hatte das, was sie einen typischen englischen Fehler nannte, der sie »wahnsinnig machte«, da ihm Wärme und Temperament fehlte. Ich verbrachte gerade den Nachmittag mit ihrem großen Freund Stockhausen, dem berühmten Liedersänger, als sie dazukam, um Leonards Zukunft zu diskutieren.

»Ich möchte, daß Sie mir einen Rat zu Mister Borwicks Brief geben, Julius, da ich mir einige Sorgen mache«, sagte sie und legte dann ihre Gründe für und gegen eine berufliche Ausrichtung in diesem besonderen Falle dar. Stockhausen hörte aufmerksam zu und sagte dann mit einfachen Worten: »Aber der Junge ist doch so musikalisch, so ernsthaft und so jung.« Schließlich wurden Madame Schumanns Augen weich. »Ja, ich glaube, daß es recht sein wird, wenn ich dem Vater rate, ihm eine Musiker-Karriere zu gestatten.«

Einige Jahre darauf hatte Leonard Borwick sein Debüt in Deutschland, wobei ihm alle Herzen zuflogen. Bei seinem ersten Auftritt war die Begeisterung überwältigend, und die liebe Marie Schumann rief laut: »Gut gemacht, England!«

Ilona Eibenschütz (jetzt Frau Derenburg) machte auch eine große Karriere; ich bewunderte immer ihr wunderschönes Spiel – jedenfalls fehlte es ihr nicht an Temperament, und ich bedaure es sehr, daß sie das öffentliche Spielen aufgegeben hat. Die Schumanns hielten sehr viel von Adelina de Lara. Sie gab ihr Debüt in London etwa zur gleichen Zeit wie Ilona, und ich freue mich zu sagen, daß sie so brillant wie immer spielte, als ich sie vor einigen Monaten hörte.

Während meines zweiten Jahres in Frankfurt lebte ich in einer ständigen Wolke der Anbetung. Madame Schumann war mit allem zufrieden, besonders mit den Mozart-Variationen »Unser dummer Pöbel meint«, KV 455, den Papillons op. 2 von Schumann und seinem Klavierkonzert, der Fantasie op. 17 und den 32 Variationen c-Moll von Beethoven. Obwohl ich große Freude an meinem Spiel hatte, bewegte ich den Gedanken an das Unterrichten stets in meinem Hinterkopf. Ich nahm am Unterricht der anderen teil und hoffte, daß Madame Schumann dieselben Bemerkungen machen würde, die ich gemacht hätte und die mir richtig erschienen wären. Das tat sie fast immer. In Begleitung ihrer Tochter Marie kam sie fast jedes Jahr nach London, um Konzert-Engagements zu erfüllen, und bei dieser Gelegenheit erteilte Fräulein Marie Alice Unterrichtsstunden und manchmal auch Adela, die damals noch sehr klein war. Als Madame Schumann später anbot, Adela nach Frankfurt mitzunehmen, meinte mein Vater, trotz der Ehre, die sie ihm dadurch erwies, daß er das jüngste Kind der Familie keineswegs von zu Hause weggehen lassen könnte.

Eine ganz besondere Gelegenheit ergab sich für mich, als mich Madame Schumann nach meiner Unterrichtsstunde einlud, in ihr Eßzimmer zu kommen, wo sie mir einen Teller voller Erdbeeren gab, die aber hätten Rüben sein können, so aufgeregt war ich. Sie erklärte mir, daß die Sängerin Madame Viardot nach Frankfurt käme und es ihr zu Ehren einen Empfang und ein Konzert geben würde. »Du sollst die Papillons spielen, Tilly, und du wirst auch dazu ein neues

Kleid bekommen«, sagte sie. »Es wird ein rotes sein. Marie wird dich morgen zur Schneiderin bringen.« Als ich mich endlich von meinem Schreck erholt hatte und zur Tür gelangt war, rief sie mich zurück und gab mir einen Brief, den ich zur Post bringen sollte; dies war für mich eine überwältigende Ehre, und ich war genauso stolz darauf, diesen kleinen Dienst für sie zu tun, wie ich stolz darauf war, Madame Viardot vorspielen zu dürfen.

Ich habe auch liebevolle Erinnerungen an Madame Schumanns eigenartiges Englisch und an ihre Vorliebe für gutes Essen. Sie hatte eine besondere Schwäche für Maronen-Eis. Einige begeisterte Freunde luden sie einmal zum Mittagessen ein, was zur Folge hatte, daß sie sich am nächsten Tag schlecht fühlte. Als ein besorgter englischer Schüler fragte, was los sei, antwortete sie ohne Umschweife, daß das Essen schlecht gewesen sei: »Die Muschel, die war alt, der Champagner, er hatte Korken, und folglich war eine große Unruhe in meinem Inneren.« Sie benutzte auch eine eigenartige Satzbildung, und ich erinnere mich, wie sie einmal sagte, als wir uns alle, in unserem Bemühen, legato zu spielen, weit in das Klavier hineinlehnten: »Du wirst in der satirischen Zeitschrift ›Punch‹ abgebildet werden, wenn du so dasitzt.« Aber sie selbst saß so da, und wir ahmten sie lediglich nach. Sie streichelte die Tasten, und diese streichelnde Berührung hat sie an die meisten ihrer Schüler und Schülerinnen weitergegeben.

Lily Goldschmidt, ein Mädchen aus Nottingham (heute Mrs. Victor Henkel), war unter den Schülerinnen meine größte Freundin. Als sie erfuhr, daß ich meine Erinnerungen niederschreiben wollte, schrieb sie mir: »Erinnerst Du Dich, wie wir alle die A-Dur-Sonate von Scarlatti spielen mußten, während Madame Schumann sich hinter einem Paravent befand, um ein Urteil abzugeben? Du hast alle Sprünge der rechten Hand geschafft und den Preis gewonnen – ein kleines silbernes Kreuz an einer Kette, das Du immer unter Deinem Kleid trugst, da Du der Meinung warst, es sei viel zu kostbar, um von allen gesehen zu werden!

War es nicht wunderbar, wie Madame Schumann niemals ihre Meinung über einen Schüler öffentlich äußerte, sondern nur das Musikheft resigniert zuklappte und die Frage stellte: ›Hast du nicht noch etwas anderes, was du mir spielen kannst?‹

Jeden Morgen übte sie selber, bevor sie unterrichtete – sie begann stets mit Tonleitern, gefolgt von Bachs Chromatischer Phantasie und Fuge BWV 903. Was für eine Freude, als Fräulein Marie uns eines Tages sagte: ›Mutter übt – ihr könnt hineingehen und im angrenzenden Zimmer zuhören, ihr müßt nur leise sein, damit sie nicht gestört wird.‹

Einmal erschien eine Schülerin nicht, und man sagte mir, daß ich diese Stunde erhalten könnte, ich hatte aber nichts vorbereitet, so daß Madame Schumann sich mir zuwandte und sagte: ›Nun, wenn du mir nichts spielen kannst, muß ich dir wohl etwas vorspielen.‹ Eine unvergeßliche halbe Stunde lang hatte ich das Privileg, ihr Publikum zu sein.

Erinnerst Du Dich noch an das Konzert, wo ein berühmter Pianist (es war Rubinstein) die fis-Moll-Sonate von Schumann spielte? Am nächsten Tag behaupteten die Rezensenten, daß es ein unverständliches Werk sei, das bereits Zeichen der geistigen Auflösung in sich trage! Madame Schumann war darüber so außer sich, daß sie uns alle bat, nachmittags zu ihr zu kommen, und sie spielte die Sonate so wundervoll, daß niemand diese Aufführung jemals vergessen sollte. Sie selbst war so bewegt, daß ihre Augen voller Tränen waren.« Welche Erinnerungen wurden durch Lily Henkels Brief wiederbelebt!

Eines Nachmittags erhielt ich eine Einladung, mit Madame Schumann im Garten Tee zu trinken, wobei sie mir – o

Wunder über Wunder! – mitteilte, daß ich eine ihrer kleinen Enkeltöchter, Julie Schumann, unterrichten sollte. Ich traute meinen Ohren kaum und starrte die von mir Hochverehrte sprachlos an. Es schien mir ein königlicher Befehl zu sein, bis die Angebetete menschlich wurde und eine große Arbeitstasche hervorholte, aus der sie einen Ballen grauer Wolle sowie ein Paar bequeme hölzerne Stricknadeln hervorkramte, und zu stricken begann. Auf meinem Nachhauseweg wiederholte ich dauernd: »Ach, hätte ich sie nur nicht stricken gesehen«, eine Ansicht, die einer übermäßigen Phantasie und einer übertriebenen Form von Heldinnenverehrung entsprang. Ob Werther einen ähnlichen Schock wie ich erlitt, als er sein Idealbild Charlotte beim Broteschmieren überraschte?

Nun gaben mir Marie und Eugenie Schumann weitere Schüler und Schülerinnen, mit denen ich in den Ferien arbeitete. Meine Freude und Befriedigung waren groß, als einige der Lehrer am Konservatorium mir später verrieten, daß sie gleich bemerkt hätten, daß ich mit den Studierenden geübt hatte, weil der Erfolg sich sofort zeigte. Ein solches Lob bedeutete mir damals viel und gab mir Selbstvertrauen.

Eine musikalische Soiree, zu der mich Madame Schumann einlud und bei der Brahms anwesend war, gehört zu meinen unvergeßlichen Erinnerungen. Olga Neruda, eine Schwester von Lady Hallé, die eine Mitstudentin war, fragte mich, was ich bei dieser großen Gelegenheit tragen würde. Als sie entdeckte, daß ich kein hübsches Kleid besaß, bot sie mir großzügigerweise eines ihrer Kleider an. Sie brachte mir eine wunderschöne Kreation mit einer hinreißenden erdbeerfarbenen Schärpe und begann, mich anzuziehen. Leider wurde die Wirkung dadurch getrübt, daß Olga Neruda groß und kräftig gebaut war, ich jedoch kurz und schmal bin. Da ich sie aber grenzenlos bewunderte, war es mir gleichgültig, was sie mit mir machte, und ich war ganz zufrieden, als sie den langen Rock umschlug und mit der Schärpe an der Taille festzurrte, wobei sie mir versicherte, daß ich zauberhaft aussähe.

Meine Zufriedenheit hielt aber nur so lange an, bis ich im Hause von Madame Schumann ankam. Als wir uns die Hand gaben, schaute sie mich von oben bis unten an und schien auf etwas zu stoßen, das nicht ganz stimmte. Kurz darauf zupften ihre beiden Töchter in einer Zimmerecke an mir herum. Kein Wunder, daß ich mich bald schrecklich unwohl fühlte. Mein Unbehagen wuchs im Laufe der Soiree, und ich konnte den aufregendsten Teil des Abends nicht genießen, als Brahms sein Quintett op. 34a mit vier berühmten Instrumentalisten spielte. Anstatt mich an der Musik zu freuen, machte ich mir über mein Erscheinen Sorgen, und als Eugenie Schumann auf mich zuging und fragte, »welcher Satz war das?« mußte ich zugeben, daß ich es überhaupt nicht wußte. Da ich nicht wagte, ihr dies zu sagen, vertraute ich auf das Schicksal, mutmaßte einfach und hatte zum Glück recht.

Ich erinnere mich an einen weiteren Abend, an dem Brahms anwesend war und Caroline Geisler-Schubert ihn fragte: »Warum fahren Sie nicht nach England, wo jeder Mensch Musik liebt?« Er hob die Schultern. »Ach, in England regnet, regnet, regnet es dauernd, und außerdem muß man dort ständig einen Frack tragen.« Vielleicht ist dies die Erklärung dafür, warum Brahms niemals England besuchte.

Brahms konnte auch sehr beißende Dinge sagen, wenn ihm danach war. Während der privaten Feier im Hause eines Freundes bat man ihn einmal, einen Sänger beim Vortrag seiner eigenen Lieder zu begleiten. Er stimmte zu, aber der Sänger war so von dem Klang der eigenen Stimme und der Ehrung durch den Begleiter begeistert, daß er ein Lied nach dem anderen sang, bis Brahms es nicht mehr aushielt.

Er hörte auf zu spielen, drehte seinen Klavierstuhl dem erstaunten Sänger und dem ebenso erstaunten Publikum zu und sagte kühl: »Das Singen selbst ist nicht schwierig, das Aufhören scheint dagegen sehr schwierig zu sein.« Die Wirkung auf die Zuhörer kann man sich leicht vorstellen; die Freude des Abends war dahin.

Bei einer anderen Abendgesellschaft spielte Brahms seine A-Dur-Violinsonate op. 100 aus dem Manuskript, während Hugo Herman die Violinstimme spielte und Madame Schumann umblätterte. Im Laufe des Stückes machte sie ein immer erstaunteres Gesicht, und zum Schluß sagte sie vorwurfsvoll: »Aber Johannes, du spieltest doch heute früh ganze Teile anders, jetzt hast du das Zeitmaß ganz verändert.« Brahms brummte vor sich hin. Dann sagte er: »Und warum auch nicht? Die Leute müssen doch nicht das genaue Tempo kennen, mit dem ich die verschiedenen Sätze spiele!«

Eines Tages spielte Madame Schumann mir vor meiner Unterrichtsstunde ein Intermezzo von Brahms mit solchem Feuer vor, daß Marie Schumann den Raum betrat und sagte: »Liebes Mütterchen, du darfst dich nicht ermüden.« Madame Schumann war ganz in Ekstase geraten, sie schaute in das Gesicht ihrer Tochter mit Augen so dunkel wie Saphire und mit Wangen, die vor Erregung gerötet waren. Sie drehte sich dann zu mir: »Nun, Mathilde, ich hoffe, dir bewiesen zu haben, daß man auch mit mezzo-forte, piano und pianissimo eine große Wirkung erzielen kann.«

Fräulein Eugenie Schumann unterrichtete ebensoviel wie Fräulein Marie – sie gab mir oft eine zusätzliche Unterrichtsstunde. Eine Zeitlang – ich glaube nach dem Tod ihrer Mutter – wohnte sie in London mit Fräulein Marie Fillunger, der großen Liedersängerin. Ihr Unterricht wurde dort ebenso anerkannt wie hier in Frankfurt. Sie gab mir großzügigerweise noch ein paar Stunden. In dieser Zeit hatte ich oft das Privileg, in ihrer charmanten Wohnung Fräulein Fillunger am Klavier zu begleiten. Sie war immer nett und anerkennend, aber eines Tages erhielt ich einen wohlverdienten kleinen Nasenstüber. Sie hatte soeben ein Lied von Mendelssohn vorgetragen, und ich sagte in meiner damaligen Torheit: »Ich mag Mendelssohns Lieder nicht.« »Nun, das macht gar nichts«, antwortete sie.

Der Blick zurück im Leben ist meist mit gemischten Gefühlen verbunden, und manchmal ist es nicht weise, die Blätter auf dem Baum der Erinnerung rascheln zu lassen, aber ich kann aus ganzem Herzen sagen, daß diese Frankfurter Jahre die glücklichsten meines Lebens waren. Obwohl viele Jahre verstrichen sind, und ich vieles vergessen habe, sind mir die wunderbaren Unterrichtsstunden unvergeßlich geblieben. Der Einfluß von Madame Schumann blieb mir während meines gesamten Lebens erhalten, und er ist vielleicht heute am stärksten. Ich schulde ihr alles. Sie lehrte mich, niemals meine Ideale aufzugeben oder das Unterrichten nur als einen Beruf anzusehen. Ihr bedeutete jeder Schüler und jede Schülerin ein kostbares anvertrautes Gut, nicht nur musikalisch, sondern auch menschlich, und sie beeinflußte uns in umfassender Weise. Kein Wunder, daß wir sie alle anbeteten.

Als die Stunde des Abschieds gekommen war, machte mich die Vorfreude auf mein Zuhause so glücklich, daß die Traurigkeit keinen Platz in meinem Herzen hatte. Was für ein Willkommen erwartete mich bei meiner Ankunft in Southampton! Alle waren aufgeregt, mich wiederzusehen. Kaum zu Hause angekommen, sollte ich mich ans Klavier setzen, und nachdem ich Schumanns »Carnaval« durchgespielt hatte, klatschten alle, und mein Vater erklärte meine Interpretation zur besten, die er je gehört hatte. Obwohl ich ziemlich sicher war, daß er das Stück gar nicht kannte, war ich über dieses Lob glücklich, und es wurde vereinbart, daß ich drei Tage später nach London fahren sollte. Ich fand dort eine Unterkunft in Westbourne Terrace.

Mein erster Besuch galt unserem lieben alten Freund Mr. Hipkins, den ich zuletzt auf der Victoria Station gesehen hatte, als ich nach Frankfurt reiste. Nach einer herzlichen Begrüßung meinte er, daß ich sofort ein Klavier zum Üben haben müsse, und versprach, mir am nächsten Tag einen Broadwood-Flügel zur Verfügung zu stellen. Er war auch noch so freundlich, mich mit Arthur Chappell bekannt zu machen, und innerhalb von zwei Wochen engagierte man mich für einen Auftritt bei den »Saturday Popular Concerts«. Dort sollte ich das c-Moll-Trio von Mendelssohn mit Wilma Neruda und Alfredo Piatti spielen sowie einige Chopin-Klavierstücke. Dieser erste öffentliche Auftritt war erfolgreich, denn Mr. Chappell versprach, mich in jeder Saison zu engagieren, und hielt dieses Versprechen viele Jahre lang.

Ich spielte auch einige Male bei den berühmten Samstag-Konzerten im Crystal Palace mit Sir August Manns und genoß die Proben, die mir ebenso gut besucht zu sein schienen wie die tatsächlichen Konzerte. Sir August war ganz besonders meiner Schwester Adela zugetan, die das Konzert von Tschaikowsky mit ihm spielte, als sie erst vierzehn Jahre alt war. Es war eine bemerkenswerte Aufführung. Um zu verhindern, daß sie durch ihren Auftritt an einem so prominenten Ort eingebildet werden könnte, bestand ich darauf, daß sie ihr normales Schulkleid trug. Diese Vorsichtsmaßnahme war jedoch gänzlich unnötig, denn das arme Kind hätte keinesfalls auf seine Erscheinung stolz sein können, da sie an dem großen Tag Zahnschmerzen hatte und sich dem Publikum mit einer geschwollenen Backe präsentierte!

Ich hatte nun eine Anzahl von Auftritten und außerdem eine Gruppe interessierter Schüler und Schülerinnen, und so hätte ich eigentlich glücklich sein müssen, aber die Unruhe erfaßte mich. Ich suchte eine Abwechslung, und wie viele andere Musiker glaubte ich, daß es ein leichtes sei, mehr Geld in Amerika zu verdienen. Warum also nicht dort hinfahren und mein Glück versuchen? Als ich dies Sir George Henschel vorschlug, der immer ein sympathischer Berater junger Künstler war, erwiderte er, »warum nicht? Nehmen Sie Ihre jüngere Schwester Alice mit, und ich werde Ihnen einige Empfehlungen mitgeben.«

Damals lebte ich in demselben Haus wie Dr. Olga von Oertzen, eine sehr interessante Frau, deren Begeisterung über das Talent meiner Familie riesig war, und als ich ihr von meinen Amerika-Plänen erzählte, sagte sie zu, mit uns zu reisen. Dies tat sie auch, aber nachdem sie uns eine Woche später verlassen mußte, besaßen wir beide zusammen nur noch acht Pfund und hatten nicht einen einzigen Auftritt. Dies war keine schöne Aussicht für zwei Mädchen, die sich allein in New York befanden.

Sir George Henschel hatte mir eine Empfehlung für Mr. Gildemeester mitgegeben, den Leiter der Firma, die Chickering-Klaviere herstellte, und durch ihn erhielt ich ein Engagement, um das Klavierkonzert von Robert Schumann mit dem berühmten Theodore-Thomas-Orchester zu spielen; dieser Termin war aber noch Monate entfernt, und wir mußten doch in der Zwischenzeit leben! Ich mußte meinen Schmuck, den mir Madame Schumann in Frankfurt geschenkt hatte, sowie das goldene Kreuz, das Alice zur Konfirmation erhalten hatte, zum Pfandleiher bringen. Ich erinnere mich noch, daß der Juwelier mich fragte, warum ich dies versetzte und ob wir kein Geld besäßen. Er gab mir einige gutgemeinte Ratschläge und sagte mir, daß ich die Stücke nach meinem nächsten Engagement unbedingt wieder einlösen müsse. Daß ein Pfandleiher sich so für einen fremden Menschen interessiert, kann doch wohl nur in Amerika vorkommen. Wir waren sehr niedergeschlagen, belebten uns aber etwas nach dem Besuch des bekannten Geigers Nahan Franko, der mich engagierte, um die Kreutzer-Sonate von Beethoven mit ihm zu spielen. Er erklärte mir, daß gleichzeitig eine Lesung aus dem Buch »Die Kreutzer-Sonate« stattfinden würde und wir hinterher das Stück spielen sollten. Das ist ein eigenartiges Konzert, dachte ich mir, aber das Geld brauchte ich. Hinterher wurde ich von Reportern belagert, die alle wissen wollten, ob ich das Buch kenne. Da ich enttäuscht war, daß sie unser Spiel nicht erwähnten (Herr Franko war ein ausgezeichneter Künstler), sagte ich wohl etwas ungeduldig: »Natürlich habe ich es nicht gelesen.«

Dies war ein wirklicher Coup für die Zeitungsleute. Am nächsten Morgen erwähnten alle Besprechungen, daß ich das Buch nie gelesen hätte und nichts darüber wüßte. In diesen Besprechungen wurde ich als sehr jung und als Besitzerin schöner Zähne beschrieben; hätte man es gewußt, hätte man hinzufügen können, daß Alice und ich oft sehr hungrig waren.

Endlich brach der Tag meines wichtigen Konzertes mit dem Theodore-Thomas-Orchester an. Alice und ich waren beide so nervös, daß wir eine Polka zusammen tanzten, bis ich die Bühne betreten mußte, und sie schob mich gerade noch rechtzeitig ans Rampenlicht. Ich glaube fest, daß dies der Grund für den herzlichen Empfang war, den das Publikum mir gab, denn ich muß aufgeregt und glücklich ausgesehen haben.

Obwohl ich erfolgreich war, hatten wir so großes Heimweh, daß keinerlei Versprechungen in Hinblick auf künftige Engagements und kein Rat netter Freunde, noch mindestens sechs Monate in Amerika zu bleiben, uns umstimmen konnten. Wir wollten nach Hause. Ich spielte Schumanns Konzert noch einmal in Baltimore, und dann gab uns unser lieber Freund Mr. Gildemeester die Fahrkarten für England.

Ich glaube auch, daß er der gute Samariter war, der die Geige von Alice vom Pfandleiher einlöste, und wenn dies zutraf, so wurde seine Freundlichkeit beim Anblick ihres freudigen Gesichtsausdrucks belohnt, als sie die Geige in der Kabine entdeckte. So endete unser erstes Abenteuer in einem fremden Land.

Noch heute kann ich kaum an den Zeitpunkt meines Lebens zurückdenken, an dem das Leid auf mich einstürzte. Mein ältester Bruder bekam die Schwindsucht und starb daran; der jüngere Bruder, der zur See gegangen war, ertrank, und sein Schiff verschwand für immer. Dies war eine große Tragödie, da er sich mit uns zusammentun und der Musik widmen wollte und sehr begabt gewesen war. Mein jüngster Bruder Arthur erkrankte an Tuberkulose; John mußte ihn von Marseille zurückbringen, und wir pflegten ihn so lange, bis auch er starb. Später erkrankte zu meiner großen Trauer auch meine Schwester Alice an der Lunge. Unser sympathischer Arzt sagte uns damals, daß wir unbedingt von London wegziehen sollten, und so mieteten wir in Denmark Hill ein Haus. Damals fuhren Alice und ich jede Woche zu einer Schule in Lymington, um dort zu unterrichten, und ich gab auch Adela jede Woche selber eine Unterrichtsstunde. Ich war nicht überzeugt, daß dies reichte, und machte mir Sorgen, ob ich sie nicht ins Ausland zum Studium schicken sollte. Hierzu wurde von Bekannten ein Treffen mit Paderewski arrangiert. Ich kann seine sympathische Umgangsweise, seinen Charme und seine Freundlichkeit nicht genug rühmen. Nachdem Adela eine Beethoven-Sonate (die Appassionata) und mehrere andere Stücke vorgespielt hatte, sagte er: »Sie ist sehr begabt; ein sehr talentiertes kleines Mädchen; unterrichten Sie sie noch weiterhin selbst, sie kann keinen besseren Unterricht erhalten.« Er wandte sich Adela zu. »Hast du ein gutes Klavier, auf dem du in deiner Schule üben kannst?« Adela erzählte ihm, daß das Schulklavier entsetzlich war und einige Tasten hängenblieben. Einige Tage darauf wurde ein wunderschönes Erardklavier nach Lymington geschickt, und diese Freundlichkeit war nur eine der vielen, die Herr Paderewski uns in den Jahren erwiesen hat, in denen er uns mit seiner Freundschaft beehrte.

Während dieser Zeit hatte Adela ernsthaft bei mir studiert und solche Fortschritte gemacht, daß ich der Meinung war, sie könne jetzt öffentlich auftreten. Sie verließ die Schule und machte ihr Debüt bei den »Saturday Popular Concerts«, die bald zu Ende gingen. Ihr erster Auftritt erregte großes Aufsehen, man rief sie etwa sechsmal aufs Podium. Das normalerweise beherrschte Publikum, das bis dahin kaum solche Begeisterung gezeigt hatte, applaudierte weiter, bis der Klavierstimmer von der Firma Erard, zwar entzückt über ihren Erfolg, dennoch der Meinung war, es würde reichen, und mit der Bemerkung »ich werde ihren Lärm beenden« auf die Bühne ging und den Klavierdeckel zuschlug.

Es folgten fünf weitere Auftritte in dieser populären Reihe, und ich war überglücklich über den Erfolg meiner jüngeren Schwester. Sie machte außerdem eine erfolgreiche Tournee durch die Provinz. Meine eigenen Auftritte waren auf London beschränkt, da ich die ganze Zeit über unterrichtete und mich nicht weiter weg begeben konnte.

Ich weiß nicht genau, wann ich Adela nach Wien mitnahm. Als sie dort ihr erstes Orchesterkonzert gab, war der Saal ausverkauft, und das Künstlerzimmer war voller Blumensträuße und Kränze und Geschenke aller Art. Fräulein Marie Schumann war auch gerade in Wien. Sie hatte Adela nicht mehr gehört, seit sie sechs Jahre alt war, und war von ihrem Spiel entzückt. Leschetizky, der berühmteste aller Klavierlehrer, hatte zugunsten der seiner Meinung nach faszinierenderen und interessanteren Arbeit des Unterrichtens auf eine Karriere als Pianist verzichtet. Er gab zu unseren Ehren einen Empfang und bat anschließend Adela, seinen Studierenden vorzuspielen. Wir unterhielten uns längere Zeit über die Kunst des Unterrichtens, ein Thema, das uns beiden sehr naheging, und ich erzählte ihm, wie sehr Madame Schumann auf das Legato-Spiel Wert legte. Er war leider kein großer Bewunderer ihrer pianistischen Fähigkeiten, aber er sagte mir, daß das wunderschöne Legato-Spiel das erste gewesen sei, das ihm an Adelas Spiel aufgefallen sei: »Sie haben anscheinend moderne Ideen entwickelt, denn sie hat auch eine sehr klare und brillante Technik.« Er war begeistert von meiner jüngeren Schwester. »Welches Temperament!« rief er aus. »Welche Phantasie und Wärme! Welche Kraft!« Er besuchte ihre Konzerte und saß neben mir, wobei er kräftig applaudierte.

Eine der besten Schülerinnen Leschetizkys, Katherine Goodson, hat mir die folgende charmante Beschreibung ihrer Studientage in Wien geschickt. »Mein vierjähriges Studium in Wien bei Leschetizky gehört zu den herausragendsten Erfahrungen meiner musikalischen Ausbildung überhaupt. Bei Leschetizky war jeder Schüler ein Individuum, es gab keine allgemeine Methode für alle. Besonders bemerkenswert war seine Interpretation der alten Meister, wobei er erstaunliches Einfühlungsvermögen bewies. Abgesehen von seiner genialen Fähigkeit, seine Schüler zu inspirieren, besaß er einen persönlichen Magnetismus, der dazu führte, daß man sich jedes Wort im Unterricht für alle Zeiten merkte. Sein Generosität war allgemein bekannt, und als ich mit der Begleitung von Ossip Gabrilowitsch am zweiten Klavier das d-Moll-Konzert von Brahms bei einer seiner vierzehntägigen Unterrichtsstunden vorgespielt hatte, ging ich in die nächste Stunde, wo er mir einen Umschlag mit meiner Bezahlung zurückgab und mir mitteilte, daß er so über meinen Fortschritt beglückt sei, daß er keine weitere

Bezahlung von mir annehmen würde. Ich werde Theodore Leschetizky immer als einen großen Meister und wahren Freund verehren.«

Während meiner Frankfurter Jahre hatte ich viel von Schumann, Bach, Mozart, Brahms und Beethoven studiert, aber kaum etwas von Chopin. Als ich in London debütierte, war es jedoch ausgerechnet Chopins Musik, die besonders gelobt wurde. In späteren Jahren bekam ich so ermutigende Rezensionen über mein Schumann- und Brahms-Spiel, daß ich mich auf den Rat einiger Musiker hin auf diese beiden Komponisten spezialisierte.

Ich trat auch häufig mit Adelina Patti auf, in den Provinzen, aber auch bei einem ihrer letzten Konzerte in der Albert Hall, wo sie mir hinterher sagte: »Vielen Dank für Ihr wunderbares Spiel. Ihre Zwischeneinlagen waren angenehm kurz!«

Was mir an dem Gesang von Madame Patti auffiel, war die Art, wie sie mit ihrer Stimme umging. Damals näherte sich das Ende ihrer Karriere, aber sie transponierte scheinbar alle Lieder, und da sie klug genug war, keine allzuhohen Noten anzupeilen, klang ihre Stimme immer noch jung und frisch. Sie besaß eine entzückende Persönlichkeit, und man hat mir erzählt, daß sie sich immer für junge Künstler und Künstlerinnen einsetzte.

Apropos Madame Patti, hier muß ich eines der beschämendsten Ereignisse meiner Karriere wiedergeben. Es geschah anläßlich eines Konzertes, das ich mit ihr zusammen in Cardiff gab. Schon länger war ich besorgt wegen eines Krampfes, unter dem ich oft beim Spielen litt. Ich bat Paderewski um seinen Rat, der der Meinung war, daß dies die Folge unregelmäßigen Übens sei. Bevor ich nach Cardiff fuhr, hatte ich jedoch einige Monate lang gründlich und regelmäßig geübt, aber in dem Augenblick, als ich meine erste Gruppe von Soli spielte, kehrte der Krampf zurück, und ich konnte sie kaum beenden. Ich sollte nach der Pause noch weitere Soli spielen, darunter die Staccato-Etüde von Rubinstein, und mir war klar, daß ich das Stück niemals bewältigen würde. Ich war voller Schrecken. Ich wagte nicht, den Manager zu bitten, mich von meinen Einlagen zu befreien, denn als ich ihm zuvor von meinen Verkrampfungen erzählt hatte, reagierte er sehr unsympathisch; vermutlich dachte er, daß dies eine Sache der Stimmung oder des Temperaments sei. Ich überlegte hin und her, was zu tun sei, und endlich schlängelte ich mich in schierer Verzweiflung durch eine Seitentür aus der Konzerthalle, eilte zum Haus, wo ich übernachtet hatte, packte meine Sachen und hastete zum Bahnhof. Mein einziger Gedanke war, von Cardiff wegzukommen. Man kann sich vielleicht meine Stimmung vorstellen, als ich entdeckte, daß ich den Londoner Zug gerade verpaßt hatte. Während ich mich auf dem Bahnhof herumtrieb und auf den nächsten Zug wartete, sah ich zwei andere Künstler des gleichen Konzerts auf dem Bahnhof. Ich versuchte, mich zu verstecken, aber es war sinnlos, und sie sagten mir, daß der Manager wütend war und versichert hatte, daß ich nie wieder in Cardiff ein Engagement bekommen würde. Damals wollte ich auch keines, und ich glaube, daß dieses Erlebnis und meine frühe Flucht aus der Schule die einzigen Male in meinem Leben waren, wo ich mich feige vor der Umwelt und der Verantwortung gedrückt habe.

Eines Tages, als ich das Konzert von Tschaikowsky für ein Konzert in der Queen's Hall probte, war der Krampf so schmerzhaft, nicht nur in meinen Armen, sondern auch in meinem Rücken, daß ich mich für einige Zeit nicht bewegen konnte, und nach dem Konzert brauchte ich einige Jahre, bis ich überhaupt wieder öffentlich auftreten konnte. Ich bin froh darüber, daß kein einziger Schüler von mir jemals an dem gleichen Symptom gelitten hat, denn dieser Krampf gehört zu den schrecklichsten Erfahrungen, die man sich überhaupt vorstellen kann.

Schon lange träumte ich davon, eine eigene Schule zu besitzen. Trotz vieler Schwierigkeiten erfüllte sich dieser Traum. Mr. Fuller Maitland, damals Musikkritiker der »Times«, war einer der vielen Freunde, die mir eindringlich rieten, mich nicht mit soviel Verantwortung zu beschweren und mich mit dem Privatunterricht zufriedenzugeben. »Aber ich möchte meine Arbeit auf eine größere Ebene stellen«, erwiderte ich. »Ich möchte Lehrer ausbilden; ich wünsche mir, daß meine Schüler Kammermusik studieren und spielen; ich möchte, daß sie die Gelegenheit haben, Konzerte mit meinem eigenen Orchester zu spielen. Meine Klavierschüler sollen nicht nur mechanische Maschinen sein, sie sollen gute Musiker und Musikerinnen werden.«

Ich hatte keinerlei Geschick in geschäftlichen Dingen, da ich die Unfähigkeit meines Vaters in allen Dingen, die Geld oder Dokumente betrafen, geerbt hatte. Ich besaß kein Kapital, nur Begeisterung und eine große Bereitschaft zum Arbeiten. Als gute Freunde von mir begriffen, daß ich meinen Willen um jeden Preis durchsetzen wollte, gelang es ihnen, andere Freunde für das Unternehmen zu interessieren, so daß ich endlich meine Schule mit Hilfe eines kleinen Kapitals gründen konnte. Ich fand geeignete Räume in der Cromwell Road, und meine Schwester Alice sowie ihr Ehemann zogen in das Haus, um mit ihrer Miete zu den Unkosten beizutragen.

Mit meiner typischen Ungeduld bestand ich darauf, daß alles in großer Eile gemacht wurde. Es gab keine Zeit zu verlieren. Die Einweihungsfeier wurde mit einem Trompetentusch am Montag, dem 15. Februar 1909, von Sir Hubert von Herkomer eröffnet. Ein großes Orchester war zugegen, das größtenteils aus Mitgliedern der Queen's Hall bestand und von Thomas Dunhill dirigiert wurde. Sie spielten Beethovens Ouvertüre »Die Weihe des Hauses« – ein passendes Werk für diese Gelegenheit. Es machte auf uns alle einen großen Eindruck.

Nichts war zu gut für meine Schüler. Ich engagierte Künstler für eine Ensembleklasse, wobei ich bei jeder Unterrichtsstunde draufzahlen mußte. Ich engagierte ein Orchester, das fast ausschließlich aus professionellen, erstklassigen Spielern bestand (die ich selber dirigierte), so daß meine Schüler und Schülerinnen die Gelegenheit hatten, jede Woche Konzerte zu spielen, und jederzeit bei den Promenadenkonzerten oder auch bei anderen Konzerten auftreten konnten. Dies war eine gute Idee, und in einer Saison spielten insgesamt vierzehn Schüler bei den Promenadenkonzerten – oft mußten sie ohne eine einzige Probe auftreten.

Es ist kaum verwunderlich, daß ich mich trotz der großen Anzahl von Schülern bald verschuldete. Ich setzte mich hin und dachte nach; es gab keinen Zweifel, daß meine Schule in künstlerischer Hinsicht ein Riesenerfolg war. Ich hatte ausgezeichnete Konzertengagements für zahlreiche Schüler und Schülerinnen eingeholt. Sie kamen aus der ganzen Welt zu mir. Ich war von meinem Unterricht völlig absorbiert und konnte unmöglich jetzt aufgeben. Die Dienste der Lehrer und Lehrerinnen, die ich ausbildete, waren sehr gefragt. Es war die Begeisterung meiner Schwester Alice, die mich wieder beruhigte, denn sie war überzeugt davon, daß die Schule im Laufe der Zeit ein finanzieller Erfolg werden würde. Wir arbeiteten zusammen, ihre Interessen waren die meinen, ihre Ideale ebenso groß und ihr Vertrauen in mich grenzenlos, aber wir brauchten mehr Schüler und Schülerinnen. Das Inserieren brachte nicht viel Resonanz und war außerdem teuer. Dann kam mir eine gute Idee: Wir sollten wöchentlich Konzerte veranstalten, zu denen wir die Zuhörer kostenlos einluden. Diese waren so erfolgreich, daß unsere kleine Konzerthalle jedesmal ausverkauft war;

keine Inserate der Welt hätten je solch schnellen Erfolg gezeitigt.

Eines Tages erzählte mir eine Frau, die in dem Arbeiterviertel East End arbeitete, von einem siebenjährigen Jungen, der für die Schulklassen seiner Schule Märsche auf dem Klavier »schlug«. Er war der jüngste Sohn eines Schneiders, und sie hielt ihn für hochbegabt. Ob ich ihn sehen und hören würde? Und ob! Ich sah und hörte ihn bereits am nächsten Tag, als er sein eigenes Arrangement der Ouvertüre »1812« von Tschaikowsky spielte. Er war so aufgeregt und zufrieden mit der eigenen Aufführung, seine Augen glänzten wie Sterne, und seine Beinchen bewegten sich ständig, während er mit enormer Kraft auf die Tasten schlug. Sein Auftritt war das Komischste, das ich je gehört hatte, und er war auch wirklich die eigenartigste kleine Person, die ich je gesehen hatte. Das erste, was mir an ihm auffiel, waren seine wunderbaren Augen, und das nächste war seine eigenartige Kleidung. Der Junge trug Tweedshorts, die bis zur Hälfte seiner dicken Beinchen reichten, einen großen Kragen, der mit einer Fliege aus verblaßtem Rosa geschmückt war, und das Haar des armen Jungen war so kurz geschnitten worden, daß er wie rasiert aussah.

Sein Name war Solomon Cutner.

Ich entschied sofort, daß ich dieses Kind aus seiner Umwelt in mein eigenes Haus bringen, täglich mit ihm üben und es für einen öffentlichen Auftritt innerhalb eines Jahres vorbereiten würde. Dies würde eine riesige Arbeitsaufgabe für mich bedeuten, aber auch eine interessante Herausforderung, da ich von keinem englischen Wunderkind wußte, das ausschließlich in diesem Land ausgebildet worden war. Er sollte sich Solomon nennen; dies war ein schöner Bühnenname für ein kleines Kind, und man konnte seinen Nachnamen leicht vergessen. Solomon gewöhnte sich bald an seine neue Umgebung, und es war für mich eine ständige

Quelle der Freude, seine Entwicklung zu beobachten. Meine Schwester und die anderen Lehrkräfte halfen mir mit dem Unterricht, da er keine Ahnung hatte, wie er seine Hände halten sollte. Nachdem ich nur neun Monate lang täglich mit ihm geübt hatte, war unser Wunderkind reif für ein Orchesterkonzert; er spielte das B-Dur-Klavierkonzert von Mozart, den langsamen Satz aus dem Klavierkonzert von Tschaikowsky und eine Polacca meiner Schwester Alice. Ich hatte von einem deutschen Dirigenten gehört, Dr. Müller-Reuter, der sich gerne in England bekannt machen wollte und sofort zusagte, nach England herüberzukommen, um dieses Konzert zu dirigieren. Die Firma Blüthner schickte einen wunderschönen Flügel aus Deutschland, der mit sehr kleinen Tasten ausgestattet war, so daß Solomon ohne Schwierigkeiten Oktaven und Akkorde spielen konnte. Aber ich bekam Ärger, denn in dem Augenblick, als das Konzert angekündigt wurde, erzählten mir die Behörden, daß kein Kind unter zehn Jahren in der Queen's Hall auftreten könne, mit Ausnahme der Auftritte zu Wohltätigkeitszwecken oder bei Schülerkonzerten. Solomons Erfolg entschädigte mich jedoch für alle Sorgen und Nöte, die die Behörden mir bereiteten, denn sein Glück und seine Freude über die Möglichkeit, mit einem Orchester zu spielen, war bei der Probe so offenkundig, und ich wußte, das Publikum würde ihn von dem Augenblick seines Auftritts an ins Herz schließen; und dies geschah denn auch.

Ich mußte warten, bis Solomon elf Jahre alt war, bevor ich ihn wieder in der Öffentlichkeit auftreten lassen konnte. Bis dahin hatte er das d-Moll-Konzert von Brahms, das Konzert von Tschaikowsky, das c-Moll-Konzert von Beethoven, das Konzert von Grieg, das g-Moll-Konzert von Saint-Saëns, eine große Anzahl an Kammermusik sowie viele Solostücke eingeübt. Er trat in der Queen's Hall mit Sir George Henschel auf, wobei er das Brahmssche Konzert sowie – so meine ich mich zu erinnern – die Ungarische Rhapsodie von Liszt spielte. Dann engagierte man ihn für die Promenadenkonzerte. Er hatte einen sofortigen Erfolg, und von da an hat er nie zurückgeschaut.

In den ersten Tagen des Krieges kehrte Adela zurück. Ich erinnere mich nicht, ob sie viel spielte, ich weiß nur, daß ich froh war, sie in meiner Nähe zu haben, denn sie half mir stets beim Unterrichten und war nie darauf aus, für ihre Erfolge bei besonders erfolgreichen Schülern gelobt zu werden. Ich erinnere mich jedoch eines denkwürdigen Konzertes in London, als Adelas Spiel durch das Orchester in hohem Maße gefährdet war. Sie spielte das Konzert von Tschaikowsky, als plötzlich eine Passage durch einen Höllenlärm übertönt wurde. Der Dirigent rief etwas ins Orchester hinein, was jedoch nichts bewirkte, bis meine Schwester ihre Hände in den Schoß legte ... das Orchester hörte zu spielen auf ... dann begann sie unverzüglich mit der Kadenz, und es ging alles gut.

Ich bin ganz sicher, daß nur der musikalische Teil des Publikums mitbekam, daß einiges schiefgelaufen war, und daß Adela die Situation durch ihre Geistesgegenwart und ihre Musikalität rettete. Die Panne entstand dadurch, daß der letzte Solist einige Kürzungen in die Partitur eingetragen hatte, und da es keine Probe für Adela gab, merkte sie dies erst in diesem schrecklichen Augenblick, den ich oben beschrieb.

Nach meinem zweiten Amerika-Besuch hatte ich während einer dreimonatigen Krankheit genügend Zeit nachzudenken. Mein Mut schwand, und ich beschloß, die neuen Räume in der Baker Street aufzugeben (ich mochte die Nachbarschaft nie) und auf einer eher privaten Ebene in den Wigmore Hall Studios weiterzumachen, wo Mr. Winchester Berridge und seine Angestellten eine angenehme Atmosphäre verbreiteten. Ich bereue nur, daß ich meinen gegenwärtigen Studierenden nicht all die Vorteile gönnen kann, die meine früheren Studierenden genießen durften.

Das Unterrichten ist ein untrennbarer Teil meines Wesens; dennoch bin ich jetzt froh, daß ich diese große Verantwortung nicht mehr habe, da sogar leichte Sorgen auf die Dauer schwer werden können. Aber ich schaue gerne auf jene Tage zurück, und wenn ich mein Leben noch einmal leben könnte, hätte ich gern eine Klavierschule im ärmsten Teil Londons, wobei ich allen Schülern und Schülerinnen Gratisunterricht erteilen würde. Ich hätte gern mit meinen Schwestern Alice und Adela zusammen unterrichtet, und wenn ich an meine Erfahrungen mit der Verwaltung denke, hätte ich wenigstens drei Sekretärinnen, eine Buchführerin, eine Kraft für die Öffentlichkeitsarbeit und einen Konzertagenten – die ich alle selbst nicht auszusuchen brauchte – sowie eine wunderschöne, taktvolle und möglichst aristokratische Dame engagiert, die all die irritierten Mütter, Tanten und anderen Verwandten der begabten Schüler und Schülerinnen beruhigen würden, wenn man sie bat, die Regeln der Schule einzuhalten.

Ein Wort zu den »Thursday Twelve O'Clock«-Konzerten. Die Veranstaltungsreihe wurde durch einen Zufall ins Leben gerufen. Ich wollte einen bestimmten Künstler für ein Kammermusikkonzert engagieren, aber bei jeder Terminnennung zückte er seinen kleinen Kalender und erklärte mir, daß er von nachmittags bis abends besetzt war. Allmählich wurde ich etwas ungeduldig und fragte ihn sarkastisch: »Ich nehme an, Sie könnten für mich auch einmal um zwölf Uhr spielen?«

»Um Mitternacht?« fragte er.

»Nein, natürlich meine ich zwölf Uhr mittags; ich bin noch nicht ganz und gar verrückt.« Wir lachten beide, und mit einem Schlag kam mir der Einfall, eine Konzertserie um die Mittagszeit zu organisieren, was sich als erfolgreiches

Experiment herausstellen sollte. Ich ging sofort zum Telefon, rief den Konzertveranstalter des Aeolian-Saales an und fragte, ob ich den Saal jeden Donnerstagvormittag um zwölf Uhr haben könne. »Wofür?« fragte er. »Für Kammermusikkonzerte.« Er zögerte, aber innerhalb einiger Augenblicke war alles zu unserer Zufriedenheit arrangiert, und ich durfte den Saal günstig mieten. Die Konzerte begannen im Mai 1907.

Viele meiner Freunde hatten vorausgesagt, daß die Konzerte wegen der ungewöhnlichen Uhrzeit von Anfang an mißlingen würden, und sie begründeten dies damit, daß kein Rezensent zu einer so ungewöhnlichen Zeit kommen würde. Nun, die Thursday-Twelve-O'Clock-Konzerte laufen noch immer, und die vielgescholtenen Musikkritiker haben uns ihre Anerkennung und Ermutigung nicht versagt. Die erfolgreichste Saison erlebte ich, als die beiden Künstler Balokovic und Thkalcic hinzukamen. Wir genossen jeden Augenblick unserer vielen Proben, und ich erinnere mich gern an die schmeichelnde Bemerkung von Thkalcic, daß er stolz war, seinen ersten Auftritt in England während der Thursday Twelve O'Clocks gehabt zu haben.

Zweifellos geht die anhaltende Beliebtheit meiner kleinen Konzerte teilweise auf deren intimen Charakter zurück. Die Menschen sehen gern jedes Jahr vertraute Gesichter, und während neue Abonnenten hinzukommen, bleiben die alten uns treu. Das hundertste Konzert fand am 10. Dezember 1925 statt. Ich erinnere mich nicht, welche Künstler spielten, aber ich weiß, daß es ein Schumann-Programm war, das ich für diese Gelegenheit ausgesucht hatte. Adela und ich spielten die sehr interessante Originalversion der Variationen für zwei Klaviere von Robert Schumann, die zwei Celli und ein Horn einschlossen. Als ich in der Halle ankam, sah ich etwas Wunderschönes: Die gesamte Treppe, die zum Konzertsaal hinführte, war ein einziges Blumenmeer. Das ganze Publikum grüßte mich, und am Ende des Konzerts war ich von den vielen Briefen tief bewegt, die den Blumen und Geschenken beigefügt waren, die mir auf die Bühne hinaufgereicht wurden. Eines der Geschenke war eine große Uhr aus Kunstblumen, deren Zeiger auf zwölf Uhr zeigten, mit einem Brief, worin der Absender den Wunsch aussprach, daß die Konzerte so unsterblich sein sollten wie die Blumen. Diese Uhr hängt jetzt bei jedem Konzert auf der Bühne.

Die einzigen Pianistinnen, die in diesen Konzerten auftraten, waren Fanny Davies, meine Schwestern Adela und Alice und ich selber. Mein nachlassendes Augenlicht hatte leider zur Folge, daß ich alle Hoffnung auf Kammermusikspiel aufgeben mußte. Dies ist ein wirkliches Unglück für mich, ich habe immer die Proben so genossen. Es ist ein wirklicher Genuß, mitzuerleben, wie einzelne kleine Teile sich allmählich aus der Vereinzelung lösen und in ein Ensemble verwandeln.

Voriges Jahr wollte ich das Bachsche Tripelkonzert ins Programm aufnehmen, und ich bat Myra Hess, es mit Adela und mir zu spielen. Ihre Antwort an mich, die ich ihr fremd war, ist charakteristisch für diese charmante Frau und herausragende Pianistin, und ich hoffe, sie wird mir vergeben, wenn ich ihre Zeilen hier zitiere:

»20. Oktober 1934

Meine liebe Ms. Verne, ich kann Ihnen nicht sagen, wie sehr ich Ihre Bitte, mit Ihnen und Ihrer Schwester in einem Konzert aufzutreten, zu schätzen weiß. Als ich Ihren Brief las, dachte ich daran, wie sehr es mich freuen würde, aber als ich das Datum sah, wurde mir klar, daß es nicht geht, da ich im Dezember in Amerika bin. Ich bin wirklich enttäuscht, daß ich eine solche Gelegenheit verpasse.

Mit den besten Grüßen an Sie beide, Ihre Myra Hess.«

Letztes Jahr führten wir die Messe meiner Schwester mit einem kleinen Streichorchester und einem Chor, bestehend aus fünfundzwanzig Stimmen, auf, und ich dirigierte selber. Ansonsten bestanden alle Thursday-Twelve-O'Clock-Konzerte aus Kammermusik. Das Brosa-Quartett und das Jessie-Snow-Quartett halfen großzügigerweise bei der Aufführung der Messe. Seitdem ich meine Konzertreihe initiierte, haben sich die Konzert-Anfangszeiten geändert, und man findet zahlreiche Konzerte, die um 17, 18 und sogar um 21 Uhr beginnen. Die Nachahmung ist die ehrlichste Form der Schmeichelei.

Vor achtundzwanzig Jahren, als ich die Konzertreihe erfand, hatte sich die Verteilung von Freikarten noch nicht durchgesetzt.

Überall muß man bezahlen, nur nicht bei gehobener Musik. Nun gibt es heute eine große Anzahl von Künstlern, die Konzerte geben, denen man, meiner Meinung nach, früher nie zugehört hätte. Warum bestehen diese Menschen darauf, öffentlich aufzutreten? Ist es Eitelkeit, oder ist es die armselige Hoffnung, einige Aufmerksamkeit von der Presse zu erhalten, selbst wenn diese sehr kritisch ist? Ist es die Hoffnung, aus den Presseberichten einige lobende Zeilen herauszuquetschen, um sich Engagements zu verschaffen, die sie niemals hätten bekommen sollen? Als Folge der vielen Freikarten und der vielen Unternehmungen der BBC kommen viele gute Künstler und Künstlerinnen, die wirklich etwas mitzuteilen haben und die auch wissen, wie man das tut, finanziell nicht über die Runden.

Ehrlicherweise muß ich zugeben, daß man einigen Mut benötigt, ein Konzert durchzuspielen, wenn man im letzten Moment sieht, daß nur wenige Plätze verkauft wurden. Es ist ein natürlicher Impuls, herauszugehen und Karten an jedermann zu verteilen, damit die leeren Sitze gefüllt werden. Wir sind nicht alle so mutig wie Anton Rubinstein, der früher einmal an einem Ort auftrat, wo er recht unbekannt war, und der entdecken mußte, daß nur zehn Personen gekommen waren. Er bat die Gruppe ans Podium, spielte das gesamte Programm durch und lud anschließend sein begeistertes Publikum zum Abendessen ein.

Seit die BBC solche Macht im Lande besitzt, hat sich vieles in verwirrender Weise verändert. Sir Thomas Beecham, dessen große musikalische Verdienste jedermann bekannt sind, schrieb einen klugen Aufsatz über »Robotermusik«, der vor einigen Jahren in den »Evening News« veröffentlicht wurde. Er beschrieb die Rundfunkanstalt als »den einzigen funktionierenden Konzern des Landes und den einzigen, der staatliche Unterstützung erhält«. Er ist auch ein armseliger Ersatz für die Realität. Sir Thomas sagte voraus, daß »das breite Publikum sich bald ausschließlich mit Dosenmusik ernährt, und dann sitzen sie in ihren Lehnstühlen und hören einen armseligen und künstlichen Abklatsch von der Größe und dem Pathos der Musik«.

Dieser Augenblick ist bereits gekommen, und nach meiner Überzeugung leidet das Klavier von allen Instrumenten am meisten unter dem Rundfunk. Der gesamte Interpretationsstil verändert sich, da man für eine erfolgreiche Aufnahme nur sauber und klar spielen muß, was jeder gute Student bewerkstelligen kann. Man muß auch nicht »heraus«spielen, sondern immer daran denken, daß man für das Mikrofon spielt. Das Mit-dem-Herzen-Spielen macht keinen anderen Eindruck als das mechanische Spiel, denn es ist im Rundfunk für den Künstler oder die Künstlerin unmöglich, die Persönlichkeit auszudrücken; es ist sogar sicherer, die Persönlichkeit zu verstecken. Große Künstler und Künstlerinnen sind freilich nicht bereit, dies zu tun, und viele von ihnen sind dazu auch nicht fähig.

Es steht in der Macht der BBC, der Sache der Musik zu schaden oder zu nutzen. Wird der Rundfunk seine Macht klug ausüben, indem er das Beste in der Kunst fördert, oder wird er sich mit rückgratlosen Interpretationen der großen Komponisten zufriedengeben? Man hat den Eindruck, daß der Rundfunk seine Verpflichtungen der Musik und dem Publikum gegenüber zwar erkennt, aber wenn man nicht sehr bald einen Weg findet, um die perfekte Interpretation klassischer Werke vom Studio an den Zuhörer weiterzugeben, wird er seine Chance verpaßt haben, wirklich Gutes zu leisten. In aller Kunst ist das Beste gerade gut genug.

Wenn es eine Qualität gibt, die man jüngeren Musikern und Musikerinnen zur Vervollkommnung noch mitgeben sollte, würde ich das altmodische Herz wählen. Man sollte sich auf die tiefen, schlichten und leicht begreiflichen Emotionen besinnen – die keinesfalls mit Sentimentalität zu verwechseln sind.

Man hat mich oft nach meiner Methode befragt, und ich habe stets geantwortet, daß ich keine »Methode« besitze. Jeder Schüler besitzt individuelle Probleme. Es gibt kein Paar Hände, das sich ähnelt; das gleiche gilt für die verschiedenen Persönlichkeiten. Was auf eine Schülerin zutrifft, kann für eine andere ganz falsch sein. Es gibt keine Methode, die man erklären oder über die man schreiben könnte. Wenn ein Schüler mit Fingern wie Wackelpudding zu mir kommt, wähle ich Spannungsübungen, um die Muskeln zu entwickeln; ein anderer besitzt Handgelenke aus Stahl mit einem entsprechenden Anschlag, so daß ich ihm die Kunst der Entspannung vermittle. Ich versuche ihn dazu zu bringen, das Instrument zu mögen und es liebevoll zu behandeln.

Für heutige Lehrer und Studenten mag es interessant sein zu wissen, daß die Schumanns gelegentlich das verhaßte Metronom nicht verachteten. Das Metronom kann zweifellos einigen Studierenden gute Dienste leisten, denn es verhindert nicht nur schlaffe Spieler am Schleppen, es kann auch temperamentvolle Spieler davon abhalten, vom gewählten Pfad abzuschweifen. Man kann es ebenso zum Üben von Tonleitern und Oktaven benutzen, wo es zuweilen Wunder wirkt.

Ein paar Worte zum Abschluß. Während meiner Laufbahn habe ich 1400 Schüler und Schülerinnen unterrichtet. Es gibt nur wenige davon, die ich vergessen habe, und glücklicherweise gibt es nur wenige, mit denen mich traurige Erinnerungen verbinden. Schon als Mädchen wollte ich Lehrerin werden, und meine öffentlichen Auftritte in England dienten nur dem Zwecke meiner Unterrichtslaufbahn. Ich habe nicht mit dem Unterrichten begonnen, weil meine öffentlichen Auftritte nicht erfolgreich gewesen wären, sondern deswegen, weil das Unterrichten eine Leidenschaft ist, die mich nicht losläßt – das Unterrichten ist meine Lebensmission. Ich liebe meine Arbeit und bin immer noch so sehr vom Unterrichten fasziniert, wie ich es in meiner Jugend war.

Adelina de Lara

1872-1961

Gebt mir die Ruhe und
Abgeschiedenheit der BBC

Adelina de Lara wurde am 23. Januar 1872 in Carlisle, Cumberland, geboren. Ihr Vater, George Matthew Preston, war zwar Kupferstecher und Maler, spielte aber mehrere Instrumente und konnte mit seiner Frau Anna, geb. Laurent de Lara, selbst eine gute Sängerin, Duette vortragen. Schon früh entschied er, daß seine Tochter Pianistin werden solle, und so war, trotz aller Armut, stets ein Klavier im Hause. Schon mit sechseinhalb Jahren gab sie ihr erstes Konzert, und sie gewann zwei Wettbewerbe. Kurz darauf ließen es die Eltern, zur Aufbesserung ihrer finanziellen Lage, zu, daß ihre Tochter im Wachsfigurenkabinett von Liverpool täglich von 15.00 bis 17.30 Uhr und 20.00 bis 22.00 Uhr spielte. Später schickten sie Adelina zu Auftritten durch ganz Großbritannien.

1883 war für die Elfjährige ein Schicksalsjahr: Ihr Vater starb an Lungenentzündung, ihre Mutter konnte diesen Verlust nicht verkraften und erlag genau eine Woche später einem Herzversagen, und schließlich beging ihre ältere Schwester wiederum eine Woche später unter der Last der Verantwortung Selbstmord. In den zwei folgenden Jahren spielte Adelina de Lara zweimal täglich in der Kunstgalerie von Newcastle, in der Bildergalerie in York und in dem Brighton Aquarium, bis sie, vermittelt durch Musikliebhaber, der bekannten Pianistin und ehemaligen Clara-Schumann-Schülerin Fanny Davies begegnete. Ein Jahr lang bereitete Fanny Davies sie auf ein Vorspielen bei Clara Schumann vor. 1886 nahm Clara Schumann Adelina als Schülerin in Frankfurt an. Dort lernte sie auch Joseph Joachim und Johannes Brahms kennen. Adelina de Lara war knapp zwanzig, als sie nach London zurückging und dort auf Empfehlung von Clara Schumann und unterstützt von Joseph Joachim in der St. James Hall debütierte. Ihre Konzertreisen führten sie

1902 bis in den Orient. 1916, während des Ersten Weltkrieges, gab es für sie nur noch wenige Engagements. Sie begann, zu Stummfilmen zu spielen, und nahm eine leitende Lehrstelle an der Musikschule von Mathilde Verne an, die ebenfalls eine ehemalige Clara-Schumann-Schülerin war.

Zum Kriegsende 1945 begann Adelina mit Aufnahmen bei der BBC, von denen die aus dem Jahr 1951 heute noch erhältlich sind. Auch mit Myra Hess spielte sie in einem der Konzerte der National Gallery. 1954, mit 82 Jahren, gab sie ihr Abschiedskonzert und starb 1961.

In ihrer Autobiographie »Finale« beschreibt sie ihre ungewöhnliche Jugend ebenso eindringlich wie den Unterricht bei Clara Schumann, ihre Arbeitsmöglichkeiten und, in den Nachkriegsjahren, ihre neue »musikalische Heimat«, die BBC.

Ich wurde am 23. Januar 1872 in Carlisle, Cumberland, geboren. Meine Eltern waren schon beide einmal vorher verheiratet gewesen. Mein Vater, George Matthew Tilbury aus Southampton, besaß bereits einen Sohn. Meine Mutter Anna war die jüngste von vier Töchtern des David Laurent de Lara, dem Sohn des spanischen Grafen Laurent de Lara; er heiratete meine Großmutter mütterlicherseits, eine polnische Jüdin namens Cracour, die in dem unter österreichischer Herrschaft stehenden Teil von Polen lebte. Meine Mutter besaß bereits zwei Töchter, und ich war das einzige Kind aus ihrer zweiten Ehe.

Ich erinnere mich gern an meinen Großvater, da er freundlich und sanft war, aber meine Großmutter ängstigte mich. Ich sehe sie vor mir mit ihren Korkenzieherlocken, ihrer langen gebogenen Nase, den schwarzen Augen und am schlimmsten: ihrer schlechten Laune.

An meine Mutter erinnere ich mich mit Stolz. Als Mädchen war sie eine Schönheit und eine gute Sängerin. Wilhelm Ganz, Adelina Pattis Begleiter, hat mich oft mit Geschichten über sie entzückt. Anscheinend verdarb sie sich eine brillante Karriere, als sie mit 16 Jahren von zu Hause weglief, um einen Anwalt namens Lawrence zu heiraten. Die Ehe endete katastrophal, denn er begann zu trinken, behandelte sie schlecht und verließ sie schließlich in mittellosem Zustand.

Wie meine Eltern sich trafen, weiß ich nicht. An meinen Vater erinnere ich mich, wie ich auf seinem Knie saß, während er Melodien auf einem Harmonium spielte. Damals kann ich nur etwa zweieinhalb gewesen sein, aber ich sehe noch den Raum mit den französischen Fenstern, die sich auf einen Garten in Shepherd's Bush zu öffneten, und meinen Vater, der einen langen Backenbart und einen Schnurrbart trug und dessen blaue Augen mich anzwinkerten. Er war sehr gutaussehend und wußte es auch wohl, aber ihn umgab immer etwas Mysteriöses. Er nannte sich aus irgendeinem Grunde Preston, beherrschte mehrere Sprachen und unterhielt sich oft mit meiner Mutter auf italienisch. Er spielte mehrere Instrumente und besaß eine wunderschöne Baritonstimme. Zuweilen sang er mit Mutter Duette wie z. B. »La ci darem le mano«.

Von Beruf war mein Vater Kupferstecher und Maler, er gab dem Maler Hubert Herkomer die erste Unterrichtsstunde im Gravieren. Wir reisten viel herum und besuchten fast alle großen Städte, und die Zimmer, die wir mieteten, waren teilweise in gutem, teilweise in schlechtem Zustand, je nach dem Stand der väterlichen Finanzen. Wohin auch immer wir gingen, und wenn wir noch so arm waren: es gab immer ein Klavier, da mein Vater bereits entschieden hatte, daß ich eine professionelle Pianistin werden sollte. Nichts durfte meinem Üben im Wege stehen. Ich mußte stundenlang üben, und wenn man mir erlaubte aufzuhören, mußte ich mich mit Astronomie, Italienisch, Rechnen und Lesen beschäftigen. Davon abgesehen, besuchte ich weder eine Schule, noch erhielt ich eine andere Ausbildung. Kinderspiele waren nicht vorgesehen; ich besaß kein Spielzeug und ging auch nie spazieren, ich war immer bis spät in der Nacht auf.

Manchmal waren wir so arm, daß es nichts zu essen gab, und dann warteten alle auf das Klopfen des Postboten. In irgendeinem fernen Land namens »Harley Street« besaß ich scheinbar eine reiche Tante. In meinem kleinen Kopf wurde sie zur Zauberfee aller Märchen, denn sie schickte immer dann, wenn der Hunger am größten war, einen eingeschriebenen Brief, aus dem fünf Goldmünzen herausrollten. Wenn dieser eintraf, wurden wir alle sehr aufgeregt und umarmten uns, Mutter kaufte uns eine wunderbare Mahlzeit, und wir hatten wieder etwas zu essen. Später zogen wir weiter, und unser Vater verkaufte einige Stiche, so daß sich die Lage verbesserte. Wo immer wir hinreisten, begleitete uns ein riesiger Vogelkäfig, den mein Vater gebaut hatte und den wir den Kristallpalast tauften, da mein Vater eine Leidenschaft für Kanarienvögel hatte und sie nicht gerne zurückließ.

Als ich sechseinhalb war, kamen wir nach Staffordshire und freundeten uns mit einigen netten Menschen an, die ein Hotel in Basford besaßen. Ich ging dort sehr gerne hin, meistens an Sonntagen. Dort lernte ich Schach zu spielen, nicht nur das, ich machte auch den ersten Schritt in Richtung einer Karriere.

»Möchten Sie gerne hören, wie meine kleine Tochter Klavier spielt?« Ich höre noch heute die Stimme meines Vaters, der seinen Stolz kaum verbergen konnte. Man willigte höflich ein, und mein Vater setzte mich ans Klavier, doch auch er war erstaunt über die plötzliche Begeisterung, die meine Versuche bei den Gastgebern hervorriefen. »Aber das Kind sollte auch von anderen gehört werden!« Ich war zu jung, um begreifen zu können, was dieser Zuspruch bedeutete, aber ich erinnere mich noch an eine leichte Aufregung, die mich überkam, weil alle über mich sprachen. Anscheinend hatte ich mich als etwas »begabt« gezeigt. Das führte dazu, daß ich übermütig wurde, und meine Mutter brachte mich umgehend ins Bett.

Die Folge war mein erstes Konzert. Das Aufregendste für mich war meine neue Kleidung: ein blaues Kaschmirkleid und weiße Strümpfe mit Lochstickerei. Gehorsam wie ich war, spielte ich das, was mein Vater vorschlug, und war dann peinlich berührt und überwältigt vom Klatschen und Küssen. Wieder fühlte ich mich ziemlich wichtig, und dies ist vielleicht der Grund, warum zwei Jahre bis zu meinem nächsten Konzert vergingen. Die nächste Gelegenheit ergab sich in Liverpool. Zwei Wettbewerbe wurden angekündigt, bei denen es Geld zu gewinnen gab. Der erste war für Personen jeden Alters ausgeschrieben, die Wahl des Instrumentes war freigestellt, und das zweite galt für Kinder unter zwölf Jahren, die Klavier spielten.

Unverzagt wie er war, meldete mich mein Vater für beide Wettbewerbe an. Das Urteil fällte das Publikum. Ich kann mich nicht mehr erinnern, ob ich nervös war, denn es liegt alles zu weit zurück. Was ich noch weiß, ist, daß ich auswendig Thalbergs »Home Sweet Home« mit Variationen op. 72 spielte und den zweiten Preis im ersten Wettbewerb gewann und den ersten Preis für Kinder unter zwölf Jahren. Dieses Mal durfte ich mich ein wenig über mich selber freuen.

»Wir werden aus dir noch eine Pianistin machen«, sagte mein Vater, als ich ihm gute Nacht wünschte, und umarmte mich am gleichen Abend besonders fest.

»Das bin ich jetzt schon,« antwortete ich mit der vollendeten Eitelkeit meiner Jugend und verließ ihn mit der ganzen Würde, die ein sechseinhalbjähriges Kind aufbringen konnte.

Von hier an entschieden meine Eltern wohl, sich auf meine musikalische Laufbahn zu konzentrieren. Zum ersten Mal wurde ihnen wahrscheinlich klar, daß ich eine Geldquelle für die Familie war. Meine Mutter und Halbschwestern nähten mir Kleider, und mein Vater wurde mein ständiger Begleiter am Klavier. Mein Erinnerungsvermögen war gut, und er brachte mir bei, es zu benutzen und so mein Repertoire zu erweitern.

Im Laufe der Zeit gab es häufig Gespräche zwischen meinen Eltern, die sich darum drehten, mir ein Engagement zu verschaffen.

»Aber sie ist noch zu jung – sie ist doch noch ein Baby«, erklärte meine Mutter.

»Meine Liebe – wir müssen doch leben!« Für meinen Vater war der Fall erledigt, es gab nichts mehr zu sagen. Ein paar Tage später, meine Hand fest in der seinen, besuchte ich einen Musikladen, wo ein weiteres Gespräch erfolgte.

»Das ist also die junge Dame: Sie ist aber klein, nicht wahr?« Der Besitzer schaute mich freundlich an.

»Ja, aber das macht sie durch ihr Spiel wieder wett«, antwortete mein Vater. »Nun, sie kann aber mit einem englischen Namen nichts erreichen. Was wollen Sie tun?«

»Sie könnte den Namen ihrer Mutter –«, mein Vater klang etwas zögernd, als wenn es ihm schwerfiele, seinen Namen aufzugeben.

»Und wie hieß sie?«

»de Lara.«

»Das ist es – das ist gut. Mademoiselle Adelina de Lara – was will man mehr?«

Der Mann klang wirklich aufgeregt, so sehr, daß ich mich selber darüber freute, den Laden als »Mademoiselle Adelina de Lara« zu verlassen, den ich als einfache Adelina Preston betreten hatte.

Kurz danach wurde ich beauftragt, in einem Wachsfigurenkabinett in Liverpool zu spielen, für 4 Pfund wöchentlich. Ich spielte auf einem Podest von 15-17 Uhr 30 und von 20-22 Uhr. An das Klavier erinnere ich mich noch: Es war ein Hagspiel-Flügel, und ich trug alles auswendig vor. Ich muß ein eigenartiger Anblick gewesen sein, denn auf einem Photo, das ich noch besitze, sehe ich ernst aus, sehr schmal, nur aus Augen bestehend, mit üppigem dunklem Haar, das bis zu meiner Taille reicht. Mein Vater sorgte dafür, daß es mir nicht ins Gesicht fiel, indem er es mit einer Perlenkette von Schulter zu Schulter befestigte.

Ich mußte immer ein steifes kleines Blumenbouquet, eingewickelt in Spitzenpapier, tragen und es zusammen mit einem Spitzentaschentuch auf die linke Seite des Flügels legen, bevor ich zu spielen begann.

Herr und Frau Charles Reynolds leiteten die Galerie und waren zu meinem Glück ausgesprochen nette Menschen. Sie machten meine Auftritte zu etwas Besonderem, und allmählich kamen größere Menschenmengen. An einem Ostermontag mußte ich mich langsam von einer Kutsche und sechs Pferden durch Liverpool fahren lassen, das war schrecklich für mich. Ich hielt ein Bouquet, war mit einem kleinen weißen Umhang bekleidet und trug eine weiße Seidenhaube, die unter meinem Kinn festgemacht war. Dies diente dazu, für das »kindliche Pianistenwunder« Reklame zu machen, und ich erinnere mich, wie ich es haßte und mich nach den schützenden Armen meiner Mutter sehnte. Natürlich strömten die Menschen in die Galerie, um mich zu hören. Sie brachten mir Geschenke und Bonbons, und einmal schickte mir ein Seeoffizier eine Golduhr. Er schlug sogar vor, mich in Leipzig ausbilden zu lassen, aber meine Eltern wollten davon nichts hören. Ich war damals zu jung, um ein solches Angebot anzunehmen. Inzwischen war mein Gehalt auf fünf Pfund wöchentlich angehoben worden, was damals recht gut war. Die Zeit ging vorbei, es war recht angenehm. Eine Tour wurde für mich arrangiert, und ich reiste durch ganz Großbritannien, um schließlich nach Liverpool zurückzukehren. Manchmal habe ich mich sicherlich übernommen und sehnte mich bestimmt auch danach, so frei wie andere Kinder zu sein, aber schon damals war mir klar, daß ich die Verantwortung hatte. Ich sah selbst in diesen zarten Kinderjahren, daß es der Familie besserging und daß, wenn ich mit dem Spielen aufhörte, die alte Angst der »eingeschriebenen Briefe« wieder beginnen würde.

Alte Presseausschnitte aus dem Jahre 1882 zeigen mir heute, daß ich allmählich immer bekannter wurde. Im »Manchester Guardian« stand: »Das größte Interesse wurde durch den Auftritt von Mademoiselle de Lara erregt, einer erstaunlichen Pianistin im Alter von zehn Jahren. Sie trägt alles auswendig vor, und ihr Spiel ist sehr charaktervoll.«

Der Kritiker des »Chester Chronicle« war noch ermutigender: »Wir müssen besonders auf den Vortrag eines entzückenden kleinen Kätzchens hinweisen, Mademoiselle Adelina de Lara. Dieses Kind ist wahrhaftig ein musikalisches Phänomen. Am Klavier haben ihre Vorträge das größte Interesse nicht nur der Zuhörerschaft von Chester erregt, sondern auch unter professionellen Musikern, denn sie ist eine perfekte Herrin des Instrumentes. Die Leistungen des Auswendiglernens waren nicht weniger phantastisch. Ohne eine einzige Note vor sich zu haben, setzte sie sich an das Instrument und absolvierte ein langes Programm, das aus Stücken bestand, die mit Schwierigkeiten gespickt waren. Die kleine Pianistin verleiht ohne die scheinbar geringste Anstrengung und zugleich ohne eine Spur von Angeberei oder Affektiertheit jedem Stück einen rhythmischen Fluß und eine Zartheit des Anschlags, die diejenigen neidisch machen müßte, die jahrelang tüchtig geübt haben. Es ist jedoch nicht nur die manuelle Geschicklichkeit und Beweglichkeit der Finger; nicht nur, daß die Töne infolge ihres zarten Anschlags wie die Wellen eines Bächleins in der Sommersonne tanzten, nein, sondern auch die Intelligenz des ihr eigenen Verständnisses guter Musik, die es möglich macht, das Klavier mit einem besonderen Charme zu spielen, und die das Spiel über die Ebene der reinen mechanischen Reproduktion hinaushebt. Wie die kleine Dame es schafft, die Kraft zu finden, mit der sie ihre winzigen Arme und zarten Finger bewegt, ist ein Wunder.«

Ich erinnere mich noch, daß mein Vater sich über meine Erfolge sehr freute. Er lief in einem langen Übermantel und einem Zylinder geschäftig hin und her. Alles an ihm schien lang, seine Barthaare eingeschlossen. Im Gegensatz dazu war meine Mutter winzig, und ihr schwarzes Haar sah unter einem großen weißen Filzhut mit einer blauen Samtschleife und einer Straußenfeder wunderhübsch aus.

Nach einigen weiteren Ausflügen kehrten wir nach Liverpool zurück, und ich mühte mich wieder mit meinen zwei täglichen Vorspielterminen ab – inzwischen für sechs Pfund die Woche. Vermutlich ließ das Ungewohnte meines Auftritts langsam nach, denn es kamen weniger Zuhörer.

Im Januar 1883 nahm mein Leben eine tragische Wendung, und zum ersten Mal wurde ich mit Sorgen, Ängsten und dem Tod konfrontiert. Mein Vater war ein leicht erregbarer Mann, und zuweilen ging sein gewalttätiges Temperament mit ihm durch. Ich glaube, daß die Anspannung und die Sorge, mit einer Familie landauf landab herumzuziehen, ihn zuweilen übermäßig strapazierte. Zum Glück war meine Mutter eine ruhige und zarte Person, die ihn anbetete. Zu diesem Zeitpunkt waren meine Halbschwestern ungefähr sechzehn und achtzehn Jahre alt. Penelope oder Pen, wie wir sie nannten, war die Jüngere, die Violine spielte. Helen, Nelly genannt, war häuslich. Sie half auch meinem Vater mit seinen Kupferstichen, und sie hegte eine Abneigung gegenüber gesellschaftlichen Verpflichtungen. Pen dagegen liebte Partys. Sie war so etwas wie eine Tagträumerin, was meinen Vater ungeduldig machte. Er war voller Energie und dynamischer Kraft und konnte Trägheit in anderen Menschen nicht ertragen.

Der Sohn meines Vaters, George de Lara, der später als Komödiant, Komponist von Unterhaltungssongs und Regisseur bekannt wurde, lebte ebenfalls mit uns zusammen. Unglücklicherweise brannte er als Teenager durch, um eine Schauspielerin zu heiraten, was meinen Vater wütend machte. Meine Mutter versuchte erfolglos, Öl auf die unruhigen Feuer zu schütten.

Mein Vater muß begriffen haben, daß mein Gehalt nicht noch einmal erhöht werden würde, denn er widmete sich jetzt seinen Kupferstichen. Er ging auch bei jedem Wetter aus, um Bestellungen einzuholen. Wie schon 1881, war auch der Winter des Jahres 1883 besonders hart, mit wilden Stürmen und Schnee, und eines Tages kehrte mein Vater nach Hause zurück und brach zusammen. Ich wußte, daß er krank war, doch ich kam abends zu spät von der Galerie heim, um ihn zu sehen. Eines Morgens saß ich etwas traurig im Wohnzimmer, als der Arzt eintrat, ein lächelnder, freundlicher Mensch.

Plötzlich eilte meine Mutter hinein, und zu meinem großen Schreck warf sie sich auf ihre Knie zu seinen Füßen. Die Tränen strömten ihre Wangen herunter, und ich erinnere mich noch an ihre Worte.

»Sie müssen ihn retten, Doktor. Ich werde Ihnen einhundert Pfund geben – wenn er nur gerettet wird!«

Ich war erschüttert. Obwohl noch ein Kind, wußte ich, daß wir keine hundert Pfund besaßen – ich mußte doch schon hart genug arbeiten, um sechs zu verdienen, und hier bot meine Mutter eine Phantasiesumme an! Meine Augen trafen die von Pen, als sie das Zimmer betrat; ich glaube, daß ich sogar damals noch nicht begriff, wie ernst mein Vater erkrankt war.

Der Arzt hob meine Mutter sanft vom Boden auf und legte sie auf die Couch, während ich versuchte, sie in meiner Ergriffenheit zu trösten. In dieser Nacht starb mein Vater an Lungenentzündung, im Alter von nur dreiundvierzig Jahren.

Während meine Schwestern sich in schwarzen Crêpe kleideten, spielte ich immer noch in der Galerie, denn Geld mußte verdient werden. Ich trug daher nicht Schwarz, sondern noch immer meine kirschroten, blauen oder smaragdfarbenen Seiden- und Samtkleider. Ich wurde mitgenommen, um meinen Vater in seinem Sarg liegen zu sehen. Für ein nervlich so leicht erregbares Kind war es ein schrecklicher Schock. Anstatt daß man mir erläuterte, daß mein

Vater uns immer noch nah im Geist war, frei von den Kämpfen und Sorgen der Welt, sagte man mir gar nichts. Meine lebhafte Phantasie quälte mich, und die Blumen aus Crêpepapier und Wachs sowie die schwarzen Federbüsche der Pferde machten mich tieftraurig, und doch mußte ich spielen. Es war eine grausame Heimsuchung für ein zehnjähriges Kind.

Meine Mutter war ganz und gar untröstlich. Nichts konnte sie aus ihrer Lethargie wecken. Ich sehe noch im Geiste die Wohnstube, wo sie auf einem harten Sofa aus Roßhaar lag, mit einem Kissen unter ihrem Kopf und den halb zugezogenen Vorhängen am Fenster, denn sie wollte nicht die Sonne draußen sehen, und öffnete noch nicht einmal ihre Augen, um uns zu begrüßen. Tag für Tag lag sie dort regungslos und still. Pen versuchte vergeblich, sie zum Essen zu überreden, bat sogar darum, sie auszuziehen – denn es waren die Tage der Schnürleibchen. Als Kind begriff ich damals nicht die Gefahr ihrer Reaktion. Heute wäre es nicht möglich, es soweit kommen zu lassen; man hätte etwas getan, um sie zu kräftigen, um ihr den Willen zum Leben zu geben. Durch die Unterernährung bedingt, wurde sie jeden Tag schwächer. Nach meinen Vortragsnachmittagen ging ich zu ihr, um sie zu sehen, in der Hoffnung, daß sie genug geschlafen hatte, so daß sie mich wie früher willkommen heißen würde. Aber dieses Willkommen sollte ich niemals wieder erleben. Nelly und Pen begriffen zu spät, daß etwas getan werden mußte, und schickten nach einem zweiten Arzt, der darauf bestand, daß man ihr Cognac gab. Wäre dies früher geschehen, hätte ihr Herz vielleicht reagiert; aber das Stimulans kam zu spät, und meine Mutter starb genau eine Woche nach meinem Vater an Herzschwäche.

Niedergeschlagen und untröstlich versuchten wir der Zukunft ins Auge zu blicken, um diese doppelte Tragödie zu überleben. Zusätzlich zu meiner Trauer kam die Angst, daß es niemand mehr gab, der für uns sorgte. Ich lag nachts wach und hörte, wie Nelly im Nebenzimmer weinte. Ihr war jetzt die Bürde auferlegt, das begriff ich damals noch nicht. Als älteste Schwester machte sie sich große Sorgen und suchte nach einem Weg, um uns beiden ein Zuhause zu geben. Ich war die einzige Geldverdienerin; Pen und sie hatten kein Einkommen. Damals wurde eine berufliche Tätigkeit für junge Damen als unschicklich angesehen, und es gab auch keine Jobs.

Unsere Gedanken wanderten zu unserer Tante, die in der Harley Street wohnte, die Schwester meiner Mutter, Hannah Russell. Vermutlich verstand sie nicht, daß es uns schlechtging, was mir später, als ich sie kennen und lieben lernte, klar wurde. Sie schickte uns einen kleinen Geldbetrag. Dieser half, doch mußte ich immer noch in der Galerie spielen. Vielleicht war das auch ganz gut, denn ich wurde dadurch von meiner Einsamkeit abgelenkt.

Nelly sorgte für uns, aber sie wurde immer ruhiger. Es war eine schreckliche Verantwortung für ein so junges Mädchen. Ich war nicht gerade kräftig; wenn mein Geld ausfiel, besaßen wir gar nichts.

»Du und Pen stünden ohne mich besser da.«

Ich war zu jung, um die Warnung in diesen Worten zu begreifen, und um zu verstehen, was in ihr vorging. Ich weiß nur, daß eines Tages Pen und ich von der Galerie zurückkehrten und unser Abendessen vorfanden, aber Nelly war verschwunden. Auf dem Tisch fanden wir die silberne Uhr meines Vaters und den Ehering meiner Mutter. Dies alarmierte uns, und wir befragten die Hauswirtin.

»Sie verließ das Haus um neun Uhr, nachdem sie den ganzen Tag geweint hatte – ich machte mir schreckliche Sorgen.«

Nun waren wir wirklich erschrocken, denn Nelly hatte ein- oder zweimal gedroht, sich zu ertränken. Wir riefen die Polizei und saßen die ganze Nacht aneinander angeschmiegt, in Angst vor dem, was kommen würde.

Unsere schlimmsten Befürchtungen wurden bestätigt. Nelly war zuletzt um etwa 21 Uhr 15 von etwa zwei oder drei Menschen gesehen worden, wie sie sehr schnell zum Hafenbecken lief, mit auffällig weißem und erschüttertem Gesicht. Die Polizei entdeckte auch, daß sie sich am Tag zuvor über Ebbe und Flut erkundigt hatte. Die Flut ebbte genau um 21 Uhr 30 ab – auf die Stunde und den Tag genau vierzehn Tage nach dem Tod meines Vaters.

Es gab überhaupt keinen Zweifel, daß sie sich ertränkt hatte. Alles wurde unternommen, um sie lebend oder tot zu finden. Sie hatte all ihre Habseligkeiten zurückgelassen – sogar ihre Geldbörse mit Silbermünzen lag auf dem Frisiertisch. Als Kind empfand ich eine eher oberflächliche Traurigkeit, aber wie oft habe ich in späteren Jahren in tiefer Trauer über diese Tragödie nachgedacht!

Es war wieder der Seeoffizier, der Pen ansprach. Er erneuerte sein Angebot, mich nach Leipzig zu schicken. Pen war jedoch eine gute Geschäftsfrau; sie lehnte ab und schrieb einem Manager, der mich schon einmal spielen gehört hatte. Die Antwort war positiv, und bald hatte ich eine Anzahl von Vorspiel-Terminen.

Die nächsten zwei Jahre konzertierte ich in der Kunstgalerie von Newcastle, wo ich zweimal täglich spielte, in der Bildergalerie in York und dem Brighton Aquarium. Hier spielte ich ein Klavierkonzert von Mendelssohn mit dem Orchester, das von Monsieur Jacques Greebe dirigiert wurde, in den ich mich wahnsinnig verliebte. Ich trat auch bei den Devonshire-Park-Orchesterkonzerten in Eastbourne auf, die von Julian Adams dirigiert wurden. Meistens stand Mendelssohn auf dem Programm, und ich spielte alles auswendig. Pen setzte das Programm zusammen und trug mir Stücke für den folgenden Montag auf, die ich mir noch nicht erarbeitet hatte; ich kann mir heute nicht vorstellen, wie ich es schaffte. Ich weiß auch nicht mehr, wie ich lernte, Musik zu lesen. Ich bin überzeugt, daß ich das schon konnte, als ich geboren wurde, und daß diese Fähigkeit die Erinnerung an eine frühere Inkarnation war.

Ich glaube, ich hatte den Zustand erreicht, wo mir klar wurde, daß ich schlecht spielte. Ich ermüdete rasch und langweilte mich, hatte keine Lust, neue Stücke zu lernen. Wahrscheinlich war ich erschöpft und kämpfte mich durch meine Vorspieltermine in der Kunstgalerie. Dann spielte ich eines Tages dem Ehepaar Priestley aus dem Musikgeschäft »Rogers and Priestley« in der Colmore Row auf einem phantastischen Bechsteinflügel vor. Das Ehepaar war sehr beeindruckt.

»Du mußt Mr. und Mrs. Johnstone vorspielen.«

»O je«, dachte ich. »Wird dies nie ein Ende haben?«

Wie ein braves Kind tat ich jedoch, was man von mir verlangte. Ich war froh, daß ich in einem Trio spielen sollte. Mr. Priestley besaß zwei Söhne, von denen der eine Geiger, der andere ein Cellist war. Ich hatte noch nie in einer Kammermusikgruppe gespielt; wir wählten das Trio von Niels Gade, das ich vom Blatt spielte. Als nächstes folgte ein Trio von Mendelssohn. Wahrscheinlich spielte ich es nicht gut, aber ich merkte, wie es mich anregte. Ich langweilte mich nicht mehr, ich wurde lebendig und interessierte mich wieder für die Musik; mein Spiel bekam ein neues Feuer, und alle waren darüber erstaunt. Dieser Abend entschied meine Zukunft.

Ausgerechnet die bekannte Pianistin Fanny Davies war gerade von Deutschland zurückgekehrt, wo sie bei Clara Schumann in Frankfurt am Main studiert hatte. Die Priestleys wollten an einem Abend mit ihr zusammen musizieren, und sie nahmen mich mit. Zum ersten Mal in meinem Leben hörte ich wirklich gute Musik: zuerst das g-Moll-Quartett von Brahms und anschließend Schumanns Symphonische Etüden, gespielt von Fanny Davies. Es war eine Offenbarung.

Bis heute ist mir ihr phänomenales Spiel, so brillant und doch so kultiviert, das perfekte Phrasieren und die vollkommene Technik im Gedächtnis geblieben. Ich war niedergeschlagen wie nie zuvor. Tagelang verharrte ich in einem Zustand der Mutlosigkeit über meine eigene Unzulänglichkeit. Ich sehnte mich verzweifelt danach, so zu spielen wie sie, und ich wünschte von ganzem Herzen, daß es mir jemand beibringen würde und ich das Geld dafür hätte.

Am darauffolgenden Sonntag nahm man mich zum wunderschönen Haus von Mr. und Mrs. Johnstone in Hamstead, Birmingham, mit. Nach dem Lunch bat man mich zu spielen. Der Flügel war an dem einen Ende des großen Zimmers, und am anderen Ende sah man die Gärten durch die Fenster hindurch. Ich spielte mit verzweifelter Hingabe Schumanns D-Dur-Novelette, und vielleicht verriet das Stück etwas von meinem Verlangen; als ich das Stück beendet hatte, kam mir ein Mädchen rasch entgegen, ganz Augen, glühend vor Intelligenz und Aufmerksamkeit. Sie nahm mich in ihre Arme, und ich hörte sechs wundervolle Worte, deren volle Bedeutung ich damals noch nicht verstand.

»Sie müssen zu Madame Schumann gehen!« rief sie aus. Es war Fanny Davies, die mich ansprach.

Ich sollte mich ein Jahr lang mit Fanny Davies in London auf ein Vorspiel bei Clara Schumann vorbereiten. Ich konnte es zunächst nicht begreifen; anstatt wie bisher alles blind herunterzuspielen, sollte ich nun unterrichtet werden in allem, was ich so gerne wissen wollte, und dazu noch bei Fanny Davies selbst. Ich lebte in einer Art Traum. Pen sollte mitkommen und für mich sorgen. Außerdem würden wir als zahlende Gäste bei Tante Russell wohnen! Ich, die so lange auf ein Heim und auf Sicherheit hatte verzichten müssen, sollte nun endlich beides erhalten.

Ich mußte nicht mehr länger von Stadt zu Stadt und von Haus zu Haus hetzen. Ich brauchte nicht mehr spät aufzubleiben, bis meine Augenlider schwer mit Schlaf wurden. Keine täglichen Auftritte mehr, kein eiliges Erlernen von Stücken. Statt dessen bekam ich gute Mahlzeiten in regelmäßigen Abständen und kultivierter Atmosphäre und war umgeben von meiner Verwandtschaft. Das Beste von allem war, daß meine musikalische Ausbildung begonnen hatte.

Ich wußte noch nicht einmal, wie man eine C-Dur-Tonleiter spielt, als ich meine erste Unterrichtsstunde erhielt, aber Fanny Davies fand eine Schülerin vor, die rasch begriff und alles begeistert aufnahm. Ich brauchte nicht mehr Tonleitern und Passagen hinzupfuschen. Es war phantastisch, im langsamen Zeitmaß zu spielen im Bewußtsein, daß ich endlich das Richtige tat.

Fanny Davies stellte mich dem großen Chirurgen Sir Henry Thompson und der Tochter des berühmten Geigers Edward Loder, Lady Thompson, vor; sie gab mir Harmonieunterricht und half mir mit der deutschen Sprache. Clara Schumann würde bald in England sein und kein Englisch verstehen, warnte sie mich. Ich geriet in Panik und verdoppelte meine Anstrengungen. »Wie ist sie?« wagte ich während einer Unterrichtsstunde Fanny Davies zu fragen.

»Wie ist wer?«

»Clara Schumann.«

Meine Stimme hörte sich wohl etwas verängstigt an. Irgendwie konnte ich mir diese große Lehrerin, von der alle ehrfürchtig sprachen, nicht vorstellen – insgeheim stellte ich mir eine furchteinflößende Person vor.

»Sie ist sehr hochherrschaftlich.«

»Wie die Prinzessin von Wales?«

»Nein – nicht ganz. Wie kann ich sie beschreiben? Sie ist eine große Frau – es gibt etwas Besonderes an ihr. Sie sieht nicht besonders gut aus, aber sie strahlt eine wunderbare

Ruhe aus. Weißt du, Adelina, sie hat ziemlich viel in ihrem Leben gelitten.«

Ich übte mit einem Angstfieber, das ich nie zuvor empfunden hatte. Jetzt, da die Zeit ihrer Ankunft nahte, wollte ich unbedingt ihre Schülerin werden. Kurzfristig erfuhr ich von Fanny Davies, daß ich vorspielen sollte. Sie wußte um den nervlichen Zustand, in dem ich mich befand. Stumm vor Aufregung fuhr ich neben ihr zu dem Haus nahe des Hyde Parks. Es war klug, daß sie nicht sprach; ich hätte sie nicht gehört! Meine Hände waren verschwitzt, und ich konnte nicht denken. Mir war so, als könnte ich mich an keine einzige Note erinnern, die ich spielen sollte.

In Gegenwart Clara Schumanns verließen mich jedoch meine Ängste. Ich sah sie, eine königliche, in Schwarz gekleidete Figur, mit einem schwarzen Spitzentuch über ihrem silbernen Haar. Ihre Augen waren groß, verträumt und traurig, aber es waren mütterliche Augen. Ich war eher klein, und sie lächelte mich an, ein Lächeln, das ich nie vergessen werde. Die Hand auf meiner Schulter, sprach sie auf deutsch mit Fanny Davies. Dann wandte sie sich mir zu und bat mich, aufmunternd lächelnd, zu spielen.

Mein erster Versuch war ein Stück von Bach, es folgte eine Gigue in d-Moll von Haesler. Noch nie hatte man mir so aufmerksam zugehört; das beruhigte meine Nerven und gab mir ein Vertrauen, das ich nie zuvor gefühlt hatte.

Als ich fertig war, saß ich ruhig da. Noch heute erinnere ich mich an die Stille des Raumes. Niemand sprach. Ich schaute auf und sah, wie Clara Schumann mich anlächelte, und plötzlich war ich wahnsinnig glücklich!

Kurz darauf erhob sie sich, berührte meine Schulter und begann ein intensives Gespräch mit Fanny Davies. Wie wünschte ich, daß ich mehr Deutsch gelernt hätte! Ich sehnte mich danach zu wissen, was sie sagten, aber ich erfuhr es erst, als wir wieder in dem Wagen saßen.

»Also, Adelina – du sollst ein Berufspianistin werden!« Die Zufriedenheit meiner Lehrerin war unüberhörbar.

»Meinen Sie –?« ich konnte kaum Worte finden.

»Madame Schumann wird dich als Schülerin annehmen!«

Arme Fanny Davies! Ich glaube, daß ich sofort in Tränen der Erleichterung ausbrach, aber im nächsten Moment lachte ich und umarmte sie.

Ich arbeitete noch eine Weile bei Fanny Davies und war sehr traurig, als meine letzte Stunde anbrach. Aber die Trauer verging rasch, denn ich sollte jetzt die ersten sorgenfreien Ferien meines Lebens erleben. Die Priestleys hatten uns eingeladen, bei ihnen zu bleiben, und wir fuhren nach Wales, zusammen mit den Johnstones, die die Hauptmäzene meiner deutschen Ausbildung geworden waren.

Ich wurde sehr verwöhnt. Es gab so viele Dinge, die ich noch nie getan hatte, weil ich nie Zeit hatte, irgend etwas anderes zu tun als Klavier zu spielen. Meine neuen Freunde fanden ein Vergnügen darin, mir alles zu zeigen. Zum ersten Mal in meinem Leben hatte ich Zeit für Spaziergänge, frische Luft, Ruhe, Tanzen, und ich verlor das für mich typische angestrengte, schmächtige und blasse Aussehen.

Obwohl ich gewohnt war, in England zu reisen, hatte ich noch nie den Kanal überquert. Ich liebte das Meer mit wilder Leidenschaft und konnte mich nicht vom Deck entfernen.

Ich erinnere mich nur schwach an unsere Ankunft, wir wurden abgeholt und bei Dunkelheit in ein fremdes Haus gefahren. Es war mir zwar neu, daß man sein Zimmer durch eine Außentreppe erreichte, aber das war das einzige, was mir in meiner Müdigkeit auffiel.

Ich hoffte, Clara Schumann sofort zu sehen und sofort unterrichtet zu werden, aber es vergingen drei oder vier Tage, in denen man von uns erwartete, daß wir uns einlebten. Nach einigen Tagen bat man mich in das Haus Clara Schumanns in der Myliusstraße.

»Was soll ich tun, was soll ich sagen?« Ich war in einem solchen Erwartungsfieber, als Pen mir half, mich anzukleiden.

»Benimm dich ganz normal – klopf an die Tür, und man wird dir bald Bescheid geben«, riet mir Pen klugerweise in ihrem Versuch, mich zu beruhigen. Aber ich war alles andere als ruhig, als ich zögernd vor der großen Vordertür stand. Ich klopfte zaghaft an, dann etwas lauter, bis man mir sagte, daß ich mich hinten melden sollte.

»Bist du zum Unterricht gekommen?« Vielleicht sah Ilona Eibenschütz, die eine der größten ungarischen Pianistinnen der neunziger Jahre werden sollte, meine plötzliche Niedergeschlagenheit. Als ich sie anschaute, lächelte sie, und ich sah, daß sie schön war: schmal mit wunderschönen Augen und langen, dicken Wimpern. Sie war älter als ich, und obwohl sie nur wenig Englisch sprach, schafften wir es, uns zu verständigen. Sie fragte mich, wie alt ich sei und was ich für eine musikalische Ausbildung erhalten hätte. Als sie mit mir redete, verließ mich mein Gefühl von Einsamkeit, und ich war sehr von ihr beeindruckt. Sie war so intelligent und lebhaft. Ich hatte gerade soviel Mut aufgebracht, um ihr Fragen zu stellen, als jemand, die mich ein wenig an Clara Schumann erinnerte, den Raum betrat. Ilona stand auf, und ich tat es ebenfalls. Ich lernte schnell, daß dies die älteste Tochter der Schumanns war, Fräulein Marie. Nachdem sie sich vorgestellt und ein paar Fragen an mich gerichtet hatte, bat sie mich, an einem Klavier Platz zu nehmen, und Ilona zog sich zurück. Ich sollte technische Übungen im langsamen Tempo spielen und später ein kleines Bach-Präludium.

Clara Schumann gab mir zweimal wöchentlich eine Unterrichtsstunde. Wir begannen mit Bach oder Scarlatti oder einem zeitgenössischen Komponisten. Dann folgte etwas Größeres, entweder ein Konzert, eine Sonate oder ein Werk von Schumann oder Brahms, und sie endete mit leichteren Stücken von Chopin, Mendelssohn und Liszt. Bald begriff ich die Art ihres Unterrichts. Sie war nie schlecht gelaunt und schimpfte nie mit uns. Wenn sie zufrieden war, blieb sie beim Spiel ganz still, wenn sie es aber nicht war, wurde sie unruhig, was sehr unangenehm war! Sie machte nur wenig Anmerkungen in unsere Noten und entschuldigte sich noch dafür.

»Du kannst es immer danach ausradieren«, sagte sie dann.

Sie unterrichtete uns meist, indem sie etwas vorspielte. Sobald ihr eine Phrase oder vielleicht zwei Takte mißfielen, bat sie ihre Schülerin aufzustehen, setzte sich und zeigte, wie man es machen sollte. Das genügte.

Clara Schumann konnte Affektiertheit oder Geziertheit nicht ertragen. Sie duldete keine Gefühlsduselei und suchte nur den authentischen Ausdruck, das Gefühl, das aus dem Herzen kommt. »Hast du dein Herz in England gelassen?« fragte sie einmal ihren Schüler Borwick.

»Du wirst niemals eine wahre Künstlerin werden, bis du geliebt und gelitten hast«, sagte sie mir. Vielleicht ist dies der Grund dafür, warum ich jetzt, am Ende meines Lebens, weiß, daß ich besser als je zuvor spiele.

Zu allen Zeiten bestand Clara Schumann auf einem intensiven Ton, auf korrekter und perfekter Phrasierung und rhythmischem Gefühl. Clara Schumann selbst spielte mit dem größten Ausdruck, »empfand« jede Note und vermochte der Aussage des Komponisten nachzuspüren. Sie hatte Duos mit Chopin und Mendelssohn und anderen großen Komponisten ihrer Generation gespielt, so daß sie diese Tradition in ihren Fingerspitzen hatte. Heutzutage wird Musik von zeitgenössischen Musikern herausgegeben, aber das Wissen meiner Lehrerin führte in einer direkten Linie zu den Traditionen Beethovens und Bachs, aber auch zu den großen Komponisten, die sie selber gekannt, und an deren Seite sie gesessen hatte, während sie ihre eigenen Werke spielten.

Es ging nicht glatt mit meinem Unterricht, und meine Fortschritte waren zuweilen etwas holprig. Ich besuchte das Konservatorium, um Unterricht in Harmonielehre zu nehmen, und später in Fuge und Kontrapunkt.

Nach meinem ersten Semester sollte ich an einem öffentlichen studentischen Konzert teilnehmen, und ich wählte Mendelssohns Rondo Capriccioso. Ich beneidete Ilona Eibenschütz, die Chopins b-Moll-Scherzo vortragen durfte. Eines Tages mußte ich das Rondo im Unterricht als Vorbereitung für das Konzert spielen. Ich hatte sehr intensiv daran gearbeitet. Die Schülerinnen und Schüler von Marie Schumann saßen alle im hinteren Raum, die Studierenden von Clara Schumann saßen in unserem.

Ich spielte auswendig, ohne einmal anzuhalten, aber ich merkte, daß Madame Schumann unruhig war und ihre Füße hin und her bewegte! Ich fühlte mich nicht wohl beim Spielen. Meine Interpretation schien kalt und sinnlos. Ich war fertig – eine Totenstille folgte! Dann begann Frau Doktor leise zu sprechen – sie redete und redete, während mir die Tränen zum ersten Mal in einer Unterrichtsstunde herunterliefen. Ihr zufolge hatte ich keinen »Ausdruck«, »keine Kraft«, »keine Technik«, »keinen Rhythmus«. So ging es immer weiter – ich hatte eigentlich gar nichts. Dann kamen die gefürchteten Worte:

»Es ist ausgeschlossen, daß du dieses Stück beim Konzert vorträgst.«

Mit diesen Worten, die in meinen Ohren brannten, hörte ich, wie sie mich entließ. Irgendwie bahnte ich mir einen Weg durch den Raum, wobei ich merkte, daß alle mich beobachteten. In der Pension weinte ich ununterbrochen, und alle Versuche von Pen, mich zu trösten, schlugen fehl.

Am nächsten Morgen sandte Fräulein Marie nach mir; einen Augenblick lang überfielen mich die schlimmsten Ängste. Sollte ich herabgestuft werden und wieder bei ihr Unterricht erhalten? Aber sie stellte sich als eine wahre Freundin heraus. Ich tat ihr leid, und sie hatte mit ihrer Mutter über mich gesprochen und teilte mir mit, daß ich anstelle des Rondos den ersten Satz aus Haydns D-Dur-Klavierkonzert spielen sollte. Ich konnte meinen Ohren kaum glauben! Ich lebte wieder auf, und das Glück durchflutete mich; möglicherweise strahlte es auf mein Spiel aus, denn ich hatte großen Erfolg.

Die Zeit verging, ich wurde älter, und man gestattete mir, englische Tanzabende zu besuchen. Ich durfte auch zu einigen sehr vornehmen Tanzabenden, die von Deutschen organisiert wurden. Letztere mochte ich überhaupt nicht. Steife deutsche Offiziere stellten sich mit einem tiefen Diener vor, schlugen die Hacken zusammen und tanzten mit mir im schnellsten Walzertempo, das man sich vorstellen kann. Kein einziges Wort wurde ausgetauscht, man brachte mich zurück zur Anstandsdame, es folgten weitere Diener und Hackenschläge, und so ging es den ganzen Abend.

Bedeutende Musiker traten bei den Symphoniekonzerten in Frankfurt auf – Komponisten, Dirigenten, Solisten, Sänger und Sängerinnen – und die meisten von ihnen besuchten das Haus von Clara Schumann. Obwohl ich es außerordentlich aufregend fand, solchen großen Meistern zu begegnen, zweifle ich im nachhinein, ob mir damals klar war, daß ich durch den persönlichen Kontakt lernen konnte. Natürlich ahnte ich nicht, daß ich eines Tages die letzte lebende Musikerin sein würde, die mit Clara Schumann gearbeitet hatte. Ich war noch nicht lange bei Clara Schumann gewesen, als ich Joseph Joachim und Johannes Brahms traf – dessen Kompositionen ich gerade zu lieben begann. Sie besuchten die Schumanns am häufigsten, und ich lernte bald, daß die Ankunft von Brahms das Heim der Schumanns veränderte.

Das Leben wurde fröhlicher, weniger formell, und es war unmöglich, eine strenge Disziplin einzuhalten, wenn er da war. Ich erinnere mich an unsere erste Begegnung, obwohl ich nicht sofort begriff, wen ich vor mir hatte. Es war während einer Unterrichtsstunde bei Clara Schumann. Ich hatte gerade einen Teil aus Brahms' Scherzo es-Moll op. 4 beendet, als die Tür aufging und ein kurzer, vollschlanker Mann eintrat. Er trug einen Bart, und seine langen Haare waren aus der eindrucksvollen Stirn gestrichen. Er war nicht besonders sorgfältig gekleidet und wirkte daher nicht sonderlich vornehm. Ich schaute meine Lehrerin wegen dieser ungewöhnlichen Störung an. Würde sie sich gestört fühlen? Zu meinem Erstaunen lächelte sie den Eindringling an, es war ein Lächeln, das ich selten zuvor gesehen hatte. Sie bat mich, mein Spiel zu wiederholen. Inzwischen stand der Besucher hinter mir, und ich begann zu spielen.

Als ich die Eingangsphrase beendet hatte, hörte ich seine Stimme: »Nein nein, es ist zu rasch – Sie müssen es ausdehnen – langsamer, so.« Seine Hände waren fast auf den Tasten, und Clara Schumann sagte, »Laß Dr. Brahms es dir zeigen, Adelina.«

Erst dann wurde mir klar, warum sie den Eindringling willkommen hieß. Es war ein erregender Augenblick für mich, denn beim Hören wurde mir klar, daß ein wirklich großer Musiker spielte, dessen Hände scheinbar ruhig auf der Tastatur lagen, aber sowohl Klangintensität und Volumen als auch himmlisches, zartes Pianissimo hervorbrachten. Er spielte die Oktaven dieses Werkes mit einem ungeheuren Rhythmus, der in meinem Gedächtnis haften blieb.

Selbst als ich ihn besser kannte, war ich von seinem Spiel zutiefst bewegt. Wenn man ihn im Alltag kannte, mit seiner Einfachheit, seinem Humor und seinen Witzeleien, fiel es schwer, in ihm den großen Meister zu sehen.

Brahms interessierte sich für die Schülerinnen Clara Schumanns, und er pflegte uns beim Erarbeiten seiner Kompositionen zu helfen. Er stand oft hinter mir, seine Hand auf meiner Schulter, und deutete eine Verlangsamung oder Beschleunigung von Phrasen an. Ich studierte seine Konzerte und die meisten seiner wichtigen Werke in Frankfurt. Er kam oft herein, während ich übte, und ich erinnere mich, daß er ärgerlich wurde, wenn die Baßstimme zu schwach war. Seine Musik mußte mit einem vollen tiefen Klang gespielt werden, und dies galt besonders für die linke Hand. Wie Madame Schumann mochte er keine Sentimentalität; wir sollten »geistig« spielen, aber niemals »sentimentalisch«.

»Der reine Pianissimoklang muß den letzten Rang des größten Konzertsaals erreichen.« Wie oft ist dies im Unterrichtsraum gesagt worden! Ich habe es bis heute nicht vergessen. Die leisen Töne von Brahms und Clara Schumann waren unvergeßlich – es lohnte sich, sie nachzuahmen. Ein Beispiel von dem, was ich meine, ist Brahms' beliebtestes Stück, die wunderbare g-Moll-Rhapsodie op. 79,2. Das erste Thema mit seinem mutigen, tiefen Beginn und den vollen, tiefen Oktaven in der linken Hand hält den Zuhörer sofort gebannt, und der Kontrast mit dem dritten Thema, das die Zuhörer von Brahms bezauberte, als er es vorspielte, ist voller Pathos und Rätselhaftigkeit. Die Erinnerungen kehren zurück, während ich an alles denke, was er sagte und unterrichtete – jedoch besaß er auch eine leichtere, koboldhafte Seite, die zuweilen Mißbilligung bei Clara Schumann hervorrief. Eines Morgens wartete ich geduldig mit Leonard Borwick und Oberstadt auf den majestätischen Eintritt von Madame Schumann, als Brahms wie ein großer schwerer Schuljunge strahlend hereinplatzte, in seiner Hand ein dampfendes Heißgetränk. Es war ein eiskalter Vormittag, und seine Aufforderung, es zu trinken, nahm ich gerne an. Ich war das erste Opfer, nahm einen großen Schluck, und meine Reaktion rief viel Lachen hervor. Ich hatte noch nie heißen Grog oder irgendeine Art von Alkohol getrunken, mein Gesicht verzerrte sich, und es war kein Wunder, daß Clara Schumann voller Mißbilligung war, als sie dazukam.

»Aber Fräulein Marie hat es für meine Erkältung gemacht – es wird sie davor bewahren, sich zu erkälten!« So versuchte er, die Wogen zu glätten. Liebenswürdiger Brahms! Wie freundlich war er und wie mochten wir ihn alle. Seine Anhänglichkeit Clara Schumann gegenüber schien selbst uns jungen Studierenden sehr rührend – daß er sie liebte, war augenscheinlich, jedenfalls dachten wir so romantischerweise. Er war seltsam demütig, wenn er sie wegen seiner Werke befragte, und im nachhinein sehe ich seine Zuneigung als eine Huldigung an.

Stets widmete er sich liebevoll und fürsorgend ihren Angelegenheiten. Im Juli 1888 durchlief sie eine Zeit finanzieller Sorgen, und er bat sie, eine jährliche Summe von zehntausend Mark anzunehmen, damit sie die Unkosten ihrer Enkelkinder bezahlen konnte. Sie war tief bewegt, lehnte aber das Angebot ab.

Wenn Brahms bei den Schumanns weilte, wollte er Clara von Sorgen befreien. Fräulein Marie genoß seine Besuche, obwohl sie stets mehr Arbeit für sie bedeuteten. Sie war eine wundervolle Köchin, und da Brahms gerne aß und gute Weine mochte, pries er stets ihre Kochkünste. Wenn er da war, gab es wundervolle Abendgesellschaften, zu denen große Künstlerinnen und Künstler eingeladen wurden. Clara Schumann war eine perfekte Gastgeberin, und sie bewegte sich majestätisch. Unsere Augen folgten ihr, und ich war sehr stolz darauf, dabei sein zu können. Sie trug immer Schwarz, mit einem schönen schwarzen Spitzenschleier über ihrem silbernen Haar, den eine Diamantharfe hielt, die ihr die Prinzessin von Wales geschenkt hatte. Der Geiger Piatti, Davidow, Hans Sitt sowie Brahms und Joachim waren oft dabei. Wir hörten ihren Diskussionen zu, aber auch, wenn sie in diesen Privaträumen spielten oder sangen.

Clara Schumann und Brahms spielten zunächst allein und anschließend gemeinsam. Ich erinnere mich, daß sie einmal die ungarischen Tänze gemeinsam spielten. Clara Schumann sah sehr ernst aus, und Brahms, der sie wiederholt anschaute, rief plötzlich aus, »Warum bist Du so ernsthaft, Clärchen?« Er war immer voller Spaß und Witz.

Manchmal spielten sie je eine Violinsonate mit Joachim, und Stockhausen sowie eine große Freundin von Clara Schumann, eine Frau Speyer, sangen oft Schumann-Lieder, die Clara Schumann begleitete. Diese Gesellschaften waren ein Musikfest. Ich wurde von dem leidenschaftlichen Verlangen gepackt, die Perfektion zu erreichen, die mich täglich umgab. Ich war nicht mehr das Wunderkind, das sich damit begnügte, sich durch schwierige Passagen hindurchzuschummeln, und wenn ich mich an Clara Schumanns Spiel und ihren Unterricht, insbesondere der Werke ihres Mannes erinnere, so sind das die lebendigsten Eindrücke.

Ihre musikalische Haltung war von akademischer Korrektheit. In Fragen der Tonqualität, des Rhythmus und der Phrasierung gab sie nie nach; kurz und gut, sie behandelte das Klavier wie ein Orchester und verlangte von ihren Studierenden, daß sie jede Phrase betrachten und ausdrücken sollten, als ob sie einem separaten Instrument gehörte. Schumanns Instrumentierung zeigt wahrscheinlich deswegen Schwächen, weil das Klavier sein Orchester war. Seine Klavierwerke sind ausgesprochen orchestral konzipiert, und wenn ein Spieler sich darauf einstellt, wird er die Fülle und Tiefe des Klangs erreichen und damit Erfolge haben.

In den Symphonischen Etüden op. 13 war Clara Schumann nicht bereit, die Klangvielfalt zugunsten der Klarheit zu opfern. Das Thema wird manchmal mit überzogener Betonung der Melodie gespielt, sie jedoch gab dem Thema harmonische Farbe, indem sie die Tasten tief herabdrückte. Die sechste Variation wird heute oft großartig gespielt, aber die Phrasierung des dualen Rhythmus wird häufig dem Tempo und der brillanten Technik geopfert. Ihre Phrasierung war so perfekt, daß man den dualen Rhythmus deutlich hören konnte, so, als wenn jede Hand einer einzelnen Spielerin gehörte. Das gleiche trifft auf die elfte Variation zu, die ihrer exquisiten Kunst der Linienführung vollen Raum gab.

Was Geschwindigkeit betrifft, so ist sie eine schreckliche Sache, eine Bedrohung, und man hat vieles Wertvolle in der Musik ihr aufgeopfert. Clara Schumann betonte immer wieder, daß die Werke ihres Mannes keinerlei »Passagenwerk« enthielten. Damit meinte sie natürlich die Einwürfe, die nur geschrieben werden, um das virtuose Können der Vortragenden zu zeigen. Sie haben keinerlei inneren musikalischen Wert, die das Werk als Ganzes betreffen. »Keine Passagen«, rief sie verzweifelt aus, wenn jemand versuchte, mit Hilfe leerer Virtuosität durch schnelle Läufe hindurchzurasseln. Sie sah in jeder Note, die er geschrieben hatte, eine Bedeutung, und im Klavierkonzert, dem Klavierquartett und insbesondere dem Klavierquintett duldete sie nichts, das nur der Virtuosität und der Geschwindigkeit diente.

»Warum sollte man über schöne Dinge so schnell hinweggehen?« pflegte sie zu sagen. »Warum sollte man nicht verweilen und sie genießen?«

Das erste Stück aus Kreisleriana op. 16 ist ein gutes Beispiel hierfür. Die wunderschönen Phrasen verpuffen, wenn man sie zu schnell spielt. Clara Schumann nahm wieder Bezug auf die orchestrale Qualität der Musik und bat uns, die Bratschen und Celli im zweiten Thema herauszuhören, darüber zu verweilen und sehr ruhig zu bleiben, während wir die Töne jeder Hand deutlich herausarbeiteten.

Es gibt jedoch auch Stücke bei Schumann, die zuweilen zu langsam gespielt werden, z. B. Pierrot in Carnaval op. 9. Es ist mit »moderato« überschrieben, um zu verhindern, daß es zu schnell angegangen wird, aber es sollte sich laut Clara Schumann heiter-frech anhören. Wenn eine bestimmte Achtelnotenpassage einsetzte, stieß sie mich jedesmal leicht an. Sie legte großen Wert auf diese Portraitstudien, die ihr so viel bedeuteten. Die ungestüme Chiarina, Nr. 11, ist bekanntlich ein Portrait von ihr als Mädchen.

Was das Paganini-Intermezzo betrifft, so erzählte sie mir, daß sie tatsächlich Paganini spielen gehört hatte und daß es so klingen sollte, als würde der Spieler die besonderen Schwierigkeiten der Violine in Angriff nehmen. Man mußte der Phrasierung besondere Aufmerksamkeit widmen; das Stück sollte nicht zu schnell angegangen werden, andererseits sollte das Tempo hier und dort angezogen werden, um zu verhindern, daß es wie eine Darstellung technischer Schwierigkeiten klang. Nach dem Stück Promenade, dieser langsame und anmutige Walzer, dem ein kleiner Spaziergang und eine Unterhaltung vorangeht, folgt der wirkliche Carnaval.

»Hier darfst Du wirklich verrückt spielen«, sagte mir Clara Schumann. »Du siehst, wie die Menschen sich anstoßen und immer aufgeregter werden; du darfst das Tempo beschleunigen und auf einen großen Höhepunkt und ein Finale immer schneller hinsteuern. Dennoch vergiß nicht die wunderbare Phrasierung in dem Stück, gib hier und dort mit dem Tempo nach, so daß die volle Bedeutung des Stükkes deutlich wird.«

Wenn sie das Klavierkonzert durchnahm, war Clara Schumann rigoros und präzise. Sie bestand darauf, daß beim Eingangsthema jeder Finger beider Hände einen absolut gleichen Klang hervorbringen, und daß man das flüssige zweite Thema niemals eilen, sondern streng im Tempo spielen sollte, indem man dem Diminuendo der linken Hand besondere Aufmerksamkeit widmete. Die Kadenz wird zu oft mißverstanden. Das Nachdenken und nicht die Technik bilden die Grundlage der Interpretation, entsprechend der Schumannschen Tradition. Man sollte die Kadenz sehr ruhig, nachdenklich und friedfertig spielen, demütig und bescheiden, denn es ist schwieriger, Schönheit mit Hilfe von Einfachheit auszudrücken, als irgendein technisches Problem zu meistern.

Im zweiten Satz tolerierte Frau Doktor keinerlei Sentimentalitäten. Sie sah darin eine feurige Unterhaltung zwischen dem Orchester und dem Solisten, obwohl das »Gespräch« auch streckenweise sehr sanft und liebevoll ausgetragen wurde.

Im Klavierquartett kritisierte sie uns, wenn wir die Staccato-Passagen übereilten, besonders im dritten Satz, der seine gesamte Poesie verliert, wenn er zu schnell gespielt wird. Sie legte Wert darauf, daß der Anflug einer Polka in der linken Hand deutlich während des gesamten zweiten Themas betont werden sollte. Im langsamen Satz sollten die Phrasen »tief atmen« – ich kann das, was sie meinte, nicht deutlicher ausdrücken. Die Anweisung »con anima« im Finale sollte nach ihrer Ansicht eher eine Lebhaftigkeit des Ausdrucks beschreiben und weniger das Tempo. Sie sagte uns, daß dort, wo drei ähnliche Phrasen aufeinander folgten, sie alle mit einem leichten Unterschied gespielt werden sollten – das wird jeder wahre Künstler verstehen.

Mein letzter Winter in Frankfurt rückte allzufrüh heran. Was diese Zeit betrifft, so bedauere ich nur, daß ich trotz der Überredungskünste von Direktor Scholz und Herrn Knorr keine Zeit für Komposition und Instrumentation aufbrachte.

»Ich werde doch eine Solopianistin!« war meine Antwort. Ich habe so oft diese Ablehnung bereut, denn ich habe seither mehrere Kompositionen und auch einige Orchesterwerke geschrieben.

Als die Zeit für mein Londoner Debüt heranrückte, arbeitete ich mit Hochtouren an einem großen Repertoire, und anläßlich eines öffentlichen Konzertes von Studierenden, das im Januar 1891 stattfand, sollte ich Rubinsteins d-Moll-Konzert spielen. Frau Doktor bat mich inständig, es mit Noten zu spielen, aber ich bestand darauf, es auswendig vorzutragen. Sie warnte mich, daß ich ein großes Risiko eingehe, und fragte mich dann, was ich dazu tragen wolle. Ich sagte ihr, daß ich mein blaßgelbes, goldbesticktes Kaschmirkleid tragen würde. Es war ein knöchellanges, schlichtes Kleid, das in England hergestellt worden war, sehr einfach und mit kurzen Ärmeln. Einen Tag vor dem Konzert schenkte sie mir ein Halsband aus wunderschönen goldenen venezianischen Perlen, die sie aus Italien mitgebracht hatte. Wie ich mich freute! Das Gefühl, es zu tragen, schenkte mir Vertrauen, als ich am nächsten Tag die Bühne betrat.

Der Konzertsaal war überfüllt. Ich war die einzige Solistin, und alle Professoren saßen in den ersten Reihen. Madame Schumann saß in der Mitte. Direktor Scholz, der dirigierte, begleitete mich auf die Bühne, als die Reihe an mir war. Mein Herz war übervoll, und ich glaube, daß ich so gut spielte, wie ich es auch in den Stunden getan hatte. Ich wußte, daß meine Lehrerin sich über die Ovationen freute, die ich erhielt, und dies machte mich sehr glücklich. Ich wollte ihr doch so gerne meine Anerkennung zukommen lassen. Das beiliegende Schreiben erhielt ich kurz danach von ihr:

Liebe Miss de Lara, ich habe Herrn Chappell in der St. James' Hall geschrieben und ihm vorgeschlagen, daß er Dich zu einem seiner Konzerte Ende März engagieren sollte. Da Du Anfang März Deutschland verläßt, hast Du reichlich Zeit, um ihm einmal vorzuspielen. Ich vertraue darauf, daß meine Hoffnungen sich erfüllen.

Mit besten Wünschen, Deine liebende Clara Schumann.

Viel zu schnell kam meine letzte Unterrichtsstunde. Es war das einzige Mal, daß ich ganz allein mit ihr zusammen war. Ich trug Beethovens Appassionata vor, da ich damit mein Londoner Konzert beginnen sollte. An dem Vormittag spielte ich ausgesprochen schlecht; meine Hände waren eisig, und ich fühlte mich einfach miserabel. Der Gedanke, daß ich Frankfurt und Clara Schumann verlassen sollte, war zu viel für mich. Frau Doktor saß an meiner Seite, während ich elend spielte, aber sie verhielt sich nicht unruhig, sondern absolut still. Ich schluckte ab und zu – ich war fertig, stand auf, und wir brachen beide in Tränen aus. Sie schlang ihre Arme um mich, und wir weinten und weinten. Schließlich verließ ich sie und schluchzte auf dem ganzen Weg nach Hause. Ich sah sie nie wieder.

Am letzten Abend in der Pension in der Ulmenstraße wurde eine Feier zu meinen Ehren veranstaltet, und es gab wunderschönen Kuchen und den von mir so geliebten Marzipan. Eine kleine Bühne war aufgebaut worden, und es gab »lebende Bilder«. Das letzte waren die »drei Schicksale«. Man sah eine alte Frau am Spinnrad, eine schöne Frau mittleren Alters und ein hübsches junges Mädchen, das einen Lorbeerkranz hielt. Zu meinem großen Erstaunen stieg das Mädchen von der Bühne und bekränzte mich damit. Das kleine Publikum, das die Mädchen aus meiner Pension einschloß, stand auf und jubelte und applaudierte. Natürlich schluckte ich mehrfach, und die Tränen rannen meine Wangen herunter. So verließ ich Frankfurt am Main. Ist es verwunderlich, daß ich jene Jahre rückwirkend als die schönsten und friedfertigsten meines Lebens betrachte?

Im März 1902 segelte ich mit der Orient-Linie nach Ägypten. An Bord war ein Passagier namens Roderick Vargis, der mit der Orient-Linie zu tun hatte, und der mir sofort mißfiel. Vermutlich glaubte er, daß ich Hilfe brauchte, und er nahm es auf sich, für mich zu sorgen. Vargis wollte mich in den Zug nach Kairo setzen und behauptete, daß er den anderen Kollegen der Orient-Linie Anweisungen gegeben hatte. Wir kamen in Port Said an, aber dort war kein Araber, den mir Herr Vargis zugesagt hatte. Damit war ich in einer peinlichen Lage, da ich mein Geld an Bord ausgegeben und nur noch fünf Schillinge übrig hatte. Mr. Vargis sprach mit dem Kapitän, und sie entschieden, daß ich an Land gehen und dort die Nacht verbringen sollte. Es blieb mir nichts anderes übrig. Ich wußte, daß Port Said ein gefährlicher Ort war und daß ich so gut wie kein Geld besaß und außerdem von einem Mann begleitet wurde, dem ich nicht vertraute. Er führte mich schmutzige Nebenstraßen entlang und blieb an einem merkwürdig aussehenden, heruntergekommenen Haus stehen. Während ich zögerte, schob er mich hinein, und ein unappetitlicher Mann erschien, der Mr. Vargis scheinbar bereits kannte. Sie unterhielten sich, und ich wurde in mein Zimmer gebracht. Es führte über Terrassenfenstern zu einer großen Veranda. Ich fragte nach dem Hausmädchen und erfuhr, daß es keine weibliche Dienerschaft gab.

Mr. Vargis und ich aßen abends zusammen. Ich hatte keinen Appetit, denn ich begann, nervös zu werden. Es gab nur wenige Menschen in dem schmuddeligen Eßzimmer – alles Männer. Mein Verdacht wuchs. Ich versuchte, ruhig auszusehen, aber als ich mich nach dem Essen von Herrn Vargis für die Nacht verabschieden wollte, gab er zu, daß das ganze ein Trick gewesen sei, um mich an Land zu bringen. Ich war zu böse, um Angst zu haben, und sagte ihm ins Gesicht, was ich von ihm hielt. Es war sinnlos. Er meinte wohl, ich könne ihm nicht widerstehen, weil er so phantastisch sei, und begann, mir eindeutige Annäherungen zu machen.

In Panik kehrte ich zu meinem Zimmer zurück, schloß die Tür sowie die Fenster zur Veranda und errichtete eine Barrikade aus Stühlen. Mir war bewußt, daß ich keine Hilfe erhalten würde. Ich hatte nur meinen Waschbeutel bei mir. Plötzlich fiel mir mein Messer ein, das ich immer bei mir trug. Es war ein spanisches Messer, das Stierkämpfer benutzen. Ich suchte es fieberhaft, fand es endlich und wickelte es aus. Ich beschloß, voll angezogen zu bleiben. Ich behielt sogar meinen großen weißen Hut auf! Und dann setzte ich mich auf einen Stuhl mit dem Messer in der Hand und wartete. Es klopfte an der Tür.

Eine kurze Diskussion folgte, und ich hörte, wie er wegging. Ich entspannte mich. Eine halbe Stunde später hörte ich, wie die Verandafenster klirrten. Von da an gab es keine Ruhe – er lief von der Tür zu den Fenstern und versuchte, sie gewaltsam zu öffnen. Währenddessen redete ich mit ihm, ich warnte ihn, daß ich das Messer hätte. Ich sagte ihm, daß ich entweder mich oder ihn töten würde, wenn er einbrechen würde. Ich drohte ihm, flehte ihn an, tobte, aber er ging immer noch nicht weg. Schließlich begann ich zu weinen, und zu meinem Ärger konnte ich damit nicht aufhören. Dann wurde mir klar, daß er endgültig gegangen war. Es war etwa vier Uhr morgens. Irgendwie schaffte ich es, mit dem Messer in der Hand wachzubleiben, bis er noch einmal zurückkehrte, anklopfte und mir sagte, daß ich frühstücken könne, und daß mein Zug um 9 Uhr 30 fahren würde.

Diesmal öffnete ich die Tür, aber immer noch mit dem Messer in meiner Hand. Er war wie verwandelt. Ich glaube, daß er ziemliche Angst hatte. Ich muß furchtbar ausgesehen haben und fühlte mich auch krank. Ich bat um einen Cognac, und er lief fort, um ihn zu besorgen.

Er setzte mich in den Zug nach Ismailia, obwohl ich mit ihm kein Wort sprach.

Der Zug setzte sich in Bewegung, und ich sah ihn nie wieder. Niemals war ich glücklicher, als der Zug in Ismailia ankam und ein großer lächelnder Araber mich sah und begrüßte. Er kümmerte sich um mein Gepäck und brachte mich ins Hotel; niemals in meinem ganzen Leben bin ich so froh gewesen, so viele Frauen zu sehen wie in dem Restaurant des Hotels!

1916 begannen bei mir, ähnlich wie bei vielen anderen Menschen in England, die Geldsorgen. Ich verdiente nichts mehr, es gab nur wenige Engagements, und ich tat viel für die Wohltätigkeit. Man bot mir im Marble-Arch-Kino ein Engagement an, und da ich neue Erfahrungen liebe und nicht wußte, was auf mich zukam, nahm ich an. Es gab keine Proben, man reichte mir einen Stapel Noten, die ich je nach Zeichen des Dirigenten wechseln sollte. Es begann damit, daß mir der gesamte Stapel auf den Boden fiel, aber ich kämpfte mich weiter durch, während der Dirigent die Noten aufhob! Die Musik mußte einfach weitergehen, passend zu den Stummfilmbildern auf der Leinwand.

Mathilde Verne bot mir einen Posten als leitende Lehrkraft an ihrer Musikschule in Kensington an. Die Arbeit dort machte mir große Freude, und das Gehalt war gut. Frau Verne reichte mir ihre besten Schüler weiter, denn sie wollte wieder mehr konzertieren. Die Königin-Mutter, damals noch Lady Elizabeth Bowes-Lyon, hatte dort kurz zuvor studiert, so daß ich sie als Schülerin gerade verpaßte. Ich hatte zahlreiche talentierte, professionelle Schüler und Schülerinnen, außerdem eine Kindergruppe und eine Gruppe in Harmonielehre, die ich von Thomas Dunhill, der gerade gegangen war, übernommen hatte. Ich sammelte viele Erfahrungen im Unterrichten junger Kinder, die mich zuerst etwas ängstigten; aber Frau Verne hatte eine gründliche Methode, und ich gewöhnte mich bald daran. Ich blieb etwa achtzehn Monate an der Musikschule, bis Mathilde Verne sie aufgab. Sie schlug vor, daß ich sie übernehmen sollte, aber ich besaß nicht genügend Kapital und scheute mich vor dem Risiko und der Verantwortung.

Ich entschied, auf das Land zu ziehen, mietete in Surrey ein Haus, aber nach einem Jahr verliebte ich mich in einen Ort in Herne Bay. Ich fand ein kleines Haus direkt auf den Felsen, das zur Miete ausgeschrieben war, und nahm es sofort, da ich die Nähe der Nordsee so liebte. Ich besaß noch einige Katzen, die viel Zeit in Anspruch nahmen.

Ich lebte noch nicht lange dort, als man mich einlud, Rundfunkaufnahmen zu machen. Dies war eine aufregende Angelegenheit für mich; man bat mich, zusammen mit dem ausgezeichneten Violinisten Harry Blech zu spielen. Das Rundfunkgebäude befand sich damals in Savoy Hill, und ich werde meine ersten Eindrücke nie vergessen. Wegen meiner Nervosität scheute ich mich davor, solistisch aufzutreten, und daher spielten wir Beethovens Kreutzer-Sonate. Ich war von der Höflichkeit, Freundlichkeit und Ruhe während der Aufnahmen sehr beeindruckt. Ich trank vorher ein Glas Wasser, aus Angst, ich könnte zu husten beginnen, und nahm meine Halskette ab, aus Furcht, daß sie klirren könnte! Seitdem habe ich im Lauf der Jahre viele Aufnahmen gemacht. Es gibt kaum etwas, das mir solche Freude bereitet und mich so befriedigt wie diese Arbeit, die so sehr dazu beiträgt, Künstlern zu helfen – sowohl jungen wie etablierten – und die außerdem Millionen Menschen Freude bereitet. Oft glauben die Menschen, daß das abwesende Publikum und der ausbleibende Applaus mich irritieren. Dies ist nicht der Fall. Man hat ja auch im eigenen Musikraum zu Hause kein Publikum und spielt dort einfach der Musik wegen. Je größer die Ruhe ist, um so besser kann man sich konzentrieren. Obwohl ich mein ganzes Leben vor einem Publikum gespielt habe, werde ich nervös, und es stört mich, daß man mich anschaut. Ein Klaviervortrag ist eine große geistige und physische Anstrengung, die dadurch vergrößert wird, daß Hunderte von Augenpaaren sich auf einen richten. Gebt mir die Ruhe und Abgeschiedenheit der BBC! Dort spielt es keine Rolle, ob man die Stirn runzelt, lächelt oder den Mund während einer schwierigen Oktavpassage verzieht. Es macht auch nichts aus, wenn man ein unpassendes Kleid trägt oder die Haare unordentlich sind. Und man kann sich auch während der kurzen Pausen entspannen und den Rücken strecken. Auf der Bühne muß man sich konventionell und vornehm verhalten von Anfang bis Ende.

Man bat mich, Schumanns Klavierkonzert unter der Leitung von Sir Adrian Boult im Rundfunk aufzunehmen. Dadurch traf ich ihn zum ersten Mal, denn ich hatte noch nie unter seiner Leitung gespielt. Als ich die Halle für die Probe betrat und ihn beobachten konnte, wie er das riesige und ausgezeichnete BBC-Orchester dirigierte, fühlte ich mich wie eine junge Studentin, die ein Konzert zum ersten Mal spielen sollte. Sir Adrian kam von seinem Podest herunter, um mich zu grüßen, und niemand hätte charmanter sein können. Als ich mich an das Klavier setzte, schaffte er es, daß ich mich rasch entspannte. Es ging alles gut, so daß ich bei der Live-Übertragung ganz glücklich war. Seitdem habe ich mir immer gewünscht, noch einmal mit ihm zu konzertieren.

Im darauffolgenden Januar des Jahres 1945 hielt ich im

Verein der Musikerinnen einen Vortrag, in dem ich die Unterrichtsmethoden von Clara Schumann vorstellte. Dies war ein unvergeßlicher Nachmittag für mich. Der Vortragsraum war so voll, daß viele Menschen auf dem Fußboden und um das Klavier herum saßen, bis hin zur Treppe vor der Tür.

Am 10. November des großen Friedensjahres 1945 hatte ich um halb zwei morgens eine Live-Übertragung von Hertfordshire nach Lateinamerika. Dies schien mir eine beachtliche Leistung für eine zweiundsiebzigjährige Frau, jedenfalls sagte ich mir das, denn am selben Tag gab ich in der Gesellschaft der Musikerinnen ein Konzert mit Werken von Schumann. Während dieser Zeit freundete ich mich mit Eva Ducat an, einer guten Musikerin, deren Buch »Another Way of Music« sehr interessant ist. Sie war eine Schülerin von Mimi Shakespeare, die ihrerseits eine Schülerin von Clara Schumann war. Miss Ducat engagierte mich, um in ihrem Haus in Holland Park Konzerte zu geben, und nach fünfzig Jahren traf ich wieder mit Ilona Eibenschütz zusammen, die ich ursprünglich in Clara Schumanns Haus kennengelernt hatte.

Kürzlich spielten wir in Eva Ducats Haus vierhändig; eines der Stücke, die wir spielten, waren die Beethoven-Variationen von Saint-Saëns. Dies muß sicherlich ein Rekord sein, denn wir hatten es zuletzt 1891 in unseren Studientagen gespielt. Keine von uns hatte es seitdem gespielt, und es gab auch keine Probe. Alle schnappten nach Luft und meinten, daß wir eine »großartige Vorstellung« gegeben hätten. Selbstverständlich spielten wir das ganze Stück ohne Unterbrechung. Anthony Asquith, der unter den Gästen war, meinte, daß wir beide in einem Film auftreten sollten! Ilona ist eine große Künstlerin, und Brahms hielt lebenslang sehr viel von ihr. Als sie ihn in Wien besuchte, spielten sie sich gegenseitig seine Werke vor. Sie fand auch immer einen

Weg, um Brahms und Clara Schumann zusammenzubringen, wenn sie sich traurigerweise uneinig gewesen waren.

Vor vielen Jahren bat mich Clara Schumann, die Originalversion von Schumanns Variation für zwei Klaviere in London zu spielen. Man spielte sie immer mit zwei Klavieren, aber Schumann fügte zwei Celli und Horn hinzu. Ich besitze noch das Programm des Konzerts, das ich in der Londoner Steinway-Halle vortrug. Mir kam der Gedanke, daß Dame Myra Hess vielleicht Interesse daran haben könnte, das Stück innerhalb ihrer National-Galerie-Konzerte aufzuführen. Diese Konzerte waren ein wunderbarer Trost und ein geistiger Auftrieb für Tausende von kriegsmüden Menschen. Ich schrieb ihr also, und zu meiner Freude bekam ich von dieser großen Pianistin das folgende Schreiben:

London, 8. März 1945

Liebe Adelina de Lara, was für eine wunderbare Idee! Es würde mich ehren und stolz machen, mit Ihnen in der National-Galerie Schumanns Variationen zu spielen. Wir wollten sie schon immer in ihrer Originalform aufführen, haben es aber bislang noch nicht geschafft, dies auch durchzuführen. Würden Sie vielleicht ein Programm mit Werken von Schumann spielen? Man könnte das Konzert mit Soli beginnen und beenden und die Variationen in die Mitte setzen.

Noch einmal vielen Dank dafür, daß Sie die Variationen mit mir spielen wollen. Es wird eine historische Begebenheit werden.

Mit wärmsten Grüßen Myra Hess

Wegen der Termine der Dame Myra Hess mußte das ursprüngliche Datum verschoben werden. Ich hörte jedoch wieder von ihr, denn sie schlug vor, daß wir das Stück mit den anderen Instrumentalisten an meinem vierundsiebzigsten Geburtstag spielen sollten. Ich sollte wie geplant den

Rest des Programmes bestreiten. Wir trafen uns in London, probten und gingen zusammen essen. Dame Myra war eine ausgesprochen liebenswerte Frau. Niemals werde ich die Freundlichkeit vergessen, mit der sie mich überschüttete – ich bereue nur, daß ich bereits vierundsiebzig war, als ich sie das erste Mal traf. Wie andere Genies ist sie bescheiden, wenn es um ihr Können geht; während wir spielten, hätte sie eine junge Studentin sein können und ich der weltberühmte Star! Wir hatten überhaupt keine Probleme, spielten wie eine Person und genossen es.

Als wir am Tag vor dem Konzert die übliche Probe abhielten, kam Irene Scharrer hinzu, um zuzuhören. Ich hatte sie Jahre zuvor oft im Haus meiner Tante Russell gesehen. Sie war eine Schönheit, was sie von anderen Pianistinnen abhob, denn damals waren Pianistinnen selten attraktiv.

Die Probe klappte gut, und am nächsten Tag, am 23. Januar 1946 – an meinem Geburtstag – befand ich mich in dem Künstlerzimmer der National-Galerie. Dame Myra empfing mich, küßte mich und überreichte mir einen wunderschönen Blumenstrauß.

Die National-Galerie war bis obenhin voll, und es war eines der inspirierendsten Konzerte, an denen ich je teilgenommen habe. Gemeinsam mit einer der größten Musikerinnen aufzutreten und von einer riesigen Zuhörerschaft in der Form eines Kreuzes umgeben zu sein war eine unvergeßliche Erfahrung. Die Aufmerksamkeit der Zuhörer war etwas Wunderbares. Es war ein kalter, regnerischer Tag, ich spielte 33 Minuten lang Schumanns Fantasie op. 17, und man hörte weder ein Geräusch noch ein Husten während meines Spiels. Das Publikum geriet schier aus dem Häuschen, nachdem Dame Myra und ich die wunderbaren Variationen mit den anderen Künstlern zusammen vorgetragen hatten. Dame Myra fragte mich schnell, ob sie mein Alter verraten dürfe, und ich erlaubte es ihr selbstverständlich. In einer charmanten kleinen Ansprache teilte sie anschließend dem Publikum mit, daß es meinen vierundsiebzigsten Geburtstag feierte. Während des aufbrandenden Applauses hielt sie meine Hand, was mich glücklich machte und ehrte.

Nach diesem Konzert empfing ich ein Schreiben von der Hofdame der Königin-Mutter, in dem sie schrieb: »Ihre Majestät freute sich zu hören, daß Sie mit Dame Myra Hess gespielt haben, und ist sicher, daß dies dem Publikum großes Vergnügen bereitet haben muß...« Ich kann mit Stolz auf siebzehn Briefe verweisen, die ich in meiner Berufslaufbahn von ihrer Majestät erhielt. Mein Herz wird immer einen besonderen Platz für Königin Elisabeth, die Königin-Mutter, bewahren, die während der vielen Berufsjahre mir immer wieder durch ihre Hofdamen freundliche Wünsche schickte und ihr Interesse an meiner Arbeit zeigte. Dasselbe bezieht sich auf Königin Mary. Beide haben meine Kompositionen geschätzt und mir sogar freundliche Grüße übermittelt.

Fast unmerklich begann ich immer mehr in London zu konzertieren; es war fast so, als hätte ich nie pausiert. Im Februar und März des gleichen Jahres gab ich drei Vorspielabende mit Werken von Robert Schumann in der Wigmore Hall. Dort spielte ich sieben der größten und längsten Werke Schumanns sowie – einschließlich der Zugaben – einundzwanzig kleinere Stücke. Insgesamt spielte ich vier der anspruchsvollsten Werke mit den Noten vor mir, den Rest auswendig. Ich bin überzeugt, daß es töricht wäre, die enorme geistige Anstrengung des Auswendigspielens vor einem Publikum zu riskieren, wenn man etwas nervös ist oder die Noten nicht hundertprozentig im Kopf hat. Man sollte nicht spielen, um die eigene Leistung zu zeigen, sondern aus Liebe zur Musik, indem man das, was der Komponist übermitteln will, perfekt interpretiert.

Im Juli übertrug der Rundfunk wieder Werke von mir – ein Sonntagskonzert und anschließend Werke von Schumann im dritten Programm. Ich übertrug gerne im dritten Programm, weil dort stets eine ruhige und gelassene Atmosphäre herrschte. Ich fühle mich wie auf einem anderen Planeten, wenn ich Musik beim Rundfunk übertrage – ich bin allein, aber nicht einsam. Während ich spiele, habe ich immer eine starke Verbindung zu denen, die nicht mehr unter uns weilen – dazu gehören besonders Clara und Robert Schumann.

Bei einem Konzert in der Wigmore Hall im Juli 1947 spielte ich etwa zwei Stunden lang einschließlich der Zugaben. Ich hielt anschließend eine kleine Rede, denn ich war dieses Mal wirklich überzeugt, daß dies mein letzter öffentlicher Auftritt sein sollte. Ich weinte fast und hörte, wie jemand im Publikum auch weinte. Aber die Tränen waren zu früh geflossen; kurz darauf spielte ich wieder in einem Konzert in Worthing, zusammen mit Bratza und anderen Künstlern.

Im neuen Jahr (1948) schien all meine Kraft wiederzukehren. Ich trotzte allen Empfehlungen, daß ich mich zurückziehen oder weiterhin ausruhen sollte. Die BBC schlug vor, daß ich eine Reihe von Aufnahmen von Schumann-Werken übernehmen sollte, und im Frühjahr diskutierte ich dort die Angelegenheit. Ich entschied, insgesamt vierzig Stücke aufzunehmen, von denen die meisten recht kurz waren. Da kein Komponist so kurze Stücke wie Schumann geschrieben hat, von denen ich alle spiele, hatte ich mich für ein gutes Programm entschieden.

An einem Wochenende verbrachte ich insgesamt sechsundzwanzig Stunden damit, die Länge der Stücke zu bestimmen und sie in drei große Gruppen einzuteilen.

Es war ein außerordentliches Erlebnis. Ich war ganz allein im Konzertsaal, und nach jedem Solo hörte ich mich im

Studio wieder. Seitdem ist es mir möglich, mich in mein eigenes Zimmer zu setzen und meinen eigenen Aufnahmen im Radio zuzuhören! Es gibt nichts, was mir mehr Vergnügen bereitet. Ich kann mich kaum wiedererkennen – das Spiel klingt, als würde ein Mann spielen, denn ich habe einen kraftvollen Zugriff und weiß, daß ich als Folge meiner Ausbildung mit viel Energie spiele. Wenn ein Stück von Schumann in einer BBC-Sendung ohne Namensnennung des Pianisten angesagt wird, ist es mehr als wahrscheinlich, daß es sich um eine Aufnahme von mir handelt.

Beim Zuhören sitze ich da und kritisiere mich wie folgt: »Da hätte ich ein wenig zögern sollen.« oder »Beeil dich doch!« – und manchmal klopfte ich mir förmlich selbst auf den Rücken, beispielsweise als ich meine Version der Paganini-a-Moll-Etüde hörte. Über die Geschwindigkeit und Brillanz meiner Tonleiter zu Beginn und am Schluß dieser schwierigen Studie, die gut gelungen ist, hätte sich vermutlich auch Clara Schumann gefreut. Dies mag eitel klingen, soll es aber nicht sein. Ich beurteile meine eigene Interpretation so objektiv wie möglich.

Im Juni übertrug das dritte Programm die Humoreske von Schumann, und die Live-Aufnahme wurde aufgenommen. Wieder spürte ich die wundersame, fast unwirkliche Atmosphäre des dritten Programms, Ruhe – kein Zeitempfinden – keine Eile. Später machte ich noch mehr Aufnahmen von Schumann-Werken. Ich spielte wieder mit Ilona Eibenschütz vierhändige Werke von Schumann und Brahms. Vermutlich kommt es nicht oft vor, daß zwei Künstler, die sich aus dem Studium kennen, im Alter von sechsundsiebzig noch gemeinsam konzertieren!

1949 gab ich noch einmal ein Konzert in der Wigmore Hall. Der Erfolg dieses Abends führte zu einer weiteren neuen Erfahrung. In einem kurzen Musikfilm für die amerikanische Parthian Company sollte ich mitmachen, und ich begann sofort mit den Proben. Der Film selber handelte von meinen studentischen Tagen. Er wurde aus den Einzelheiten zusammengesetzt, die ich ihnen über die Kleidung, über Madame Schumanns Heim und alles andere mitteilte. Meine Lieblingsszene war ein Fest mit Clara Schumann und Brahms, wobei mich eine junge Schauspielerin am Klavier mimte. Ich selber spielte die Stücke, und am Schluß des Filmes sieht man mich, wie ich heute bin, während ich Schumanns Träumerei spiele.

Trotz meines Alters arbeitete ich von 8 Uhr morgens bis 21 Uhr, bis zum letzten Drehtag, mit nur sehr kurzen Unterbrechungen. Dennoch fühlte ich mich erstaunlich frisch, als alles vorbei war. Mir wurde aber auch während der Drehtage klar, daß ich, die ich von meinem sechsten Lebensjahr an Klavier spielte, ein wahrhaftig leeres Leben hätte, wenn ich einmal aufhören müßte. Vielleicht beschreiben die folgenden Worte von Annie Swann meinen Zustand damals:

»Gott gebe mir Arbeit
bis mein Leben beendet ist;
und Leben
bis meine Arbeit zu Ende ist.«

Jedoch beschloß ich 1951, mich zurückzuziehen. Nachdem ich diese törichte Entscheidung gefällt hatte, gab ich ein Abschiedskonzert in der Wigmore Hall, das auch mitgeschnitten wurde. Dies war, wie ich glaube, ein großer Erfolg mit einem sehr sympathischen Publikum. Später erschien ich im Fernsehen und sprach von meinem bevorstehenden Ruhestand. Aber der Winter war problematisch, und ich versuchte ständig, mir einzureden, daß ich nicht spielen würde, trotz der vielen neuen Freunde, die ich mir durch das Fernsehen aus der ganzen Welt erworben hatte. Dann brach der Frühling an, und meine bisherige Standhaftigkeit schwand.

Ich konnte das Klavier nicht geschlossen lassen; mein Herz wäre gebrochen. Das verführerische Angebot, Schumanns Klavierkonzert aus Glasgow für eine Weltübertragung aufzunehmen, war schließlich mein »Verderben«. Am 29. Mai holte mich morgens um acht ein Auto ab, und ich fuhr durch Grafschaften, die ich nie wieder zu sehen erwartet hatte. Ich sah Staffordshire wieder, wo ich als Sechsjährige mein erstes Konzert gegeben hatte; der Windemeresee, wo wir die Nacht verbrachten. Der Frühling zeigte sich von seiner schönsten Seite – die Vögel sangen und die Knospen platzten – überall gab es neues Leben, und ich fühlte mich ebenfalls wie erneuert! Wir fuhren sogar durch meinen Geburtsort Carlisle.

In Glasgow verbrachte ich den ganzen Tag im Rundfunkgebäude, wo ich Ian Whyte, den Chef des BBC Scottish Orchestra, traf. Es war ein glückliches und aufregendes Erlebnis, wieder bei der BBC zu sein. Nach der Übertragung des Schumann-Konzerts wurde ich photographiert, und es gab eine Rundfunkansprache für die schottischen Zuhörer und weitere Photographien und Interviews. Müde, aber glücklich verließ ich Glasgow an jenem wunderschönen Frühlingsabend und verbrachte die Nacht in einem reizvollen Hotel im Hochmoor. Als wir am nächsten Morgen zur Fünfhundert-Meilen-Fahrt zurück nach Worthing aufbrachen, war mir endgültig klar, daß ich mit dem Musizieren nicht aufhören konnte. Da ich die Begabung dazu bekam, ist es meine Pflicht weiterzumachen, solange ich wohl und gesund bin und andere daran Vergnügen haben. Nachdem ich diesen Entschluß gefaßt hatte, genoß ich die Rückfahrt zurück nach Worthing, zurück zu weiteren Konzerten und zu meiner geliebten BBC.

Der wichtigste Tag meines Lebens stand mir noch bevor – mein endgültiger Abschied von allen Rundfunkaufnahmen und Konzerten mit sechsundsiebzig Jahren! Was für ein Unterschied zu meinem ersten Auftritt in der Saint James' Hall, obwohl Joseph Joachim damals dabei war, um mir Mut zu machen. Damals entschieden Erfolg oder Mißerfolg über meine Zukunft – die furchtbare Angst, die mich damals ergriff, ist mir noch heute lebendig; es bestand schon ein riesiger Unterschied zu meinem letzten öffentlichen Auftritt, der am Dienstag den 15. Juni 1954 um 19 Uhr 30 in der freundlichen Wigmore Hall stattfand. Die erstaunliche Anzahl von Briefen, die ich seitdem täglich mit guten Wünschen von Fremden und Freunden erhalte, hat viel dazu beigetragen, daß ich die jetzige Phase gut überstehe. Ich brauchte nichts mehr, um den Tag zu genießen. Ich war mit Dankbarkeit erfüllt, und ich liebte das Leben mehr denn je.

Nach dem Konzert empfing mich ein Bündel Telegramme. Unter diesen waren zwei, die ich immer bewahren werde. Das eine war von Dame Myra Hess, das andere von Sir Adrian Boult. Auch die Königin-Mutter schickte ihre guten Wünsche.

Als ich die Bühne betrat, brandete mir die Wärme des Publikums wie eine Welle entgegen. Alles an Herz, Kopf und physischer Energie legte ich in mein Spiel. Ich vergaß, daß es mein letzter Auftritt war, und spielte einfach aus Liebe zu der Musik von Schumann. Das Publikum schwand aus meinen Gedanken, und ich spürte Clara Schumann, Fanny Davies und Lady Thompson in meiner Nähe – sogar Schumann selber schien nah bei mir zu sein und hörte seinen eigenen Werken zu. Ich bin keine Pianistin; ich begreife mich auch nicht als Pianistin. Ich sehe Dinge in der Musik, die ich gerne ausdrücken und weitergeben möchte. Ich hörte noch einmal, wie Clara Schumann so oft gerufen hatte: »Vision – Vision!« Ich möchte gerne glauben, daß ich dies geschafft habe, und ich hoffe, daß ich es auch den Zuhörern und Zuhörerinnen vermitteln konnte. Für mich war dies ein unvergeßlicher Augenblick; der Blüthner-Flügel reagierte genau so, wie ich die Musik haben wollte. Nach dem Konzert überwältigten mich die vielen Blumen ebenso wie der Applaus.

Für meine letzte Rundfunkaufnahme wählte ich mein Lieblingswerk, Schumanns Kreisleriana. Ich wollte meinen letzten Auftritt bei der BBC machen, und dies war für mich etwas sehr Wertvolles und zugleich sehr Schmerzliches. Ich war den Tränen nahe, als ich dieses lange und wunderschöne Werk spielte, mit seinen ruhigen, friedvollen und inspirierenden Harmonien, mit seiner Leidenschaft und zuweilen mit seiner Wut. Das letzte Stück »Papillons«, und die allerletzte Phrase, während die Schmetterlinge die Tastatur herunterjagen, wird immer ruhiger bis zu den letzten Noten, D – G – pianissimo – das ist das Ende. So brachte mich das Finale dieses Werks an das Ende einer langen Pianistinnenkarriere und zu meinem letzten Abschied. Obwohl dies ein Abschied von meinem Spiel ist, gibt es immer noch viel, für das ich lebe, ich kann immer noch meine Ansprachen im Rundfunk halten und das Wissen weitergeben, das ich in meinem Leben gesammelt habe.

Clara Haskil

1895-1960

Wenn ich wenigstens
des Teufels Adresse wüßte

Clara Haskil, am 7. Januar 1895 in Bukarest geboren, erhielt ihren ersten Klavierunterricht bei ihrer Mutter Berthe geb. Moscona. Mit vier Jahren verlor sie ihren Vater Isaac, der ein Haushaltswarengeschäft betrieb. Mit Hilfe ihrer Brüder und mit Klavier- und Sprachenunterricht sorgte die Mutter für den Lebensunterhalt. Als Sechsjährige trat Clara in das Bukarester Konservatorium ein und konnte durch ein Stipendium der rumänischen Königin Elisabeth von 1902-1905 ihre Studien in Wien bei Richard Robert fortsetzen, der auch der Lehrer von Rudolf Serkin und Georg Szell war.

1905 zog sie mit ihrem Onkel Avram Moscona, der bis zu seinem Tod einen großen Einfluß auf sie ausübte, nach Paris, wo sie nach Vorbereitungsstudien von 1907-1910 die Klasse von Alfred Cortot besuchte. Ihr Mentor jedoch wurde Cortots Kollege und Freund Joseph Morpain, dem Clara offenbar wegen seiner menschlichen und pädagogischen Qualitäten sehr zugetan war und auch vertraute. 1909 errang sie den ersten Preis für Violine (!) in einem Jugendwettbewerb und schloß ihre Klavierstudien 1910 mit dem Premier Prix du Conservatoire ab. Eine hoffnungsvolle Karriere begann mit Konzerten in der Schweiz, Italien und Frankreich, die jedoch durch eine Skoliose, eine Wirbelsäulenverkrümmung, unterbrochen wurde. In den Kriegsjahren von 1914-1918 suchte sie Heilung in Berck-sur-Mer – vier qualvolle Jahre in Gips und Stützkorsett.

In den zwanziger bis vierziger Jahren fand ihr Klavierspiel zwar bei Musikern und Kennern Bewunderung, doch ihre Engagements waren so selten und schlecht bezahlt, daß sie davon nicht leben konnte. Zwischen 1924 und 1926 war sie zwar dreimal zu Konzerten in Amerika, mit glänzenden Kritiken und großem Erfolg, doch auch das hat ihre Karriere nicht nachhaltig gefördert. Mit dem Geiger Joachim

Röntgen bildete sie ein Duo, wie später auch mit Arthur Grumiaux, und sie war Konzertpartnerin von Eugène Ysaye, George Enescu und Pablo Casals. Ihren Landsmann Dinu Lipatti lernte sie 1936 auf einer Soiree der Prinzessin de Polignac kennen und war tief beeindruckt von der Ausstrahlung und pianistischen Begabung ihres um 22 Jahre jüngeren Kollegen. Während drei Jahren entstand eine intensive Freundschaft mit fast täglichen Besuchen, Telefonaten und Briefen.

Zur Zeit der deutschen Besatzung mußte sie aus Frankreich fliehen und erhielt Asyl in der Schweiz, deren Bürgerin sie 1950 wurde. Nach dem Krieg setzte sich das Ehepaar Loukie und Michel Rossier unermüdlich für sie ein, bis 1950 endlich der Durchbruch mit Konzerten in Holland kam. Ein wichtiges Jahr war für sie 1956, als sie vom 25. 1.-6. 2. mit Herbert von Karajan zum 200. Geburtstag von Mozart auf Tournee ging und im Oktober, nach so vielen Jahren, wieder in Amerika auftrat. 1953 lernte sie in Vevey, Schweiz, wo sie seit einigen Jahren lebte, Charlie Chaplin kennen, der später bekannte, er sei in seinem Leben drei Genies begegnet: Albert Einstein, Winston Churchill und Clara Haskil. Häufig von Krankheiten geplagt, wie auch schon früher, waren ihr nur zehn Jahre des Weltruhms gegönnt. Am 7. Dezember 1960 starb sie in Brüssel an den Folgen eines Sturzes.

Ironisch und witzig, anhänglich und impulsiv, selbstkritisch bis selbstzerstörerisch, aber stets unmittelbar und lebendig – das ist die Clara Haskil, wie sie aus ihren Briefen spricht. Daß sie heute, nicht zuletzt wegen ihres legendären Mozartspiels, noch fast so gegenwärtig ist wie in den fünfziger Jahren, beweisen ihre Schallplatten, die auch mehrfach in CD aufgelegt sind und immer wieder neu kombiniert erscheinen.

Berck, 27. Juni 1918

Lieber Herr Morpain, [Joseph Morpain war, neben Alfred Cortot, Clara Haskils Lehrer in Paris] Wie geht es Ihnen denn wohl? Trotz meiner verspäteten Antwort wage ich es, Sie zu bitten, mir sofort zu schreiben, so schnell, wie es Ihnen möglich ist, denn ich bin voller Unruhe, weil ich wegen meiner späten Antwort keine Nachricht von Ihnen habe.

Doch mein Schweigen – Sie wissen das genau – rührt nicht daher, daß ich Sie vergessen oder aus den Augen verloren hätte; ich habe jeden Tag an Sie gedacht, weil mir, wie jedem, der Krieg nicht aus dem Kopf geht. Aber der Kummer, die Sorgen, die ewige Verzweiflung haben mir den Mut genommen, Ihnen zu schreiben, ich habe mir immer plausible Gründe vorgestellt, um es zu verschieben. Sie schildern mir in Ihrem Brief, daß man Ihnen eine Stelle als Regisseur an einem Theater an der Front angeboten hat oder eine andere, wo Sie ganz unter Künstlern gewesen wären. Wenn Sie auch eine Abneigung gegen solche Gesuche haben, so möchte ich doch hoffen, daß Sie eine ähnliche Stelle gefunden haben, wo Sie Ihren Fähigkeiten und Ihrem Wesen nach nützlich sein können. Bitte geben Sie mir bald Bescheid, ich wäre glücklich zu hören, daß es so ist.

Einer der Gründe, warum ich gezögert habe, Ihnen zu schreiben: Ich wollte eigentlich einen Monat in die Schweiz fahren und mich dann von dort aus melden. Bedauerlicherweise habe ich keinen Ausweis mit Rückreiseerlaubnis nach Berck oder Paris (Militärzone) bekommen. So traue ich mich nicht zu fahren, ich weiß ja nicht, was für mich materiell daraus entstehen könnte, wenn der Krieg noch lange andauert.

Ich habe mir zwar gesagt, daß ich nicht viel riskiere, weil Musiker, die mich kennen und inzwischen gut und vertrauensvoll über mich sprechen, mir helfen würden, ein paar Konzerte in der Schweiz zu geben oder zu unterrichten. So hätte ich mir meinen Lebensunterhalt bis zur erlaubten Rückkehr nach Paris verdienen können. Vor allem Busoni hat sich sehr begeistert über mich geäußert, worüber ich sehr erstaunt bin. Doch bin ich leider nicht mehr das kleine Mädchen, das er damals gehört hat, und sicher könnte ich nicht mehr auf das wohlwollende Interesse eines inzwischen reichen und berühmten Musikers zählen, der mit den Großen dieser Welt verkehrt. Ich rechne ja nicht einmal mit Cortot, meinem Lehrer.

Es ist sehr schade, daß ich diesen Sommer nicht in die Schweiz fahren kann, ich hatte gehofft, dort meinen Onkel wiederzusehen, das hätte mich seelisch sehr gestärkt. Mein Arzt hatte mir diese Reise empfohlen als für meine Gesundheit günstigen Wechsel, weil der Kummer nach dem Verlust meiner Mutter sich auch auf die Gesundheit niedergeschlagen hat.

Im Moment geht es mir besser, nur plagt mich der Blinddarm seit Monaten, und deshalb hat der Arzt entschieden, mich demnächst zu operieren. Dafür ist der Zustand meines Rückens ausgezeichnet, und bald werde ich das Zelluloidkorsett nicht mehr tragen müssen.

Paris, 18. Mai 1924

Lieber Herr Morpain, gerade bin ich in Paris angekommen und wäre sehr glücklich, wenn ich Sie, sobald es Ihnen möglich ist, sehen könnte. Am 25. gebe ich leider einen Klavierabend. Ich sage leider, weil ich schlechter spiele denn je, und mir wäre lieber, beim Publikum, das mich schon kennt, nicht den guten Eindruck zu verderben. Wenn Sie eine Stunde Zeit hätten, würde ich Ihnen gerne einige Stücke aus diesem denkwürdigen Programm vorspielen. Ich habe gerade in Brüssel einen Klavierabend gegeben und viel Erfolg gehabt, auch wunderbare Kritiken. Hat man denn in Brüssel noch nie Musik gehört??

Paris, 29. Mai 1924

Lieber Herr Morpain, was haben Sie von meinem Klavierabend gehalten??? Ich glaube, Sie wollen darüber lieber Stillschweigen bewahren; dennoch kenne ich den Kern Ihrer Gedanken. Das heißt nicht, daß ich eine »scharfsinnige Psychologin« bin, aber in diesem Fall ist es schwer, der Wahrheit aus dem Weg zu gehen, so traurig das ist.

Basel, 7. Januar 1936

Liebste Frau Röntgen, [Frau des Geigers Joachim Röntgen] da bin ich schon! Auf einmal habe ich mich erinnert, daß ich doch etwas vergessen habe, und bitte tausendmal um Entschuldigung. Es ist dumm meinerseits, aber im letzten Moment mußte das geschehen. Erlauben Sie mir, diese paar Marken zu senden, mit denen Sie mir viele Briefe schreiben werden... Gedankenlos war ich schon als Kind und bin es noch immer.

Die schönen fröhlichen Tage, die ich bei Ihnen verbrachte, kommen mir wie ein Traum vor, und wie wenig ich mir Ihren so herzlichen, so lieben Empfang und überhaupt all Ihre Güte mir gegenüber erkläre, kann ich Ihnen kaum sagen.

Ich kenne an mir ja keine Eigenschaften, die Sympathie anregen können, ich glaube im Gegenteil, daß ich durch meinen Charakter und mein ganzes Wesen die besten Menschen doch ermüden kann, und das betrübt mich. Wenn ich zum Ausdruck bringen könnte, was ich fühle, würde ich vielleicht weniger seltsam, sonderbar erscheinen.

Paris, den 17. Januar 1936

Sehr geehrter Herr Röntgen! [Der Geiger Joachim Röntgen] Vielleicht wird Ihnen mein Name nicht ganz fremd klingen und werden Sie meinen Vorschlag nicht zu sehr unerhört finden. Es ist mir auf einmal eine Idee eingefallen (das ist bei mir sehr wertvoll, denn das passiert mir nicht oft!). Ich möchte eine Idée fixe loswerden, nämlich ein Konzert in Lausanne riskieren. Wollen Sie etwas mitspielen?

Man behauptet, ich spiele nicht schlecht und ich hätte ein gewisses Talent. Ich glaube, man tut mir nicht so Unrecht, und auch glaube ich, daß Sie es wagen könnten, sich mit mir zu produzieren, ohne Gefahr einer Blamage. Zwar kann ich nicht garantieren, daß der Saal gedrängt voll sein wird, denn mein leuchtender Stern hat von seinem Glanz etwas verloren. Bitte, die ganze Geschichte genau zu untersuchen und mir gefälligst die Entscheidung mitzuteilen.

... Bitte um Entschuldigung, Sie mit meiner Persönlichkeit wieder zu belästigen, und erlauben Sie mir, Ihnen sowie Ihrer lieben Frau meine herzlichsten Grüße zu senden.

Clara Haskil
Klaviervirtuosin!

P. S. Die Abwaschbürste ist schon sehr abgemagert. Bald muß ich eine andere bestellen!

Antwort:

Hochverehrte, gnädige Pianistin! Lieber hätten Sie Ihren freundlichen Vorschlag und Ihren genialen Einfall nicht gehabt und mich damit gezwungen, Ihrem Wunsch zuzusagen.

Von Ihrem pianistischen Talent habe ich gehört, aber das imponiert mir nicht so sehr, denn Pianisten gibt es genug und noch schlechte dazu.

Da ich aber freundlich bin und auch Sie nicht kränken will, bin ich mit Ihrem Einfall bis auf weiteres einverstanden.

1. Es geht mir
2. Ich spiele
3. Ich war ... nicht ... in Glarus
4. Mein Halsgeschwülst ist
5. Meiner Frau geht es
6. Das »Kissen« an Werner Reinhart ist endlich fertig.
7. Dafür ist meine wollene Jacke nicht fertig.
8. Wegen Ihren verdammten Noten mußten wir eine neue Bibliothek kaufen.
9. Auf Ihrem Kalender haben wir uns den Totentanz [von Franz Liszt] am 21ten notiert.

Adieu

Paris, 27. Januar 1936

Liebe Frau Röntgen, denken Sie sich, daß ich nach dem letzten Radio-Konzert [in Lugano] eine sehr schöne Überraschung hatte. Ein Mitglied der Musikgesellschaft in Lugano, der mich bei der jungen Tessinerin, von der ich Ihnen erzählte, hörte und durch sie wahrscheinlich den Kopf verlor, hat mich durch sie fragen lassen, ob ich dort mit Orchester im März spielen will! Sie können sich denken, wie froh ich darüber bin, und noch dazu 500 Schweizer Franken Honorar! Ich sage recht, diese Tessinerin hat ihm den Kopf verdreht. Also, Sie werden das Vergnügen haben, mich wiederzusehen, denn natürlich werde ich bei der Reise Zürich–Lugano retour nicht die Gelegenheit verpassen, wieder nach Winterthur und Berg zu springen. Momentan brauche ich die Schnur (um mich aufzuhängen) nicht mehr! Übrigens habe ich eine andere (und noch eine goldene), die für denselben Zweck verwendet werden kann. Ich habe viel zu arbeiten, komme aber nicht dazu, weil ich regelmäßig gegen

3 Uhr nachts zu Bette gehe und am anderen Tag tüchtig die Nacht am Klavier einhole. Was ich wohl bis um diese Zeit mache, weiß ich nicht, etwas schuld daran ist aber die Abwaschbürste, mit der ich jeden Abend einen Kampf führe. Auch einen famosen Büchsenöffner habe ich in Basel gefunden und esse tüchtig aus Conserven, damit ich ihn nicht umsonst gekauft habe.

Was die Stücke, die ich in Lausanne und Aigle spielen soll, anbetrifft, an die traue ich mich überhaupt nicht zu denken. Ich glaube, ich werde improvisieren, das gelingt mir ja manchmal ganz gut.

Wieso ist der? die? das? Kissen an Werner Reinhart noch nicht fertig? Unglaublich! Wie werden Herr Röntgen und ich die Stücke von Brahms und Schubert zusammen studieren? Jeder für sich und »rendez-vous aux points d'orgue? ...« Mein Bukarester Projekt schläft in der blauen Donau...

Paris, 10. März 1936

Lieber Freund, entschuldigen Sie bitte diese paar Zeilen, ich bin aber schon wieder erkältet (2te Ausgabe Bronchitis) und schreibe liegend.

Vor ein paar Tagen kam ein Telegramm von Herrn J., der mir meldete, daß der 17. März frei geworden ist... Am selben Tag, wie die Depesche kam, habe ich mich für ein Konzert (Radio) für den 17ten verpflichtet, und ich glaube, das war ein großer Fehler. Es handelt sich darum, ein Konzert von Saint-Saëns öffentlich zu spielen, und ich habe nur noch einige Tage bis zum 17ten! Im ganzen 12 Tage für ein neues Konzert! Das wird vielleicht eine furchtbare Blamage!

Paris, 8. April 1936

Liebe Annemarie, der Arzt verspricht mir neue Lungenentzündung und sogar die andere Welt, wenn ich nicht ausruhe, vegetiere usw. und noch dazu 3-4 Wochen im Gebirge verbringe.

Nu, nu oder no, no, so arg wird es nicht sein und wenn auch, habe ich nicht die geringste Absicht, es so genau zu nehmen.

Mein lieber Partner! Das ungelöste Problem meiner Adresse wird nie gelöst. Ich kann aber nichts dafür und ich wohne doch in der rue Saint d' Idier – Buchstabe Nr. 9 des Alphabets! Ich will hoffen, daß wir uns in der Musiksprache besser verstehen werden! Was glauben Sie? Inzwischen können Sie über mein deutsches Sprechen und Schreiben schön lachen, Sie haben schon verschiedene Gelegenheiten dazu gehabt. Amen.

Studio Bern 5 Uhr

Lieber Konzertschüler!! Neueste Nachrichten aus Bern: ich habe noch nie so schlecht gespielt, so gehudelt, in einem so rasenden Tempo, ohne Sinn, schändlich, schändlich. Dafür habe ich aber schön gehustet, ich spielte bei einer Temperatur von 40 Grad und war dabei krank, ganz erledigt.

Nun bin ich überzeugt, daß ich nicht mehr in »Euren Bund« gehöre, und das kränkt mich unendlich, aber Sie können gewiß nicht mehr mit mir öffentlich spielen. Serkin schrieb mir einmal: »Freundschaft und Musik sind ja zwei ganz verschiedene Dinge.« Nun sind wir auch soweit. In Glarus ging das Konzert nicht schlecht, und trotzdem war meine Haltung so dumm, daß mich jeder aufgeben würde, wenn ich aber nicht einmal gut spiele, kann ich direkt zu meinem Freund spazieren. Meine Erkältung wird mir vielleicht dazu helfen. –

(Einlage in einem Geschenk von Clara Haskil: die Sonaten von Bach für Klavier und Violine, die ich zwischen meiner Musik fand.)

(Liebes) Fräulein Haskil! Unerhört wirklich! Da sind ja die Bach-Sonaten! Bin doch froh, sie nun zu haben. Vielen Dank.

Wir feiern herzlichst Ihre Abreise und freuen uns, nicht mehr die ewigen Chopin-Balladen zu hören. – Hoffen auch, daß Sie möglichst lang nicht wieder zurückkommen! Mit den unangenehmsten Erinnerungen

Unterschrift!

Lieber [Thema Bach-Solosonate C-Dur]

Bitte nicht umgekehrt zu verstehen!

Das Brahms-Konzert geht ganz famos, ich konnte es schon am 2ten Tag auswendig (110 Seiten), gewiß werde ich es spielen und bin schon ganz eingebildet geworden.

Auch muß ich erst fest überlegen, ob ich mit Ihnen in Haag und Amsterdam konzertieren will. Die 435 Gulden, die wir dazu brauchen (oder wird vielleicht Werner Reinhart mithelfen??) haben mir schon 2 (zwei) graue Haare gegeben, die kann man aber eventuell färben lassen.

Die Tempo-Taschentücher kann ich nicht brauchen, weil nicht meine kleine Nase leidend ist, sondern meine Bronchien und mein Hühnerhals, der furchtbar schmerzhaft ist. Mit meiner Sopranstimme ist es nun aus! Die hohe Temperatur 39 Grad hat uns auch viel Sorge gemacht, aber mein Freund scheint mich doch noch nicht zu wünschen.

Die Glarner Kritiken sind wirklich etwas kalt und zurückhaltend, wahrscheinlich wollte man meine »vornehme Bescheidenheit« nicht verletzen!

Paris, 19. Januar 1937

Lieber Joachim, stellen Sie sich vor, ich habe mich spielen hören, zwei Platten aufgenommen und dafür 14 Schweizer Franken ausgegeben. Wenn meine Bescheidenheit nicht auf der Höhe meines Talents wäre (was nicht wenig heißt), würde ich zugeben, daß sie mir, besonders die eine Seite und die Hälfte der anderen, eine Riesenfreude bereitet haben und ausgezeichnet sind. Bei Gelegenheit können Sie sich selbst ein Urteil bilden.

Paris, 17. Mai 1937

Lieber Joachim, ich habe an Werner Reinhart geschrieben, um ihn zu fragen, ob ich drei oder vier Tage zu ihm kommen kann. Ich fürchte allerdings, daß mein Brief einen schlechten Eindruck macht, denn ich habe die verabscheuungswürdige Gewohnheit, Scherze zu machen, so als ob ich der glücklichste, sorgenfreiste Mensch auf dieser Welt sei, ohne jedes Leid. Na ja, wenn schon.

Letzten Donnerstag bin ich ins Philharmonische Konzert gegangen, das Sidney Beer dirigiert hat, ein Multimillionär, der dieses Orchester finanziert; diese Kleinigkeit ist wichtig, denn sonst müßte man ihn umbringen. Der Dirigent d'O. ist ein Toscanini im Vergleich zu diesem, und er hat den armen Casals im Haydn-Konzert so schlecht begleitet, daß Casals sich mehrfach zum Orchester gewandt und sogar einige Worte ausgestoßen hat, die auf seine schlechte Laune hindeuteten. Danach bin ich zu ihm gegangen und habe ihm Ihre Grüße bestellt. Er hat sofort von Ihnen gesprochen, von Ihrer Mutter ... und gesagt, er würde mich gerne öfter sehen und mit mir Musik machen ... Er hat recht, denn ich würde sicher besser spielen als Herr S., ich bin jedoch sicher, daß ich nicht mehr mit ihm öffentlich auftreten werde, denn ich habe Mittel und Wege gefunden, auf dem Podium Dummheiten mit Casals zu machen, und das hat ihm bestimmt nicht gefallen. (Anderen gefällt das sicher auch nicht.) Schade, daß sich das Talent in einem Hirn wie dem meinigen befindet! –

[C. H. Klaviervirtuosin – Konzertpianistin – Konzertanfängerin – Schnellspielerin]

Schloß Berg, 13. Juli 1939

Lieber Freund, [Dinu Lipatti] heute mittag sind Sie in Bukarest angekommen, und ich hoffe von Herzen, daß die 40stündige Reise Sie nicht zu sehr ermüdet hat. (...) Sie können sich vorstellen, wie traurig ich war, als es mir bewußt wurde, daß Sie tatsächlich abgereist sind und daß wir uns während Monaten nicht sehen würden. Ich verspüre mehr denn je das Gefühl der Einsamkeit, heftig und schmerzhaft.

Ich habe Ihnen oft gesagt, wie sehr ich mich von Ihrem außergewöhnlichen Wesen, Ihrem Charakter angezogen fühle und wie sehr mich die aufrichtige Freundschaft, die Sie mir entgegenbringen, beglückt. Da ich Sie nun nicht mehr am Telefon ärgern kann, räche ich mich, indem ich Ihnen schreibe. Da wiederum können Sie sich rächen, indem Sie mich bis in alle Ewigkeit auf Nachricht warten lassen. Wie Sie sehen, versuche ich noch Humor zu haben, »Galgenhumor«, wie die Deutschen sagen.

Da ich die »Suite classique« [Komposition von Dinu Lipatti] mitgenommen habe, werde ich so lange bei ihm [bei Werner Reinhart in Winterthur] bleiben, bis er sie aufmerksam angehört hat und damit einverstanden ist, Sie für das Liszt-Konzert und die Suite zu engagieren. Es ist schade, daß die meisten Konzerte vom unsympathischen S. [Hermann Scherchen] dirigiert werden. Aber im Grunde macht es nichts, denn das Orchester ist gut, und Horowitz, Milstein, Busch, Casals und andere spielen hier. Die Flügel kommen aus Zürich und sind wunderbare Bechsteins. (...)

Bei Hug habe ich die Schubert-Sonaten in der Schnabel-Ausgabe gesucht, es gibt sie nicht. Die Edition Peters hat die Original-Ausgabe herausgebracht, und die bringt nichts Neues. Hab' ich Ihnen geschrieben, daß ich im Radio am 9. September Ihr Nocturne und ein Stück von Poulenc aufnehmen werde? Wenn Sie es mir bis dahin nicht schicken, werde ich selbst eins komponieren müssen. Sind Sie sich im klaren darüber, was Sie erwartet?

Paris, 3. August 1939

Lieber Freund, verzeihen Sie mir, daß ich mich für Ihre beiden Briefe nicht bedankt habe, aber sie haben mich so traurig gestimmt und aufgeregt. Seit mehreren Tagen geht es mir schlecht, ich habe eine Entzündung im Gesicht und Schmerzen im Rücken und muß den ganzen Tag liegen. Seit Ihrer Abreise habe ich das Klavier nicht mehr angerührt. Was Sie mir über unseren Plan, an zwei Klavieren zu spielen, schreiben, betrübt mich zutiefst, es war für mich ein Lichtpunkt.

Keine Nachricht von Enesco, von Sinaia. Adieu Projekte, jetzt kann ich nicht mehr darauf hoffen, nach Bukarest zu kommen. Es ist unwahrscheinlich, daß sie mich drei Jahre in Folge engagieren – ich ziehe kein Publikum an –, und dorthin reisen nur wegen der Sonaten-Aufnahme, das kann ich nicht.

Das Konzert von Vichy ist auf den 14. Dezember festgelegt, Probe am 11. Dazwischen muß ich wegfahren. Es ist immer so: Ich habe nur drei Konzerte im Jahr, aber diese drei machen Ärger. Ich habe die Tante [Spitzname der Prinzessin de Polignac] vor ihrer Abreise nach London gesehen. Ihre ersten Worte waren: »Haben Sie Nachricht von Herrn Lipatti? Alle sagen, Mozart sei noch nie so gut gespielt worden wie von Ihnen beiden – es war großartig.« Das freut mich, obwohl ich weiß, daß es Ihnen wegen meiner guten Ratschläge nur Ärger eingebracht hat. Wenn sie nur etwas bei der BBC in London erreichen würde. Andere Neuigkeiten: Ich bin wütend auf einen Herrn Rossier in Vevey [Emile Rossier, Präsident von Arts et Lettres], und ich war kurz davor, ein Konzert zum Teufel zu schicken. Dieser Herr ist engstirnig. Er will unbedingt das Schumann-Konzert haben, es »zieht das Publikum an«. Ich habe ihn verflucht, ihn und seine Landsleute in Vevey, aber ich hatte nicht den Mut, auf dieses Engagement zu verzichten: 51 Schweizer Franken, ich habe doch so wenig. Aber ich versichere Ihnen, daß ich den Schumann ähnlich verabscheue wie Lekeu und Franck, und ich bedauere es zutiefst, daß ich nicht ablehnen konnte. Wie schön wäre es, sagen zu können: »Ihr seid mit meinen Vorschlägen nicht einverstanden? Dann spiele ich eben nicht.« Aber so weit bin ich noch nicht. Ich hoffe, daß ich mich in Winterthur und hier in Paris revanchieren kann.

Unterwasser, 17. August 1939
(Prädestinierter Name – unter Wasser –)

Lieber Freund,
ich kann mich nicht brüsten, diesen Ort gut ausgesucht zu haben. Das Wetter ist miserabel, ich habe mich zweimal erkältet, liege mit hohem Fieber und Husten im Bett. Innerhalb von 15 Tagen ist das wirklich ein Rekord. Außerdem habe ich noch keine Note gespielt. So kann es nicht weitergehen, ich werde abreisen. Den Ort und die Menschen habe ich satt. Stellen Sie sich vor, niemand hat auch nur ein Wort mit mir gesprochen, niemand sich um mich gesorgt, auch nicht, als ich krank war. Ich wußte nicht, daß ich so abstoßend aussehe. Um so schlimmer!...

Ich danke Ihnen vielmals für die Idee mit dem Radio, aber warum nicht an zwei Klavieren? Sagt Ihnen das nichts? Ganz alleine möchte ich nicht spielen, höchstens einmal ein Stück. Warum nicht an zwei Klavieren? Wollen Sie wirklich nicht? Laut einer Karte, die mir meine Schwester geschrieben hat, sind die Philharmonischen Konzerte [in Bukarest] schon ausgedruckt, und ich bin nicht unter den Solisten.

Endlich habe ich jemanden gefunden, mit dem ich reden kann: eine Katze, so einsam wie ich, und eine, die mich mag.

Wenn meine Schwester das wüßte, sie liest sie immer auf und findet dann noch eine Unterkunft.

Meine besten Wünsche an Ihre Familie. Sie, Sie grüße ich ohne jedes Empfinden.

Colinette (Prädestinierter Name)

Gleicher Ort (Unterwasser), 18. August 1939

Lieber Doktor, Ihr Brief vom 15. August ist gerade angekommen. Ganz herzlichen Dank und Glückwünsche für die Idee des Tripel-Konzerts (von mir niedergemetzelt plus zwei Vogelscheuchen und Inghelbrecht im Radio); wenn George Enesco nicht »der fünfte im Bunde« sein will, wird er Sie gerne als Solisten nehmen. Seien Sie so gut und kümmern Sie sich nicht mehr um mich, im Ernst.

Ich habe meine wirkliche Berufung entdeckt: nicht mehr öffentlich spielen, nur noch zwischen vier Mauern für 40 Kranke. Schade, daß Sie mir nicht geraten haben, von hier fortzureisen, es wäre ein so guter Ratschlag gewesen. Wie Sie wissen, treffe ich, wenn ich alleine bin, nur falsche Entscheidungen, hier der Beweis. Meine wärmsten Glückwünsche zu Ihrem Konzert für Orgel und Klavier. Ich beneide Sie sehr wegen Ihres Talents. Warum habe ich so wenig davon und Sie so viel? So sieht die Gerechtigkeit auf Erden aus ... Sie haben mir nicht erzählt, ob Sie das Klavier an die Seite der Orgel oder die Orgel an die Seite des Klaviers gestellt haben und ob Sie von einem zum anderen gerannt sind?

Ich bin sehr schlechter Stimmung, kann nicht mehr spielen, nicht einmal so schlecht wie vorher, ich weiß nicht, wohin ich gehen, woran ich arbeiten soll, die Gesundheit ist schlecht, der Kopf leer, die Taschen ebenfalls. Zum Teufel mit meiner ganzen wundervollen Person. Wenn ich wenigstens seine Adresse wüßte ... Auf Wiedersehen, hab' ich Sie mit meiner Zuneigung nicht schon gelangweilt?

Vevey, 14. September 1939

[An Dinu Lipatti]: So schnell wenden Sie sich von mir ab? Sie schreiben nicht mehr, ausgerechnet jetzt, wo ich freundschaftliche Worte von einem lieben Freund so nötig habe. Ihr Brief, den Sie in Paris am 28. August abgeschickt haben, ist hier zwölf Tage später angekommen. Sie müssen alle meine Briefe erhalten haben. Ich warte immer noch auf die Genehmigung, die jetzt erforderlich ist, um nach Frankreich einreisen zu dürfen. Ich habe auch versucht, das Klavier zu öffnen ... Der Gedanke an liebe Freunde und die Arbeit helfen ein bißchen, diese trostlosen Tage zu ertragen. Kommen Sie, schreiben Sie mir doch ein paar Worte. Es tut mir leid und Ihnen auch, daß Sie annahmen, ich würde Sie für unehrlich halten. Woher haben Sie nur diese Geschichte? Verstehen Sie keinen Spaß? Und wieder Argwohn. Nochmals, ich bedaure ...

Der Züricher Impresario war bereit, neben meinem Klavierabend noch ein Konzert an zwei Klavieren mit Ihnen zusammen, wo Sie aber auch als Solist aufgetreten wären, fest zu vereinbaren. Ja, alles fällt ins Wasser ...

Immer wenn ich etwas spielen möchte, erinnere ich mich daran, wie Sie es vorgetragen haben oder vortragen würden – und ich gebe auf ... Schreiben Sie mir bitte zwei Worte. Wahrscheinlich werden Jahre vergehen, ehe wir uns wiedersehen; wenn ich dann noch überhaupt auf dieser Welt bin.

Vevey, 27. September 1939

Mein lieber Dinu, ich bin sehr lästig, aber bitte seien Sie mir deswegen nicht böse; ich bin voller Unruhe und Angst und kann mit niemandem sprechen. Das ist natürlich kein Grund, Ihnen beschwerlich zu werden, ausgerechnet Ihnen. Ich habe für den 6. Oktober einen Schlafwagen bestellt in der Hoffnung, nach Paris reisen zu können. Meine Schwester hat mir erzählt, daß kein Ausländer mehr im Rundfunk spielen darf, also werde ich nichts zu tun haben. Was sagen? Was tun? Was anfangen? War meine Schwester nicht weiser? Bin ich nicht dumm? Sie werden mir nicht widersprechen! Wo soll ich hin, wo bin ich zu Hause? Nirgends, vielleicht in einer anderen Welt. Hier sind alle Konzerte gestrichen worden, es bleibt eines in Vevey im Dezember und ein anderes in Lausanne im Januar, und für diese beiden brauche ich noch ein besonderes Visum. Ich habe Edwin Fischer mit den Bach-Präludien für Cembalo gehört, manchmal trocken, aber gut und so unsauber, wie es nicht erlaubt sein dürfte.

Vevey, 6. Oktober 1939

Lieber Dinu, Ihr Konzert gestern abend hat mich erschüttert. In diesen wenigen Monaten haben Sie eine fantastische Wegstrecke zurückgelegt – obwohl Sie doch vorher auch nicht gerade schlecht gespielt haben. Meine wärmsten Glückwünsche. Sie sind ein ganz großer Künstler, und bald werden Sie Ihre Kollegen, auch die berühmtesten unter ihnen, in den Schatten stellen.

Obwohl es bei der Übertragung eine Menge Störgeräusche gab, könnte ich Ihnen Einzelheiten erzählen, die Sie amüsieren würden. Die Sprecherin aus Athen hat die Hälfte Ihres Namens verschluckt, glücklicherweise hat sie ihn in drei Sprachen wiederholt und jedesmal deutlicher. Ich habe alles mit großer Aufmerksamkeit und viel Herzklopfen verfolgt. In Ihrer Suite habe ich den zweiten Teil mit den Trillern in der Kadenz bewundert (hier haben Sie mich von neuem überflügelt), der dritte Teil war von einer außergewöhnlichen Gleichmäßigkeit und Zartheit (vielleicht etwas schneller, als wir es zusammen gespielt hätten). Ich habe die begeisterte Reaktion des Publikums gehört, der vierte Teil war unglaublich geschwind und dabei von einer herrlichen Genauigkeit und Klarheit, das Pianissimo-Ende war sehr gut zu hören. Ich habe den so geistreichen Dialog zwischen

Klavier und Bläser nicht verstanden. Beim Liszt hat mich alles beeindruckt, der klangvolle Baß, die Schattierungen im d-Moll-Teil, das Lento in Des-Dur. Bewundernswürdig der Teil, der die beiden Violoncello-Rezitative verbindet, Sie haben ihn diesmal schnell gespielt (um sich über mich lustig zu machen?). Die Passage mit den Akkorden in D waren herrlich, aber das Orchester fast wie ausgelöscht. Ich habe nur eine einzige Note gehört. Die Terzen nach dem a tempo in E-Dur ein wahres Wunder. Im h-Moll-Teil (den Triolen) haben Sie sich so mitreißen lassen, daß mir angst und bange wurde. Später beim $^2/_2$ Takt waren die ersten Passagen herrlich, die Arpeggien furchtbar schnell, und von den chromatischen Passagen habe ich nichts verstanden. Das Orchester schien nicht zu folgen. Was ist im Lento E-Dur passiert, das auf die Klavier-Arpeggien folgt und den arpeggierten Akkorden vorangeht? Das Rezitativ in A-Dur admirabilissimo. Die Geschwindigkeit am Ende hat mich verblüfft.

Habe ich Sie mit all diesen Einzelheiten gelangweilt? Seien Sie mir nicht böse, bitte. Es ist, als würde man am Telefon miteinander reden! Leider fehlt das ...

Paris, 2. Dezember 1939

Lieber Freund, gerade erhalte ich einen Brief von einem Geiger, Röntgen, von dem ich Ihnen erzählt habe und der mit mir einen Sonaten-Abend in Den Haag geben möchte. Da ich nichts anderes habe, habe ich zugesagt, obgleich das eher Ausgaben als Einnahmen bedeutet. Kann ich dort etwas für Sie tun?

Paris, 15. März 1940

Mein lieber Dinu, jetzt kann auch ich nicht mehr schreiben! Ich weiß nicht, was mit mir los ist, aber ich kann die Schreibfeder nicht mehr halten, sie gleitet mir aus den Fingern, mein Kopf ist leer und ausgedörrt, um nur wenig zu sagen ... Ihr

Brief hat mir soviel Freude bereitet, all diese Neuigkeiten, die Sie mir erzählen. Ich bin glücklich, daß Sie in guter Form sind und schöne Pläne haben. Sehr gut. Bravo! Ich war sehr verärgert:

1. weil Sie mich bereits durch Madeleine Cantacuzène [spätere Frau von Lipatti] ersetzt haben, meiner gefürchteten Konkurrentin auf allen Gebieten

2. weil Sie unser Pariser Programm kopiert haben

3. weil Sie am 28. oder 29. Februar im Radio spielen werden; ausgerechnet in diesem Jahr muß der Februar 29 Tage haben. So also handeln Sie. Gut, Herr Dinu, ich werde es mir merken und mit Jean D. spielen, wenn das so ist (unter uns, einem zweitklassigen Pianisten), er paßt daher ohnehin besser zu mir, wir werden im Einklang sein. Es tut mir sehr leid, mein Herr Kollege, und ich möchte, daß Sie es wissen. Ungeduldig erwarte ich die versprochene Partitur. Wir werden wunderbare Werke erarbeiten können. Die Konzerte von Brahms und Tschaikowsky werden Ihnen sehr liegen. Das zweite ist publikumswirksamer, aber das hängt auch davon ab, wo Sie es spielen. In Holland wäre es Brahms, in der Schweiz, Amerika und England eher Tschaikowsky. Lili Kraus hat selbst einen Dirigenten und 50 bis 60 Musiker ausgesucht, und jetzt geben sie mehrere Konzerte in Holland mit drei Mozart-Konzerten (B-Dur, Es-Dur, meins, c-Moll). Wenn sie zurück ist, will Lili Kraus alle Mozart-Konzerte bis Nr. 28 spielen. Was soll ich dazu sagen, außer daß ich neidisch bin auf all diese Aktivitäten, während ich dahinvegetiere und darauf warte, 200 Jahre alt zu werden. Was könnte ich tun? Fällt Ihnen etwas ein? (...) Schreiben Sie mir noch vor 1941, liebster Dinu.

Ihre glutvolle Mitspielerin Clarinette.

Paris, 20. April 1940

Liebster Dinu, wie bewegt war ich, als ich Ihren Brief und die Worte Ihrer Mutter las! Wirklich, was für eine Überraschung, daß Sie einen Teil der Sendung vom 9. gehört haben! Was für ein merkwürdiger Zufall! Ich bin gerührt über das, was Sie mir sagen, und sehr glücklich, daß Sie von meiner Art zu spielen nicht angewidert sind. Ich war es und hatte wieder Lust, mich zu allen Teufeln zu schicken. Soll ich wirklich den Klavierabend am 29. Mai in Zürich geben? Bitte denken Sie an diesem Tag an mich. Ich habe einen lieben Brief von Madame Charles Münch erhalten; gleich nach ihrer Rückkehr lädt sie mich zum Mittagessen ein. Ob sie mich wohl mit jemand anderem verwechselt? Sie hat mich noch nie in ihrem Leben gesehen, aber das ist wahrscheinlich genau der Grund, warum sie mich einlädt. In Bern hat man Sie als Solisten vorgeschlagen und mich gefragt, ob Sie »sehr teuer« sind, worauf ich geantwortet habe, »nie zu teuer«. Meine Schwester ist immer noch in Rennes, ich werde sie besuchen. Stellen Sie sich vor, Schlägereien gehören jetzt zur Tagesordnung beim Orchestre National, und unser Freund Inghelbrecht ist nach Paris abgereist, weil er sich nach diesem Zwischenfall vor dem Musiker fürchtet, den er entlassen hatte; dieser spazierte mit Pulver und Revolver umher, um Inghelbrecht an einer Straßenecke zu überraschen ... Und dabei sagt man, die Musik bessere die Sitten!!! ... Wie sehne ich mich nach Ihrem Haus, vor allem nach denen, die darin wohnen, nach der schönen Zeit bei der Tante ... und im Café. Was tun? Ich bin niedergeschlagen, und es gibt Momente, da verliere ich jede Hoffnung auf eine bessere Zukunft. All das ist so beunruhigend und traurig. Wann wird es aufhören? Ich denke viel an Sie, an alle, die weit weg sind, mit großer Zärtlichkeit. Bald schicke ich Ihnen einen Brief voller Späße!

Ihre traurige Partnerin Clara

Rennes, 5. Juni 1940

Liebster Dinu, Sie können sich vorstellen, was wir hier durchmachen und die Sorgen, mit denen man lebt. Werden wir wirklich eines Tages das Ende dieses entsetzlichen Desasters erleben? Wie recht Sie haben, sich von Ihrer Arbeit, dem Komponieren und Spielen, ablenken zu lassen, die Menschen und überhaupt alles zu vergessen. Bessere Tage werden kommen, aber wann? Werden wir uns noch einmal sehen? Wer weiß... Haben Sie gewußt, was in Paris und in vielen anderen Städten geschehen ist? Man muß Fatalist sein, warten und seine Aufgaben erfüllen, was ich nicht tue, denn ich arbeite nicht einmal. Seit 8 oder 10 Tagen bin ich hier. Ich brauche kein Klavier, ich kann ohnehin nicht arbeiten, man gibt mir auch keine Arbeit; die einzigen Konzerte waren in der Schweiz, und die mußte ich absagen, weil ich kein Einreisevisum erhielt. Schicken Sie mir Ihre Fantasie, ich werde sie üben, sie wird mir ein Trost sein. Vielleicht komme ich doch diesen Herbst nach Bukarest, aber ich glaube nicht daran. Bald ist es ein Jahr her, seit wir uns am Bahnhof verabschiedet haben, um uns nach zwei Monaten wiederzusehen... Was ist seither nicht alles geschehen! Glücklicherweise hat alles ein Ende, auch der schlimmste Alptraum, wie Sie selbst auch sagen.

Cannes, 5. April 1942

Lieber Herr Morpain, ich habe Ihnen nicht geschrieben, weil mir die Gesundheit, besonders das Sehvermögen, übel mitspielt. Ich lese und schreibe fast nichts, das wird meine Intelligenz noch erheblich steigern, und das will etwas heißen. Kurz, ich bin hierher gekommen, um einen berühmten Augenarzt zu konsultieren, und nun warte ich schon seit zwei Monaten darauf, für welche Behandlung er sich entscheidet. Man spricht von Trepanation und ähnlichen Bagatellen, offenbar ist es nicht dringend. Mein Fall ist eben ernst, aber nicht schwerwiegend. Was für ein subtiler Unterschied. Jetzt warten sie, ehe sie handeln, bis er schwerwiegend wird. Jedenfalls verstehe ich nichts, aber sehen tue ich auch nichts, und das ist ja das einzige, was mich interessiert. Und was mein armes Klavier angeht...

Schloß Berg, 29. Juli 1943

Mein lieber Dinu, Ihre so interessanten Briefe haben mir viel Freude bereitet, und ich bin Ihnen unendlich dankbar, daß Sie mich an so vielen Einzelheiten über sich, über Ihre künstlerische Karriere teilhaben lassen. Sie wissen, wie sehr ich daran Anteil nehme und mich an Ihren Erfolgen freue. Im übrigen bin ich über diese Erfolge alles andere als erstaunt. Ich habe immer geglaubt, daß Sie sehr schnell eine große Karriere machen würden. Das war nicht schwer vorauszusehen bei Ihrem Talent und Ihrer Persönlichkeit. Wenn Ihre Tournee hier, wie ich hoffe, zustande kommt, erübrigt es sich, Ihnen zu sagen, wie glücklich ich sein werde, Sie zu sehen. Die schönen Momente, die wir zusammen verbracht haben, vergesse ich ganz sicher nicht, die langen Telefongespräche und die Pläne, die wir geschmiedet haben und die so unglückselig scheitern mußten. Das alles ist Vergangenheit... und für die Zukunft mache ich keine Pläne mehr. Von Herzen wünsche ich mir, daß Sie hierher kommen können; ich will mich, aus Angst vor einer zu großen Enttäuschung, noch nicht darauf freuen.

Tausend gute Wünsche an Ihre Familie und für Sie, lieber Dinu, meine herzlichsten Gedanken Clara

Winterthur, 17. August 1949

Liebe Madame Rossier, [Sophie Rossier, Mutter von Michel Rossier] die Zeit ist mit meinen Reisen und all den Menschen, die ich getroffen habe, schnell vergangen, aber meine Arbeit hat sehr darunter gelitten, und es ist mir schwergefallen, mich wieder einzuleben. Dabei wäre es an der Zeit. Gestern habe ich zwei berühmte, namhafte Künstler gehört; dennoch haben sie Bach und Brahms im dreifachen Galopp gespielt, als ginge es darum, ein Geschwindigkeitsrennen zu gewinnen. Ist das der Einfluß aus Amerika? Da ich meinen Wahrnehmungen ein wenig mißtraue, selbst den musikalischen, habe ich mir gesagt, daß ich davon nichts verstehe, aber andere waren, bevor ich mich darüber geäußert hatte, derselben Meinung.

Baden, 17. September 1949

Liebe Gertrude, [Gertrude Rossier, Schwester von Michel Rossier] alle meine guten Wünsche für Ihre Gesundheit. Was für eine Geduld und Energie benötigt man, um in guter Stimmung und seelischer Verfassung zu bleiben. Über dieses Kapitel hätte ich viel zu sagen – im Moment versuche ich, das Konzert morgen und am Dienstag zu retten, aber mein »Lampenfieber« kennt diesmal keine Grenzen, und ich weiß nicht einmal warum. In dem Maße, wie meine »Berühmtheit« wächst, nimmt mein Verantwortungsbewußtsein zu.

Montag, 5 Uhr morgens, [ca.1950]

Liebe Madame Rossier, daß Sie mir immer noch Ihre Freundschaft bewahrt haben, ist fast ein Wunder und zeigt Ihre außerordentliche Güte und Nachsicht. Die liebevolle Fürsorge, die ich bei Ihnen finde, das Gefühl, einen Ort zu haben, wo ich mich vertraut fühle, sind mir ein großer Trost, und ich würde gerne meine Anhänglichkeit und tiefe Dankbarkeit anders als in Worten, in meiner Haltung oder unqualifizierten Reaktionen ausdrücken. Verzeihen Sie mir diese Worte, die ich in Eile und nach einer schlaflosen Nacht geschrieben habe.

Den Haag, 12. Februar 1950

Liebe Anne, [Grandjean] Am 6. habe ich in Hilversum Beethoven (Nr. 3 c-Moll) gespielt, das Andante wirklich gut, gestern in Den Haag vor überfülltem Saal weniger befriedigend, während mir heute in Amsterdam, wo eine fast ergreifende Spannung und Stille herrschte, Ihre Fuge in a-Moll (übrigens noch niemals so gut), op. 111 und Brahms gut gelungen sind. Abegg und die anderen Stücke gelangen weniger »beeindruckend«, ich war schon müde, und der Flügel hat mich gestört, er war zu hart für die schnellen Läufe und Leggiero-Passagen. Hoffentlich bleibt mir der Erfolg hier erhalten. Schweiz und Holland sind die einzigen Länder, die von mir als Pianistin etwas wissen wollen. Wie lange noch??? Wissen Sie, daß ich seit drei Wochen Ihre Landsmännin bin? So ist es, und ich fühle mich unendlich glücklich und dankbar.

Paris, den 20. Dezember 1950 2 Uhr morgens

Liebe Madame Rossier, gerade heute hat mir Monsieur Bigot, ein Dirigent, der mich kennt und mit dem ich schon gespielt habe, am Telefon gesagt: »Hier muß man entweder Geld im Überfluß haben oder trickreich sein, um zu spielen.« Das ist sicher richtig, aber nur bis zu einem gewissen Grad, denn den Großen gelingt es, ohne »Kombinationen« und Geldeinsatz zu spielen. Es ist schon merkwürdig, daß mir in Paris die Karriere nicht gelingen will. Vielleicht liegt es daran, daß ich keinen Pelzmantel besitze und mir kein Rouge auflege?! Auch der »Kombination« des Zimmers mit meinen Möbeln geht es schlecht. Mein Mobiliar setzt sich aus zwei kleinen Tischen, zwei Stühlen, einem Klavierstuhl und einer Kiste mit kostbaren Büchern zusammen. Wenn sich irgend etwas aus diesen Büchern in meinem Kopf festgesetzt hätte, wäre das sicher meiner »Persönlichkeit« nicht abträglich gewesen, so verführerisch sie auch sein mag! Aber vielleicht hätte es meinem musikalischen »Genie« geschadet. Nun denn....

Den Haag, 2. Dezember 1950

Meine liebe Gertrude, ich bin glücklich, daß das Publikum im allgemeinen nicht meine Eindrücke über mein Spiel teilt. Das Konzert in Lausanne hat mich überhaupt nicht befriedigt, vor allem, weil es am Tag nach dem Genfer Konzert war, welches außergewöhnlich gut verlief. Es ist wahr, ein solches Gelingen ist sehr selten, aber an diesem Abend kam alles zusammen, das Instrument, das Orchester und die besondere Atmosphäre.

Den Haag, 19. April 1951

Liebe Madame, [Sophie Rossier] gestern in Harlem war das Orchesterkonzert ein großer Erfolg, ich wurde wieder engagiert für das nächste Jahr. Aber die Art, wie ich auftrete, wie ich grüße, meine Haltung am Flügel – all dies wirkt offenbar verheerend. Alle Kritiken schreiben darüber.

6. Mai 1951 Ascona

Meine liebe Jeanne, [jüngere Schwester von Clara Haskil] dieses Hotel ist sehr renommiert und »chic«, dennoch bekommt mir die Nahrung hier nicht und die Portionen sind einfach zu klein. Wenn ich vom Tisch aufstehe, esse ich noch Brot.

Ich spiele ein bißchen auf einem wunderbaren Steinway, und sofort habe ich ein entgegenkommendes, begeistertes Publikum, was bedeutet, daß ich nicht arbeiten kann. Der einzige, der nicht reagiert, ist Karajan, der Stargast der Stunde. Selbstverständlich lasse ich ihn in Frieden, trotz der Ratschläge von Michel [Rossier], ich solle ganz ungezwungen auf ihn zugehen. Ich frage mich, was aus dem Beethoven in Zürich am 11. Oktober werden soll, ich arbeite nur hin und wieder daran, und seit ich hier bin, spiele ich nur zwei Stunden am Tag.

Gestern habe ich um 16.00 Uhr Schallplattenkritiken auf Paris-Inter gehört. Ich habe die Stimme und den Akzent von Goléa erkannt. Jedenfalls scheuen sich die Herren nicht zu sagen, was sie denken, und zwar ohne Umschweife.

Paris, den 22. Juni 1951

Lieber Joachim, wie Sie sehen, sitze ich noch immer in dieser Teufelsstadt! Wie herrlich, daß Sie so schöne Tage in Casals' Kreis erleben und daß Sie bei all diesen Konzerten mitspielen! Und welche Freude dies auch für Casals ist, Sie in seiner Nähe zu haben! Abgesehen davon, daß er seine Freunde gerne um sich herum hat, sind Sie für Ihn ein besonderer Freund.

Seitdem ich hier bin, spaziere ich nur zum Zahnarzt und zu 2-3 Freunden. Meine Schwester ist sozusagen unsichtbar, und sie hat so unglaubliche Probleme mit Katzen und Menschen, daß ich dabei verrückt werde und leider nicht helfen kann. Aber das betrübt mich ...

In Holland ging alles gut. Das Amsterdamer Konzert war noch viel besser als das in Den Haag und ein enormer Erfolg. Das heißt, weil ich Kubelik sanft und liebevoll an der Hand führte und er aus herzlicher Güte mir gegenüber sich führen ließ, hatte ich neben ihm einen riesen Erfolg. Das war wieder ein Erlebnis für mich.

Zermatt, Dienstag 7 1951 [August]

Meine liebe Jeanne, heute morgen bin ich hier angekommen. Ich habe mich eingerichtet, aber einen Meter von meinem Fenster entfernt, dort, wo das Klavier steht, wird gebaut, es ist dunkel, staubig und laut. Und was für eine Hitze, kein Regen, kein Gewitter, ein Desaster, wenn es so weitergeht. Alles wird verbrennen unter dieser Bleisonne. In Vevey war es verrückt, 30 Grad in meinem Zimmer, schon morgens. Ich habe gestern mit Michel [Rossier] zu Abend gegessen, und es war sehr nett, er ist wirklich aus Gold, und Freunde von dieser Qualität sind äußerst selten, man findet sie nicht, ich weiß es zu schätzen.

Die Schallplattenaufnahmen sind, wie vorauszusehen, abscheulich, und weder Michel noch Schulthess noch Payot [ihre Schweizer Manager] noch andere kompetente Herren sind für die Veröffentlichung des Konzerts von Schumann, das auch von der Aufnahmetechnik her besonders schlecht ist. Die Soli sind kaum besser, aber um nicht alles abzulehnen, sind Michel und Schulthess damit einverstanden, sie erscheinen zu lassen. Wenn Philips den Schumann veröffentlicht, trotz unseres Einspruchs, dann habe ich das Recht, den Vertrag mit ihnen zu kündigen, was ich sofort tun würde. Aber dem Schumann-Konzert würde es nicht weiterhelfen.

Michel will nicht, daß ich Bach akzeptiere, ich auch nicht, es handelt sich übrigens um die Goldberg-Variationen. Man müßte zehn Jahre daran arbeiten, ehe man sich in ein solches Abenteuer stürzt. Ich habe dieses Werk nie gespielt und, leider, viele andere auch nicht.

Kiesgen [französischer Agent] hat Schulthess geschrieben, daß er bereit sei, einen Klavierabend zu organisieren, ohne mir ein Honorar zu zahlen, unter der Bedingung, die Alleinvertretung zu übernehmen (für Frankreich, nehme ich an). Michel hat mir geraten abzulehnen, das ist auch meine Meinung, und ich bin selig. Kiesgen hat Schulthess geschrieben: »Ich habe Fräulein Haskil in Straßburg gehört, und ich finde, daß sie tatsächlich eine bemerkenswerte Künstlerin ist« ...

Hilversum, Mittwoch morgen [1951]

Meine liebe Jeanne, die Konzerte sind gut vorübergegangen, die Aufnahmen weniger, vielleicht weil sie langwieriger und schwieriger sind. Leider ist derjenige, der bei Philips entscheidet, eher ein Dilettant und hat den Ruf, über Dinge hinwegzugehen; wenn es nur einigermaßen stimmt, das reicht ihm. Im Lauf der Tage sagte er immer wieder »wir bei Philips können uns erlauben, sogar menschlich zu sein«; damit will er verhindern, daß das Finale der Schubert-Sonate [B-Dur op. posth.] noch einmal aufgenommen wird, denn sonst müßten alle Apparate in das Studio transportiert werden, wo dieses Werk eingespielt wurde. Gestern abend habe ich dieses Stück nochmals von vorne bis hinten gehört, und die zwei ersten Sätze sind sicher in der gewollten »Sphäre« getroffen. Doch trotz aller Korrekturen gibt es noch Pausen, die keine sind, und Gegensätze, die nicht deutlich genug herausgearbeitet wurden, und andere kleine (aber wichtige) Dinge. Ein geschultes Ohr schockiert das, aber der Typ sagt »das Publikum hört das nicht«, und das finde ich dilettantisch und dumm. Bin ich bei einer Firma, die zwar Bandkonserven herstellt, aber nicht hundertprozentig künstlerisch entscheidet? Auch was die Werke angeht, hat er seine »idées fixes«. Für ihn zählt, daß dieser und jener Komponist zusammenpassen, und nicht, wie die Werke gespielt sind. So mußte ich gestern Scarlatti und Ravel, die nicht vorgesehen waren, improvisieren, bis 2 oder 3 Uhr morgens. Gestern abend habe ich auch die Abegg-Variationen aufgenommen, in einem rasenden Zeitmaß, das ist keine Musik mehr. Es müßte jemand hinter mir stehen, der mich unterstützt in dem, was ich mir vorstelle, sonst haben nur die das Sagen. Je müder und je schlechter ich vorbereitet bin, desto schneller spiele ich, das bleibt von früher und ist leider ein Fehler, den ich nie ganz korrigieren konnte.

Von der Schubert-Sonate werde ich eine Probepressung erhalten, die Du hören mußt, ich werde dafür extra nach Paris kommen. Hier gibt es, wie in der Schweiz, keine Gepäckträger, mit meinen Koffern tauche ich schier unter, fast bis zum Boden.

Vevey, Dienstag 19.00 Uhr 1952

Meine liebe Jeanne, heute morgen ist ein Brief aus Amerika angekommen, aus dem hervorgeht, daß sich Serkin persönlich für mich einsetzt, um Engagements zu bekommen, und daß der Impresario von Horszowski und auch andere viel über mich gesprochen haben und sich auch für Januar 53 darum bemühen. Ich würde bei einer sehr reichen und einer der einflußreichsten Damen dort wohnen.

Samstag 17. Mai 1952

Meine liebe Jeanne, vielleicht hat Dir Rosbaud schon erzählt, daß das Zürcher Konzert (3. Beethoven) mit ihm ein außergewöhnlicher Erfolg war. Kein anderer Dirigent, außer Kubelik, hat mich so begleitet wie er, außerdem ist er sehr liebenswürdig und unkompliziert, was auch sehr angenehm ist. Bei der Probe waren 1000 Zuhörer anwesend, was ich noch nie erlebt habe. Sie hatten schon morgens 3000 Schweizer Franken an Einnahmen, und deshalb versucht Schulthess, das Honorar zu erhöhen. Ich glaube, ich habe beim Konzert und der öffentlichen Probe nicht schlecht gespielt, bei der ersten hingegen miserabel. Jedenfalls hatte ich wieder einmal kaum geübt, obwohl eine gute Frau mir auf deutsch mit orthographischen Fehlern geschrieben hat: »Wie müssen Sie sich in Ihrem Leben abgerackert haben, um in Ihrem Alter noch diese Geläufigkeit zu haben.« Was für eine Menagerie findet man doch unter den Menschen ... Nachdem ich, wie in Mailand, alles schon gespielt und wiederholt habe, muß ich auch solche Werke ins

Programm aufnehmen, die ich noch nicht auswendig kann. So etwas hätte Lipatti nie getan. Auch seine Aufnahmen sind einzigartig, während meine in gewisser Hinsicht dilettantisch sind. Die Eltern Seiler [Hotelier in Zermatt] sind sehr würdevoll und reserviert. Sie müssen Casals etwas Schlechtes über mich gesagt haben, denn er antwortet nicht mehr, was er noch nie getan hat.

Zermatt, 11. Juli 1952

Liebe Frau Michel-Lévy, ich bin sehr froh, daß die Konzerte in Straßburg gut waren und ich damit den – in jeder Weise – verheerenden Eindruck verwischen konnte, den ich vor 3 bis 4 Jahren in dieser Stadt hinterlassen hatte. Ich habe nicht damit gerechnet, jemals dahin zurückzukehren, und ich war sehr erstaunt über den Empfang, den mir das Publikum bereitet hat.

Übrigens, je mehr ich spiele, desto bewußter wird mir, was alles noch fehlt und was verbessert werden könnte. Ich hoffe zumindest, daß ich noch Fortschritte machen kann, und ich bewahre mir diese »Illusion«.

Perpignan, Donnerstag [1952?]

Liebe Anne, ich fürchte, daß das Chopin-Konzert nach Genf eher eine Enttäuschung war. Klecki hat zwar gut begleitet, aber mit Ansermet hatte es ein ganz anderes Niveau. Die Konzerte mit Rafael Kubelik waren für mich ein außerordentliches Ereignis. Vor allem das in Amsterdam hat mir einen unvergeßlichen Eindruck hinterlassen. Er ist ein ganz ungewöhnlicher Dirigent und Musiker und dabei von einer Einfachheit und Herzlichkeit, die seinem Talent in nichts nachstehen. Neben einer solchen Persönlichkeit werde ich mir meiner Nichtigkeit noch stärker bewußt, aber jeder müht sich eben, so gut er kann. Ich habe nicht das Recht, mich zu beklagen, ich sage das nur, weil ich aus meinen angeborenen Begabungen mehr hätte machen sollen. Das ist es, was ich bedauere.

Ich bin ausgezogen und habe jetzt ein mikroskopisches Appartement mit allem Drum und Dran, drei Möbelstücke, aber hübsch, alles speziell angefertigt, was das Sofa nicht daran hindert, für mich ein klein bißchen zu kurz zu sein, aber das hat auch seinen Charme.

Das Schumann-Konzert muß teilweise neu eingespielt werden, auch kleine Stellen in der Schubert-Sonate. Was wird das nur geben! Da bin ich mir wirklich nicht sicher. Den Schubert habe ich zwischen 19 und 4 Uhr morgens aufgenommen. Was mir von dieser »Heldentat« in Erinnerung geblieben ist, ist der Sonnenaufgang, als ich das Studio verließ! ...

Salzburg, 1. September 1952

Meine liebe Jeanne, das Konzert war ungewöhnlich erfolgreich, das Orchester hat offensichtlich Spaß daran gehabt, mit mir zu spielen, und Leute von überall her kamen hinter die Bühne. Ein ehemaliger Schüler von Prof. Robert [ihr Wiener Lehrer], heute ein berühmter Dirigent, George Szell, hat mit mir über Amerika geredet und daß ich vielleicht mit ihm nächstes Jahr dort spielen werde. Er ist jedenfalls einer der ganz großen Dirigenten heute, nicht gerade sympathisch, aber eine Autorität. Leider wird Kubelik nächstes Jahr nicht mehr in Amerika sein. Die Tournee in der Schweiz im September findet mit einem anderen Orchester als hier und in Italien statt, was mich zwingt, bis Donnerstag in Salzburg zu bleiben, damit ich mit dem Orchester arbeite (ich erlaube mir, das so zu formulieren). Der Dirigent verlangt mehrere Proben, und ich muß zu seiner Verfügung stehen. Doch da ich die Salzburger Debuts ihm verdanke und die Presse mich sozusagen zur Stellvertreterin von Mozart hier auf Erden erkoren hat – will ich mich nicht beklagen.

Den Haag, 26. November [1952?]

Meine liebe Jeanne, nur kurz, um Dir zu sagen, daß das erste Konzert gut verlaufen ist, voller Saal (1300 Personen) und ein Riesenerfolg nach Schubert und Beethoven. Heute beginnt die Reihe der sechs aufeinanderfolgenden Konzerte. Es ist kalt, ich habe mein helles Halstuch (Deines) vergessen und muß nun das blaue zum braunen Mantel anziehen, nun ja. Mantel und Abendkleid wurden sehr bewundert. Ich hab' vergessen, Dir zu erzählen, daß in Lausanne Furtwängler im 1. Rang saß und dieser Pierre Bovier (sein großer Freund) zu mir kam, um mir triumphierend das Verdikt von Furtwängler mich betreffend zu verkünden: »außergewöhnlich musikalisch und ausgeglichene Technik«. Was für ein Kompliment und was für eine Entdeckung! Es ist wirklich wunderbar, daß ich »*musikalisch*« bin.

München – Stuttgart, 11. April 1953

Meine liebe Jeanne, ich bin im Zug von München nach Stuttgart. Heute nachmittag sollte ich drei Werke im Radio aufnehmen, aber ich habe in zwei Stunden nur zwei geschafft, wovon ausschließlich der Bach nach dem ersten Mal gelang. Den Beethoven (op. 111) mußte ich nochmals aufnehmen, und er ist dennoch nicht gut geworden. In diesem Land macht man alles gründlich, ein falsches Nötchen oder eines, das man nicht genau hört, lassen sie nicht durchgehen. Du kannst Dir vorstellen, was das für jemanden wie mich bedeutet. Außerdem hatte ich einen Kopf, der hundert Kilo wog, und geschwollene Finger, wegen schlechter Durchblutung oder Müdigkeit. Das ist schade, denn alle waren gut aufgelegt, und musikalisch wäre es kein Problem gewesen. Um eine gute Aufnahme zu machen, muß sie technisch perfekt sein, und das ist auch der Grund, warum ich nie gute Aufnahmen zustande gebracht habe. Ich habe lange mit dem Impresario gesprochen, der sehr ernsthaft ist und mir offenbar gut gesinnt. Er hat mir die ganze Situation dargelegt, mit einem Wort: Ganz davon abgesehen, daß ich nicht bekannt bin und daher keine Massen anziehe, spiele ich außerdem nur Werke, die man von Fischer, Gieseking oder anderen Pianisten hören möchte, deren Ruf indiskutabel und unerreichbar ist. Géza Anda hat dieses Land erst erobert, nachdem er einmal das Bartók-Konzert gespielt hat. Schon mehrmals sei dieses Konzert oder ein anderes modernes angefragt worden. Ravels zweihändiges Konzert sei nicht sehr beliebt. Und de Falla wie auch Hindemith sind Orchesterwerke mit obligatem Klavier, keine richtigen Konzerte.

Paris, 17. Mai [1953?]

Lieber Herr Payot, [Schweizer Agent] Ihr letzter Brief hat mich in Katastrophenstimmung versetzt und außer Fassung gebracht. Was, um Himmels willen, soll ich in meiner düsteren Lage anderes tun als mich in die Seine fallen zu lassen, es sei denn, Sie würden den Zürcher See vorziehen, um diese kleine Familienszene verfolgen zu können. Sie dürfen wählen, geben Sie mir Bescheid. Was mich angeht, so versichere ich Ihnen, daß ich unter keinen Umständen und aufgrund keiner Drohungen an diesem verfluchten Festival spielen werde. Darf ich es wagen, Ihnen schüchtern zuzuflüstern, daß wir heute diesen Ärger nicht hätten, wenn Sie meinen flehentlichen Bitten wegen des teuflischen Konzerts in Schaffhausen vor über 3-4 Monaten Gehör geschenkt hätten? ...

Herr Koning [holländischer Agent] hat mich gefragt, ob ich das Konzert in Scheveningen mit van Otterloo, meinem Flirt, wie Sie wissen, annehmen würde. Ich habe ihm geantwortet, daß ich akzeptiere unter der Bedingung, daß das Honorar nicht weniger als *800* Gulden betragen dürfe. Ferner spricht Koning noch von einem Konzert mit van Otterloo und dem Residentie Orchestre im Winter 54. Bitte schreiben Sie ihm doch, daß ich es *vorziehe*, nicht zu oft das Vergnügen wiederholen zu müssen, mit diesem Herrn zu spielen; viel lieber würde ich ein Engagement in Den Haag mit dem Concertgebouw und Kubelik haben, mit dem ich am 31. Januar 1954 in Amsterdam spielen werde. Ich möchte Koning auch wissen lassen, daß die Honorare für Klavierabende nicht mehr niedriger sein dürfen als sfr 500 und die Orchesterkonzerte nicht weniger als sfr 600.

Versichern Sie mich rasch Ihrer Gefühle der Treue mir gegenüber. Wie Sie sehr genau wissen, sind meine Leidenschaften leicht flatterhaft.

Köln, Freitag, 11. Juni 1953

Meine lieben Schwesterchen, mir ist so leicht wie Pierrette in der Fabel – ich habe die Heldentat vollbracht, das Mozart-Konzert Es-Dur in weniger als drei Stunden (an einem Stück) aufzunehmen, und es ist fast perfekt. Da ist ein schöner Schallplattenpreis in Aussicht. Dieser Herr Ackermann ist ein glänzender Dirigent. Natürlich ist diese Aufnahme nur für den hiesigen Rundfunk. Die andere werde ich mit Philips und Sacher in Wien im Oktober einspielen. Es ist jetzt 16 Uhr, und ich weiß nicht was tun, ich kenne niemanden und kann erst morgen früh abreisen.

Ich habe Goléa geantwortet. Man wird sehen, ob dieses Konzert stattfinden wird. Die beiden Freunde, die Ihr nicht mögt, fangen mich auch an zu ärgern. Sie reden zu viel über sich und verlangen zu viel, obgleich ich, abgesehen von Koning, nichts für sie getan habe. Trotzdem, an Philips werde ich nicht schreiben.

Allmählich mache ich Fortschritte beim Feux Follets [Liszt], Chopin von Magaloff, dem neuen Mozart für Salzburg 1954 und den Davidsbündlern. Mit letzterem habe ich vier Stunden verbracht wegen zwei kleiner Oktavstellen, die mir immer noch nicht so gelingen wie angegeben. Mit dieser Technik würde ich nicht einmal in der ersten Klasse bestehen. Wenn ich ein Examen zu machen hätte...

Berlin, 10. Januar 1954

Meine liebe Jeanne, nur ein Wort, um Dir zu sagen, daß das Konzert wunderbar verlaufen ist. Ein Riesenerfolg. Das Publikum hier ist sehr aufnahmefähig und kommunikativ. Man kann es nicht leugnen. Auch das Orchester ist sehr zuvorkommend. Und was den Dirigenten [Ferenc Fricsay] angeht, er »liebt mich« (als Pianistin, damit es keine Mißverständnisse gibt). Er malt mir Amerika und Israel mit ihm in den schönsten Farben aus, das mache ich zu Fuß, wenn er möchte. Er ist ein bewundernswürdiger Dirigent, von großer Klasse und ein charmanter Mensch, voller Herzlichkeit, jung, und er gleicht Kubelik. Obgleich ich ihn für ernsthaft halte, glaube ich nicht an diese Projekte. Wenn das Konzert morgen auch noch gelingt, werde ich restlos glücklich sein.

Und was mein Leben angeht, so muß ich immer wieder sagen, daß ich das schönste Leben führe, das man meinem Gefühl nach führen kann: Ein gelungenes Konzert gibt mir mehr als alle Reichtümer dieser Welt. Man sollte Gott jeden Morgen und jeden Abend dafür danken, daß es so ist.

Da ich nicht genug Kraft habe, um Brahms zu spielen, benutze ich sie auf andere Weise. Ich habe so heftig an der Toilettenschnur gezogen, daß der Deckel in tausend Stücke zersprang, glücklicherweise nicht auf meine Füße. Kosten: 43 DM = sfr. 50! Besser als sich das Bein brechen.

Wien, 15. Oktober 1954

Meine liebe Jeanne, da ich noch hier bin, schreibe ich Dir kurz, um Dir zu sagen, daß mein Klavierabend gestern ein außergewöhnlicher Erfolg war. Es war nicht nur voll besetzt, man hat noch Stühle hinzugestellt, 200 ungefähr, überall, und bevor ich spielte, hat man mir ganz einfach zugejubelt. Ich habe noch nie ein solches Publikum erlebt, diese Menschen fühlen und lieben die Musik. Vielleicht haben das Konzert mit Karajan und das 4. von Beethoven vor drei Jahren einen starken und dauerhaften Eindruck hinterlassen... Das ganze Programm hatte enormen Erfolg, und ich mußte vier Zugaben spielen. Und ich hätte fortfahren können. Die Menschen auf dem Podium stellten sich neben dem Flügel auf, so, als hätten sie etwas Ähnliches noch nie gesehen; viele junge Leute mit vor Freude strahlenden Gesichtern; viele Kollegen, von denen Grumiaux wie ein Verrückter applaudiert hat. Für die Saison 55/56 hat man mir einen Zyklus mit allen Mozart-Sonaten angeboten, was ausgeschlossen ist, ich habe ihnen das schon gesagt. Statt dessen habe ich Mozart-Konzerte vorgeschlagen, auch solche, die ich noch einstudieren müßte ... ich fürchte, für die Ewigkeit. Man offeriert mir auch einen Klavierabend im Mai, was ich mir ebenfalls noch überlegen muß wegen des Programms. Auf diesem Gebiet bin ich auch nicht reich bestückt, es fehlt vieles. – Die Aufnahmen fanden unter angenehmen Bedingungen statt, aber sie werden nicht perfekt sein, und sie hätten es sein können. Ich hätte beim Zurechtflicken da sein sollen und mitentscheiden, welche Stücke man wo einsetzt.

Wie werde ich noch arbeiten müssen am c-Moll-Konzert von Mozart, das ich nicht so spielen möchte wie Fischer!

Manchester, 31. Januar 1955

Meine liebe Jeanne, um mir drei Stunden Zugfahrt zu ersparen, bin ich hier drei Tage früher als vorgesehen im Hotel angekommen, und das hat mein Leben vergiftet. Mit wenigen Ausnahmen sind die Frauen hier im Hotel zum Ohrfeigen, die Zimmer, die ich schon dreimal gewechselt habe, laut und die Lampen zu schwach; Fenster, die sich nicht öffnen oder schließen und so weiter. Und das alles zum bescheidenen Preis von 3 oder 4 Pfund (ohne Essen), d. h. wenigstens 50 Schweizer Franken pro Tag.

Den ganzen Tag war ich auf Suche nach einem Flügel, den ich nicht gefunden habe, außer zwei scheußlichen ungeheizten Studios mit noch scheußlicheren Klavieren in der 5. Etage ohne Lift, wo ich wieder weggegangen bin, kaum daß ich drin war. Ich möchte gern wissen, wie Backhaus das macht, denn er arbeitet, das weiß ich, im Gegensatz zu Gieseking, der spazierengeht. Wenn ich nicht arbeite, dann fühle ich, wie ich außer Übung komme, und nur mal hier mal da fünf Minuten, das strengt mich viel mehr an. Seit meiner Reise nach Rom, d. h. seit mehr als einem Monat, arbeite ich nicht mehr als eine Stunde täglich. Jedenfalls werde ich ein für allemal England aus meinem Konzertkalender streichen. Für das Wenige, was ich da tue... gleichgültiges Publikum, keine Musiker, jedenfalls nicht viele, miserable Honorare etc. etc.

Scherchen hat sich in Liverpool in einem Hotel mit Salon, zwei Zimmern, Bad und Nurse niedergelassen mit seiner jungen, hübschen rumänischen Frau, wieder einer neuen Frau, von der er noch drei kleine Kinder hat, wenn ich mich nicht irre. Auf jeden Fall hat er den Nutzen ziehen können aus der Absage von Kletzki, dem sie es sehr übelgenommen haben, und Scherchen beten sie dafür an (im Moment). Er hat gleich damit angefangen, mich anzufahren, weil ich um 11 Uhr nicht da war und man ihn davon nicht in Kenntnis gesetzt hat, obgleich ich Mrs. Tillett [ihre englische Agentin] in London darum gebeten hatte. Am Tag, da ich diesen charmanten, schwarzen, dreckigen, widerlichen Ort verlassen werde, sage ich »Auf Nimmerwiedersehen« und sicher nicht »Auf Wiedersehen«. Außerdem dirigiert Barbirolli nicht einmal, weil er einen »Nervenzusammenbruch« hatte. Also ist es auch diesbezüglich uninteressant. Zufällig habe ich Monique Haas in London getroffen, immer noch der Schmetterling mit dem ewigen Lächeln.

Paris, 15. April 1956

Liebes Fräulein, [Tan Crone] sicher sind Sie erstaunt, daß ich Ihnen schreibe, schließlich habe ich Ihre Briefe, Ihr treues Gedenken nie erwidert, und das wird zu Recht als wenig liebenswürdig und freundschaftlich angesehen. Doch ich hoffe, da Sie selbst Pianistin sind und das Künstlerleben kennen, daß Sie Verständnis haben für die Sorgen, Spannungen, Erschöpfungen, für das Leben in Zügen, Flugzeugen, Hotels und das Ein- und Auspacken, Tag und Nacht. Die Zeit zum Briefeschreiben und sogar um Programme vorzubereiten ist mehr als begrenzt.

Heute wollte ich Ihnen aber kurz erzählen, daß ich zugestimmt habe – weit davon entfernt, begeistert zu sein –, nach Amerika zu fahren, um in New York und Boston aufzutreten. Ich werde dort nicht einen Tag länger als nötig bleiben, aber ich hoffe, daß ich die Freude haben werde, Sie zu sehen.

Chur, 13. August 1956

Lieber Joachim, auf dem Weg ins Engadin ...

leider soll ich nach Amerika fahren, ich sage leider, denn ganz aufrichtig sehe ich nicht ein, daß für mich diese Reise irgendein Interesse haben könnte. Wozu? Es wären genügend Pianisten, die größten, auch andere, drüben, einer mehr oder weniger ... jedenfalls, da es sein soll, soll es sein.

Sonst nichts Besonderes. Ich soll auch nach Israel Ende Februar – Mitte März und vorher und nachher die Konzerte wie jedes Jahr in Deutschland, Italien, England etc. Zum Glück habe ich noch zu tun, ich frage mich immer, wie lange? Ich habe vor 2-3 Monaten in Wien unter Scherchen gespielt, und ich habe mich nicht sehr glücklich gefühlt. Er ist als Mensch zu sonderlich? sagt man das? Dagegen war die Tournee mit Karajan einmalig und unvergeßlich, besonders in Wien, Salzburg, München und Paris.

In London habe ich leider nicht so gut gespielt, das war das elfte und letzte Konzert, und ich war von vornherein schon deprimiert und in trüber Stimmung.

Donnerstag, 25. Oktober 1956

Meine liebsten Lili, Jeanne, Noëlle, Dady, an Bord und schon fünf Tage unterwegs kann ich nicht viel Interessantes berichten. Zwei Tage lang war das Wetter wunderschön, aber seit dieser Nacht ist schwere See. Es schaukelt und kracht nach allen Seiten, und träumend kann man nicht umherlaufen. In meiner Kabine mit Bad bin ich gut aufgehoben. Ich konnte sogar jeden Tag ein bißchen üben, und gestern habe ich auf Bitten des Kapitäns und Kommissars (letzterer sehr liebenswürdig) ein Rezital von 40 Minuten gegeben mit Bach-Choral (sie wollten den, den Lipatti gespielt hat), Mozart-Variationen, Beethoven op. 31,3, ein Moment musicale, Abegg-Variationen und eine Zugabe. Das ganze wurde sehr gewürdigt. Der Gaveau-Flügel war erstaunlich gut für einen Gaveau. Am Tag nach der Abreise wurde ich an den Tisch des Kapitäns gebeten, zu seiner Rechten, trotz so schöner Frauen voller Schmuck und Juwelen wie Mme Giraudoux, Mme St. Cyr. Nach diesem Diner haben diese Gäste mich nicht mehr gekannt... was in diesem Milieu nichts Ungewöhnliches ist. Die sympathischen Menschen sind die einfachen Leute, das Personal, einige Reisende, die mit mir gesprochen haben. Ich kann nicht sagen, daß ein Schiff erholsam sei, man muß schon dazu berufen sein, auf dem Meer zu leben. Obwohl alles sehr bequem ist, verärgert und ermüdet das ewige Schaukeln. Allerdings sind die Kopfschmerzen vollkommen verschwunden. Was mich am meisten stört, ist der Mangel an Luft, obwohl ich eine Dreierkabine habe. Aber man kann nichts öffnen wegen des Sturms, und das ist für mich eine Katastrophe.

New York, 10. November 1956

Meine Lieben, Lili und Jeanne, [Lili ist die ältere Schwester von Clara Haskil] der Lebensrhythmus ist hier schneller als in Europa, aber er paßt zu mir. Für mich ist es besser, wenn ich mich nicht auf meinen Lorbeeren ausruhe oder meinen Müdigkeiten nachgebe. Es gäbe viel zu erzählen, ich beschränke mich auf das Wichtigste. Der Erfolg war enorm, Boston ist sehr attraktiv, ich habe im Hotel ein Appartement à la Grace Kelly und den Sohn von Chaplin getroffen, Bernstein auch, mit ihm habe ich zu Abend gegessen und mit Istomin ebenfalls. Er gleicht Michel, d. h. er ist ein Engel, fünfzehn Jahre seinem Alter voraus. Münch hat mir eine Zuneigung entgegengebracht, die mich sehr berührt hat. Ich solle meiner Schwester schreiben, daß er mich gut begleitet habe, meinte er und war glücklich über die Konzerte, über den Erfolg, über alles. Er möchte, daß ich im Sommer für 4-5 Konzerte wiederkomme, was ich nicht tun werde, da im Januar 20 oder mehr Konzerte geplant sind. Das Büro Judson ist in heller Aufregung, seit sie die Kritiken haben. Judson behauptet, daß er während seiner 50 Jahre Konzertagentur noch nie ähnliches gelesen habe. Gestern sind wir nach Philadelphia gefahren, um Serkin und ... Ormandy zu besuchen, mit dem wir in seinem Hotel, wo er wie Prinz Rainier wohnt, zu Abend gegessen haben. Das Geld fließt hier in Strömen, wenn die Karriere läuft. Man versteht, daß die hiesigen Stars in Europa nicht spielen, bei den niedrigen Honoraren.

Paris, 29. November 1956

Meine liebe Tan, 29. Gut angekommen. Ich habe meine Schwestern getroffen, Eugene war am Bahnhof. Alle freuten sich riesig, uns wiederzusehen. Ich werde diesen Sommer nach Tanglewood *kommen*, ich glaube fest daran, daß es klappen wird.

27. Dezember 1956

Meine liebe Tan, ich bin im Zug von Paris nach Amsterdam. Gerne hätte ich Ihnen früher gesagt, wie sehr ich an Sie gedacht und mit meinen Schwestern über Sie gesprochen habe, über Ihre Hilfsbereitschaft in Boston, Ihre Menschlichkeit und Liebenswürdigkeit.

Was meine Reise nach Tanglewood betrifft, so glaube ich, daß sie nicht stattfinden wird. Niemand hat mehr irgendein Wort darüber verlauten lassen, ich habe keine Datumsvorschläge, kurz, ich weiß nichts von niemandem. Ich habe an Munch telegraphiert, auch er hat mir nicht geantwortet. Da ich meine anderen Konzerte in Europa diesen Sommer nicht in der Schwebe lassen kann, werde ich Tanglewood fallenlassen. Wahrscheinlich war die Begeisterung über mich nur von kurzer Dauer.

Amsterdam, 4. Juli 1957

Meine liebe Guigone, [identisch mit Gertrude Rossier] ... ich trage immer einige Photographien bei mir, es wird mir dann gleich warm ums Herz, und ich fühle mich nicht so einsam. Ich sehe viele Leute, sogar liebenswürdige, die mir ihre Bewunderung aussprechen, aber das ändert gar nichts an dem Gefühl der Einsamkeit, das ich vor allem dann spüre, wenn ich unter vielen Menschen bin. Habe ich nun einen mißratenen Charakter oder ist dieses Gefühl berechtigt, selbst wenn ich es nicht ausdrücken kann? Was auch immer es ist, diese Reise nach Holland und die Konzerte gehen nun zu Ende. Es wird mir eine unendliche Erleichterung sein, denn diesmal hat mir hier nichts gefallen, wirklich gar nichts, aber bald werde ich im Zug sein und »Uff« ausrufen mit unermeßlicher Freude.

Ich war sehr gerührt beim Gedanken, daß Ihre Mutter Ihrem Vater eine Platte von mir zum Geburtstag geschenkt hat. Daß Ihren Vater so etwas freuen könnte, macht mich wiederum auch traurig und verlegen, denn eigentlich wäre es nur natürlich gewesen, wenn ich sie Ihrem Vater gegeben hätte. Aber was soll man machen, wenn man keinen Verstand hat...

Paris, 13. Januar 1958

Mein lieber Joachim, ich hörte lange nichts mehr von Euch, und ich schrieb auch nie ein Wort, aber ich hatte immer ein bewegtes Leben, und da ich das Talent habe, stundenlang zu träumen anstatt zu arbeiten – nicht wie Annemarie, die keine Sekunde verliert –, sind die Tage für mich nie lang genug und ich komme zu nichts.

Am 27. Oktober spielte ich in Paris bei Colonne mit Orchester, und am 29. wurde ich krank und bin seither im Hotel fast zwei Monate krank gewesen, eine Bronchitis mit einer »pointe« Lungenentzündung, die sehr gefährlich wurde, weil eine Lunge total geklebt war und nicht mehr atmete. Ich hatte einen wunderbaren Arzt, wurde im Hotel sehr liebevoll behandelt und von meinen Schwestern überschwemmt von Liebe. Meine ganzen hiesigen Konzerte und die amerikanische Tournee sind dadurch auch überschwemmt und sogar ertrunken. Vielleicht werden sie nächste Saison wieder auftauchen!

Ich habe K. [Holl. Manager Johan Koning] schon seit Monaten geschrieben, daß ich nur in Amsterdam und Den Haag noch spielen kann,... obwohl ich die Haltung der gesamten Kritik gegenüber Grumiaux und mir einfach ekelhaft finde, denn wir sind weder Dilettanten noch Debütanten, auch wenn die Herren unser Duo nicht mögen.

Sierre, 19. Februar 1958

Lieber Herr Morpain, ich bin begeistert und glücklich, daß Sie die Berufung als Präsident an die Ecole Normale angenommen haben.

In weniger als einem Monat werde ich in Paris sein wegen des Rezitals vom 19. März; jetzt bedauere ich, daß ich dieses Datum angenommen habe. Nach sechsmonatiger Unterbrechung fürchte ich mich davor, in Paris anzufangen, neu anzufangen. Es ist ein bißchen gefährlich, und es wäre mehr als schade, wenn der Eindruck, die günstige Meinung, die sich über mich gebildet hat, darunter leiden würde, nachdem ich so viele Jahre darauf warten mußte.

Ich habe gerade meine Aufnahme des B-Dur-Konzerts von Mozart mit Fricsay gehört, und dieses eine Mal hat es mir Spaß gemacht, abgesehen von ein paar winzigen Kleinigkeiten (wenn man das sagen darf, denn nichts ist nichts in der Musik) ist diese Platte sehr gelungen.

Sierre, 26. Februar 1958

Liebes Fräulein, [Unbekannte, die um Unterricht bittet, Original in deutsch] ich fürchte, Sie haben eine schlechte Idee gehabt, indem Sie mir Ihre Frage gestellt haben, denn ich kenne niemanden, der weniger dazu geeignet sein könnte als ich! Ich habe nie in meinem Leben eine Stunde gegeben, und wie ich selbst gearbeitet habe, würde ich nicht einmal meinem Feind empfehlen ... Was soll ich Ihnen nun sagen? Von Harmonielehre weiß ich nur, daß sie existiert. Ich glaube, alle Wege führen nicht nur nach Rom, sondern zur Musik, wenn man gut arbeitet, wenn man einen guten Lehrer hat und wenn man begabt ist. Etwas Talent ist nicht übel, aber mit viel Arbeit kommt man manchmal weit. Wie gesagt, ich wüßte Ihnen keinen Rat zu geben. Wenn Sie mich fragen, ob ich an Dominanten oder ev. Dominos denke, während ich ein Werk spiele, werde ich Ihnen mit Überzeugung sagen, »Nein«, die Musik allein genügt mir. Aber von der ganzen Theorie oder Harmonielehre der Musik muß man auch etwas wissen, ohne daran, während dem Spiel, zu denken. Damit wäre meine Weisheit zu Ende!

Es bleibt mir nur noch, Ihnen Ausdauer, Glück und Glauben zu wünschen, das tue ich von ganzem Herzen.
Mit vielen Grüßen Clara Haskil

Vevey, 18. Juni 1958

Lieber Herr Morpain, es ist wirklich an der Zeit, daß ich Ihnen ein paar Worte schreibe, und ich bin mir sehr böse, daß ich Sie so lange Zeit ohne Nachricht gelassen habe. (...) Der einzige Grund – der allerdings keiner ist – liegt in einer Art von Gleichgültigkeit, die sich meiner bemächtigt hat und von der ich mich nur selten befreie, und wenn, dann nur in einem Anfall von Wut und Zorn, wobei diese Lawine sich dann über meine arme sanfte Schwester ergießt.

Sehen Sie, das ist aus mir geworden. Am Flügel bin ich auch nicht viel mehr wert, nur daß ich ihn mit weniger Boshaftigkeit behandle. Davon abgesehen, ist alles wie in der Vergangenheit. Die Fortschritte im schnellen Gehen sind eher langsam, im Rhythmus einer Schildkröte. Sobald ein Witterungswechsel droht – und in der Schweiz kann man sich dem nicht entziehen –, spüre ich das sehr heftig, vor allem beim Atmen.

Vevey, 29. Juni 1958

Lieber Joachim, ... das Konzert mit mir in Luzern soll noch immer stattfinden, aber der Glaube fehlt mir, nachdem ich 50 Konzerte abgesagt habe und mein Talent und meine Fingerfertigkeit ertrunken sind. Ich habe das schon vor langen Jahren vorausgesehen und von Putzfrau gesprochen, denn andere Studien habe ich nicht gemacht, aber dazu bin ich auch zu alt! Wie Ihr seht, ist mein Optimismus auch gewachsen. –

Freitag, 2. 1960

Meine liebste Jeanne, deine Karte aus Baalbek – mit großer Unruhe erwartet – hat mich sehr erleichtert. Beim Konzert in Montreux ist es mir gelungen, mich nicht zu sehr aufzuregen, aber es war Zeit, daß diese Karte ankam ... Glücklicherweise rückt auch Deine Rückkehr näher.

Von unserer Seite aus nichts Neues. Das Konzert in Montreux war gut – wenigstens ich habe gut gespielt –, aber der Chef A. [Ansermet] hat Tempi von einer Langsamkeit oder auch Schnelligkeit genommen – übertrieben das eine wie das andere. Ich hatte Mühe, hinter ihm herzueilen. Nach dem Konzert ein großes offizielles Diner, wo ich neben Ansermet saß, der den ganzen Abend nur über Leute hergezogen ist und in einer Weise Dinge erzählt und Künstler dabei namentlich erwähnt hat, daß Pierre Fournier, an den er sich wandte, mir nachher sagte, daß er in seinem Leben noch nie etwas Ähnliches gehört habe. Er war ganz außer sich. Es reicht, den Blick voller Boshaftigkeit dieses Herrn zu beobachten, um zu ahnen, was er alles sagen kann, wenn er jemanden nicht mag. Die Chaplins, die Kleckis waren da.

Januar 1960

Lieber Joachim, ... ich freue mich über Deine Tätigkeiten ... mehr Ruhe schadet nicht und viel Ruhe hast Du sowieso nicht, liegt nicht in Deiner Natur, auch nicht in meiner, obwohl ich kein junges Mädel bin – Denk Dir, wo ich hinfahre? – nach Palästina für 9 Konzerte mit Giulini (im September 60). Auf unser Wiedersehen im Mai freue ich mich riesig, aber Treppen kann ich nicht steigen. Dann???

Allerliebste Gedanken, Wünsche und in alter Freundschaft, innigst umarmt Euch Clara

München, 11. Februar 1960

Meine liebe Jeanne, hier läuft in jeder Hinsicht alles gut, nur lasse ich mich gerade ausgiebig auf dem Gebiet der Lüge, der Hinterhältigkeit und Taktlosigkeit belehren. Da lernt man nie aus, es ist unglaublich. All dies wegen zwei Konzerten und Aufnahmen mit Fricsay in Berlin, worüber soviel Ungenauigkeiten gesagt wurden, soviel Geschichten erfunden und wiedererzählt, daß Fricsay (ich habe gestern mit ihm zu Mittag gegessen) zum Telefon gesprungen ist, um mit der Agentin in Berlin zu sprechen; ich glaube, wenn sie in der Nähe gewesen wäre, hätte er sie erwürgt. Besänftigt die Musik die Sitten, wie Gavoty behauptet? ... Es wird sich alles finden, aber es würde jetzt zu lange dauern, Dir alles im Brief zu schildern. Wie es heute abend gehen wird, weiß ich nicht, denn ich konnte an den Sonaten nicht arbeiten, und der schöne Arthur [Grumiaux] und ich haben sie genau 10 Minuten lang durchgesehen. Er spielt ganz einfach vom Blatt, und ich mache es ähnlich. Das ist eigentlich ein wenig unschön und gefährlich – dabei ist alles ausverkauft und Kubelik kommt ins Konzert.

Die Kritiken sind voller Begeisterung. Eine beginnt mit: »Die fünfundsechzigjährige Pianistin Clara Haskil, krank, gekrümmt, hat wie Klemperer und Fournier gezeigt, wie sehr der Geist über die Materie triumphieren kann« ... Sehr hübsche Sprüche, voller Feingefühl auch gegenüber Fournier, den man sofort hinken sieht. Ein Haufen Schwachköpfe!

Ich freue mich unendlich, Dich bald wiederzusehen und Dir das Rezital-Programm vorzuspielen. Die Schubert-Sonate B-Dur op. posth. muß ich von vorne bis hinten neu einstudieren. Ich habe sie nicht mehr im Kopf und nicht mehr in den Fingern. Dank Dir für die Platte mit Kubelik, die Dich sicher Mühe und verlorene Zeit gekostet hat. Ich weiß das. Ich umarme Dich tausendmal. Tausend Zärtlichkeiten, bis Sonntag, Clara.

Lili Kraus

1905-1986

Das Klavier ist ein
phantastisches Instrument

Lili Kraus wurde vermutlich am 4. März 1905, und nicht 1908, wie angenommen, in Budapest geboren. Sie starb am 6. November 1986 in Ashville, North Carolina. Sie war die Tochter eines tschechischen Eisenwarenhändlers und einer ungarischen Mutter. Mit sechs Jahren erhielt sie den ersten Klavierunterricht und kam bereits zwei Jahre später an die Königliche Musikakademie in Budapest, wo Zoltán Kodály und Béla Bartók zu ihren Lehrern zählten. Nach einem glänzenden Examen ging sie 1922 nach Wien zu Eduard Steuermann, der damals zum Kreis um Arnold Schönberg gehörte. Artur Schnabel in Berlin war ihr letzter Lehrer.

In den dreißiger Jahren begann ihre Konzerttätigkeit, auch als Duo mit Szymon Goldberg, der damals Konzertmeister bei den Berliner Philharmonikern unter Wilhelm Furtwängler war. Ihre erste Japan-Tournee erfolgte 1939. Drei Jahre später wurde sie auf Java von einem Angriff der Japaner überrascht und gefangengenommen. Ein japanischer Dirigent, mit dem sie zuvor in Tokio aufgetreten war, erfuhr durch Zufall davon und erreichte 1945 die Befreiung. Bald nahm sie ihre Konzerttätigkeit wieder auf und spielte 1949 erstmals mit großem Erfolg in den USA, wo sie sich später niederließ. 1967 wurde sie »Artist-in-residence« an der Christian University in Austin/Texas. Ihr größter künstlerischer Erfolg blieb die Aufführung aller Klavierkonzerte und Klaviersonaten von Mozart in der Saison 1966/67 in New York. Letztere sind 1991 auf CD wiederveröffentlicht worden.

Im folgenden Bericht erzählt Lili Kraus, wie sie die Gefangenschaft erlebt hat, was die Musik und Mozart ihr bedeuten und was sie heute im Klavierspiel vieler junger Pianisten vermißt.

Ich glaube, mein Glücksgefühl nach jedem Konzert ist leicht zu verstehen, denn vier Jahre lang konnte ich keine Musik machen, weder am Klavier noch irgendwie anders. Von 1942 bis 1945 bekam ich nicht einmal eine Partitur zu Gesicht. 1940 waren wir in Djakarta auf Konzert-Tournee. Niemand hatte erwartet, daß die Japaner Java (das heutige Indonesien) – ohne jeden Stützpunkt in der Nähe – besetzen würden, aber sie taten es. Im Grunde waren wir in Djakarta schon vor unserer Festnahme Gefangene. Der »Anschluß« (Annexion von Österreich) hat das zivilisierte Österreich durch Hitlers brutale »Eroberung« zu einem deutschen Provinz-Polizeidistrikt degradiert und herabgesetzt. Obwohl mein Ehemann, der verstorbene Dr. Otto Mandl, Österreicher war, konnten wir aus verschiedenen Gründen nach Österreich nicht zurückkehren. Zum einen war mein Mann Halbjude, und zum anderen mußten alle Österreicher, ob sie nun zu Hause oder im Ausland lebten – in unserem Fall in Italien – die Pässe auswechseln, wodurch sie zwangsläufig Deutsche wurden. Das Hitler-Mussolini-Bündnis machte die Italiener von Deutschland abhängig; deswegen schrieb uns die »questura« einen Brief nach dem anderen und drängte uns, unsere Pässe zu ändern. Schließlich wies mein Mann darauf hin, daß wir britische Staatsbürger würden und es deshalb wenig Sinn hätte, für diese kurze Zwischenzeit deutsche Papiere auszustellen. Tatsächlich erhielten wir 1939 britische »Personalausweise«. In dieser Hinsicht hatten wir Glück, sonst hätten wir in der Falle gesessen. Im Namen der deutschen Regierung wurden wir aus Italien ausgewiesen, wo wir acht Jahre lang gelebt hatten.

Im Verlauf einer lebenslangen Freundschaft übersetzte und gab mein Mann alle Werke von H. G. Wells heraus, sein letztes, »Shape of Things to Come«, ebenfalls, wo er Hitler als Verbrecher bezeichnete. Schon deshalb konnten wir nicht in Italien bleiben und schon gar nicht nach Österreich zurückkehren.

Nach unserer Flucht aus Italien im Jahr 1938 hielten wir uns eine Zeitlang in Paris auf. Von dort reisten wir nach London, wo wir erneut Walter Nash begegneten, dem Minister für Finanzen und Einwanderungsangelegenheiten von Neuseeland. Nash war ein enger Freund von Wells und auch ein guter Freund von uns. Er bot uns die neuseeländische Staatsbürgerschaft an. Doch bevor wir unser »ersehntes Land« erreichen konnten, mußte ich Konzertverpflichtungen in Indonesien über Hong Kong, Singapore und Djakarta erfüllen.

Nach der japanischen Besetzung von Djakarta, der die Eroberung von Singapore folgte, wurden wir nicht sonderlich belästigt, denn die ganze Gegend war bevölkert von Japanern, Holländern und Australiern. Dennoch wußten wir, daß wir Djakarta nicht verlassen durften, doch um der Hitze der Stadt zu entkommen, mieteten wir ein Haus in den Bergen, wo es kühler war. Inzwischen hatte ich mich mit der Frau des holländischen Generalgouverneurs, einer gebürtigen Amerikanerin, sehr befreundet, und wegen dieser Freundschaft wurde ich von der Geheimpolizei des Militärs verhaftet. Uns wurde zu Unrecht vorgeworfen, wir hätten die Befreiung von britischen und australischen Gefangenen geplant.

Da die Kinder bei uns waren, drängten alle meinen Mann, ins gemietete Haus zu ziehen und dort so lang wie möglich zu bleiben. Aber er konnte sich einfach nicht von mir trennen, wissend, daß ich mich dort unten im »Inferno« befand, in diesen berüchtigten unterirdischen Gefängniszellen der Geheimpoliziei. Vier Tage lang kam er immer wieder zum Gefängnis und bat, ihn gegen mich einzutauschen. Er würde auch die Anklage auf sich nehmen, denn ich sei nur eine

Künstlerin und Mutter und ganz unpolitisch. Zunächst wollten sie von diesem Austausch nichts hören; später hieß es, daß es vielleicht möglich wäre, aber es wurde nie etwas daraus. Sie nahmen statt dessen auch meinen Mann gefangen, wahrscheinlich um sicherzugehen. Er kam an meiner Zelle vorbei, und um ihm zu zeigen, daß es mir gutgeht, begann ich zu singen. Ich solle still sein, wurde mir befohlen, denn man durfte nicht einmal sprechen. Man drohte mir Schläge an, aber zehn Minuten später fing ich wieder an zu singen. Ich wurde nie geschlagen, und mein Mann gab das Mitzählen nach dem tausendsten ungarischen Lied auf.

Zunächst war ich einfach zu benommen, um etwas denken oder fühlen zu können. An das Gebrüll und die Schmerzensschreie, die in diesen unterirdischen Zellen widerhallten, gewöhnte ich mich nie. Ich legte die Hände auf meine Ohren, um diese Schreie nicht zu hören. Manchmal allerdings warf ich einen langen, nachdenklichen Blick auf meine Hände und fragte mich, was mit ihnen wohl geschehen würde. Aber meinen Händen hat nicht einmal die schwere Arbeit geschadet, die ich verrichten mußte, im Gegenteil, sie wurden dadurch stark und kräftig. Ich mußte morgens vierzig Eimer Wasser aus einem Brunnen ziehen, vierzig mittags und vierzig abends. Nach dem ersten Tag waren meine Fingergelenke so geschwollen und schmerzhaft, daß ich die Hand nicht öffnen konnte. Ich war erschrocken und bestürzt, aber nur für einen Augenblick, denn ich spürte, daß ich, wenn es mir denn bestimmt war, wieder spielen würde.

Es war aber nicht diese Arbeit oder der Schaden daraus, der mich beunruhigte. Was mir viel mehr zu schaffen machte, war die Sehnsucht nach Musik und nach meiner Familie. Ich wußte nie, welche Unruhe quälender war, aber der Wunsch, am Klavier zu sitzen und zu spielen und immer wieder zu spielen, war unermeßlich. Dieser Wunsch machte mich fast wahnsinnig. Ich half mir mit dem »Abrufen« aus dem Unterbewußtsein, ich mußte die Musik, die Kompositionen und ihre Darbietung ohne Klang in mir verwirklichen. Ich arbeitete so hart daran, daß Werke und Techniken, die längst schon tief vergraben schienen, so gegenwärtig und wirklich wurden, daß ich wußte, daß ich, säße ich jetzt an einem Klavier, die Stücke spielen könnte, die ich seit meiner Kindheit nicht mehr geübt hatte, und daß ich darin sogar neue Wunder entdecken würde.

Später, in einem anderen Gefängnis, wurde mir befohlen – eine Bitte war das nicht –, an Weihnachten für die Gefangenen zu spielen. Ich stürzte ans Klavier und spielte und spielte. Das Glücksgefühl war unbeschreiblich. Ich weiß nicht einmal, wie lange ich spielte, ich weiß nur, daß ich kein Stück wiederholte und keine Fehler machte. Es war, als könnte ich alles spielen – was für ein begnadeter Wahnsinn. Ich mußte nur die Erinnerung an die Werke wachrufen. Damals erkannte ich auch, daß die Schwerarbeit meine Finger gestärkt und nicht beschädigt hatte.

Noch etwas wurde mir in dieser Zeit bewußt, daß man zum Künstler wirklich geboren sein muß, man kann niemanden dazu machen. Auch Talent ist einem gegeben, es läßt sich nicht erzwingen. Man kann bis zum Jüngsten Tag arbeiten, wenn die Begabung nicht vorhanden ist, wird der Fortschritt nur aus oberflächlicher Brillanz, aus Technik bestehen. Was mich in diesen Jahren aufrecht hielt, waren mein Glaube, meine Liebe und Identifikation mit der Musik.

Zurück zur Gegenwart. Was geht in mir vor, ehe ich ein Konzert gebe, ehe ich das Podium betrete? Ich bin so aufgeregt und fühle mich so schwach und hilflos, als sei mein Leben eine Kerze, die am Verlöschen ist, als könnte ich meinen Arm nicht heben, meine Finger nicht bewegen und als hätte ich nie ein Klavier gesehen. Aber wenn ich dann die Bühne betrete und das freundliche Lächeln der achtundachtzig Tasten sehe, wie sie mich beruhigen und einladen, dann fallen alle Ängste von mir ab. Wenn ich dann vortrage, hängt mein Glück an jeder einzelnen Note. Es gibt freilich Zeiten, wo ich keine Lust habe zu spielen, aber auch dann erhebt und führt mich die Inspiration, sobald ich auf der Bühne bin.

Ich esse nie etwas vor dem Auftreten, denn jede Faser des Körpers muß der Darbietung dienen, der Magen darf nicht mit Verdauungsvorgängen belastet sein. Sonst arbeitet zwar der Magen, aber nicht der Geist und der Verstand.

Während des Spielens hört diese Person, diese Lili Kraus, die Sie vor sich sehen, als Individuum auf zu existieren. Ich bin ganz in der Musik versunken, die ich auf die Zuhörer übertrage. Das schönste Kompliment, das man mir je gemacht hat, stammt von meinem verehrten Lehrer Artur Schnabel, als er sagte, er kenne niemanden, der mit so viel Freude spiele wie ich. Daher gibt es für mich nichts Schlimmeres auf der Welt, als wenn es mir nicht gelingt, diese Freude mitzuteilen. Ich benötige wirklich keinen Kritiker, der mir sagt, wie es war; ich selbst bin die ärgste, unbarmherzigste, anspruchsvollste Kritikerin. Aus früheren Jahren weiß ich, daß schöpferische Menschen Kritiker immer abgelehnt haben, aus einer Mischung aus Angst und Verachtung. Ich lehne sie nicht ab. Ob ihnen mein Spiel nun gefällt oder mißfällt – für mich ist das einerlei. Trotzdem frage ich mich ernsthaft, was sie zu diesem Urteil veranlaßt hat. Und damit mag ich mehr oder weniger einverstanden sein – jedenfalls lerne ich daraus. Dennoch müssen wir zugeben, daß der Kritiker wichtig ist, er kann der Karriere eines Künstlers helfen oder ihr schaden, zumindest zeitweise.

Heute führt der Hauptweg zum Erfolg über die Wettbewerbe, denn dort hören die Experten die jungen Künstler. Ich mag Wettbewerbe nicht sonderlich, obwohl ich dort oft als Jurorin zugegen bin. Aber es ist gut, daß es sie gibt; sie fördern die Karrieren begabter junger Künstler. Zu meiner Zeit gab es nichts dergleichen: Jeder Künstler mußte sich seinen eigenen Weg erkämpfen, Schritt für Schritt. Und Wettbewerbe machen sie widerstandsfähig. Alle, die dort antreten, sind hervorragende Klavierspieler, die sich aneinander messen müssen. Ich finde es allerdings faszinierend, wie freundlich sie miteinander umgehen. Eigentlich ist das die große Genugtuung, die ich als Jurorin erfahre. Natürlich freue ich mich, wenn jemand ein Stück so spielt, wie ich es mir vorstelle, aber es ist einfach wundervoll, ihr Verhalten zueinander zu beobachten.

Zuweilen jedoch erstaunt mich ihre Spielweise. Technisch sind sie ganz auf der Höhe; schließlich leben wir auch in einer technologischen Epoche, die wir uns innerhalb der Kulturgeschichte der Menschheit so ausgeprägt nie erträumt hatten. Die Betonung liegt deshalb auch darin, jede Note auf die richtige Weise zu spielen, aber ohne persönlichen Ausdruckswillen, ohne leidenschaftliche Anteilnahme und ohne Risiken einzugehen. Manchmal, wenn ich ihnen zuhöre, entdecke ich weder Freude noch Leid. Alles klingt gleich: langsam, schnell, leise, laut. Aber ich möchte gerne Vorstellungen wahrnehmen, nicht nur Noten. Der Ausdrucksgehalt dessen, was gespielt wird, muß im Kopf und im Herzen sein, nicht nur in den Fingern oder im Ärmel. In den Wettbewerben sind die jungen Pianisten oftmals nicht gewillt, sich zu offenbaren. Zeitgenössische Musik spielen sie ausgezeichnet und virtuose Stücke auch recht gut. Aber wenn sie weiter zurückgehen, zu Bach, Scarlatti, Mozart, Beethoven oder selbst Schubert, dann zeigen sie wenig Verständnis für das Anliegen des Komponisten.

Vielen jungen Pianisten ist heute das »klassische« oder »romantische« Gefühl so fremd geworden, daß ich keinen Weg dorthin zurück erkennen kann, weil sie unentwegt mit Lärm bombardiert werden, der sie noch weiter davon wegführt. Da gibt es den Stadtlärm, die Straße, ganz zu schweigen vom Jazz und von der Rock-Musik. Natürlich haben Rock und Jazz wunderbare Rhythmen, eigentümlich und originär. Aber sie hypnotisieren den Verstand, benebeln ihn sogar, so daß der Zuhörer wie benommen darauf reagiert. Die großen Meister bewirkten genau das Gegenteil: Sie belebten und erfrischten das Bewußtsein des Geistes. Wie jeder weiß, gibt es keine Abgründe von Trauer, Unzufriedenheit, Enttäuschung, Wut und Verzweiflung, die Mozart beispielsweise nicht zutiefst getroffen hätten; aber auch jede Art von Freude war ihm eigen. Jeder eingebungsvolle Musiker wird immer versuchen, das Wesen eines Stückes zu ergründen, indem er die Farben, die schnell wechselnden Vorstellungen aus den Zeichen, die Mozarts Sprache ausmachen, herausliest. Einige der jüngeren Pianisten lassen das aus den Noten nicht hervorleuchten. Es war Goethe, der sagte, daß wir in der Geschichte Zeiten erleben, die entweder vom Geist geprägt sind oder die Zeichen technischen Fortschritts tragen. Aber nur Zeiten der geistigen Aufklärung werden in Erinnerung bleiben, nicht die technischen Errungenschaften, seien sie noch so nützlich und aufsehenerregend. Es würde den jungen Menschen guttun, wenn man ihnen diese Gedanken nahebrächte. Es wird viel zu viel Gewicht auf Technisches gelegt. Als ich bei Schnabel studierte, hat er nie Technik gelehrt; aber er hatte die große Begabung, Musik zum Leben zu erwecken und die Möglichkeiten eines Studenten voll auszuschöpfen. Man kann allerdings einen Studenten nicht mit Geist erfüllen, wenn er ihn nicht hat. Man darf auch nicht die Musik auf die eigenen Möglichkeiten zurechtbiegen.

Damit will ich allerdings nicht sagen, daß wir die Technik vernachlässigen sollten: Ohne Meisterschaft wird man keiner künstlerischen Vorstellung gerecht. Das Klavier ist wirklich ein phantastisches Instrument. Eigentlich ist es nicht nur das anspruchsvollste, sondern auch das überragendste, weil es den Spieler zwingt, sich nicht nur auf die Technik zu verlassen, sondern darüber hinaus auf eine schöpferische Vorstellungskraft, die fast an Hexerei grenzt. Das Paradoxe liegt darin, daß der Ton am Klavier in dem Augenblick stirbt, wo er geboren wird. Ist die Taste einmal angeschlagen, kann der Klang nur noch leiser werden; nichts kann ihn tatsächlich verlängern. Es liegt an der Vorstellungskraft vorzutäuschen, daß es eine Fortdauer des Klanges gibt wie bei einer Flöte, einer Stimme, einem Cello, einem Horn, kurz, einem ganzen Orchester. So hat das Klavier alle vorstellbaren Reichtümer neben der Vielstimmigkeit, die dieses Instrument noch zusätzlich hervorbringen kann. Aber auch das Orchester muß verwandelt werden, um das Wesen der Musik zu vermitteln; ebenso das Klavier, um den Klang hervorzubringen, der der Klang aller Klänge ist. Und hinter diesen Klängen und mit ihnen kann der Komponist die Geschichte seiner kosmischen Erfahrungen erzählen.

Vieles von dem, was man in die Musik einbringen oder ihr entnehmen kann, betrifft den ganzen Menschen. Als ich vorher von Mozart sprach, erwähnte ich den Reichtum seiner Erfahrungen. Er war das göttliche Genie, das die tiefsten Gedanken mit den wenigsten Worten ausdrücken konnte. Mozart muß man einfach lieben. Sein Wesen ist so unaussprechlich wie die Musik selbst. Er vermochte, vielleicht mehr als jeder andere, alles, was Menschen im Innersten bewegt, musikalisch auszudrücken und mit unglaublicher Sensibilität in Tönen widerzuspiegeln. Ich spüre eine Nähe zu Mozart, weil er dasselbe, fast unerträgliche Mitempfinden am Leid der anderen spürte, falls ich überhaupt meinen Namen im selben Atemzug erwähnen darf. Um dieses Leid zu ertragen, schenkte uns der liebe Gott als Gegenmittel die Fähigkeit, unerhört ausgeglichen, humorvoll und lustig zu sein. Es gibt ein altes Sprichwort, das besagt, das Meer sei so tief wie der Berg hoch. Mozarts Musik ist so unwiderstehlich liebenswert, weil er nicht wie Beethoven um die Vollkommenheit des Ausdrucks rang; seine Vollkommenheit bestand im Einbeziehen des ganzen Lebens, des guten und des schlechten.

In seinem Tagebuch schreibt Leonardo da Vinci, die wahre Erfahrung eines Künstlers sei manchmal so erschrekkend, daß der Laie, würde ihm die künstlerische Vision in ihrer ganzen Fülle gezeigt, vor lauter Entsetzen die Flucht ergreifen würde. Deswegen sei es, nach Leonardo, die Aufgabe und heilige Pflicht des schöpferischen Künstlers, seine Erfahrungen mit der Liebe und der Vollendung zu mildern. Das genau hat Mozart getan, und seine Musik ist so sehr ein Teil meiner selbst, daß es mir Schmerz bereitet, wenn sie zur Moll-Tonart übergeht, und ich erlöst bin, wenn sie in Dur einmündet. Ich würde Bach, Haydn und Beethoven huldigen, wenn ich ihnen begegnete, aber vor Mozart würde ich niederknien und mich tief verbeugen. Sollte ich ihm eines Tages im Jenseits begegnen, so hoffe ich, daß er mir sagen wird, meine Interpretationen seiner Werke hätten ihm nicht ganz und gar mißfallen.

Rosalyn Tureck

geb. 1914

Gerne würde ich
Johann Sebastian Bach
begegnen

Rosalyn Tureck, am 14. Dezember 1914 in Chicago, Illinois, geboren, begann mit vier Jahren Klavier zu spielen und trat erstmals als Neunjährige öffentlich auf. Sie studierte mit Sophia Brilliant-Liven, einer ehemaligen Assistentin von Anton Rubinstein, mit Jan Chiapusso und mit Olga Samaroff an der Juilliard School of Music. Nach ihren Studien gab sie 1934 mit zwanzig Jahren ihr Debüt in New York mit dem Klavierkonzert B-Dur von Brahms und dem Philadelphia Orchestra unter der Leitung von Eugene Ormandy. 1950 trat sie erstmals in Europa auf, 1956 folgte eine Serie mit Orchesterwerken von Bach in Kopenhagen, die sie ein Jahr später selbst dirigierte, und zwar mit dem Philharmonia Orchestra London in der Festival Hall und dem Schottischen Nationalorchester in Edinburgh und Glasgow. 1958 ging sie nach Amerika zurück und dirigierte dort in ihren Bach-Serien als erste Frau die New Yorker Philharmoniker. 1969 gründete sie das Ensemble »Tureck Bach-Players«. Im August 1993 erschien in der Zeitschrift »Gramophone« ein Artikel, der auf Einspielungen und Videos hinweist, die die fast Achtzigjährige im Teatro Colón in Buenos Aires produziert hat.

Doch Rosalyn Tureck war auch Musikwissenschaftlerin. Sie gab Meisterklassen und veröffentlichte zahlreiche Schriften über Bach und die Verbindung von Aufführung und Musikwissenschaft. Viermal wurde ihr der Ehrendoktor zuerkannt, zuletzt, 1977, von der Oxford University. Mit bedeutenden Wissenschaftlern ihrer Zeit, wie Robert J. Oppenheimer, Bertrand Russell oder Nils Bohr, war sie befreundet und tauschte mit ihnen ihre Erfahrungen aus. Im folgenden Gespräch schildert sie ihre Entwicklung als Musikerin und Instrumentalistin, ihre aufregenden Entdeckungen und Visionen.

Obwohl keine Musikerkarriere einem stereotypen Muster folgt, meine eigene ist dafür der beste Beweis, so durchzieht dennoch ein ähnlicher Faden, meistens eine musikalische Atmosphäre, die ersten Lebensabschnitte. Meine beiden älteren Schwestern und mein älterer Vetter studierten Klavier. Sobald die Schule aus war, eilten sie nach Hause und übten abwechselnd. Und dann gab es den Gesang meiner Mutter. Ich glaube, sie hatte eine große Stimme; sie sang fast immer. Auch wenn ich draußen spielte, konnte ich leicht ihre kraftvollen Töne einen halben Häuserblock weiter hören. So war ich immer von Musik umgeben.

Dann, eines Tages, ich war vier Jahre alt, setzte ich mich einfach ans Klavier und begann zu spielen. Ich bin über die Tasten nicht hergefallen, ich habe auch keine Faust benötigt oder die Töne mit einem Finger herausgepickt. Ich habe beide Hände benutzt und gespielt. Vier Jahre lang suchte ich zu den Melodien die Harmonien. Noten lesen konnte ich nicht, deshalb spielte ich einfach nach, was ich von meinen Schwestern und vom Gesang meiner Mutter hörte. Ich habe auch ständig improvisiert und komponiert.

Mit acht Jahren spielte ich dem Lehrer meiner Schwester vor, und er nahm mich an. Meine ältere Schwester konnte ich dann bald im g-Moll-Konzert von Mendelssohn begleiten, ich spielte den Orchesterpart, das meiste aus dem Gedächtnis. Welche Begabung mir dazu verhalf, weiß ich nicht. Ich kann nur vermuten, daß mein absolutes Gehör, das mir angeboren war, und eine geistige Koordinationsfähigkeit dazu beitrugen.

Danach erhielt ich Unterricht bei Sophia Brilliant-Liven, die Anton Rubinsteins Assistentin an seinem Petersburger Konservatorium war. Mit dreizehn meldete man mich beim Chicagoer Klavierwettbewerb an, zusammen mit 80000 anderen Kindern. Am Abend des Halbfinales mußten wir Nummern ziehen und in dieser Reihenfolge spielen. Ich zog eine sehr hohe Nummer und war erst nach elf Uhr an der Reihe. Als erstes wechselte ich den Stuhl aus, denn der am Flügel war zu niedrig, und da noch andere Stühle auf der Bühne herumstanden, habe ich mir den geeignetsten herausgesucht. Ich war die einzige, die das tat, und während mir das damals vollkommen selbstverständlich vorkam, ist es mir heute rückblickend klar, daß dies meine erste öffentliche Handlung als Individuum war. Ein professioneller Künstler muß, um erfolgreich zu sein, einen individuellen Stil und eine eigenständige Sichtweise haben. Nur durch die Individualität hat der Künstler etwas zu sagen, was Bedeutung hat. Ich glaube, daß diese Art von Persönlichkeit angeboren ist; der wirkliche Künstler ist sich ihrer unbewußt, so wie ich es war, als ich den Stuhl auswechselte. Das ist kein Gag oder bewußt geplante Strategie; es taucht vielmehr aus dem Unterbewußtsein hervor.

Nachdem ich nun meinen Stuhl ausgewählt hatte, setzte ich mich hin und spielte. An etwas anderes erinnere ich mich nicht. Und obwohl Applaus verboten war, brach am Ende meines Spiels eine solche Begeisterung aus, daß die Wände von den Schwingungen zu bersten drohten. Mich fröstelt heute noch, wenn ich davon spreche. Danach war das Gewinnen des Finales fast nur noch wie etwas Alltägliches. Meine Familie freute sich über den Erfolg und die bezahlten Engagements, aber sie hat mich nie gedrängt. Sie fand nur, daß man als Musiker alle Energien der Arbeit widmen sollte. Ich mußte eine ernsthafte Musikstudentin sein oder gar keine.

Dennoch habe ich nie viel geübt, von der 7. Klasse bis zur Hochschule nur zwei bis drei Stunden täglich. Ich erinnere mich an einen Tag, da kam ich vom Unterricht mit Brilliant-Liven nach Hause und sagte meiner Mutter, daß ich alles, was nur möglich war, von ihr gelernt hatte und nun eine andere Lehrerin oder einen anderen Lehrer benötigte. Es entstand kein Aufruhr oder Aufstand: Wir gingen einfach zu einem anderen Lehrer, zu Jan Chiapusso, selbst ein Konzertpianist. Er lehrte die westeuropäische Schule, während Brilliant-Liven von der russischen Tradition herkam. Während ich von Brilliant-Liven die russischen Grundlagen mit Betonung der technischen Perfektion, des singenden Tons und eines äußerst gewissenhaften Musikertums erhalten hatte, lernte ich von Chiapusso die westeuropäischen Schulen – die holländische, deutsche und französische.

Bei meiner ersten Unterrichtsstunde legte er das Studienprogramm fest: ein Präludium und eine Fuge von Bach, ein Beethoven-Werk, ein bißchen Chopin und mehrere andere Komponisten. Drei Tage später ging ich wieder zu ihm. Ich begann die Stunde chronologisch und gab ihm die Bach-Noten. »Haben Sie das auswendig gelernt?« fragte er. Ich antwortete: »Ja«. Ich spielte es durch, und er sagte kein Wort. Dann wollte er noch die anderen Werke hören. Auch darüber machte er keine Bemerkung, gab mir aber wieder ein Präludium und eine Fuge von Bach zum Einstudieren. Vier Tage später kam ich zur zweiten Stunde. Ich begann auf dieselbe Weise, gab ihm die Noten, und er fragte mich wieder, ob ich das auch auswendig gelernt hätte. Ich bejahte, und als ich zu Ende war, rief er aus: »Du lieber Himmel, Mädchen! Wenn du das kannst, solltest du dich auf Bach spezialisieren.« Und das war der Beginn dieser besonderen Richtung, von der ich sprach. Ich habe ständig am Bach-Repertoire gearbeitet und betrieb auch musikwissenschaftliche Studien. Ich lernte Cembalo, Clavichord und Orgel. Wir hatten Sitzungen, in denen ich nur vier Stunden lang zuhörte, wie Chiapusso alle späten Beethoven-Sonaten durchspielte. Ferner machte er mich auch mit allen Beethoven-Quartetten bekannt und bezog sich während einer solchen Stunde auch auf Hegel und andere Philosophen. Ich war tief beeindruckt von den Kopien großer griechischer Skulpturen, die sein Zimmer schmückten. Mit vierzehn Jahren habe ich eine Menge über Gamelan-Orchester gelernt. So kannte ich die wunderbaren Klänge dieser Orchester und die Art von Musik, die dafür geschrieben wurde. Ich kannte auch den Cembalo-Klang, den Clavichord-Klang und den Anschlag, die Technik dieser Instrumente. Ich kannte die Orgel. Chiapusso nahm mich regelmäßig zu Orgel-Abenden mit. Nur zwei Jahre habe ich mit ihm studiert, aber diese Zeit war die große, reiche, fruchtbare Quelle meines künftigen Lebens.

Den Entschluß, die Aufnahmeprüfung an der Juilliard School zu versuchen, traf ich von heute auf morgen. Als ich nach New York zum Vorspiel kam, bestand die Fakultät aus Alexander Siloti, Joseph und Rosina Lhévinne, Olga Samaroff, Carl Friedberg, Ernest Hutcheson und James Friskin – alles große und weltbekannte Pianisten. Ein Präludium und Fuge von Bach wurde verlangt, und ich hatte so viele vorbereitet, daß ich sie auf einer Liste notierte. Mr. Hutcheson las sie den Juroren vor und sagte: »Welches Präludium und welche Fuge würden Sie gerne hören?« Zu meiner Überraschung erfuhr ich in den letzten Jahren, daß diese Frage inzwischen legendär geworden ist, und hinter der Bühne treffe ich immer wieder Leute, die mich fragen, ob das wahr ist. Es ist wahr.

Ich erhielt das Stipendium, und Olga Samaroff wurde meine neue Lehrerin. Sie trug zur Entwicklung meiner Technik wenig bei, aber ihr großes Gespür dafür, wie man Musik auf die Zuhörer überträgt, und ihr sensibles Gefühl für Harmonik waren das, was ich in erster Linie von ihr lernte.

Innerhalb von zwei Monaten, kurz vor meinem 17ten Geburtstag, hatte ich ein großes Erlebnis. An einem Mittwochnachmittag Anfang Dezember begann ich mit Bachs a-Moll-Präludium und Fuge aus dem ersten Band. Es ist ein sehr schweres Werk, und sofort erkannte ich seine Komplexität. Ich fing an zu arbeiten und verlor plötzlich das Bewußtsein. Ich weiß nicht, wie lange, ob den Bruchteil einer Sekunde oder eine halbe Stunde, aber ich weiß, daß ich, als ich wieder zu mir kam, einen Einblick in Bachs Aufbau, seine musikalische Psychologie, sein Formgefühl hatte, die vollkommen neue Vorstellungen hervorriefen, aus der Zwangsläufigkeit des musikalischen Ursprungs und Aufbaus herrührend, so wie Bach sie komponiert hat. Gleichzeitig wurde mir klar, daß ich eine ganz neue Klaviertechnik entwickeln mußte, um diesen neuen Vorstellungen von Bachs Musik gerecht zu werden. Ich wußte, was und wie ich es zu tun hatte, denn die Kraft der Erkenntnis kam aus der Musik selbst. Ich hatte keine Beziehung zu modischen Interpretationsströmungen von Bachs Musik, weder zu den akzeptierten noch den anderen; ich war geschult genug, um diese zu kennen. Meine Erfahrung entsprang der wahrscheinlich reinsten, objektivsten Art von Einsicht, die ich mir vorstellen kann.

Über die Ursache des Wechsels von bewußtem und unbewußtem Erleben und die sich daraus ergebenden neuen Einsichten kann ich sehr wenig sagen, einfach deshalb, weil ich die Ursachen nicht kenne. Und wer kennt sie schon wirklich, über das eigene Erleben hinaus? Ich selbst kenne andere Menschen, vor allem große, schöpferische Wissenschaftler, die dieses Phänomen auch erlebt haben, ich hörte sie davon sprechen, und ich selbst diskutierte mit ihnen darüber. Meine befreundeten Wissenschaftler haben einen ähnlichen Verlust von Bewußtsein erfahren und ganz deutlich eine neue Hypothese oder Formel erkannt; dann haben sie sie jahrelang entwickelt und die Techniken verfeinert, mit denen sie die Hypothesen beweisen konnten. Einige meiner Freunde wurden Nobel-Preisträger als Ergebnis dieser »erlebten« Einsichten. Es scheint, als ob solche Offenbarungen nach sehr harter Arbeit und tiefer Konzentration erfolgten, und zwar während sich ein bestimmtes Problem noch seiner Lösung widersetzt. Aber warum und wie, das scheint niemand zu wissen. Doch ich wußte eines: Ich konnte nicht zu meinem alten Bachspiel zurück, obwohl es damals sehr geschätzt und akzeptiert wurde.

Ich hatte eine Tür in eine neue Welt aufgestoßen, und seltsam genug bekam ich keinerlei Zweifel an der Wichtigkeit und Bedeutung dessen, was ich herausgefunden hatte und was ich tun würde. Und so begann ich, als Ergebnis meiner neuen Auffassung, auf eine ganze neue Weise zu arbeiten. Ich hatte noch nie jemanden Bach so spielen hören, wie ich es jetzt versuchte, und es war physisch und geistig so schwer, daß ich bei dieser besonderen Fuge, die mich in diese neue Welt des Denkens und Entdeckens hineinkatapultiert hatte, zwei ganze Tage benötigte, um vier Zeilen zu erlernen.

Das heißt jedoch nicht, daß ich meine Studien mit Samaroff aufgegeben hätte. Ständig erweiterte ich mein Repertoire in der gesamten Standardliteratur. Es war meine Einstellung zu Bach, die sich änderte. Ich arbeitete weiter an der neuen Technik meines Bach-Spiels und an dem ganz anderen geistigen Vorgang. Es ist eine gedankliche Vorstellung, die Pianisten normalerweise nicht nachvollziehen. Meist sind sie mit den Formen beschäftigt, die aus der Betonung des harmonischen Systems erwachsen sind, zum Beispiel der Sonatenform, die im späten achtzehnten und neunzehnten Jahrhundert so herausragt.

Auch mein Fingersatz veränderte sich. Jeder meiner zehn Finger ist vollkommen unabhängig und in der Lage, etwas ganz anderes zu tun im Bruchteil einer Sekunde, während ich spiele. Das ist ein wichtiger Aspekt der vielschichtigen Erkenntnisse, die ich erfahren hatte. Das bedeutete auch einen ganz anderen technischen Weg, einen, der die kompromißlose Kontrolle jedes einzelnen Fingers forderte. Jeder Finger muß fähig sein, jede Anschlagsart auszuführen, während jeder andere Finger auch gleichzeitig andere Anschlagsarten ausführt. Die dynamischen Schattierungen müssen so sein, daß unterschiedliche Lautstärken auf unterschiedlichen Spielebenen produziert werden können, damit das Stimmgewebe und die Tonqualität, obgleich verschieden für jeden Finger, zueinander in Beziehung stehen und sich innerhalb der verschiedenen Motive, die gleichzeitig erklingen, vermischen können. Der Anschlag der Finger, die Tonqualität und -quantität müssen Bezug aufeinander nehmen, während sich die Linien horizontal und kontrapunktisch bewegen, wie beispielsweise in einer vierstimmigen Fuge; die müssen sich während des harmonischen Fortschreitens von einem Abschnitt zum anderen harmonisch aufeinander beziehen; selbst in kurzen Phrasen müssen sie harmonisch und kontrapunktisch so aufeinander bezogen sein, daß der unterschiedliche Anschlag eine miteinander verbundene Struktur ergibt, obwohl jede Phrase, ob kurz oder lang, eine Einheit für sich darstellt. Das ist die mikroskopische Sicht meines technischen Stils für die Bach-Darbietung am Flügel.

Das hat allerdings nichts damit zu tun, was man unter Klaviertechnik des 19. und 20. Jahrhunderts versteht. Ich bin gegen die moderne Klaviertechnik beim Bach-Spiel, denn sie basiert auf dem Flügel, wie wir ihn vom 19. Jahrhundert her kennen. Der Flügel ist erst ungefähr hundert Jahre alt; es ist der Flügel von Chopin, von Liszt, Brahms, Skriabin, Tschaikowsky und Rachmaninoff. Es ist der Flügel des üppigen romantischen Klanges und der großen Schule der Virtuosität; aber faktisch und historisch gesehen ist es ein begrenztes Instrument und gilt nur für eine kurze Zeit der Musikgeschichte. Der Flügel hat sich sehr gewandelt seit der Zeit, als er geboren wurde, und änderte sich ständig, selbst während meiner Lebenszeit. Der Flügel, den ich heute spiele, ist anders als der meiner Kindheit. Komponisten schreiben für den heutigen Flügel anders als jene vor 75 Jahren.

Komponisten haben ihrerseits die Klaviertechnik und den Klang beeinflußt. Künstler und Kritiker, die gegen das Bach-Spiel am Flügel sind, irren, weil sie vom heutigen Flügel, seinem Klang und seiner Technik ausgehen. Bach kannte das Klavier; vor zehn Jahren hat man nachgewiesen, daß er Silbermann-Klaviere verkaufte, und zwar eines an einen polnischen Grafen; die Kopie der Quittung ist vorhanden. Bachs berühmte Komposition »Das Musikalische Opfer« hat er nach seinem Besuch bei Friedrich dem Großen geschrieben, der eine Reihe von Klavieren besaß. Man hat aufgezeigt, daß er die Partie für ein Tasteninstrument in der Triosonate für Klavier und nicht für Cembalo komponierte.

Ich habe auch auf dem Gebiet der Verzierungen gearbeitet, es ist einer der Bereiche, in denen man gründlich versiert sein sollte, ehe man es wagt, ein Hauptwerk von Bach am Cembalo oder an irgendeinem anderen Instrument zu spielen. Verzierungen, das ist ein lebenslanger Lernprozeß.

Heute ist die historische Aufführungspraxis ein wichtiges Gebiet der Musikwissenschaft. Daran habe ich immer gearbeitet, trotz der Anforderungen, die Karriere, Erfolg und internationale Tourneen an mich gestellt haben. Kürzlich hielt ich zwei Vorträge an der Columbia Universität, wo ich vorgestellt wurde als »Studentin und Künstlerin und die einzigartige Verbindung dieser zwei«. Ich bin dankbar für dieses Kompliment; diese Verbindung entsprach der Art, wie ich in meinem Leben gearbeitet habe.

Natürlich kümmerte ich mich auch um das öffentliche Auftreten und um meine Karriere. Dazu muß ich ein wenig ausholen. In meinem vierten Studienjahr in Juilliard hatte ich nie die Absicht, vor meinem dreißigsten Lebensjahr zu debütieren. Ich glaubte, daß ein Künstler diese Jahre benötigt, um ausreichend vorbereitet und erfahren zu sein. Ich wollte mich nicht ins Rampenlicht stürzen und fühlte dazu auch gar keine Notwendigkeit. Aber meine Lehrerin meldete mich zu zwei Wettbewerben: Der eine war der Naumburg-Wettbewerb, der andere ein kombinierter, der Schubert-Gedächtnis- und der Wettbewerb des Nationalen Bundes der Musik-Klubs. Im Naumburg-Wettbewerb stellte ich ein reines Bach-Programm vor, erreichte das Finale und verlor. Es war der erste und einzige Wettbewerb, den ich verloren habe. Die Juroren meinten, sie könnten mir wirklich nicht den ersten Preis geben, denn niemand könne eine Karriere nur mit Bach aufbauen.

Aber ich gewann den Doppelpreis des anderen Wettbewerbs. Das hatte gar nichts mit Bach zu tun; ich gewann ihn mit einem weitgefächerten pianistischen Repertoire. Einer der großen Manager übernahm mich sofort, ich spielte in der Carnegie Hall und stand mit zwanzig Jahren am Beginn meiner Karriere. So war mein Einstieg ins öffentliche Musikleben – ganz unerwartet und unbeabsichtigt. Rückblickend muß ich sagen, daß alles ziemlich aufregend und spannend war. Nach einer gewissen Zeit allerdings verlor ich den Überblick. Ich gab Konzerte, ich hatte einen Manager und begann überall zu spielen. Es war schwierig, denn ich mußte ein Riesenrepertoire parat haben, um all die Konzertwünsche zu erfüllen, und war gleichzeitig ständig unterwegs. Ich hatte manchmal das Gefühl, daß ich die Konzerte auf dem Weg zum Konzert lernen mußte.

Manchmal führten diese Hetze und der Druck zu Nervosität, aber das gehört zu einem Künstlerleben in der Öffentlichkeit. An anderen Tagen ging alles ganz ruhig zu. Bei meinem Debüt spielte ich zuerst mit Ormandy und dem

Philadelphia Orchestra in der Carnegie Hall und dann ein paar Tage später in Philadelphia. Es war übrigens das B-Dur-Konzert von Brahms, mit dem ich debütierte. Beim zweiten Konzert in Philadelphia ertappte ich mich dabei, wie ich im Auto auf dem Weg zum Konzert gähnte, weil ich so entspannt war. Ich habe gespielt, und offensichtlich war es auch gut, aber ich war unzufrieden, denn ich fühlte, daß alles zu glatt verlief vor diesem großartigen Publikum. Genau in diesem Augenblick erkannte ich, daß man sich psychisch zu einem gewissen Höhepunkt hin anfeuern muß. Ich mußte ein bißchen geladen sein, wie eine neue Batterie, um mein Bestes zu geben. Man braucht einen hohen Gefühlspegel und kann nicht in einer normalen Alltagsstimmung verharren.

Ich spüre das Publikum sehr genau. Mein Ziel als Künstlerin ist nicht einfach schön zu spielen oder Erfolg zu haben. Ich hoffe, daß meine eigenen Erfahrungen den Zuhörern ein anderes Lebensgefühl vermitteln. Und wenn auch nur ein einziger Mensch im ganzen Publikum einen neuen Schimmer von einem inneren Einblick gewinnt, wenn sich ihm ein neuer Horizont öffnet, dann hat sich alles gelohnt. Alle anderen Ziele, zu denen das hervorragende Spiel und die größte Aufrichtigkeit zählen, tragen dazu bei, meinen geistigen Erfahrungshorizont zu erweitern – und daraus ergibt sich ja die wahre Kunst.

Als Musikerin, die an die Ganzheit des Lebens glaubt, kann ich die Ehe nicht unberücksichtigt lassen. Ich bin jetzt Witwe. Aber was Ehe, menschliche Beziehungen und Karriere betrifft, so habe ich nichts an persönlichem Leben vermißt. Ich bin traurig, daß ich meinen Ehemann verloren habe. Wir kamen gut miteinander aus, es gab keine Probleme wegen meiner beruflichen Interessen. Er war Wissenschaftler und hatte sehr viel Verständnis für meine Arbeit, weil er das Wesen meiner Hingabe begriff. Als Frau bedauere ich es, keine eigenen Kinder gehabt zu haben. Mein erster Mann hatte zwei kleine Kinder, als ich ihn heiratete, so daß ich viele Jahre für sie Mutter war; wir hatten ein schönes Verhältnis zueinander, diese Kinder und ich. Sie wuchsen mit mir auf. Auf diese Weise erlebte ich das Mutter-Kind-Verhältnis auch ohne eigene Kinder. Es war eine lohnende und erfüllende Erfahrung.

Frauen haben ein physiologisches und psychologisches Verlangen, sich menschlicher Lebewesen anzunehmen, ganz gleich ob es Kinder, ein Ehemann oder beides ist. Die meisten Frauen brauchen diese Erfahrung, um sich zu verwirklichen. Es hat schon viele weibliche Wunderkinder gegeben, ungeheuer begabte, aber viele von ihnen entwickelten sich nicht bis zur Berufskünstlerin. Sie haben Wettbewerbe gewonnen, debütiert und Karrieren begonnen; dann haben sie sich entschlossen zu heiraten, Kinder zu bekommen und die Laufbahn aufzugeben. Andere werden entmutigt, vielleicht eher als Männer, einfach weil es ein sehr harter Weg ist. Es gibt immer noch männliche Vorurteile oder zumindest ein Umfeld von Vorurteilen, aber es ist nicht mehr so vorherrschend wie damals, als ich anfing. Am Beginn meiner Karriere und während meiner ganzen Kindheit und auch noch als junge Frau war das größte Kompliment, das mir Presseleute, aber auch Musiker machten, daß ich wie ein Mann spiele. Ich konnte nicht damit einverstanden sein, daß bedeutende Qualitäten nur Männern zugeschrieben wurden, aber diese Haltung war verbreitet, und ich mußte damit leben. Heute würde kein guter Kritiker oder Journalist auf diese Weise schreiben. Dieser Einstellungswandel ist natürlich unmittelbar auf die veränderten Zeiten zurückzuführen. Die heutige Zeit ist vielleicht die freieste in der gesamten Geschichte, wenigstens für jene, die glücklich genug sind, in einer offenen, freiheitsorientierten Gesellschaft zu leben. Das gilt nicht nur für die Bevölkerung im allgemeinen, sondern insbesondere für Frauen. Wir Frauen sind heute in den Vereinigten Staaten freier als zu irgendeiner anderen Zeit in der Geschichte.

Gerne würde ich Johann Sebastian Bach begegnen. Wir würden sicher endlos über Aufbau, Form und Interpretation sprechen. Auch seine Gedanken über das geistige Leben und menschliche Beziehungen würden mich interessieren.

Ich glaube, den meisten Menschen ist es klar, daß die jüdisch-christliche Zivilisation, die eine bedeutende Zivilisation war und in der Kunst, auf geistigem Gebiet und in den Wissenschaften viele Höhepunkte erreicht hat, am Ausklingen ist. Das 20. Jahrhundert war ein unglaubliches Jahrhundert, voll von dem, was man »Wunder« nennen könnte; was der Mensch in diesem Jahrhundert erreicht hat, ist fast unvorstellbar. So gesehen, finde ich es sehr aufregend, jetzt zu leben. Aber es gibt auch andere Seiten dieses Jahrhunderts, voller Leid und Qual, und das kann ich nicht ertragen. Es gab Häßlichkeit, physische, visuelle und auditive – alle Arten von Häßlichkeit. Die Dekadenz schreitet fort, was eine sehr düstere, dunkle Zeit erahnen läßt, die lange andauern wird, vielleicht Jahrhunderte. Dann, glaube ich, wird eine Wiedergeburt kommen, so wie es immer auf Erden war. Die Errungenschaften der letzten zweitausend Jahre werden wieder auftauchen, aber weiterentwickelt durch neue Gedanken, Konzepte, Dimensionen, so daß die Welt in eine neue zivilisatorische Ära eintreten wird, die unsere heutigen Fortschritte als winzig erscheinen lassen wird.

Ich würde gerne, dürfte ich mir ein zweites Leben in der Zukunft aussuchen, in 850 Jahren nochmals leben. Ich denke, die menschliche Gesellschaft wird sich bis dahin erholt und eine neue, fortschrittlichere Art des Lebens, des Denkens und der Kunst entwickelt haben.

Moura Lympany

geb. 1916

Ich bin Konzertpianistin und kein Showgirl

Moura Lympany wurde 1916 in Cornwall, England, geboren. Als junges Mädchen erhielt sie ihre Ausbildung an einem belgischen Nonnenkloster, wo ihr pianistisches Talent gefördert wurde. Als Zwölfjährige trat sie erstmals öffentlich auf: Von 1932 bis 1933 nahm sie in Wien bei Paul Weingarten Unterricht. Sie gewann zwei Stipendien für das Studium an der Royal Academy of Music in London und studierte anschließend bei Mathilde Verne und Tobias Matthay, dessen Lehren sie ein Leben lang befolgte. Mit 21 Jahren errang sie hinter Emil Gilels den zweiten Preis bei dem Internationalen Brüsseler Ysaye-Wettbewerb.

Ähnlich wie Myra Hess und Eileen Joyce gab Moura Lympany zahlreiche Konzerte während der Kriegsjahre, wobei sie sich auf die Musik russischer Komponisten spezialisierte. Nach 1945 bereiste sie in kultureller Mission zahlreiche Länder und war eine der ersten britischen Pianisten, die nach dem Krieg eine Konzertreise in der Sowjetunion durchführten. Sie gab Erstaufführungen des Klavierkonzerts von Chatschaturjan in London, Paris, Mailand, Brüssel und Australien. 1948 machte sie ihre erste Konzertreise in die USA, wo sie ihren zweiten Ehemann kennenlernte.

In ihren Memoiren berichtet die Pianistin, die in Frankreich jährliche Musikfestivals organisiert und in Monaco lebt, freimütig über ihre beiden Ehen, ihre schwere Krebserkrankung sowie über ihre Krisen und Konflikte als Pianistin angesichts der erzwungenen Konzertpausen.

Es ist altmodisch geworden, an Vererbungstheorien zu glauben, und doch frage ich mich oft, ob russisches Blut in mir fließt. Mein österreichischer Urgroßvater war ein Rechtsanwalt aus Würzburg. Er hieß Kaupp und sollte als junger Mann von der preußischen Armee eingezogen werden. Um dem zu entgehen, zog er nach England, wo er in Devon ein irisches Mädchen traf und sie heiratete. Ihre Tochter, Frau Robert Limpenny, war meine Großmutter. Sie muß viel über Rußland erzählt haben, das ihr Vater bereist hatte, und wahrscheinlich bekam meine Mutter daraufhin Lust, das Land zu besuchen.

Die Limpenny-Familie hatte sich mehrfach in öffentlichen Ämtern bewährt: Mein Urgroßvater war dreimal Bürgermeister von Exeter gewesen, eine dankbare Gemeinde und eine ihm wohlgesonnene Familie stifteten ein Fenster in der Exeter-Kathedrale zu seinem Gedenken. Die Limpennys (oder Lympanys, wie sie sich damals schrieben) konnten sich zwar von Eduard I. ableiten, aber sie verarmten und stiegen deshalb in den Handel ein. Einst waren sie damit sehr erfolgreich gewesen und hatten drei Läden in Plymouth besessen, die sportliches Zubehör verkauften. Während der Kindheit meiner Mutter war aus diesen drei Läden einer geworden, der in der George Street. Es gab fünf Töchter und zwei Söhne in der Familie. Die beiden Söhne, Charles und Freddie, wurden angebetet; alles wurde aufgeopfert, um ihre Zukunft zu sichern. Charles ging nach Dartmouth, um dort Kadett bei der königlichen Marine zu werden, während Freddy sich der britisch-amerikanischen Tabakgesellschaft anschloß und nach Argentinien emigrierte, wo er Direktor der Firma wurde. Die einzige Zukunft der fünf Schwestern – Beatrice, Mina, Frances, Ernestine und Madge – bestand darin, zu Hause zu sitzen und auf einen Ehemann zu warten. Bis dahin mußten sie sich selbst versorgen. Frances, die klug war, gründete eine Schule in Plymouth; die schöne Mina blieb daheim und versorgte ihre Mutter, aber meine Mutter, Beatrice, war zu lebhaft gesinnt, um sich in Devon zu langweilen. Sie brachte sich selbst Sprachen und Musik bei, und bei der ersten Gelegenheit nahm sie den Zug durch Osteuropa nach Rußland, wo sie als Englischlehrerin ein Unterkommen fand.

Auf der Höhe des Ersten Weltkrieges war London voll mit Truppen, die in die Schützengräben nach Frankreich geschickt werden sollten. In Park Lane hatte Lady Townsend eine beliebte Unterhaltungsveranstaltung für Offiziere eingerichtet: den Nachmittagstee. Gekleidet in ihre geschneiderten Khakiuniformen, mit polierten Gürteln und Schuhen, mit Goldknöpfen und Goldverzierungen ausgestattet, nippten die Seeoffiziere aromatischen Tee aus Porzellantassen, knabberten an Sandwiches und selbstgemachtem Kuchen. Das sanfte Klappern des Porzellans und die Unterhaltungen wurden von einer zierlichen Dame begleitet, die auf einem Podest an einem dunkel polierten Flügel saß. Als sie ihr Stück beendet hatte, bedankte man sich mit höflichem Applaus. Sie verbeugte sich, zog sich einen opulenten weißen Pelzmantel über die Schultern und verließ die Bühne. Beatrice Limpenny war von Rußland heimgekehrt und hatte von dort den Pelzmantel – es war ein Abschiedsgeschenk – mitgebracht. Sie war inzwischen fünfunddreißig Jahre alt.

Unter dem Publikum war eines Tages ein fünfunddreißigjähriger, großer, gutaussehender Offizier, ein Angehöriger des australischen Kontingents, der in den Dardanellen gekämpft hatte. Er war mit Auszeichnungen übersät und befand sich auf einem gutbezahlten Urlaub. Er selbst war nicht Australier, sondern Engländer.

Beatrice war eine erfindungsreiche, praktische, intelligente und flexible Frau, die immer schon für ihren Lebensunterhalt aufgekommen war. In ihrem weißen Pelzmantel muß sie wohlhabend ausgesehen haben, und John Johnstone machte ihr in kürzester Zeit den Hof. Bis er Beatrice getroffen hatte, war er so etwas wie ein Don Juan gewesen, und Beatrice war bald von seinem Charme eingenommen; sie verliebte sich in ihn. John und Beatrice heirateten bald und gründeten ihr Heim in einem der drei Häuser von Beatrice in Teignmouth, bevor sich John seinem Regiment anschloß und zu den Schützengräben nach Frankreich zurückkehrte. Am 18. August des darauffolgenden Jahres 1916 wurde das erste Kind und die einzige Tochter geboren, zwei Wochen eher als erwartet: Moura. Als ich vier Jahre alt war, wurde mein Bruder Anthony geboren, zwei Jahre darauf Joseph. In den wirtschaftlich angespannten zwanziger Jahren sorgte sich meine Mutter um unsere Ausbildung. Ihre Brüder erklärten sich bereit, für die Ausbildung meiner Brüder aufzukommen. Aber was war mit mir?

Als gute Katholikin las meine Mutter die Zeitschrift »Catholic Times«, und eines Tages präsentierte sich eine Lösung, als sie die Werbung für eine belgische Mädchenschule las, die fünf Pfund pro Semester kostete. Mit sechs Jahren wurde ich von ihr auf das Boot nach Ostende gebracht, wo ich mich traurig von ihr verabschiedete. Ich wohnte zunächst bei dem Bruder der Schulleiterin in einem Vorort Brüssels. In der Nummer 32, Rue au Beurre gab es im Eßzimmer ein Klavier, und ich saß dauernd dran, spielte Tonleiter und kurze Übungen, die meine Mutter mir beigebracht hatte, und erfand eigene Melodien. Nachdem ich bei den Mahlzeiten einen Gang aufgegessen hatte, starrte ich das Klavier sehnsüchtig an und bat: »Darf ich spielen?« Die Familie erlaubte es mir großzügig und aß weiter, während ich spielte.

Meine Mutter hatte bereits entschieden, daß das Klavierspiel zu meinem Beruf werden sollte, aber ich sollte auch die Harfe oder die Violine dazulernen. »Du wirst nie vom Klavierspiel leben können!« warnte sie. Eine Harfenistin oder Violinistin würde dagegen in einem Orchester unterkommen.

Nach den Osterferien fuhr ich zum Nonnenkloster in Tongres, der ältesten Stadt Belgiens, die von der Statue des großen Helden Ambiorix bestimmt wird. Schwester Leonarda kümmerte sich um mich. Ich war vom normalen Unterricht zugunsten des Klaviers und der Violine befreit. Ich spielte das Klavier sehr gerne und verdanke es den Nonnen, daß ich so gut vorankam. Sie begriffen, daß ich ein ungewöhnliches Talent besaß, und taten alles, um mir zu helfen. So durfte ich beispielsweise jeden Abend von 17-19 Uhr üben, anstatt wie die anderen Mädchen Hausaufgaben zu machen. Ich nahm dann die Noten der anderen Mädchen aus den Schränken und spielte alles vom Blatt, was mir unter die Augen kam. Wenn Prüfungen anstanden, gab mir Schwester Leonarda das Kapitel aus der Geschichte, aus dem die Prüfungsfragen stammten. Ich las sie im voraus und war fast immer die Erste! Das lag daran, daß ich ein gutes Gedächtnis hatte und rasch lernte. Ich war begierig, besaß einen großen Wissensdurst und eine Neugier auf alles.

Als Neunjährige übte ich freiwillig fünf Stunden täglich. Das war zu viel für ein kleines Mädchen, und ich litt an Migräne. Ich spielte alleine in dem großen Saal des Konvents. Im Sommer versuchten die Nonnen vergeblich, mich vom Klavier ins Freie wegzulotsen. Einmal spielte ich an einem heißen Nachmittag, bis ich ein Geräusch am Fenster hörte. Ich sprang von meinem Klavierhocker auf und rannte hin, um herauszusehen, konnte aber nichts und niemanden sehen. Ich übte weiter, bis ich wieder das Geräusch hörte, als ob Steine gegen das Glas geworfen würden. Ich schaute mich um und wurde mir zum ersten Mal des furchterregenden großen Saales hinter mir bewußt; ich erschrak plötzlich und rannte in den Garten hinaus, um dort die lieben Nonnen vorzufinden, die lachten und sich vor mir versteckten. Es war ihnen endlich gelungen, mich ins Freie hinauszulocken!

»Bach, Bach, und nochmals Bach!« pflegte Rubinstein zu sagen. Bereits als Siebenjährige spielte ich Bach – die zweistimmigen Inventionen, und steigerte den Schwierigkeitsgrad, bis ich alle achtundvierzig Präludien und Fugen beherrschte. Mit neun Jahren bestand ich alle Klavierprüfungen, und meine englische Miss war durch eine belgische Madame ersetzt worden. Eines Tages spielte sie uns ein Musikstück vor, das mich faszinierte, und erzählte, daß diejenige Schülerin, die ihre akademischen Prüfungen mit den höchsten Bewertungen bestehen würde, es als nächste einüben dürfe. Ich wollte um jeden Preis das Stück einstudieren. Ich gewann. Es handelte sich um die E-Dur-Polonaise von Liszt. Ich war damals neuneinhalb Jahre alt.

Um 1820 herum gründete John Fane, der elfte Graf von Westmoreland, die Londoner Königliche Musikakademie. Im Sommer 1912 zog die Akademie in ihr jetziges prächtiges Haus in der Marylebone Straße. Einige berühmte Pianisten waren mir dort vorangegangen: Myra Hess, Irene Scharrer, Hariett Cohen, Clifford Curzon. Auf allen Etagen hörte man hinter geschlossenen Türen die Klänge von Streichern, Tasteninstrumenten, Blech- und Holzblasinstrumenten sowie alle möglichen Sänger, die täglich immerzu übten. Es war berauschend, in dieser Atmosphäre, die der niveauvollen Musik gewidmet war, zu studieren. Ich liebte die Atmosphäre von dem Augenblick an, als ich in der Untergrundstation der Baker Street ankam und die Straße entlanglief, an Madame Tussauds Wachskabinett vorbei bis zu dem stattlichen Gebäude mit seiner Halle, die zu einer mit musikalischen Motiven verzierten schmiedeeisernen Treppe führte.

Die Jahre an der Akademie gingen schnell vorbei. Am Ende des dritten und letzten Jahres gewann ich die Challen-Goldmedaille als beste Studentin des Jahres. Ich trug bei der Feier ein weißes Kleid und eine dunkelrote Schärpe. Ich war sechzehn, und meine Mutter entschied, daß ich zum weiteren Studium nach Wien reisen sollte, wo ich auch Deutsch lernen konnte.

Das Problem war wie immer die Finanzierung. Wie sollte Geld aufgebracht werden? Die Reise, der Unterricht, die laufenden Unkosten. Es gab nur eine Lösung: Ich mußte das Geld selbst verdienen. Meine Mutter schrieb an eine Klosterschule in Wien, die mich gegen Kost und Logis verpflichtete, mit den dortigen Mädchen Englisch zu sprechen.

Nach meiner Ankunft in Wien erkundigte ich mich nach den besten Klavierlehrern: Emil Sauer und Paul Weingarten. Wen sollte ich ansprechen? Sauer war damals ziemlich alt, so daß ich Weingarten anrief. Er lud mich ein, ihm vorzuspielen, und erklärte sich bereit, mich zu unterrichten. Dann mußte ich ihm beichten, daß ich die Stunden nicht bezahlen konnte. Er antwortete: »Sie werden mich bezahlen, wenn Sie das Honorar für Ihre nächsten Konzerte erhalten.« Das tat ich dann auch.

Weingarten war nicht jung, aber er war ausgesprochen gutaussehend, mit einer wunderschönen weißen Mähne, die von seiner edlen Stirn herabfiel. Er hielt viel von einem kultivierten Umgang. Alle Frauen waren wahnsinnig verliebt in ihn. Ich war sehr schüchtern. Ich bewunderte und betete ihn als Lehrer an. Er war für mich der große Mann, der mir das Klavierspielen beibrachte. Mit ihm studierte ich das romantischste aller Werke, das zweite Klavierkonzert von Rachmaninoff. Er war väterlich zu mir und tadelte mich sogar: »Seien Sie nicht so akademisch – lassen Sie sich gehen!«

Ich blieb fast ein Jahr in Wien. Meine Zeit hatte ich dort sinnvoll verbracht, und es wurde nun entschieden, daß ich einen der zahlreichen renommierten Klavierwettbewerbe versuchen sollte: den Liszt-Wettbewerb in Budapest. Es war Sommer 1933, und ich war noch keine siebzehn. Meine Mutter überwand wieder einmal die finanziellen Probleme, indem sie einen Job für mich als Au-pair-Mädchen bei einer Familie mit einer Tochter besorgte, die Englisch lernen wollte. So reiste ich nach Ungarn, wo ich damit ausgelastet war, meiner Schülerin Englisch beizubringen und die großangelegten Kompositionen Liszts zu üben.

Die Wettbewerbe zogen stets Agenten und Impresarii an, die außergewöhnliche Talente suchten, die sie ermutigen und aus denen sie Profit schlagen konnten. Wilfrid van Wyck war beim Budapester Klavierwettbewerb dabei, und er bewunderte mein Spiel, aber ich gehörte noch nicht zu den »großen Kanonen« der Musikwelt. Der erste Preis ging an Annie Fischer, die noch heute als eine der besten – manche würden sagen als die beste – Pianistinnen der Welt gilt.

Bei meiner Rückkehr nach England war ich siebzehn Jahre alt. Meine Mutter entschied, daß sogar Bexhill-on-Sea zu weit von London entfernt war, wenn ich im Konzertsaal Erfolge erzielen sollte. Obwohl es unglaublich schien, hatte sie sich mit zahlreichen Ratgebern davon überzeugt, daß mir eine wirkliche musikalische Zukunft bevorstand. Selbst damals herrschte ein harter Wettbewerb, der heute freilich noch härter ist. In den dreißiger Jahren gab es kaum eine Schallplatten-Industrie, und die meiste Musik wurde live dargeboten.

Meine erfindungsreiche Mutter fand ein kleines Haus in Wimbledon, das zur Miete freistand, und ich arbeitete als Begleiterin bei einer Gesangslehrerin namens Miss Baldock, deren Studio in Chelsea war. Mir machte diese Arbeit, die nur halbtags zu leisten war, viel Spaß.

Nach nur zwei Semestern meines zweiten Stipendiums an der Königlichen Musikakademie in London arrangierte meine Mutter Privatunterricht für mich bei Mathilde Verne. Dies war ein überaus wichtiger beruflicher Schritt. Sie und ihre beiden Schwestern gehörten zu den besten Klavierlehrkräften Londons. Alle drei Frauen waren Schülerinnen der legendären Clara Schumann gewesen, Mathilde Verne hatte eines der ersten Konzerte von Paderewski besucht und unterrichtete seit mehr als fünfzig Jahren. Als sie mich zum ersten Mal spielen hörte, erkannte Madame Verne, daß ich meine Technik instinktiv erlernt hatte. »Wenn du nicht Technik übst«, warnte sie mich, »kannst du nicht mehr frei interpretieren. In einer Beethoven-Sonate findest du beispielsweise Humor, Poesie und Leidenschaft. Wie kannst du das alles hervorbringen, wenn deine Muskeln nicht trainiert sind, um das zu spielen, was du möchtest? Trainiere deine Finger, deine Muskeln und deine Gedanken und spiele dann das, was du empfindest.«

Madame Verne lachte sehr viel und sehr ansteckend, aber sie war auch eine strenge Zuchtmeisterin, die darauf bestand, daß ich täglich eine Stunde lang Übungen spielen und insgesamt vier Stunden täglich studieren sollte: jeweils eine Stunde mit einer einstündigen Pause, und zwar 10-11, 12-13, 15.30-16.30 und 17-18 Uhr. Ich gewöhnte mich so an die Routine, daß es mir schwerfiel, von ihr abzuweichen. Die Stunden konnten sich leicht verschieben, aber es waren immer zwei Stunden morgens und zwei nachmittags. Nach 18 Uhr entspannte ich mich völlig, da die Arbeit des Tages erledigt war. Wenn nicht ein Konzert oder eine Aufnahme bevorstand, spielte oder übte ich nie nach sieben Uhr abends, sondern zog es vor, früh schlafen zu gehen und früh am nächsten Morgen aufzustehen, frisch für weitere Arbeit.

Madame Verne fand meine Hände »entzückend«. Eine Schülerin mit so kleinen Händen benötigte eine andere Unterrichtsmethode als solche mit großen Händen. »Meine Schüler und Schülerinnen sollen die Musik so empfinden«, sagte sie, »daß sie deren Schönheit wiedergeben, und um mit ihnen zu arbeiten, muß ich wiederum die Schüler verstehen, ihre Natur und ihren Charakter, damit der Unterricht aus unserem persönlichen Verhältnis zueinander erwächst.«

Sie legte auf einen schönen Ton besonderen Wert, was ein Teil der Schumannschen Tradition war. Und sie schärfte mir ein, daß Schumann die gefühlsseligen Rubati nicht gemocht hätte, die einige Pianisten ihren Schumannschen Interpretationen angedeihen lassen. »Du mußt mit deinen Händen gestalten«, brachte sie mir bei. »Die Bewegung der Hände muß von der Ausdruckskraft gesteuert werden.«

Sie beobachtete gerne meine Hände. »Sie tanzen im wahrsten Sinne des Wortes auf den Tasten«, meinte sie. »Die physikalischen Bedingungen müssen leicht und natürlich sein. Der Arm sollte in einer natürlichen Position liegen – kein Anwinkeln des Ellenbogens –, eine Art Dreieck bilden.« Viele Studierende benötigten Dehnübungen, und ich gehörte zu diesen. Diese verbesserten meine Technik, die bald nicht wiederzuerkennen war.

»Da jeder Finger in einem Aufwärtslauf auf eine Taste drückt«, erklärte Mathilde Verne, »bleibt er unten, bis er die korrespondierende Note in dem Abwärtslauf spielt. Der Übergang von einem Ton zum anderen muß im äußersten Legato geschehen, und der Ton muß durchgehend schön klingen. Hand und Arm dürfen keinesfalls verkrampfen.« Sie betonte auch, daß man Übungen niemals mechanisch spielen sollte, sondern jede Note mit einem schönen Ton. »Dies kann man nur durch Nachdenken und Zuhören erreichen. Die Schönheit sollte oberstes Ziel sein, und diese kommt sowohl vom Herzen als auch vom Kopf.«

Eines Tages sagt sie: »Ich möchte, daß du in der Wigmore Hall ein Konzert gibst.« Wigmore Hall hatte ein schönes, warmes Auditorium, das zur Freude des Publikums eine Art-nouveau-Mosaik-Apsis über der Bühne besaß. Für mich als Künstlerin war dies die Feuerprobe. Ich sollte einen Soloabend geben. Das Publikum bestand nicht aus freundlichen Damen der Gesellschaft, sondern aus ernsthaften, kritischen Kennern und Zeitungskritikern. Damals kostete ein solcher Soloabend zwischen 50 und 60 Pfund, und die einzige Art, die Unkosten zu decken, bestand darin, viele Karten im voraus zu verkaufen. Mathilde Verne kannte viele wohlhabende und einflußreiche Förderer klassischer Musik, und sie hatte keine Probleme, genügend Karten loszuwerden. Der Klavierabend war ein Erfolg.

Tragischerweise und für mich traurigerweise, da ich ihr so nahe gekommen war und ihr Unterricht mir so viel bedeutete, starb Mathilde Verne plötzlich. Es war ein großer Schock und ein ebenso großer Verlust. Mit achtzehn Jahren fühlte ich mich völlig verloren. Mir blieb nur noch, mich an alles zu entsinnen, was sie mir beigebracht hatte. Das, woran ich mich nicht mehr bewußt erinnern konnte, hatte sich auf mein Spiel übertragen und würde nie vergessen werden.

Wo sollte ich bloß weiterhin Unterricht nehmen? Damals wurde viel über die sogenannte »Matthay-Methode« geredet, und mir gefiel das nicht, was ich hörte. Matthay hatte fast zwanzig Bücher geschrieben, in denen er seine Methode erläuterte. Mein früherer Lehrer Ambrose Coviello versuchte, Matthays Ausführungen in seinem Buch »What Matthay Meant« zu erläutern. Matthay hatte an der Musikakademie studiert, er war ein beliebter Pianist und Komponist, bevor er dort Professor wurde. Man erzählte sich, daß es dort einen Streit gab. Er lief aus dem Gebäude heraus, überkreuzte die Marylebone Straße und gründete, gefolgt von treuen Studenten, in der Wimpole Street seine eigene Schule. In seinem Buch »The Act of Touch« versucht er eine wissenschaftliche Analyse der physiologischen Aspekte des Klavierspiels, wobei er die verschiedenen vertikalen Bewegungen kategorisiert und großen Wert auf die Muskelentspannung und Bewegung des Vorderarmes legt. Er war jetzt über achtzig und wohnte als Pensionär in seinem wunderschönen Haus mit herrlichem Blick auf Haslemere. Diejenigen, die bei ihm Unterricht nahmen, übertrieben oft, so daß ich unter dem Eindruck stand, daß seine Methode darin bestand, sich auf das Klavier zu stürzen und mit Armen und Händen überall herumzufuchteln. Er hatte zahlreiche ausgezeichnete Pianistinnen und Pianisten unterrichtet: Myra Hess, die er seine »Prophetin« nannte, fünfundzwanzig Jahre älter als ich, eine tiefernste und tiefreligiöse Pianistin; Irene Scharrer, Eileen Joyce und Hariett Cohen waren ebenso wie Clifford Curzon zu ihm gegangen.

Ich verliebte mich in ihn von dem Augenblick an, als ich ihn zu Gesicht bekam. Er war so zart, ein lieber, kleiner, weißhaariger alter Mann mit einem Schnurrbart, glänzenden Augen hinter einer Drahtbrille, exklusiv gekleidet in eine mit Schnüren besetzte schwarze Samtjacke, ein Samtkäppchen und Lackschuhe. Er strahlte mich freundlich und geduldig an. Seine erste Unterrichtsstunde war eine Offenbarung, er saß neben mir am Klavier und erklärte mir in einem einzigen Satz mehr, als ich jemals in all seinen Büchern hatte entdecken können. Onkel Tobs, wie wir ihn alle nannten, bestand darauf, daß man alles auswendig lernen mußte. Das musikalische Gedächtnis ist ein komplexes Phänomen. Mit Noten auf dem Klavier und einem Mißtrauen gegenüber dem Gedächtnis wird es dem Künstler unmöglich gemacht, sich vollkommen auf den geistigen Kern der Musik zu konzentrieren. Clara Schumanns eigenes Gedächtnis war unsicher, und sie pflegte daher sicherheitshalber auf den Noten zu sitzen, während sie spielte. Von den drei Hauptarten des Auswendiglernens beim Spiel – der musikalischen, visuellen und bewegungstechnischen – besaß ich die bewegungstechnische und musikalische Erinnerung, nicht aber die visuelle. Meine Finger schienen oft von alleine zu wissen, welche Noten sie zu spielen hatten, und natürlich sang ich auch die Musik im Geiste mit, wie ich es stets gemacht habe.

»Konzentrieren Sie sich auf den genauen und adäquaten Klang der nächsten Tonfolge«, riet Onkel Tobs, »und die nächsten Töne fallen Ihnen automatisch und sicher ein. Sollten Selbstzweifel auftreten und ein Pianist den fatalen Fehler machen, zu versuchen, sich an den nächsten Ton zu erinnern, ist die Kette zerbrochen, und der Bruch läßt sich nicht wieder kitten.« Ich darf an nichts anderes als die Phrase denken, die ich gerade spiele. Wenn ich an den nächsten Ton denke, zerstöre ich den Gesamtzusammenhang. Wenn mir ein Gedanke durch den Kopf geht wie »ist das nicht schön!«, habe ich schon die Kette unterbrochen.

Die nächsten zehn Jahre studierte ich bei Onkel Tobs. Er lehrte mich, meine Empfindungen auszudrücken, zu phrasieren und zu atmen und auch, wie man »Haarnadeln« spielte – das bedeutete, einen langen Ton lauter als den nächsten kurzen Ton zu spielen, so daß zwei Töne sich nie ähnelten. Er lehrte mich, meine Finger so auf die Tasten zu legen, bevor ich sie hinabdrückte, daß der Ton schön klang, und er brachte mir bei zu entspannen. Das einzige, was er mich nicht lehrte, war Technik, da er überzeugt war, daß ich sie schon besaß. Er brachte mir auch bei, ohne Klavier zu üben. Dies nannte er stummes Üben, indem man zwar keine Töne spielt, aber sich jede Modulation und jeden Spielverlauf lebhaft vorstellt. Ich hatte immer meine Noten markiert und gewöhnte mir an, sie ins Bett mitzunehmen und schweigend zu studieren, wie es mir Onkel Tobs beibrachte. In der Nacht verarbeitete ich diese, und am nächsten Tag konnte ich sie tatsächlich.

Eines Tages konnte ich Dreiklänge nicht schnell genug spielen. »Sie geben zu viel Druck«, sagte er, »versuchen Sie, leichter zu spielen, so als wären Sie ein Schmetterling, und berühren Sie die Tasten fast im staccato.« Er hatte völlig recht, sie liefen nun viel besser. Ein andermal war ich sehr niedergeschlagen. Ich konnte keine Oktaven spielen. »Sie denken an Oktaven«, sagte er. »Spielen Sie dicht an den Tasten, fast legato, und denken Sie nicht an Oktaven. Stellen Sie sich vor, Sie spielten eine normale Melodie.« Die Oktaven liefen sehr viel besser und fehlerfrei.

Seine psychologische Herangehensweise war meisterhaft und subtil. Er vermittelte mir, daß ich alles meistern könne. Ich beschwerte mich sogar bei ihm, daß er mich niemals kritisierte. »Jedesmal, wenn ich Ihnen etwas sage, ist es in Wirklichkeit eine Kritik«, war seine gutmütige Antwort.

Viele große Pianisten spielten damals säckeweise falsche Töne. Man sagte von d'Albert, der ein Riese war, daß er mit den falschen Tönen einer Aufführung ein gesamtes zweites Konzert bestreiten könnte. Matthay kümmerte sich nicht sehr um falsche Töne. »Gestalten Sie Musik, auch wenn ein paar falsche Töne dabei anfallen«, war einer seiner Lieblingssprüche.

Zu dieser Zeit wählte mich Onkel Tobs aus, um in der Queens Hall an einem Konzert seiner besten Schüler und Schülerinnen teilzunehmen. Ich spielte Brahms' Paganini-Variationen und jammerte Onkel Tobs vor, daß ich so viele falsche Noten gespielt hätte. »Aber Sie ahnen nicht, wie viele Sie richtig machten!«

Jedes Jahr wurde in Brüssel zur Erinnerung an den großen belgischen Geiger und Komponisten Eugène Ysaÿe ein prestigereicher Musikwettbewerb ausgetragen. Abwechselnd für Pianisten und Violinisten unter dreißig Jahren ausgeschrieben, waren im Juni 1938 die Pianisten wieder an der Reihe. Onkel Tobs sagte, ich solle mich bewerben. Im ersten

Durchgang wurden die Semifinalisten ausgesucht, im zweiten die zwölf Finalisten, und im letzten Durchgang wurden die Auszeichnungen vergeben. Meine Geburtsurkunde mußte an die Organisatoren des Wettbewerbs geschickt werden, um sie zu überzeugen, daß ich jünger als dreißig war. Daher lief ich unter dem Namen Mary Gertrude Johnstone, der in meiner Geburtsurkunde vermerkt war, und nicht als die bekannte Moura Lympany.

Als mir Onkel Tobs sagte, daß sich Pianisten aus der ganzen Welt bewerben würden, und daß der Russe Igor Oistrach im Vorjahr den Violinwettbewerb gewonnen hatte, war ich überzeugt, chancenlos zu sein. »Im Gegenteil«, erwiderte er sanft und ruhig, »ich glaube, du hast eine recht gute Chance.«

In jenem Jahr hatten sich 78 Pianisten aus 24 Ländern gemeldet. Alle übten sie nun das Programm, das gefordert war. Einer der jüngsten war der Italiener Arturo Benedetti Michelangeli, der damals erst siebzehn war. Von den 78 Gemeldeten wurden 28 für das Halbfinale ausgesucht. Ich gehörte zu ihnen. Dann verringerte man die 28 Bewerber auf zwölf: sechs Frauen und sechs Männer. Ich war noch immer dabei.

Wir bekamen in dem großzügigen Königlichen Palast von Laeken je einen Raum mit einem Klavier zugeteilt, wo wir eine ganze Woche lang üben durften. In diesem Zeitraum mußten wir ein eigens zu diesem Zweck komponiertes Klavierkonzert erarbeiten. Mit diesem Werk hatte es eine besondere Bewandtnis, denn zuvor hatte in Belgien ein Wettbewerb unter belgischen Komponisten einen ausgezeichnet und mit dem ehrenhaften Auftrag versehen, ein Konzert für uns hier zu komponieren. Jean Absil gewann den Wettbewerb. Zusätzlich zum Auswendiglernen dieses Konzerts mußten wir ein zweites Klavierkonzert nach eigener Wahl sowie ein größeres Solostück einstudieren.

Am zweiten Tag konnte ich das Konzert auswendig. Ich übte fünf Stunden täglich, eine Stunde mehr, als Onkel Tobs mir geraten hatte, aber dies war ja eine besondere Situation; andererseits übte ich lange nicht so ausgiebig wie Michelangeli. Er saß täglich gefährliche acht Stunden am Instrument. Einen Tag, bevor er sich der Jury stellen sollte, kam er uns entsetzt entgegen, die Hände vor sich ausgebreitet. Sie waren steif, und er konnte keinen einzigen Finger bewegen. Im Palast war man besorgt, und ein Arzt wurde herbeigeholt, der ihn betreute. Unglücklicherweise waren Michelangelis Handmuskeln aufgrund seines übermäßigen Spiels verkrampft. Man riet ihm, sich 24 Stunden lang völlig auszuruhen, und ein anderer Pianist willigte ein, an seiner Stelle zu spielen, so daß er einen weiteren Tag aussetzen konnte, ehe er dann vorspielte.

Emil Gilels, einer der russischen Finalisten, spielte den Orchesterpart für mich, so daß ich sicher sein konnte, das Konzert auswendig zu beherrschen. Eines Tages, nachdem wir den gesamten Vormittag in unseren Überäumen verbracht hatten, während die Junisonne draußen im Park schien, nahmen sich Gilels und ich eine halbe Stunde nach dem Mittagessen frei, um das spektakuläre kristallene Glashaus zu besichtigen, in dem sich die königliche Tropenpflanzen-Sammlung befand. Die Luft war herrlich erfrischend. Als wir um eine Ecke bogen, kam uns König Leopold entgegen, der ebenfalls spazierenging. »Mir schien, ich hörte gestern abend in der Ferne Musik, die nicht sehr klassisch klang!« scherzte er. Es stimmte. Wir hatten Foxtrotts, Walzer und Tangos bis spät in die Nacht zu der funkelnden Begleitung von Emil Gilels getanzt.

Man erwartete allgemein, daß einer der beiden Russen den Wettbewerb gewinnen würde. Die Übungsräume waren nicht schalldicht, und man konnte hören, wie Gilels, der über eine stupende Technik verfügte, Tschaikowskys Klavierkonzert spielte. Er gestaltete es so, wie es nur ein russischer Virtuose vermochte. Jacob Flier trug das dritte Klavierkonzert von Rachmaninoff mit größter Empfindsamkeit und Leidenschaft vor. Ich hatte Liszts Es-Dur-Konzert gewählt, und als Solostück nahm ich mir Mendelssohns Variations sérieuses op. 54 vor, und zwar deswegen, weil mir Mendelssohn Glück gebracht hatte; hatte ich doch seine Werke schon als Kind in Belgien gespielt sowie bei meinem Debüt in Harrogate. Einige der Pianisten hielten meine Wahl der Variationen für verfehlt. Mit ihnen könne ich nicht glänzen, erklärten sie mir; kein Feuerwerk, kein virtuoses Klingelspiel. Das konnte ich jetzt auch nicht mehr ändern.

Von den anwesenden Juroren bedeutete mir Artur Rubinstein am meisten. Er hatte Ysaÿe gut gekannt. Es verband sie eine Art Vater-Sohn-Verhältnis, und sie hatten oft zusammen konzertiert, vor allem in London während des Ersten Weltkrieges. Rubinstein hatte auch Teresa Carreño gekannt und bewundert, deren Hände eigenartigerweise fast genauso geformt waren wie die seinen. Rubinstein hatte, wie ich, den »dünnen, einsamen Ton der Violine, die auf einen Begleiter angewiesen ist« abgelehnt zugunsten des »göttlichen Instrumentes, des Klavieres, mit seinen polyphonen und harmonischen Möglichkeiten«. Ich machte ihn zu meinem Idol. Sein Spiel leuchtete, es war geistig, zugleich feurig. Er hatte eine besondere Haltung, war so aristokratisch, für mich ein göttliches Wesen.

Die Wettbewerbe waren nicht dazu da, um die besten Techniker zu ermitteln, sondern um den musikalischsten, den besten All-round-Pianisten zu finden. Es war schon eine beachtliche Hürde, das Konzert von Absil auswendig spielen zu müssen. Von den zwölf Bewerbern spielten nur zwei auswendig. Leider erlitt einer der beiden einen Gedächtnisschwund beim Spielen des Konzerts von Absil. Als die Reihe an mir war, spielte ich es zuerst auswendig durch. Dies von einer jungen Engländerin zu hören, kam wohl gänzlich unerwartet. Danach nahm ich mir Mendelssohn vor. Vielleicht schlug gerade die Tatsache positiv zu Buche, daß die Variationen mich nicht »glänzen« ließen und eher meine musikalischen und interpretatorischen Qualitäten zeigten, denn sie bildeten einen hervorragenden Kontrast zu der Brillanz des Lisztschen Konzertes, bei dem ich die gesamte Palette meiner Technik demonstrieren konnte.

Endlich hatten wir vorgespielt. Nun standen wir aufgereiht auf der Bühne und erwarteten das Urteil der Juroren. Wir waren sicher, daß der erste Preis an einen der beiden Russen gehen würde, und Emil Gilels erhielt ihn auch. Nun nahmen wir an, daß der zweite Preis an seinen jungen Landsmann Jacob Flier verliehen werden würde. Dann kam die Ankündigung: »Mary Johnstone!«

Ich öffnete meinen Mund, blieb sprachlos wie festgewurzelt stehen. Für einen Augenblick fragte ich mich, wer Mary Johnstone war, denn ich dachte bei diesem Namen nie an mich. Ich schaute Jacob Flier von der Seite an. Er war zusammengefallen, zitterte und war weiß wie ein Laken. Am liebsten hätte ich den Preis zurückgegeben und ihm gegeben. Die Auszeichnung besaß für mich keine so herausragende Bedeutung, für ihn in Rußland bedeutete sie alles. Der dritte Preis ging an ihn, und dem Engländer Lance Dossor wurde der vierte Rang zugesprochen.

Nach diesem Wettbewerb schwamm ich auf einer Erfolgswelle und bekam nichts von den furchtbaren Ereignissen mit, die sich in Europa zusammenbrauten. Ich reiste viel herum und erhielt flüchtige Eindrücke von zahlreichen Menschen und Orten. Alle waren hilfsbereit und gastfreundlich. Ich schaute mir die Orte kaum an. Meist sah ich nur den Bahnhof, das Hotel, den Konzertsaal, dann wieder das Hotel und den Bahnhof. Freizeit gab es für mich nicht – dagegen vieles, an das ich nach der Musik, die den ersten Rang einnahm, denken mußte. Ich mußte ein gutes Bild abgeben: Frisur, Make-up, Kleidung. Mein Haar war noch lang, und ich trug es in einem schweren Dutt im Nacken. Das Publikum und die Kritiker mögen junge Pianistinnen, die rein und jungfräulich wirken, und daher kleidete ich mich schlicht. Ich trug keinen Schmuck, weil das Funkeln baumelnder Ohrringe, die sich auch noch bewegen, von dem Ernst des Vortrags ablenken könnte.

Bei Kriegsausbruch wurden alle Konzerte abgesagt, und ich war zunächst arbeitslos. Ich wußte nicht, was ich machen sollte. Ursprünglich war ich eine der am meisten beschäftigten Konzertpianistinnen gewesen, nach der man dauernd verlangte, und ich hatte ganz Europa bereist. Nun war das mit einem Schlag vorbei. Das Musikleben Englands hatte aufgehört zu existieren: Chöre, Musikvereine und Orchester wurden abgeschafft. Als die weiblichen Militärdienste gegründet wurden, dachte ich daran, mich zu melden, doch wurde mir bald klar, daß die Moral der Menschen daheim dringend gebessert werden mußte, auch mit Hilfe der Musik.

»Musik scheint das Universalmittel zu sein, das zuweilen anstelle aller anderen Mittel treten kann«, schrieb Yehudi Menuhin. »In der Musik durchlebt der Hörer eine andere Existenz und entfernt sich von den Sorgen und Zweifeln des Alltags ... Die Menschen müssen Musik wirklich brauchen, ehe sie sie zu schätzen lernen.«

Und sie brauchten jetzt wirklich die Musik. Myra Hess, die »große Dame des Klaviers«, hatte einen brillanten Einfall. Die Nationalgalerie hatte ihre Schätze ausgelagert und an einem geheimen Ort auf dem Lande in Sicherheit gebracht, so daß das Gebäude leerstand. Sie besuchte Kenneth Clark, den Leiter der Galerie, und schlug ihm eine Konzertreihe vor, die einmal wöchentlich stattfinden sollte. Eine solche Unternehmung im Zentrum Londons würde der Bevölkerung moralischen Auftrieb geben. Clark war begeistert und schlug sogar vor, die Veranstaltungen täglich abzuhalten. Also ging man daran, sie für zahllose Arbeiter und Truppenangehörige zu organisieren. Das Eintrittsgeld betrug einen Schilling. Im Sommer 1942 waren die Konzerte zu einer Institution geworden, und obwohl die Zahl der Zuhörer auf zweihundert beschränkt war, drängte das Publikum so sehr auf Einlaß, daß es oft mehr als zweitausend waren. Das Liverpooler Philharmonische Orchester gab fünfmal mehr Konzerte als vor Kriegsausbruch. Der Erfolg der klassischen Musik während der Kriegsjahre in England kam völlig überraschend.

Jeden Sonntag fand ein Konzert im Cambridge-Theater statt, das von Sidney Beer gesponsert wurde. Dieser wohlhabende Mann besaß eine Leidenschaft für die Musik und den bislang unerfüllten Ehrgeiz, zu dirigieren. Anstatt sein Vermögen für Rennpferde oder eine Jacht auszugeben, bezahlte er ein Orchester: das Nationale Symphonische Orchester. Dies war ein mutiges Unterfangen, denn er war ein echter Amateur, im wahrsten Sinne des Wortes. Beer engagierte mich für zwei Symphoniekonzerte im Cambridge-Theater, um Rachmaninoffs 3. Klavierkonzert zu spielen, ein großangelegtes Werk, das mehr Noten hat als jedes andere Klavierkonzert. Das andere Stück, das er haben wollte, war Brahms' B-Dur-Konzert. Beide Werke gehören zum technisch Anspruchsvollsten überhaupt. Ich wußte, daß ich mindestens neun Monate benötigen würde, um den Rachmaninoff zu beherrschen, und sechs Monate, um mir das Brahms-Konzert anzueignen. Aber ich konnte solche Chancen nicht ungenutzt vorüberziehen lassen, und Mr. Beer gab mir bereitwillig die Zeit, um sie einzustudieren. Seitdem sind sie zu meinen geschätztesten und erfolgreichsten Werken geworden. Die Kritiker schrieben, daß ich Brahms »wie ein Mann« spielte. Sie meinten damit, daß ich die Kraft eines Mannes besaß.

Dauernd wurde ich gebeten, Werke zu spielen, die ich nicht kannte und die ich in aller Eile einstudieren mußte. Dies gab mir wenig Zeit noch die Lust dazu, Stücke zu erarbeiten, für die ich keinen Auftrag hatte. Ich mietete ein Zimmer in Paddington, das mit dem Notwendigsten möbliert war; es enthielt ein Instrument, an dem ich meine Übungsstunden verbrachte.

Grundsätzlich lehnte ich niemals ein Engagement ab, selbst dann nicht, wenn mir ein Stück noch unbekannt war. Ich verließ mich auf meine Fähigkeit, mir Musik vom Blatt rasch anzueignen. Im Frühjahr 1940 suchte mich Edward Clark von dem »Verein für Kulturelle Beziehungen mit der UdSSR« unerwartet auf und machte mir einen ungewöhnlichen und aufregenden Vorschlag. Würde ich ein noch unbekanntes Klavierkonzert eines russischen Komponisten in einem Konzert mit russischer Musik spielen? Der Dirigent sollte der populäre Alan Bush sein, dessen eigene Stücke in Rußland beliebt waren. Das Konzert war zuerst Clifford Curzon angeboten worden. Mit 17 Jahren hatte er eine Professur an der Royal Academy of Music inne, bevor er nach Berlin zog, um bei Schnabel zu studieren. Er war einer der wenigen männlichen Pianisten, die bei Onkel Tobs studiert hatten. Curzon, inzwischen 47 Jahre alt und ein erfolgreicher Virtuose, hatte so viel zu tun, daß er ablehnte und mich dafür vorschlug. »Moura Lympany lernt sehr schnell«, beruhigte er Mr. Clark. Ich willigte ein und bat darum, die Noten so bald wie möglich zu erhalten.

Ich saß beim Friseur unter der Haube, als Mr. Clark mit einem großen Paket in der Hand in den Salon hereinstürzte. Es war das Manuskript des Klavierkonzerts des sowjetisch-armenischen Komponisten Chatschaturjan. »Du siehst ganz russisch aus!« rief er, als er mich im Spiegel sah. Noch mit Lockenwicklern im Haar begann ich, das Werk zu studieren.

Ich ging davon aus, daß die Gesellschaft für Kulturelle Beziehungen mit der UdSSR mir etwa fünf Guineas (damals etwa 100,- DM – Anm. d. Ü.) anbieten würde, war aber überaus überrascht und dankbar, als man mir das Dreifache anbot. Ich lernte dieses Konzert für fünfzehn Guineas, aber es hat sich tausendfach bezahlt gemacht.

Die Konzerte von Rachmaninoff und Chatschaturjan machten mich erst richtig bekannt. Die Öffentlichkeit und die Medien lieben es, Künstler in Schubfächer einzuteilen – »Sie ist eine Bachspezialistin« – »Er spielt Arthur Bliss besonders gut« usw. Ich wurde eine Spezialistin für russische Werke und nahm alle Präludien von Rachmaninoff auf, was der Komponist noch nicht einmal selber getan hatte. Dies vergrößerte meine Bekanntheit. Bald bat man mich, die Konzerte von Prokofieff zu spielen; nachdem ich das Erste und das Dritte gemeistert hatte, fügte ich meinem Repertoire das Konzert für die linke Hand hinzu.

Inzwischen hatte ich in ganz England konzertiert, vor den Fabrikarbeitern in Yorkshire bis zu den Hafenarbeitern in Hull, einfach überall, wo man mich hinschickte. Es war eine anstrengende und mühselige Zeit, denn es gab nur wenig Komfort und Bequemlichkeit für eine alleinreisende und arbeitende Künstlerin. Durch die Benzinrationierung bedingt gab es keine Taxen. Ich hatte noch nicht das Autofahren erlernt und hätte wahrscheinlich sowieso kein Benzin erhalten, um ein Auto fahren zu können. Die wenigen Züge, die in Betrieb waren, waren ebenso wie die Busse ungeheizt. Das größte Problem war jedoch die Lebensmittelrationierung. Ich brauchte Energie, um Klavier zu spielen, ebenso wie alle anderen, die im Krieg arbeiteten, aber ich war so gut wie nie daheim in Paddington und mußte auf das zurückgreifen, was unterwegs zu bekommen war. Oft reichte es – wie bei allen Menschen damals – nicht aus, was mich körperlich schwächte, und mein ohnehin hochnervöses Temperament ließ mich noch nervöser werden. Die Migränen, unter denen ich in jungen Jahren gelitten hatte, kehrten zurück. Die beste Behandlung bestand darin, einige Stunden in einem abgedunkelten Raum zu liegen. Hierzu gab es kaum Gelegenheit; ich hatte dafür einfach keine Zeit, und so überstand ich sie mit einigen Aspirin-Tabletten. Die Konzertsäle und Theater waren so kalt und zugig, daß ich manchmal in meinem Pelzmantel und mit Pulswärmern spielte. Kleidung war ebenfalls rationiert. Um mich angemessen auf der Bühne präsentieren zu können, ließ ich mir einige Kleider aus Möbelstoffen, also Samt und Brokat, schneidern, die man ohne Kleider-Coupons erstehen konnte. Diese kamen beim Publikum sehr gut an.

Der Krieg schleppte sich weiter hin. 1939 traf ich einen charmanten Mann, Leutnant-Oberst Colin Defries, der den Ersten Weltkrieg als Angehöriger des Königlichen Fliegergeschwaders überlebt hatte. Als leidenschaftlicher Amateurmusiker spielte er Klavier, und er besuchte alle meine Konzerte. Er war ein guter Freund von Benno Moiseiwitsch gewesen und hatte zwei Jahre lang als Gast seiner Eltern in ihrem Londoner Haus gewohnt. Colin hatte einmal den Ehrgeiz, selber Berufspianist zu werden, aber nach dem Ersten Weltkrieg hatte er ein Ingenieurstudium begonnen und eine Firma gegründet, die Einzelteile für Flugzeuge und für die Firma Rolls-Royce produzierte. Wir wurden enge Freunde. Er war ein feuriger, ritterlicher Verehrer und ein ausgezeichneter Gastgeber. Nach meinen Konzerten arrangierte er Empfänge für mich mit militärischer Effizienz. Ich war noch von den Anstrengungen aufgedreht, und dank seiner Hilfe konnte ich entspannen und meine Freunde und Anhänger begrüßen. Dies waren sehr wichtige gesellschaftliche Anlässe für mich. Ich konnte sie nicht selber arrangieren, und es machte Colin Freude, im Hintergrund für mich zu arbeiten.

Colin sah, daß die Anstrengungen der jahrelangen Arbeit und die Gefährdungen des Krieges mich überforderten, und daß ich nervlich fast am Ende meiner Kraft war. Er meinte, daß ich dringend jemand benötigte, der für mich sorgte. Er machte mir einen Heiratsantrag, und ich stand vor einer schwierigen Entscheidung. Ich war nicht in ihn verliebt und sagte es ihm auch, was ihn jedoch nicht abschreckte. Er war ein sechzigjähriger, großgewachsener Mann mit einem militärischen Schnauzbart und schien mir vom Himmel gesandt. Er war wie ein Bollwerk, das mich vor den Problemen des Lebens schützen konnte. Colin wartete geduldig, bis ich mir überlegt hatte, ob ich zusagen sollte. Er war so freundlich und hilfsbereit, und allmählich begann ich, ihn liebzuhaben. Er verstand mich vollkommen, und meine Musik ebenfalls.

»Und was ist, wenn ich mich in einen jüngeren Mann verlieben sollte?« fragte ich ihn. Er zuckte zusammen, als hätte ich ihn geschlagen, weil ich ihn mit meiner Frage daran erinnerte, daß er zweiunddreißig Jahre älter als ich war. Er antwortete galant, daß er mich natürlich gehen lassen würde. »Du brauchst ein wirkliches Heim«, sagte er, »damit du all deine Kraft in deine Musik stecken kannst, anstatt dich dauernd um den Lebensunterhalt kümmern zu müssen.« Ich wußte, daß er recht hatte, und willigte in die Heirat ein.

Zum ersten Mal in meinem Leben hatte ich ein eigenes Zuhause. Ein wirkliches Heim. Es war wundervoll. Ich war sehr glücklich in dieser Beziehung, die einem Vater-Tochter-Verhältnis ähnelte. Colin regelte das Geschäftliche bestens, und er übernahm den gesamten Papierkram, der Konzert-Engagements sowie die finanziellen Einzelheiten betraf, eine schwere Bürde, die ich gern an ihn delegierte. Wir spielten zu Hause auf zwei Klavieren, die wir ins Wohnzimmer gestellt hatten. Nach Büroschluß um halb fünf kam er heim, und wir tranken zusammen Tee, besprachen die Tagesereignisse und übten dann von 17 bis 18 Uhr. Er spielte den Orchesterpart zu meinen Konzerten, was mir eine große Hilfe war.

Ich erinnere mich, daß ich das Mendelssohnsche G-Moll-Klavierkonzert unter Kubelik aufnahm, wobei Walter Legge von EMI als Tonmeister fungierte. Nachdem wir es zu seiner Zufriedenheit aufgenommen hatten, nahm er mich beiseite. »Moura, ich möchte, daß du die Préludes von Debussy einspielst.« Ich hörte nicht zu. Mein Vertrauen in mein Können war am Nullpunkt angekommen. »Aber Walter«, protestierte ich schwach, »Gieseking hat sie so wunderschön eingespielt. Ich könnte das einfach nicht so gut.« »Moura«, begann Walter noch einmal geduldig, »ich möchte, daß du Chopins Fantasie einspielst.« Wieder protestierte ich. »Aber Walter«, klagte ich, »Cortot hat es doch schon zu schön gemacht. Ich könnte einfach nicht so gut spielen wie er.«

Jahre sollten vergehen, ehe ich seinen Rat annahm.

1948 arrangierte mein Agent endlich mein Debüt in den Vereinigten Staaten von Amerika. Ich war 32 Jahre alt, als ich dort eintraf, wo eine Menge Journalisten und Fotografen ein erhebliches Trara veranstalteten; wahrscheinlich waren sie erstaunt, daß ich jung und nicht häßlich war. Einer der blasierten New Yorker Fotografen rief mir bei einer Pressekonferenz zu: »Zeigen Sie uns doch mal Ihre Schenkel!« Ich protestierte: »Ich bin eine Konzertpianistin und kein Showgirl.« Damals, im Herbst 1948, war die von Christian Dior entworfene Kleidung ganz modern. Die kurzen, knielangen Röcke der Kriegsjahre waren nun passé, und das Ensemble, das ich trug, hatte einen weiten Rock und fiel in großzügige Falten bis zu meinen Knöcheln. Ich gab nach und hob meinen Rock bis zu den Knien.

»Aber gnä' Frau«, warf er bewundernd ein –, »das sind doch keine Klavierbeine!«

An einem meiner Vorspielabende für einen privaten Kreis saß ich nach dem Spiel noch am Instrument und dachte an nichts Besonderes, als ein junger Mann, der etwas größer als ich war, und hinter dessen Hornbrille ein paar lebendige braune Augen strahlten, zu mir trat. »Kann ich Ihnen etwas zum Essen besorgen?« bot er an. Ich war nach meinem Spiel tatsächlich hungrig, und das Essen schmeckte nach den Jahren der Entbehrung im Krieg und der Nachkriegsjahre einfach wunderbar. »Ich bin Bennet Korn«, sagte er mir, indem er mir einen Teller voller exzellenter Canapés reichte. Er arbeitete beim Rundfunk. Bald darauf lud er mich zu Ausflügen ein und zeigte mir sein New York: Central Park, die Bronx, die Freiheitsstatue. Es war eine fantastische Stadt, vital, jung und modern, geradeso wie mein Führer. Wir aßen und tanzten jede Nacht bis in die frühen Morgenstunden. Bennet liebte alle Arten von Musik und besaß eine hervorragende Schallplattensammlung mit klassischer Musik und Jazz. Er spielte auch das Saxophon recht ordentlich. Er war so rasch, so brillant, mit einer hervorbrechenden, lebhaften Intelligenz. Man sagte, er sei der beste Verkäufer in New York, denn er war eine Zeitlang bei einem kommerziellen Radiosender erfolgreich tätig gewesen. Ich verliebte mich Hals über Kopf in ihn, und er sich in mich.

Eine gemeinsame Zukunft schien uns unwahrscheinlich, aber wir einigten uns darauf, daß ich Colin um die Scheidung bitten und versuchten sollte, so bald wie möglich nach New York zurückzukehren, wo wir heiraten würden. Auf meiner Rückfahrt nach England war ich aufgeregt und nervös. Was sich zwischen Bennet und mir ereignet hatte, schien mir eigentlich selbstverständlich zu sein: Wir waren gleichaltrig, und die gegenseitige Anziehungskraft war spontan erwachsen. Ich beschloß, meinem Mann zu erzählen, daß Bennet und ich verliebt waren und unser Leben zusammen verbringen wollten. Ich würde ihn bitten, mich aus unserer Ehe zu entlassen, so wie er es mir ursprünglich versprochen hatte. Nun hatte sich alles verändert. Am ersten Abend nach meiner Rückkehr hatte Colin es nicht mehr mit einer schüchternen, zurückhaltenden und gehorsamen jungen Frau zu tun, sondern mit einer reifen Frau, die sich leidenschaftlich in einen gleichaltrigen Mann verliebt hatte. Wir gingen jeweils in unsere eigenen Zimmer.

Sobald ich es ermöglichen konnte, flog ich nach New York zu meiner – wie ich annahm – Hochzeit. Bei meiner Ankunft fand ich Bennet so magnetisch anziehend und charmant wie eh und je, und ihm ging es ebenso. Aber er hatte nicht den Mut aufgebracht, um seiner Mutter von seinen Eheplänen zu erzählen. Er besaß eine panische Angst davor, daß sie ein Veto einlegen würde. Er war 35 Jahre alt, aber noch immer »Mutters Junge«.

Ich stürzte in eine Krise, da ich seinetwegen den Atlantik überquert, meinen Mann verlassen und eine Scheidung durchgesetzt hatte. Bestürzt und wütend wartete ich Tag für Tag, während Bennet zauderte. Schließlich griff ich ihn an und teilte ihm mit, daß ich nach London zurückkehren würde. Ich meinte es ernst, nahm den nächsten Flug und kehrte gedemütigt zurück. Kaum war ich wütend und verzweifelt in London angekommen, als das Telefon läutete. Es war Bennet, der reumütig um Vergebung bat; er sagte, ihm sei klar geworden, daß er mich vergötterte und ohne mich nicht leben könne.

Im Sommer 1951 sollte ich bei den Londoner Promenaden-Konzerten spielen. Zwei Tage vor meinem Konzert traf Bennet am Flughafen ein, und wir erlebten ein ekstatisches Wiedersehen. Wie beantragten eine besondere Lizenz und bereiteten alles vor, um in Chelsea zu heiraten. Konzertengagements in Nordengland folgten, und dann flogen

Bennet und ich nach New York, um unser Eheleben dort zu beginnen.

Ich wurde es allmählich leid, immer auf ein bestimmtes Repertoire festgelegt zu werden. Ich nahm einige Stunden bei Eduard Steuermann, jenem fantastischen Musiker und Schönberg-Schüler, der dessen Werke uraufgeführt hatte. Er besaß eine ganz andere Herangehensweise als Matthay. Als scharfer Denker hielt er sich mit seiner germanisch-klassischen Art genau an das, was in den Noten stand. »Man kennt kein Stück genau, bis man es sich zum dritten Mal vorgenommen hat«, hatte Matthay gesagt.

Mit Eduard Steuermann arbeitete ich an Beethovens 5. Konzert. Er wollte außerdem, daß ich die sechs kurzen Stücke aus Schönbergs op. 19 spielte. Ihm schien es wichtig, daß ich die theoretischen Grundlagen kannte. Er bot mir eine detaillierte Analyse der motivischen und atonalen Konstruktion, zeigte deren Aufbau auf hexachordischen Beziehungen. Dies alles bedeutete mir aus musikalischer Sicht so gut wie nichts. Steuermann sah, daß ich verwirrt war, und riet mir schließlich: »Moura, wenn Sie heimgehen und daran arbeiten, spielen Sie, als seien es Stücke von Rachmaninoff.« Ich nahm seinen Rat an, versuchte, die Stücke musikalisch und melodisch zu gestalten, und phrasierte sie so, wie Matthay es mich gelehrt hatte. Als ich sie dann Steuermann vorspielte, war er absolut begeistert. »Verändere sie nicht. So ist es gut«, sagte er. Ich spielte sie bei meinem Konzert ein Jahr darauf, und die Stücke waren ein solcher Erfolg, sie gehörten fortan zu den erfolgreichsten meines Repertoires.

Zehn wundervolle Jahre vergingen seit meiner Eheschließung mit Bennet. Unser Zusammenleben war wolkenlos. Es gab keine warnenden Zeichen, daß mir bald ein langer, schmerzvoller Lebensabschnitt bevorstand. Damals hatte ich in den USA konzertiert, aber allem Druck meiner Agenten Ibbs und Tillett widerstanden, in Übersee zu konzertieren. Schließlich gab ich Emmie Tillett, Leiterin der Firma und meine persönliche Freundin, nach und beschloß, mich für fünf Wochen von meinem geliebten Mann zu trennen und in Australien aufzutreten.

Zurück in New York, nachdem mir die Reise wie eine Ewigkeit vorgekommen war, überredete mich Bennet, an meinem ersten Abend eine Party zu besuchen, die zu Ehren Dalís von einer Freundin Bennets ausgerichtet wurde, einer jungen Frau in den Zwanzigern. Später erfuhr ich, daß die Gastgeberin sich kurz zuvor vorgenommen hatte, seßhaft zu werden und zu heiraten. Zwei Männer kamen in die engere Wahl, und einer davon war mein Gatte. Während meiner Abwesenheit in Australien hatte sie ihm Avancen gemacht und ihn tatsächlich verführt. Niemals hätte ich gedacht, daß mir dies passieren könnte. Ich hatte mich bis dahin vollkommen sicher gefühlt; nun jedoch zerbrach meine Welt. Zwanzig Jahre lang war ich auf Händen getragen worden – zuerst von Colin, dann von Bennet. Nun stand ich vor einem fürchterlichen Abgrund, einer Wüste ohne Orientierung. In meinem Apartment in der East 68th Street fühlte ich mich verloren und einsam.

Zum Glück besaß ich zahlreiche Freunde und Bekannte. Bei einer Party traf ich einen Angehörigen des Diplomatischen Corps, einen charmanten und kultivierten Mann, der siebeneinhalb Jahre älter als ich war. Er durchlief ebenso wie ich gerade eine schwere seelische Krise, die tragischer war als meine, da er seine Frau kürzlich durch Selbstmord verloren hatte. Es war Liebe auf Gegenseitigkeit. Obwohl unsere Freundschaft über ein Jahr lang fortdauerte, schien es für uns keine gemeinsame Zukunft zu geben. Aber unsere Beziehung hatte dazu beigetragen, die Wunden zu heilen, und wir blieben gute Freunde.

Es war nicht leicht für mich, die Fäden meiner Karriere

wieder aufzunehmen, die seit meiner Heirat eine sekundäre Rolle gespielt hatte. Amerikaner beten den Erfolg an, und meine zerstörte Ehe wirkte sich negativ auf mein Spiel aus. Ich verlor völlig mein Selbstvertrauen und weinte meinen Freunden vor, daß ich musikalisch wie privat am Ende sei.

Meine Scheidung brachte mich völlig aus der Fassung. Ich befand mich in einer grauenhaften Abwärtsspirale, aus der mich nur eine drastische Gegenbewegung befreien konnte. Neun Monate lang war ich suizidgefährdet. Der ganze Sinn meines Lebens war verschwunden. Ich wollte niemanden sehen, auch nicht üben, nichts. Meine Karriere litt darunter. Ich ertrug nur die Nähe einiger weniger Freunde, denen ich wiederholt mein Elend schilderte. Freunde können aber nur bis zu einem gewissen Grade zuhören. Mein Arzt gab mir Schlaftabletten. Mir war alles egal. Ich sagte meinem Arzt, daß ich nur glücklich war, wenn ich die Tabletten einnahm und alles um mich herum vergessen konnte. Dieser Zustand dauerte etwa ein Jahr.

»Wissen Sie eigentlich, was Schlaftabletten bewirken?« fragte mich ein Schweizer Arzt einmal auf einer Party. »Sie verursachen langfristig ein Absterben der Gehirnzellen, so daß Sie bald nichts mehr spüren werden. Wenn Sie weiterhin Pillen nehmen, wird Ihr Gedächtnis nicht mehr funktionieren.« Ich dachte darüber nach und merkte, daß meine Liebe zur Musik groß genug war, um zu begreifen, wie ich mich schädigte. Ich ging nach Hause, warf alle Tabletten in die Toilette und habe seitdem kein einziges Schlafmittel mehr eingenommen. Fortan regierte die Disziplin mein Leben.

Ich beschloß, nach England zurückzukehren. Vielleicht lag mir Amerika nicht sonderlich. Es war jedoch ganz und gar nicht einfach, meine berufliche Laufbahn wieder aufzunehmen und voranzutreiben. In Wahrheit hatte mich die Musikwelt einfach vergessen. Ich war zu lange abwesend gewesen, eine neue Generation junger, technisch versierter, unbefangener Pianisten war herangewachsen, und mein Stern war am Sinken. Ich besaß nicht das, was viele Jüngere heute besitzen: Selbstsicherheit und Selbstvertrauen.

Der rasche technische Fortschritt in der Aufnahmetechnik und Übertragung hatte die Musikwelt in großem Maße verändert. Die Künstler und Künstlerinnen wurden mit den Anforderungen der neuen Technologie nicht fertig. Myra Hess entwickelte beispielsweise eine panische Furcht vor dem Aufnahmestudio. Wir hatten alle vor der roten Lampe im Studio große Angst. Aber sie engte mich letztlich nicht ein. Im Aufnahmestudio widmete ich mich meiner Arbeit, und meistens waren nur wenige Wiederholungen vonnöten.

Der Verlust der Individualität, der allerorten zu spüren war, machte mich traurig. Als ich Sir Clifford Curzon in seinem bezaubernden Haus in Highgate am Rande von Hampstead Heath besuchte, sagte er: »Moura, früher konnte man das Dritte Radioprogramm einschalten und nach einigen Takten sofort erkennen, wer am Klavier saß. Wenn es Moiseiwitsch war, sagte ich: ›Das ist Benno‹. Das ist heute nicht mehr möglich.«

Ich pflichtete ihm bei. Eine der Eigenschaften, die Musik zu einem wunderbaren und einmaligen Erlebnis machen, verschwand nun aufgrund der technischen Perfektion.

Als ich einige Tage bei Herbert von Karajan und seiner bezaubernden Ehefrau Eliette – ein ehemaliges Mannequin – in dessen himmlischem Chalet in St. Moritz verbrachte, war gerade Wintersaison, und die erfrischende Bergluft hätte mich eigentlich erheitern müssen. Aber ich kam in einer depressiven Stimmung an, die niemand verscheuchen konnte. Ich hatte einen Verriß bekommen, der mich niederschmetterte; es stand darin, daß ich mehr falsche Noten gespielt habe, als man normalerweise spielen dürfe.

Karajan war ein liebenswürdiger Mensch. Er war außerdem ein aufregender Mann, der hohe Risiken einging, mit seinem eigenen Jet durch die Weltgeschichte flog und den Künstlern hohe finanzielle Gewinne bescherte, indem er die knallharten japanischen Geschäftsleute von Sony überredete, eine Classics Firma in Österreich zu gründen. Bei meiner Ankunft war Eliette nirgends zu sehen. Sie war eine begabte Malerin und arbeitete gerade zurückgezogen in ihrem Studio. Karajan, der einen bodenlangen grellbunten Kaftan trug, führte mich in mein Zimmer. Ich wagte es, ihm gegenüber von meinem Leid zu klagen. Als ich von der Rezension erzählte, zog ich die Schultern hoch und sagte: »Was soll's! Die Musik ist schließlich wichtiger.«

Karajan schüttelte den Kopf. »Nein, Moura«, sagte er ruhig. »Heute mußt du die richtigen Noten spielen, das Publikum erwartet es. Man kommt heutzutage nicht mehr damit durch.« Und er zitierte einen Konzertgänger, der angab, Rubinsteins Plattenaufnahmen den Live-Konzerten vorzuziehen – »dort hört man weniger falsche Töne«. Karajan hatte recht.

Zu dritt unternahmen wir lange, kräftigende Wanderungen in den Bergen, die mich zusammen mit meinen wunderbaren Begleitern und dem exzellenten Essen wieder belebten. Ich liebte unsere gemeinsamen Mahlzeiten. Wir sprachen alle gleichzeitig, und einmal war ich so kühn zu sagen: »Wenn einer von euch ruhig wäre, könnte ich eure Fragen nacheinander beantworten!«

Ich hatte viel von meiner Lebensfreude eingebüßt, die eigentlich ein Teil meines Wesens gewesen war. Ich litt unter einer Angstneurose und spielte nicht mehr so gut, wie ich es von mir gewohnt war. An einem Dezemberabend streckte ich mich nachts wie eine Katze und glaubte, einen Knoten in meiner rechten Brust zu spüren. Ich verbrachte eine schreckliche Nacht in Erwartung des nächsten Morgens, und zum frühestmöglichen Zeitpunkt rief ich meinen

Arzt an. Kurz nach Weihnachten wurde ich operiert, ich brauchte anschließend keine chemotherapeutische Behandlung. Die Operation war zum richtigen Zeitpunkt gekommen. Ich fand wieder zu mir selber und baute mir ein neues Wertesystem auf. Und ich beschloß unwiderruflich, zurückzugehen und herauszufinden, wo etwas musikalisch falsch gelaufen war.

Die ungarische Pianistin Ilona Kabos, die mit dem Pianisten Louis Kentner verheiratet war, unterrichtete an der New Yorker Juilliard-Schule, wo ihre Studierenden sie schier anbeteten. Sie besaß ein fantastisches Ohr, war eine gestrenge Kritikerin, ihre Sätze waren knapp und barsch, und sie war von einer fast brutalen Ehrlichkeit. Obwohl sie inzwischen die Siebziger erreicht hatte, kleidete sie sich seltsam kokett-mädchenhaft, was im Widerspruch zu ihrem strengen Musikurteil stand. Sie hatte das Konzertieren bereits aufgegeben, da sie ihre erstaunliche Unterrichtsbegabung erkannt hatte. Fast jeder bekannte Pianist war irgendwann zu ihr gegangen, hatte ihr vorgespielt und ihren weisen Rat – ob musikalisch oder menschlich – eingeholt. Bevor John Ogdon sich einem Moskauer Wettbewerb stellte, flog er nach London, um ihr vorzuspielen, kam in die Schlußauswahl und gewann den ersten Preis. Als ich im Vorraum von Ilonas Heim saß und auf sie wartete, kam Gina Bachauer heraus. Wir unterhielten uns, und sie erzählte mir, daß sie vor großen Engagements, seien sie in London oder New York, immer erst Ilona vorspielte.

»Spiele mit flachen Handgelenken, als würdest du in die Tasten hinein, nicht auf den Tasten spielen«, pflegte sie zu mir zu sagen. »Nur so werden die pianissimo-Passagen zu hören sein.«

Sie zwang mich auch, länger zu üben als je zuvor. »Geh morgens um zehn Uhr an das Instrument und bleibe bis mittags ein Uhr dort, dann schaffst du mit Sicherheit nachmittags noch einmal zwei bis drei Stunden.« Ich protestierte; ich hatte niemals mehr als vier Stunden täglich geübt und war bereits überarbeitet. Aber sie gab nicht nach. Ilona wollte jeden Ton in Perfektion hören. Dies wird heute auch von jedem professionellen Pianisten erwartet. »Setze dich aufrecht, wirf dich nicht hin und her!« bellte sie mich an. Ich kam mir wie ein renitentes Kind vor. »Du beherrschst doch die Stücke auf dem Kopf stehend!« Ich arbeitete weiter und versuchte alles zu übernehmen, was sie mir riet. »Übe langsam«, befahl sie, »als ob du alle Zeit der Welt hättest. Du darfst nie überhastet spielen.«

Wir besaßen beide das gleiche Temperament; wir waren auch beide unbesonnene Geldverschwender. Ihre brüske Art beleidigte mich nie, weil sich darunter ein Herz und ein Geist von großer Zartheit und Generosität befanden.

»Empfindungen kommen aus dem unteren Teil des Magens!« erklärte sie mir eines Tages zu meiner Belustigung. Sie hatte aber recht. Wenn man tief atmet – ob aus Traurigkeit oder Leidenschaft –, spürt man die Emotion beim Spiel dort unten. Ralph Kirkpatrick schrieb einmal, daß man den Rhythmus im Solarplexus spürt. Alle kriegerischen Künste Japans werden vom unteren Teil des Magens aus geleitet. Der Magen »trägt« den Körper.

Mir fiel dazu ein, was die größte Pianistin ihrer Zeit, Youra Guller, mir einmal gesagt hatte: »Wenn du beim Spiel eine Atmosphäre schaffen willst, mußt du absolut ruhig am Instrument sitzen!« Ich war damals jung und unerfahren. »Wenn du dich nicht bewegst, traut sich das Publikum ebenfalls nicht, sich zu rühren, und es wird völlig ruhig sein, so daß die Stimmung, die du übertragen willst, die Zuhörer auch erreicht.«

Ich bat Ilona, mir offen zu sagen, was ich falsch machte, und dies tat sie denn auch. »Was ist denn das?« fragte sie. »Wo ist die berühmte Lympany-Technik geblieben?«

Ilona zerstörte nicht mein Selbstvertrauen, wie die Rezensenten es getan hatten, deren Verdammungen öffentlich verbreitet wurden. Die Stunden glichen mehr den Gesprächen bei einem Psychiater. Sie wurde eine vertraute Freundin und Lehrerin, genau das, was ich damals brauchte. Ich verbrachte die Hälfte meiner Stunden damit, ihr alles mögliche anzuvertrauen, und verließ mich völlig auf ihre Meinung und ihr Urteil. »Du wirst deine Technik wieder finden«, sagte sie. Und dann, mit einem Blick auf meine Frisur, bellte sie los: »Was hast du bloß mit deinen Haaren angestellt? Eine Pianistin trägt immer einen Knoten!«

Ich wurde wie ein Schulmädchen geschurigelt. Sie war überzeugt, daß eine Pianistin einen lauteren, bescheidenen und eingeschränkten Lebensstil führen und alles vermeiden sollte, was den Anschein von Blendwerk, Eleganz und Chic besaß. Dies paßte nicht zu mir; ich bin nie so gewesen und fände es auch falsch, deprimierend und unnötig, dieser Maxime nachzuleben. Ein Rezensent beschrieb mich einmal als »rätselhaft« und »un-englisch«. Vielleicht bin ich das Gegenteil des Puritanischen, nämlich katholisch und kontinental.

»Mußt du unbedingt zu jeder Abendgesellschaft hingehen, zu der du eingeladen wirst?« fragte mich Ilona einmal. Ich erklärte ihr, daß ich alleine lebte, jeden Tag für mich am Klavier arbeitete, und daß es mir guttat, abends auszugehen, um ganz verschiedene Menschen zu treffen und mit ihnen zu reden. Sie war mitleidslos und ablehnend, aber sie zeigte mir weiterhin, wo und wie die Dinge musikalisch falsch gelaufen waren. Sie erkannte sofort, wenn ich eine Passage simulierte, die ich technisch nicht vollkommen beherrschte, oder wenn ich irgendeine Emotion in die Musik hineinlegte, die ich nicht selber spürte. Aber sie zerstörte niemals meine Individualität; dies war ihre große Stärke.

Ilona entschied, daß ich in der Queen Elizabeth Hall konzertieren sollte. Ich konnte noch nie gute Programme zusammenstellen, sondern listete einfach auf, was ich spielen wollte. Diesmal planten Ilona und ich die Reihenfolge gemeinsam: zuerst die Haydnsche e-Moll-Sonate, die Sonate fis-Moll von Schumann, und im zweiten Teil die 24 Preludes von Chopin. Es war ein wirklich schönes Programm, und zum Glück konnte ich es etwa siebenmal öffentlich vortragen, ehe ich in London spielte.

Eine frühere Mitstudentin aus den Akademie-Zeiten, die auch bei Coviello studiert hatte, war beim Konzert dabei. Sie war erfolgreich als Lehrerin und Begleiterin gewesen und schrieb mir später sehr liebevoll: »Ich habe Deine wundervolle Karriere mit solchem Stolz verfolgt. Ich kann gar nicht sagen, was Dein Spiel mir immer bedeutet hat. Ich bin so dankbar, daß Du mir von Deiner Krebserkrankung erzählt hast, denn ich glaube, daß hier der Schlüssel zu der tieferen Dimension Deines Spiels liegt, seit ich Dich vor einigen Jahren hörte. Deine Beherrschung der Tasten ist schon immer phänomenal gewesen, doch besitzt Du jetzt eine emotionale und geistige Tiefe, die mich überwältigte.«

»Das Wichtigste, was zu einem guten Spiel vonnöten ist, ist Gesundheit«, pflegte Onkel Tobs zu sagen. Am Vorabend eines Konzertes liege ich schon um acht Uhr im Bett und lese. Manchmal greife ich zu einer Biographie, wie beispielsweise der über Horowitz, oder zu irgend etwas Unterhaltsamem, wie der Zeitschrift »Vogue«. Es tut gut, sich völlig von der gewohnten Arbeit abzulenken. Zuweilen höre ich Aufnahmen von großen Künstlern, die die Werke spielen, die ich am nächsten Tage vorstellen will. Cortot behauptete, daß eine gute Verdauung lebenswichtig sei. Eine leichte Lektüre, ausreichender Schlaf und gesunde Ernährung an den Tagen vor dem Konzert sind das Beste für mich. Was das Essen betrifft, so lasse ich mich gehen: Mangos, Joghurt, Filetsteak, reichlich Butter und Sahne. Wenn ich gut speise, spiele ich auch gut. Am Tage vor einem Konzert bin ich vorsichtig und esse lediglich ein gegrilltes Steak.

Im letzten Jahrhundert reisten Pianisten mit großem Anhang um die Welt. Sie nahmen ihren Flügel mit, zusammen mit dem Klavierstimmer, der Sekretärin, der Garderobiere und der Familie. Während des Weltkrieges lernte ich, auf jedem Instrument zu spielen, das ich vorfand, gleichgültig wie alt oder in welchem Zustand es war, so daß ich mich daran gewöhnt habe, allein zu reisen. Manchmal fällt es schwer, ein fremdes Klavier zu spielen. Einmal war ich nach einem ganztägigen Spiel in einem Aufnahmestudio übermäßig erschöpft, da es schlechthin unmöglich war, die Musik zu gestalten: Der Flügel war noch so neu, daß die Tasten sich schwer bedienen ließen. Dasselbe traf auf einen Flügel zu, der ausgerechnet für mein Wohltätigkeitskonzert im Frauenkloster von Southam angeschafft worden war. Die liebenswürdigen Nonnen kauften ein teures neues Instrument, und die Tasten waren unerträglich steif und unbenutzt. Manchmal sparen Konzertgesellschaften am falschen Ort. Sie geben Tausende von Pfund aus für Reklame, neue Sitze, für die Ausgestaltung einer Cafeteria, die Einrichtung eines Restaurants, Parkplätze, Ausstellungen im Foyer, aber nur selten investieren sie in einen erstklassigen Flügel.

Ich übe noch immer täglich in vier einstündigen Sitzungen, um meine Finger beweglich zu halten, so wie ich es seit über fünfzig Jahren tue. Ich mache Dehnübungen, Sext- und Oktavläufe, schnelle Tonleitern in jeder Tonart, und übe anschließend die schwierigen Passagen des kommenden Konzertprogramms. An einem Chopin-Abend, den ich im Herbst 1989 in der Royal Festival Hall gab, spielte ich die 24 Préludes op. 28 sowie die h-Moll-Sonate Nr. 3, op. 58. Übungen ermüden nicht das Gehirn. Was anstrengt, ist das konzentrierte Spiel, wie man es im Konzert leistet. So könnte man nicht üben, denn dann hätte man für die Aufführung keine Reserven mehr. Manche Künstler wie die brasilianische Pianistin Giomar Novaes rühren den Flügel weder am Aufführungstag noch einen Tag zuvor an, damit sie völlig erholt sind.

In meiner Laufbahn hat es keinen Sprung gegeben, wie es häufig zwischen der Entwicklung vom Wunderkind zur voll ausgebildeten Pianistin zu beobachten ist. Dies liegt daran, daß ich von dem Tag meines Debüts an weitermachte und als Siebzehnjährige schon eine junge Frau war. Ich spiele non-stop seit 62 Jahren. Die Zahl der falschen Töne hat sich erheblich verringert. Vor jedem Konzert leide ich unter großem Lampenfieber und sage mir: »Moura, warum tust du dir das an? Dies ist das letzte Mal!« Und nachher danke ich Gott dafür, daß er mir meine Hände erhalten hat.

Es gibt nur einen Weg, um mit Lampenfieber fertig zu werden, und der besteht darin, sich mit den Gedanken und dem Herzen auf das, was man gerade spielt, zu konzentrieren. Man spürt die Nerven nicht, wenn man beschäftigt ist. Das ist auch ein Grund, warum man nach einem Konzert völlig erschöpft und ausgelaugt ist. In dem Moment, wo das Spiel vorüber ist und ich den Applaus, die Wogen der Bewunderung und, ja, auch Liebe für die Musik, die ich zum Klingen gebracht habe, empfinde, fühle ich mich euphorisch und reich belohnt. Manchmal brauche ich nach dem Abgang von der Bühne eine Weile, um meine Beine wieder zu spüren, weil sie so zittern. Ich bin wie berauscht und sage dann Dinge, die ich normalerweise nicht sagen würde. Wenn die Besprechungen gut sind, gibt mir das den Mut, mich auf das nächste Konzert vorzubereiten. Wenn sie kritisch sind, nehme ich mir vor, das nächste Mal besser zu spielen.

»Die Artikulation und die Kraft waren phänomenal«, schrieb ein Rezensent über meine Interpretation des 1. und 2. Klavierkonzerts von Prokofieff und der drei Konzerte von Rachmaninoff, die ich in den frühen fünfziger Jahren unter der Leitung von Walter Susskind aufnahm und die auf CD neu aufgelegt wurden. Jahre nachdem ich Walter Legges Vorschlag ablehnte, die Preludes von Debussy und die Fantasie op. 49 von Chopin einzuspielen, sind dies heute die beiden Komponisten, mit deren Werken ich die größten Erfolge feiere. Ich nahm auch eine unprätentiöse Sammlung kleiner Stücke und Zugaben, die mir lieb und teuer sind, auf, und diese CD wurde als eine meiner »zauberhaftesten« Aufnahmen beschrieben. Ein französischer Pianist lobte einmal meine Debussy-Interpretationen in den Himmel. Ich dachte mir, wenn ein Franzose das tut, dann muß ich schon ganz gut sein, oder? In einer weiteren Besprechung stand: »Jenseits der Spitzfindigkeiten der Kritik und der Unbeständigkeit wechselnder Moden ist Lympany eine nationale Institution.« Der französische Komponist Maurice Ohana schrieb mir: »Ich kann kaum erwarten, Ihnen zu sagen, wie eindrucksvoll Ihr Vortrag war. Sie zeigen eine überragende Reife, eine Beherrschung der Phrasierungen und des Klanges, die weit über das rein technische Können hinausreichen. Wie tröstlich ist es zu entdecken, daß das Alter so Bewundernswertes hervorbringt. Wahrscheinlich ist das das Ergebnis eines ganzen Lebens des Vertrauens und der Meditation.«

NACHWORT

»Alle Männer sind militärpflichtig, und fast alle Töchter sind heutzutage klavierpflichtig« schrieb ein Autor am Ende des 19. Jahrhunderts ironisch.[1] Die Gegenüberstellung ist gar nicht einmal absurd, denn bürgerliche Frauen hatten sich tatsächlich das Klavier im 19. Jahrhundert »im Sturm erobert«, und sie waren die Siegerinnen geblieben. Sicherlich wäre es unzutreffend zu behaupten, das Klavier hätte – ähnlich wie die Harfe oder früher die Glasharmonika – als »weibliches» Instrument gegolten. Es gab nach wie vor den herumreisenden Salonvirtuosen und den Komponisten, der die eigenen Stücke vorstellte. Dennoch gehörte das Instrument im 19. Jahrhundert zum Leben vieler bürgerlicher Frauen. Die »höheren Töchter« spielten in den Salons, Klavierlehrerinnen eilten für wenig Geld von Haus zu Haus, Gouvernanten lehrten den ihnen anvertrauten Kindern die Grundbegriffe. Es gab die seriösen Pianistinnen, die pädagogische Werke veröffentlichten und Musikschulen gründeten, und die Künstlerinnen, die, zu Virtuosinnen ausgebildet, an Höfen und in Städten konzertierten.

»Das Hineinpfuschen der Frauen in alle möglichen Gebiete, in die sie nicht hineingehören, ist schon genug an der Tagesordnung; die Musik haben sie schon fast in allen Theilen in Beschlag genommen; man sollte wenigstens Sorge tragen, daß nicht in Zukunft unsere Orchester gar aus Männern und Weibern zusammengesetzt werden«, schreibt Ernst Rudorff 1881 in seiner Funktion als Stellvertretender Direktor der Berliner Musikhochschule sorgenvoll an seinen Vorgesetzten Joseph Joachim. Und er fügt apodiktisch hinzu: »Möglich, daß die allgemeine Strömung dennoch in Jahrzehnten dahin führt und den letzten Rest von Haltung und künstlerischem Ernst auch aus den öffentlichen Vorführungen der reinen Instrumentalmusik vertreibt; jedenfalls möchte ich nicht, daß es heißen könnte, eine Anstalt wie die Königliche Hochschule hätte auf diesem Wege zur Unsitte die Führung übernommen.«[2] Rudorff schrieb dies in dem Augenblick, als nicht mehr zu übersehen war, daß nicht mehr allen Frauen die Heirat und Familiengründung genügten. Für viele Familien, selbst aus der gehobenen Mittelschicht, wurde es zudem immer schwerer, die unverheiratete Tochter oder Schwester zu ernähren und Wohnraum bereitzustellen. Sie mußte Geld verdienen, auch ohne eine allzu breite berufliche Qualifikation. Außerdem hatte der Beruf den Regeln der »sozialen Mutterschaft« zu entsprechen, was hieß, daß er im pädagogisch-pflegerischen Bereich (Gouvernante, Kinderpflegerin, Lehrerin) oder im ästhetisierenden Sektor angesiedelt sein mußte. Das bot vielen Frauen eine Chance zum Unterrichten, selbst wenn sie nur mäßige Kenntnisse besaßen, und öffnete damit dem Dilettantismus Tor und Tür.

Die markigen Worte Rudorffs, die sich auf Orchestermusikerinnen beziehen, sind nicht allein aus Angst vor den ökonomischen Folgen verständlich. Man muß sie mit der Geschichte weiblichen Musizierens in Deutschland vom 18. Jahrhundert an in Verbindung sehen, in der das Klavier eine entscheidende Rolle spielte.

Der Karikaturist und Komiker Loriot hat in einem seiner Sketche eine spießige Kleinfamilie dargestellt, die am Wohnzimmertisch bei Kaffee und Kuchen sitzt und sich für ein geschenktes Klavier bedanken muß, während der eifrige Vater, in Gebärden und Anweisungen einem Oberstudienrat ähnelnd, die Szene auf Video aufnimmt. Zwei Mädchen beten den ursprünglich als erstaunten Ausruf gedachten Spruch mit tortengefülltem Mund leierartig herunter: »Ein Klavier, ein Klavier...«. Damit ist die janusartige Bedeutung des Klaviers in der heutigen Mittelschicht persiflierend umrissen: Zwar gilt es noch als Symbol des Wohlstands und der Bildung, doch es ist auch zum lästigen Gegenstand geworden, der mit der Wirklichkeit des Alltags im Zeitalter der schnell erlernbaren elektronischen Instrumente nur wenig gemein hat.

Das war im 18. Jahrhundert anders. Niemand ahnte, daß die Konstruktion eines Tasteninstrumentes »col piano e forte« so erfolgreich sein würde. Zwischen 1709 und 1726 stellte der italienische Klavierbauer Bartolommeo Cristofori etwa zwanzig Pianoforte-Instrumente her, deren Töne durch Hämmer entstanden, die gegen die Saiten geschleudert wurden. Gottfried Silbermann verbesserte die Konstruktion. Es bedurfte noch weiterer Vervollkommnung durch süddeutsche und englische Klavierbauer, bis eine zufriedenstellende Mechanik gefunden war. Mit der Erfindung des aufrechten Klaviers gelangte es nicht nur in die Wohnstuben der bürgerlichen Schicht, sondern auch zu Familien mit geringerem Einkommen. Daß es so in Mode kam, hing – abgesehen von den klanglichen Möglichkeiten – mit den sozialen Umwälzungen zusammen, die sich um 1780 beschleunigten. Der zunehmende Handel und die Industrialisierung ließen eine finanziell abgesicherte neue Mittelschicht entstehen, die bemüht war, den neuen Status durch ein entsprechendes kulturelles Ambiente zu festigen. Sie hatte das Vertrauen in die Dogmen und die Autorität der Kirche verloren, interessierte sich dagegen für alle Neuerungen in Wissenschaft und Kunst und suchte nach eigenen kulturellen Werten, um sich zu profilieren. Obwohl die zu Geld gekommenen Bürger die aufgesetzten Sitten der Aristokratie verachteten, übernahmen sie deren kultivierten Umgang mit Musik.

Dieses Bedürfnis nach gehobener Unterhaltung traf auf eine steigende Beliebtheit des Gefühlskults. Der Pietismus verlor um 1740 zwar seine bisherige Bedeutung, bereitete aber den Boden für eine gemütstiefe Dichtung und Kunst, in der Gefühle ausgelebt werden durften. Die neue Empfindsamkeit übertrug sich von der Dichtung rasch auf die Musik; das Clavichord – eine preiswerte Vorform des Klaviers – vermochte mit dem Beben einzelner Töne am besten die wogende Brust, das pochende Herz und die zitternden Lippen wiederzugeben. Das Cembalo, dem noch damals unzulänglichen Klavier in Technik und Klang überlegen, verlor rasch an Beliebtheit. Innerhalb weniger Jahre wurden Cembali aus den Wohnstuben entfernt und durch Clavichorde ersetzt.

Der Übergang vom Clavichord zum Klavier war selbstverständlich, da das neue Instrument durch die stufenlose Dynamik eine ähnliche emotionale Wirkung hatte und zudem viel lauter und ausdrucksstärker war als das zarte Clavichord. Damit wurde das Klavier im Laufe des 18. Jahrhunderts zu »dem« Instrument des Bürgertums, mit weitreichenden Folgen für Frauen: Sie erhielten die Möglichkeit, sich im heimischen Salon mit Musik zu beschäftigen, eigene Stücke für das Instrument oder für kammermusikalische Besetzung zu schreiben, und Aufführungen in kleinen Zirkeln zu veranstalten.

1791 veröffentlichte Christian Friedrich Daniel Schubart seine »Ideen zu einer Ästhetik der Tonkunst«. Er bezeichnet darin die Begleitung am Klavier als eine »schwere Kunst«, da die Kenntnis des Generalbasses hierzu nötig sei: »Nur der tiefsinnige Musiker, nicht die bloß zum Zeitvertreib spielende Dame, ist fähig jedes Stück zu begleiten, wie es seine Natur erheischt.«[3] Schubart trennt zwischen dem Mann, der in die Tiefe geht, und der Frau, der das Kurze und Geschmeidige liegt, und gibt damit die zeitübliche Meinung wieder. Um Frauen in den Jahrzehnten um 1800 auf ihren häuslichen Lebenskreis zu reduzieren, wurden Antriebsarmut und Bescheidenheit als deren »natürliche« Eigenschaften verklärt. Das Bild der passiven, in sich gekehrten, innig-rührenden und anmutig-weiblichen Person wurde zum Ideal gekürt. Sie sollte sich mit der untergeordneten Rolle im patriarchalen Familiengefüge begnügen und den Gatten außerdem am Instrument rühren und unterhalten.

»Niemals hat man uns in der Musik oder im Zeichnen anders als das banalste Zeug gelehrt«, schreibt die 1805 geborene Marie d'Agoult, die Mutter Cosima Wagners.[4] Die Tendenz, die Frau ihrer »Bestimmung« als Ehefrau und Mutter entsprechend auszubilden, setzte sich im 19. Jahrhundert fort. Das Klavierspielen gehörte neben dem Zeichnen und dem Konversieren in Fremdsprachen (meist Französisch) zum festen Bestandteil weiblich-höherer Bildung, wobei das kleine Musikstück, das Spielen zur gefälligen Unterhaltung als passend galten. Die amateurhafte Beschäftigung, die ursprünglich die Frau aus ihrer »natürlichen« Unwissenheit in ästhetische Gefilde emporheben sollte, wurde nun negativ angesehen, worunter auch die professionelle Musikerin zu leiden hatte. Es ist schon als Ironie zu bezeichnen, daß Vorkämpferinnen für die Emanzipation der Frau im ausgehenden 19. Jahrhundert, wie beispielsweise Luise Büchner, gegen die ästhetisierende Mädchenerziehung polemisierten, weil der Musikunterricht dazu diente, von den Tiefen der Naturwissenschaft abzulenken, und eine oberflächliche Bildung vermittelte.

Von hier aus war es nur ein kleiner Schritt, die Salonmusik, die sich von der Mitte des 19. Jahrhunderts wie eine Epidemie ausbreitete, der Frau zuzuordnen. Kein Wunder, daß sich die Vorstellung vom Klavierspiel als einer Krankheit einbürgerte. Begriffe wie Musikfieber, Epidemie, Plage, Seuche, Sucht, Krankheit, Piano-Manie und Klavierpest füllten die Spalten.[5] Man sprach von einer »klingenden Sündflut« durch Salonstücke. Angst vor einem Versinken in »Weiblichkeit« schimmert durch, vor einem Überhandnehmen der gefährlichen, da unkontrollierbaren Sinnlichkeit gegenüber der als männlich geltenden Geistigkeit.

Gleichzeitig wurde das Konzept der biologischen Minderwertigkeit der Frau propagiert und behauptet, daß »der weibliche Geschlechtsapparat, die Menstruation, die Schwangerschaft, das weibliche Nervensystem samt Gehirn, die weibliche Sexualität, die weibliche Konstitution krankhafte Züge tragen«.[6] Diese Pathologisierung der weiblichen Normalität führte dazu, daß Frauen, die sich über die den Frauen zugewiesenen Eigenschaften hinwegsetzten, als skurril oder unweiblich gebrandmarkt wurden. Sie diskriminierte selbst jene Frauen, die sich der anspruchsvollen Salonmusik verschrieben hatten, von den Künstlerinnen ganz zu schweigen, die sich mit der Unterhaltungsmusik den Lebensunterhalt verdienten, weil ihnen die Konzertorchester verwehrt waren.

Die seichte Salonmusik, die »Klavier-Epidemie« der höheren Töchter – beides stimmt mit dem Bild der kränkelnden Weiblichkeit überein, wie es das 19. Jahrhundert entworfen hatte. Dagegen präsentierte sich der durch immensen Fleiß und Energie zur Leistung gelangte männliche Musiker als Vorbild für die bürgerliche Gesellschaft. Er erhielt seine Aura durch die Individualisierung der Interpretationskunst, die sich parallel zu der Festigung ideologischer Geschlechterrollen entwickelte. Die Virtuosität, Klangfülle und gebieterische Beherrschung der Tastatur galten als männlich. Mit dem Klavierwerk Beethovens wuchs die Vorstellung des Interpreten als genialem Individuum, auserkoren, das Publikum in eine andere Welt zu versetzen. Franz Liszt und der Geiger Niccolò Paganini verkörperten diesen Typus des Stars im heutigen Sinne, bei dem erotisch-dämonische, ekstatische und zugleich religiöse Empfindungen mitschwangen. Die zunehmende Komplexität und die wachsenden technischen Schwierigkeiten bei der Ausführung der Klavierwerke läßt die Vorstellung des Salonlöwen entstehen, der die Kraft besitzt, den Flügel zu be»herr«schen, und des Salonmenschen, der die Frauen begeistert. Schon Robert Schumann bemerkte, Liszt dürfe nicht hinter einer Kulisse spielen, ginge doch dadurch ein großer Teil seiner Ausstrahlung verloren.

»Das Klavier wird für Liszt immer mehr zu einer Art Schlachtfeld«, schreibt Dieter Hildebrandt.[7] Der zeitgenössische Kritiker Saphir beschreibt den berühmtesten Klaviervirtuosen aller Zeiten sogar als einen, der sein Klavier wie eine Mätresse behandelt und sie mit Küssen, Bissen, Am Haar-Ziehen, halb leidenschaftlich und halb schmelzend umarmend traktiert. Nach dem Konzert würde Liszt wie ein Sieger auf dem Schlachtfeld stehen.[8] Daß beide Autoren die gleiche Metapher verwenden, obwohl sie rund ein Jahrhundert trennt, zeigt eine Tendenz an und bestätigt die Funktion des Pianisten: Er muß »nicht nur Meister seiner Kunst, sondern auch Herr seiner Entschlüsse sein. Das Klavier selbst erzieht seinen ›Spieler‹ zum Mann«.[9] Man konnte als männlich geltende charakterliche Fähigkeiten zur Schau stellen, mit virtuosen Schaustücken imponieren, mit körperlicher Kraft Staunen erregen, mit Improvisationskunst begeistern.

Nicht nur das Klavierspiel wurde in kernig-virtuoses Kraftspiel und seicht-romantisches Salonspiel »zweigeteilt«, auch die Musik selbst spaltete sich. Wenn Robert Schumann von einem Stück seines Zeitgenossen Carl Reißiger schreibt, es wäre »ein Quartett bei hellem Kerzenglanz unter schönen Frauen anzuhören ... während wirkliche Beethovener die Tür verschließen und in jedem einzelnen Takt schwelgen und saugen«[10], offenbart das eine geschlechtsspezifische Ausgrenzung. Die »reine Geistigkeit« verabsolutierte traditionell »männliche« Eigenschaften, da seit altersher das Körperliche und Sinnliche als weiblich galten. Stücke, die für den heimischen Salon geschrieben wurden, dem Reich der Frau, standen im Gegensatz zu »absoluten«, rein-geistigen Inhalten, die sich vor allem in Streichquartetten und im sinfonischen Bereich, aber auch im Beethovenschen Klavierschaffen zeigten.

Die Trennung der Kunst in unterschiedliche Bereiche wird nun zur Realität für jede Pianistin im 19. Jahrhundert. Die Spaltungen lassen sich grob mit den Bereichen »absolute und funktionale Musik«, »Öffentlichkeit und Privatheit«, »Künstler und Pädagogin«, »Kenner und Liebhaber(in)«, »männlich und weiblich« umreißen. Als besonders tückisch erwies sich die Gegenüberstellung von »wahrer« und »gesellschaftlicher« Bildung. Erstere war nicht zweckgebunden, sondern diente der Stärkung einer unabhängigen geistigen und seelischen Individualität, während die »gesellschaftliche« Bildung die Zurichtung für eine bestimmte Schicht besorgte. Frauen, deren Lebensziel im 19. Jahrhundert darin bestand, in bessere Verhältnisse einzuheiraten, mußten versuchen, durch das Klavierspiel zu glänzen, also auf schnellem Wege erfolgreich zu sein. Die »echte« Bildung hingegen kam von innen, man nahm sich Zeit, studierte gründlich und scheute auch vor komplexen Aufgaben nicht zurück. Niemand verbot den Frauen, sich mit dem als höherrangig Eingestuften zu beschäftigen, aber sie sollten wissen, wo ihr »natürlicher« Platz war.

Die vielen negativen, uns heute ungerecht erscheinenden Rezensionen über Künstlerinnen im 19. Jahrhundert sind daher auf dem Hintergrund des Erlaubten zu verstehen: »Ihr könnt darauf schwören, daß das Kontingent der Weiber, welche sich unberufenerweise in die Öffentlichkeit drängen, entweder aus häßlichen und hysterischen alten Jungfern – denen es aus physiologischen Gründen verziehen sein mag – oder aus saloppen Hausfrauen und pflichtvergessenen Müttern bestehe, deren Haushaltsbücher – wenn sie überhaupt welche führen – in Unordnung, deren Stuben, Küchen, Speisekammern und Weißzeugschränke im Tohuwabohu-Zustand, deren Modistinnenrechnungen groß, aber unbezahlt und deren Kinder physisch und moralisch ungewaschen sind«, kann man 1878[11] lesen.

Mit der wachsenden Verbreitung von Konservatorien strömten Mädchen massenweise in die Ausbildungsstätten, fanden aber nach dem Studium kaum ein angemessenes Wirkungsfeld. 1895/6 studierten am Berliner Klindworth-Schwarwenka'schen Konservatorium 208 Frauen, aber nur 41 Männer Klavier.[12] Da es bis ins 20. Jahrhundert hinein keine staatliche Prüfungsordnung für Klavierlehrerinnen gab, boten Frauen mit unterschiedlichster Qualifikation ihre Dienste an. Es entstand ein Proletariat ungenügend ausgebildeter Klavierlehrerinnen, die verzweifelt nach Arbeit suchten. Durch das Überangebot bedingt konnten sie kaum von den Einnahmen leben. Oscar Bie berichtet von einer Lehrerin, die gegen Gewährung eines täglichen Vieruhrkaffees in der Familie zwei wöchentliche Gratisstunden anbot.[13]

Dennoch blieb der musikpädagogische Sektor ein für Frauen geläufiges und weidlich genutztes Feld, zumal das Unterrichten, besonders im Elementarbereich, zu den angemessenen Tätigkeiten gehörte. Wer den entsprechenden finanziellen Spielraum besaß, öffnete eine Musikschule, wie Fanny Schindelmeißer im Jahre 1836, die sich auf die Logiersche Methode stützte, eine weitverbreitete Art des Klavierübens. Zu den professionellen Musikpädagoginnen gehört Lina Ramann (1833-1912), die mit ihrer Freundin Ina Volckmann eine Musikschule in Nürnberg gründete und 25 Jahre lang Schüler und Schülerinnen zu Pianisten ausbildete. Sie war mit Franz Liszt befreundet und schrieb seine erste große Biographie. Außerdem veröffentlichte sie ein sogenanntes »Liszt-Pädagogium«, eine didaktische Analyse Lisztscher Werke, und machte den human-erziehlichen Aspekt zum Ausgangspunkt eines theoretisch ausgereiften musikalischen Erziehungssystems. Marie Jaëll (1846-1925) befaßte sich in Publikationen eingehend mit den physiologischen Grundlagen des Klavierspiels. Elisabeth Caland (1862-1929) erfand eine eigene Methode; die sogenannte Caland-Lehre zeichnet sich durch den freien Fall der Hand aus, von den Rückenmuskeln aus geleitet, was für Entspannung und besonders schöne Tongebung sorgte. Eine ihrer Schülerinnen, die Pianistin Mary Wurm (1860-1938), wurde dadurch von einem Armkrampf befreit. Sie schrieb daraufhin 1914 eine noch heute lesenswerte »Praktische Vorschule zur Caland-Lehre«. Nicht zu vergessen sind die vielen Unterrichtswerke, die Frauen für Kinder schrieben. Bis heute leisten darin Frauen Hervorragendes.

Es gab die unterschiedlichsten Typen von Pianistinnen: Dilettantinnen, herumreisende Salonpianistinnen. Künstlerinnen wie Leopoldine Blahetka, Cécile Chaminade, Teresa Carreño, Sofie Menter und andere führten selbstkomponierte Stücke auf, im Stil der virtuosen Tradition. Gleichzeitig wußten sie um das allgemeine Interesse an Klaviermusik, die leicht spiel- und aufführbar war, und Pianistinnen wie Agathe Backer-Gröndahl, Adele aus der Ohe, Ingeborg von Bronsart und Maria Szymanowska schrieben auch für diese Klientel Stücke. Es gab die Töchter von Musikern, die von ihren Vätern in der Absicht ausgebildet wurden, ihren Lebensunterhalt mit der Musikausübung zu verdienen, und die teilweise auch nach der Verheiratung weiterhin öffentlich auftraten. Diese fanden einen leichteren Zugang zur Virtuosenkarriere als manche ihrer Geschlechtsgenossinnen.

Hatte die Musikgeschichtsschreibung bislang vermutet, die Professionalisierung der Künstlerin habe sich seit der Festigung der bürgerlichen Gesellschaft kontinuierlich voran entwickelt, zeigen zwei Beispiele aus dem 18. und 19. Jahrhundert, wie Frauen durch die unscharfe Trennung bedingt in konfliktreiche oder zumindest ungeklärte Situationen gerieten. Maria Anna (»Nannerl«) Mozart (1751-1829) erhielt im 18. Jahrhundert eine ebensolche Ausbildung am Cembalo wie ihr berühmter Bruder Wolfgang Amadeus und durfte als Kind auf den Europareisen mit ihrem Spiel glänzen. Nach der Pubertät war ihr aber eine Fortsetzung ihrer Karriere verwehrt; ihr Vater ließ sie daheim. Sie nahm in Salzburg an öffentlichen Konzerten teil, erhielt aber offensichtlich keine Bezahlung; der Organisator fragte erst bei Leopold an, ob sie mitspielen dürfe. Andererseits überlegte ihr Vater, mit ihr nach Paris zu ziehen und sie dort mit Konzerten Geld verdienen zu lassen. Rund siebzig Jahre später erlebte Clara Schumann trotz ihres professionellen Status noch 1850 in Düsseldorf, daß sie für ihre Teilnahme an einem Konzert, das ihr Mann als frischgebackener Dirigent der Stadt leitete, kein Honorar erhielt. Empört beschwerte sie sich bei dem Kapellmeister Ferdinand Hiller, dessen Stelle Robert angetreten hatte:

»Es ist doch ganz unbegreiflich, wie die Herren denken können, daß ich zum ersten Male hier gratis in ihren Concerten spielen werde, noch dazu kann ich die Undelicatesse nicht begreifen, so etwas nur zu verlangen! Halten sie uns für reiche Leute? oder denken sie, daß ich für den Gehalt, den mein Mann erhält, auch spielen soll, wenn sie es wünschen! Lieber Herr Hiller, hätte ich keine Kinder und wäre ich reich, dann wollte ich spielen so oft es die Leute wünschten, und würde es mich beglücken, es nie anders als gratis zu thun, aber in meinen Verhältnissen kann ich das nicht. Was soll ich nun thun? Ich kann mit den Herren nicht darüber sprechen, Robert auch nicht... Daß ich spiele, ist ja eine Sache für sich, auf die sie doch nicht rechnen konnten, als sie meinen Mann engagirten!«[14]

Wenn der Musikschriftsteller Otto Gumprecht den Pianistinnen im 19. Jahrhundert »Glätte, Ordnung und Sauberkeit der technischen Gestaltung« nachsagt, deren Interpretationen als »schmuck und reinlich« hinstellt und die »zarten, zu jederlei kunstreicher Handarbeit so geschickten Finger« lobt, wird deutlich, welches Frauenbild ihm dabei vorschwebt.[15] Wie reagierten Pianistinnen darauf, nach innen und nach außen? Verstanden sie sich als die Ausnahme, die Gumprecht mit dem Begriff »im Ganzen und Großen« zuläßt? Belächelten sie den Unsinn? Und wie empfanden sie den Ausspruch des Brahms-Biographen Max Kalbeck über die hochbegabte Pianistin und Sängerin Elisabeth von Herzogenberg: »Im Gegensatze zu gewissen emanzipationssüchtigen hochmütigen Weibern, die sich zur siegreichen Konkurrenz mit dem beneideten und gehaßten männlichen Geschlecht auf allen Gebieten der Wissenschaft, der Kunst und des Lebens befähigt wähnen, erkennt sie in der Gatten- und Mutterliebe den wahren Beruf der Frau.«[16]?

Und dennoch gab es sie, die Virtuosinnen, die den gängigen Vorurteilen und Einschüchterungen trotzten und ihr Publikum immer wieder begeisterten, bedeutende Erscheinungen des Musiklebens. Unsere Sammlung von Pianistinnentexten stellt einige von ihnen vor.

Eva Rieger

1 C. Debuysère: Die Klavier-Dilettanten. Beitrag zur Lösung der Dilettantenfrage. Leipzig 1900. S. 17, zit. bei Andreas Ballstaedt/Tobias Widmaier: Salonmusik. Zur Geschichte und Funktion einer bürgerlichen Musikpraxis. Stuttgart 1989, S. 196.
2 Johannes Joachim/Andreas Moser (Hg.): Briefe von und an Joseph Joachim. Berlin 1913, Bd. 3, S. 230-31, zit. bei Nancy Reich: Women as Musicians; A Question of Class. In Ruth A. Solie (Hg.): Musicology and Difference. Gender and Sexuality in Music Scholarship. Berkeley u. a. 1993, S. 144 ff.
3 Christian F. D. Schubart: Ideen zu einer Ästhetik der Tonkunst, Reprint Hildesheim 1969, S. 297.
4 Marie d'Agoult: Memoiren. Dresden 1928, Bd. 1, S. 131 f.
5 Ballstaedt/Widmeier, a.a.O., S. 198 ff.
6 Esther Fischer-Homburger, in Luise Pusch (Hg.): Feminismus. Inspektion der Herrenkultur. Frankfurt/M. 1983, S. 315.
7 Hildebrandt, S. 200.
8 zit. bei Loesser, S. 369.
9 Hildebrandt, S. 26.
10 zit. b. Carl Dahlhaus, Die Idee der absoluten Musik. Kassel 1978, S. 20.
11 Johannes Scherr, zit. b. Renate Möhrmann: Die andere Frau. Emanzipationsansätze deutscher Schriftstellerinnen im Vorfeld der Achtundvierziger-Revolution. Stuttgart 1977, S. 6.
12 Oscar Bie: Das Klavier und seine Meister. München 1901, S. 183.
13 Bie, a.a.O., S. 280.
14 Reinhold Sietz (Hg.): Aus Ferdinand Hillers Briefwechsel (1826-1861). Köln 1958, S. 85, zit. bei Reich in Solie, S. 144.
15 Otto Gumprecht, Neue Musikalische Charakterbilder, Leipzig 1876, S. 26.
16 Max Kalbeck: Johannes Brahms im Briefwechsel mit Heinrich und Elisabeth von Herzogenberg. Berlin 1908, Bd. 1, S. XIII.

Literatur

I. Allgemein

(Allgemeine Literatur über Clara Schumann wurde aus Platzgründen nur dann aufgenommen, wenn darin ihr Klavierspiel explizit thematisiert wird.)

Aldrich, Putnam: Wanda Landowska's Musique Ancienne. In: Notes 27.3. (1971), S. 461-468.

Allen, Doris: Women's contributions to modern piano pedagogy. In: Judith Lang Zaimont (Hg.): The Musical Woman, Bd. 2. Westport, Conn., 1987.

Ashley, Douglas: Music Beyond Sound. Maria Curcio, a Teacher of Great Pianists. New York/San Francisco/Bern et al. 1993.

Bainbridge, Timothy: Wanda Landowska and her repertoire. In: Early Music 3.1. (1975), S. 39-41.

Ballstaedt, Andreas/Widmaier, Tobias: Salonmusik. Zur Geschichte und Funktion einer bürgerlichen Musikpraxis. Stuttgart 1989.

Baruch, Gert-Wolfgang: Gina Bachauer. In: Melos/NZM 2.6. (1976), S. 494.

Bassermann, Florence: Clara Schumann als Lehrerin. In: Neue Musikzeitung 40 (1919), S. 280.

Bedford, William C.: A musical apprentice: Amy Lowell to Carl Engel. In: The Musical Quarterly 58.4. (1973), S. 519-542.

Berliner Festwochen: Beiträge zur Reihe Pianistinnen-Portraits von Freia Hoffmann, Eva Rieger, Monica Steegmann. In: Magazin der 36. Festwochen 1986.

Bie, Oskar: Das Klavier und seine Meister. München 1899.

Blanton, Carol Valerie: Outstanding women pianists of the nineteenth and twentieth centuries. Diss. Juilliard School of Music (Manuskr.) 1939.

Burgan, Mary: Heroines at the Piano: Women and Music in Nineteenth-Century Fiction. In: Victorian Studies 30 (Herbst 1986), S. 51-76.

Cautain, M-H.: L'association Marie Joëll. In: Revue internationale de musique française 7.21 (1986), S. 83-86.

Clarson-Leach, Robert: Marguerite Wolff: Adventures of a concert pianist. London 1985.
David, Hans: Die Crise unserer Tasteninstrumente. In: Melos 7.2. 1928.
Dower, Catherine: Yella Pessl, First Lady of the Harpsichord. A Life of Fire and Conviction. 1993.
Dürer, Carsten: Katia & Marielle Labèque. Vorliebe für »Crossover«. In: Pianoforte 4. (1991), S. 8-15.
Dunoyer, Cecilia: Marguerite Long. A Life in French Music, 1874-1966. Bloomington, Indiana, 1993.
Dyson, Ruth: Bend the finger at all three joints. A first-hand record of Landowska's teaching methods. In: Early Music 3. (1975), S. 240-242.
Ehrlich, Cyril: The Piano. A History. Oxford 1990.
Ehrlich, Heinrich: Modernes Musikleben. (Darin: Das Musikproletariat und die Konservatorien, die Frauen-Emanzipation auf dem Klaviere. Musik-Amazonen, Kulturgeschichte des Klavierspiels.) Berlin 1895.
Ellman, Donald J.: Clara Schumann: Pianist, Teacher and Interpreter. Diss. University Reading 1984.
Elste, Martin: Wanda Landowska. Die Dame mit dem Cembalo. In: Fono Forum 29.8. (1984), S. 20-23, 67.
Fang, Siu-Wan Chair: Clara Schumann as Teacher. Diss. University of Illinois 1978.
Fischer, Volkmar: Beifall – wozu. Die portugiesische Pianistin Maria João Pires. In: Fono Forum 37.5. 1992, S. 24-28.
Flesch-Thebesius, Max: Clara Schumann in Frankfurt am Main. In: Neue Zeitschrift für Musik 132.6. (1971).
Gavoty, Bernard/Hauert, R.: Wanda Landowska. Genf o. J. (1957).
Gerig, Reginald: Famous Pianists and Their Technique. Washington/New York 1975.
Géronne, Jean-Marie: Am Flügel: Lotte Jekéli. In: Das Orchester 25.3. (1977), S. 175-176.
Gordon, Stewart Lynell: Cecile Staub Genhart: Her biography and her concepts of piano playing. Diss. University of Rochester 1965.
Grundmann, Herbert/Mies, Paul: Studien zum Klavierspiel Beethovens und seiner Zeitgenossen. Bonn 1966.
Gumprecht, Otto: Die Frauen in der Musik. Neue musikalische Charakterbilder. Leipzig 1876.

Guzmán, Mario Milanca: Quién fue Teresa Carreño? Caracas 1990.
Hallman, Diana Ruth: The Pianist Fannie Bloomfield Zeisler in American Music and Society. Diss. University of Maryland 1983.
Haney, Harold: Conversation with Alice Ehelers. In: Harpsichord 6 (1973).
Harden, Ingo: »Kunst ist dazwischen«: Dinorah Varsi. In: Fono Forum 19.4. (1974), S. 309-310.
Derselbe: Liszt oder Menter. In: HiFi-Stereophonie 21.2 (1982), S. 183.
Heinrich, Adel (Hg.): Organ and Harpsichord Music by Women Composers. An Annotated Catalog. New York/Westport, Conn., 1991.
Hermann, Hanns: Die Pianistin Dinorah Varsi – Kunst musikalischer Interpretation. In: Neue Zeitschrift für Musik 132.19 (1971), S. 542-544.
Hildebrandt, Dieter: Pianoforte oder Der Roman des Klaviers im 19. Jahrhundert. München 1988.
Hoffmann, Freia: Instrument und Körper. Die musizierende Frau in der bürgerlichen Kultur. Frankfurt/M. 1991.
Hoogen, Eckardt von den: Maria Tipo. »Ich möchte keine andere sein...« In: Pianoforte 1. (1992). S. 10-15.
Hoogstraten, Eleonore van (Hg.): Worte des Dankes an Elly Ney. Tutzing 1968.
Hyde, Carol Shannon: A case study of an artist-in-residence: Ruth Slenczynska, concert pianist. Diss. University of Illinois at Urbana-Champaign, Champaign 1988.
Indenbaum, Dorothy: Mary Howe: Composer, pianist and musical activist. Diss. New York University 1993.
Jansen, Johannes: Warum nicht? Ein Concerto-Gespräch mit Elisabeth Chojnacka. In: Concerto 8. 65 (1991), S. 18-21.
Kallberg, Jeffrey: The harmony of the tea table: Gender and Ideology in the Piano Nocturne. In: Representations 39 (1992), 102-133.
Katzenberger, Günter: Materialien zu Clara und Robert Schumanns Mozart- und Beethoven-Auffassung. In: Festschrift Erich Valentin. Regensburg 1976.
Keller, J. M.: Teresa Carreño Returns to the Stage. In: Piano Quarterly 38 (1990), S. 18-27.
Krause, Ernst: Das Bildnis Branka Musulins. Dresden 1958.

Krille, Annemarie: Beiträge zur Geschichte der Musikerziehung und Musikübung der deutschen Frau (1750-1820). Berlin 1938.

Jerger, Wilhelm: Franz Liszts Klavierunterricht von 1884-1886, dargestellt an den Tagebuchaufzeichnungen von August Göllerich. Regensburg 1975.

Kleinschmidt, Klaus: Pianistin mit Ensemblegeist. Tatjana Nikolajewa. In: Musik und Gesellschaft 39. 4 (1989), S. 209-211.

Lassimonne, Denise/Ferguson, Howard (Hg.): Myra Hess by her friends. London 1966.

La Mara (= Marie Lipsius): Musikalische Studienköpfe, Bd. 5: Die Frauen im Tonleben der Gegenwart. Leipzig 1882 (Clara Schumann, Sophie Menter, Mary Krebs, Laura Kahrer-Rappoldi, Wilhelmine Clauß-Szarvady, Ingeborg von Bronsart).

Dieselbe: Liszt und die Frauen. Leipzig 1919 (Marie Camilla Pleyel).

LePage, Jane Weiner: Women Composers, Conductors, and Musicians of the twentieth Century: Selected Biographies. Metuchen/London 1980 (Wanda Landowska, Rosalyn Tureck).

Lenz, Wilhelm von: Die großen Pianofortevirtuosen unserer Zeit. Berlin 1872.

Leppert, Richard: Music and image. Domesticity, ideology and socio-cultural formation in 18th Century England. Cambridge/New York 1988.

Derselbe: Sexual Identity, Death, and the Family Piano. In: 19th Century Music 16. 2. (1992), S. 105-128.

Letnanová, Elena: Piano Interpretation in the Seventeenth, Eighteenth and Nineteenth Centuries: A Study of Theory and Practice Using Original Documents. Jefferson/London 1991.

Loesser, Arthur: Men, Women and Pianos. A Social History. (1954) New York 1990.

Manhart, Josef: Schön eigenwillig. Die Pianistin Hélene Grimaud. In: Fono Forum 38. 11. (1993), S. 34-36.

Marciano, Rosario: Teresa Carreño. Kassel 1990.

McGillen, Geoffrey E.: The teaching and artistic legacy of Olga Samaroff Stokowski. Diss. Ball State University, Muncie, Indiana, 1988.

McKenna, Marian Cecilia: Myra Hess: A Portrait. London 1976.

Meggett, Joan M.: Keyboard Music by Women Composers. A Catalog and Bibliography. Westport, Conn. 1981.

Milinowski, Marta: Teresa Carreño: By the Grace of God. New York 1979.
Morath, Max: May Aufderheide and the Ragtime Women. In: Ragtime, its History, Composers and Music, hg. von John Edward Hasse. New York 1985, S. 154-165.
Niemann, Walter: Meister des Klaviers. Berlin 1919.
Northrop Moore, Jerrold: Pupils of Clara Schumann: Fanny Davies, Ilona Eibenschütz, Adelina de Lara. Waldhurst, East Sussex 1986.
Obermeyer, Klaus: Im Vordergrund steht die Persönlichkeit. Tatiana Nikolajewa. Ihr Leben und die Ausbildungssituation in der Sowjetunion. In: Neue Musikzeitung 37. 1. (1988), S. 24.
Ohm, J.H.M. (Hg.): Die 13jährige Pianistin Alwine Ohm aus Hannover und deren 4jährige Kunstreise durch Deutschland. Dresden 1863.
Petteys, M. Leslie: Julie Rivé-King, American Pianist. Diss. University of Missouri 1987.
Pidoll, Carl von: Elly Ney. Leipzig o. J.
Pucciani, Donna: Olga Samaroff (1882-1948), American Musician and Educator. Diss. New York University 1979.
Rabinowitz, Peter: »With Our Own Dominant Passions«: Gottschalk, Gender, and the Power of Listening. In: Nineteenth Century Music 16. 3. (1993), S. 242-252.
Reich, Nancy B.: Women as Musicians: A Question of Class. In: Solie, Ruth A.: Musicology and Difference. Gender and Sexuality in Music Scholarship. Berkeley 1993.
Rieger, Eva: Nannerl Mozart. Leben einer Künstlerin im 18. Jahrhundert. Frankfurt/M. 1990.
Roberson, Steve Henry: Lili Kraus. The Person, The Performer, and the Teacher. Diss. University of Oklahoma 1985.
Rubinstein, Anton: Erinnerungen aus fünfzig Jahren 1839-1889. Leipzig 1895.
Schaeffner, A.: Wanda Landowska et le retour aux »humanités« de la musique. In: Revue Musicale 8. 3. (1927).
Schatkin, Jane Hettrick: She Drew an Angel Down: The Role of Women in the History of the Organ 300 B.C. to 1900. In: American Organist 13.3. (1979), S. 40.
Schilde, Klaus: Eine Kursstunde bei Marguerite Long. In: Üben & Musizieren 2 (1985), S. 85-89.

Schmidt Rogers, Lea: Marie Jaëll: Pianist, Composer, Pedagogue. In: American Music Teacher 43. 4. (1994), S. 18-21.
Schmid, Otto: Mary Krebs-Breuning. Biographische Skizze. Dresden 1892.
Schonberg, Harold C.: Die großen Pianisten. München 1964; Kap. 25 »Die Damen« (Teresa Carreño, Annette Essipoff, Fannie Bloomfield-Zeisler, Clara-Schumann-Schülerinnen).
Schott, Howard: Wanda Landowska. A centenary appraisal. In: Early Music 7. (1979), S. 467-472.
Schubart, Christian Friedrich Daniel: Vom Flügel oder dem Claviere. Vom Solospielen. In: Ideen zu einer Ästhetik der Tonkunst. (1791) Reprint Hildesheim 1969.
Spycket, Jérome: Clara Haskil. Eine Biographie. Bern/Stuttgart 1977.
Steegmann, Monica: »Wendezeit« im Klavierspiel? Nachgedanken zu einer Pianistinnen-Konzertreihe. In: Neue Zeitschrift für Musik 158.4 (1987), S. 14-18.
Stegemann, Michael: Das aktuelle Porträt: Dinorah Varsi. In: Neue Zeitschrift für Musik 144.11 (1983), S. 20-23.
Streicher, Andreas: Kurze Bemerkungen über das Spielen, Stimmen und Erhalten der Fortepiano, welche von Nanette Streicher, geborene Stein in Wien verfertiget werden. Reprint in: Early Music 8.3. (1988), S. 393.
Susskind, Pamela: Clara Wieck Schumann as Pianist and Composer: A Study of her Life and Works. Diss. University of California, Berkeley 1977.
Susskind, Pamela Pettler: Clara Schumann's Recitals 1832-50. In: 19th Century Music 4.1. (1980), S. 70-76.
Szmolyan, Walter: Die Dynastie Stein-Streicher-André. In: Österr. Musikzeitschrift 27.2. (1972) (Nanette Stein, Klavierbauerin).
Talalay, Kathryn: Philippa Duke Schuyler, pianist – composer – writer. In: Black Perspective in Music 10.1. Spring (1982), S. 43-68.
Tick, Judith: Passed Away is the Piano Girl: Changes in American Musical Life 1870-1900. In: Jane Bowers/Judith Tick (Hg.): Women Making Music. The Western Art Tradition, 1150-1950. Urban/Chicago 1986.
Tracey, James M.: Some of the world's greatest women pianists. In: Etude 25. 12 (1907), S. 773-774 (Annette Essipoff, Anna Mehlig, Sophie Menter, Clara Schumann).

Unterbrink; Mary: Jazz Women at the Keyboard. London 1983.
Walker-Hill, Helen: Piano Music by Black Women Composers. A Catalog of Solo and Ensemble Works. New York/Westport, Conn., 1992.
Wallace, Robert K.: A Century of Music Making: The Lives of Josef & Rosina Lhévinne. London 1977.
Walter, Edith: Brigitte Engerer. Une pianiste française formée à Moscou. In: Harmonie-Panorama Musique 30 (1983), S. 18-22.
Wehmeyer, Grete: Die Kunst der Fingerfertigkeit und die kapitalistische Arbeitsideologie. In: Detlef Altenburg (Hg.): Ars Musica. Festschrift Heinrich Hüschen. Köln 1980; S. 455-461.
Dieselbe: Carl Czerny und die Einzelhaft am Klavier oder Die Kunst der Fingerfertigkeit und die industrielle Arbeitsideologie. Kassel/Basel/London 1983.
Dieselbe: In einem Wolkenbruch von klassischer Musik. Über Klavierpädagogik in Japan. In: Rudolf Klinkhammer (Hg.): Schnittpunkte Mensch Musik. Regensburg 1985, S. 248-257.
Weill, Janine: Marguerite Long: une vie fascinante. Paris 1979.
Wilson, Peter Niklas: Feldman vor dem Frühstück, Scelsi zur Nacht. Die Basler Avantgarde-Pianistin Marianne Schroeder. In: Neue Zeitschrift für Musik 151. 12. (1990), S. 24-25.

II. Autobiographische und berufsbezogene Zeugnisse von Pianistinnen

(Die Auflistung enthält auch pädagogische und musikwissenschaftliche Schriften von Pianistinnen)

Armstrong, William (Hg.): Teresa Carreños Reminiscences. In: Musical Courier 74.25/26 (1917), S. 6-7.
Boissier, Auguste: Liszt as Pedagogue. In: The Piano Teacher, 3. 5 (1961), S. 12-14; 3. 6. (1961), S. 14-15.
de Bottazzi, Ana Maria Trenchi: To live again. New York 1978.
Boulanger, Nadia: Sayings of Great Teachers. In: The Piano Quarterly 26 (1958/9), S. 26.
Brower, Harriette: Are women men's equal as pianists? In: Musical America 25. 7. (1916), 19 (Interview mit Ethel Leginska).

Chaminade, Cécile: How to play my best-known pieces. In: Etude 26. (1908), S. 759.
Dieselbe: Recollections of my musical childhood. In: Etude 29. (1911), S. 806.
Christensen, Inga Hoegsbro: Inga – play! The memoirs of Inga Hoegsbro Christensen. New York 1952.
Cooke, James Francis: Great Pianists on Piano Playing. Study Talks with foremost Virtuosos. Philadelphia, PA. 1913 (Reprint New York 1976) (Fannie Bloomfield-Zeisler, Teresa Carreño).
Cooper, Margaret: Myself and my piano. London 1909.
Cornish, Nellie Centennial: Miss Aunt Nellie: the autobiography of Nellie C. Cornish. Seattle 1964.
An Interview with Augusta Cottlow. In: Musical Courier 77.24. (1918), S. 14-15.
Czóvek, Erna: Music and the child: experiences of a piano teacher. Budapest 1979.
David, Elizabeth Harbison: I played their accompaniments. New York/London 1940.
Davies, Fanny: On Schumann: And Reading between the Lines. In: Music & Letters 6. (1925), S. 215-223.
Depaulis, Jacques: Roger-Ducasse et Marguerite Long, une amitié, une correspondance. In: Revue internationale de musique française 28 (1989), S. 79-98.
Diehl, Alice Mangold: Musical Memories. London 1897.
Dieselbe: The true story of my life: an autobiography by Alice M. Diehl, Novelist-writer musician. New York 1908.
Fay, Amy: Musikstudien in Deutschland. Aus Briefen in die Heimath. Berlin 1882; Übersetzung von: Music-study in Germany: from the home correspondence of Amy Fay. Chicago 1880.
Dieselbe: Deppe and his piano method. In: Music XIV. 6 (1898), S. 581-588.
Dieselbe: Clara Schumann. In: The Etude 17 (1899).
Feudel, Elfriede: Musikunterricht um die Jahrhundertwende. In: Musik im Unterricht 45. (1954).
Frazier, Kathleen: My story. Newton Abbott 1972.
Fromm, Marie: Some Reminiscences of my Music Studies with Clara Schumann. In: Musical Times 73 (1932), S. 615-616.

Gruber, Gerold W.: »Ich versuche am Klavier zu singen«. Barbara Moser im Gespräch mit Gerold W. Gruber. In: Österreichische Musikzeitschrift 49.12 (1994), S. 794-796.
Hall, Elsie: The good die young: the autobiography of Elsie Hall. Cape Town 1969.
Handy, D. Antoinette: Conversation with Mary Lou Williams, First Lady of the Keyboard. In: The Black Perspective in Music 8.2. (1980), S. 195-214.
Haney, Harold: Conversation with Alice Ehelers. In: Harpsichord 6.1. (1973).
Derselbe: Conversation with Denise Restout (über W. Landowska). In: Harpsichord 7/1 (1974), S. 6 ff.
Harich-Schneider, Eta: Charaktere und Katastrophen. Berlin 1978.
Hess, Myra: Tobias Matthay. In: Recorded Sound 24. 1966, S. 98.
Hopf, Helmuth: Interview mit Eliza Hansen. In: Zeitschrift für Musikpädagogik 6.15. (1981), S. 139-145.
Hutton, Jessie Margaret: An octogenarian looks back: reminiscences in Europe, South Africa and the Holy Land. Ilfracombe 1954 (Privatdruck).
Jacobs, O.P.: Augusta Cottlow's art not forgotten in the deep joy of her motherhood. In: Musical Courier XXIII/14 (1916), S. 29 (Interview).
Jaëll-Trautman, Marie: La Musique et la Psychophysiologie. Paris 1895.
Dieselbe: Le Méchanisme du Toucher. 1896.
Dieselbe: Les Toucher nouveaux Principes Elementaires pour l'Enseignement du Piano. 3 Bde. Paris 1899.
Dieselbe: L'Intelligence de Rhythme dans les Mouvements Artistiques. 1905.
Dieselbe: Le Rhythme du Regard et la Dissociation des Doigts. 1906.
Dieselbe: La Coloration des Sensations tactiles. 1910.
Dieselbe: La Résonance du Toucher et la Topographie des Polpes. 1912.
Dieselbe: La Main et la Pensée Musicale. 1925.
Kämmerling, Karl-Heinz: » … die Tradition des Moskauer Konservatoriums zu wahren«. Gespräch mit Tatjana Nikolajewa. In: Üben & Musizieren 6.5. (1989), S. 291-293.

Kinscella, Hazel Gertrude: Half a century of piano playing as viewed through Teresa Carreño's eyes. In: Musical America 25.9 (1916), S. 5.
Klinkerfuß, Margarete: Aufklänge aus versunkener Zeit. Urach 1948.
Kramm-Walter, Hilde: Unterrichten ist ein wesentlicher Teil meiner Tätigkeit. Interview mit Annerose Schmidt. In: Üben und Musizieren 10.4. (1993), S. 31-34.
Landowska, Wanda: Les Allemands et la musique française au XVIII siècle. Paris 1911.
Dieselbe: La Musique à travers les ages. Paris 1937.
Dieselbe: Les grands musiciens. Paris 1938.
Dieselbe: Frédéric Chopin et Gabriel Fauré. Paris 1946.
Dieselbe: L'oeuvre de Claude Delvincourt. Paris 1947.
Dieselbe: La musique américaine. Paris 1952.
Landowska, Wanda/Lew-Landowski, M.H.: Musique ancienne. Paris 1909.
de Lara, Adelina: Clara Schumann's Teaching. In: Music & Letters 26 (1945), S. 143-147.
Dieselbe: Finale. London 1955.
Lesle, Lutz: Das Cembalo ist ein sperriger Freund. Elisabeth Chojnacka im Gespräch. In: Neue Zeitschrift für Musik 154.2. (1993), S. 47-50.
Levinskaya, Maria: The Levinskaya System of Pianoforte Technique and Tone-Colour through Mental and Muscular Control. London/ Toronto 1930.
Liebling, Leonard: Variations. Interview mit Wynne Pyle. Musical Courier 60.26 (1910), S. 21.
Long, Marguerite: Le Piano. Paris 1959.
Dieselbe: Au piano avec Debussy. Paris 1960.
Dieselbe: Au piano avec Fauré. Paris 1963.
Dieselbe: La Petite Méthode de Piano. Paris 1963.
Dieselbe: Au piano avec Ravel. Paris 1971.
Lympany, Moura/Strickland, Margot: Moura. Her Autobiography. London/Chester Springs 1991.
Lyons, Len: The Great Jazz Pianists, speaking of their lives and their music. New York 1983 (Interviews mit Mary Lou Williams, Mary McPartland und Toshiko Akoyoshi).

Mach, Elyse: Great Contemporary Pianists Speak for Themselves. (1980-1988). 2. Aufl., 2 Bde. in einem Band 1991.
Maguire, Helena M.: Mme. Szumowska's »lesson recitals«. In: Musician 17. (1912), S. 306.
Mahlert, Ulrich: Die Einheit der Tasteninstrumente. Gespräch mit Edith Picht-Axenfeld. In: Üben und Musizieren 1.1. (1984), S. 33-37.
Marcus, Adele (Hg.): Great Pianists Speak with Adele Marcus. New Jersey 1979.
McCarthy, S. Margaret William (Hg.): More Letters of Amy Fay: The American Years, 1879-1916. Detroit 1986.
McDowell, Louise: Past and present: A Canadian musician's reminiscences. Kirland Lake, Canada 1957.
Mejias, Jordan: Der Jugendtraum blieb aus: Sängerin – als Pianistin errang sie Weltruf. Ein Interview mit Alicia de Larrocha. In: Fono Forum 24.9. (1979), S. 38-40.
Ney, Elly: Ein Leben für die Musik. Darmstadt 1952.
Noyle, Linda J.: Pianists on Playing: Interviews with Twelve Concert Pianists. Metuchen. N.J./London 1987 (Bella Davidovich, Janina Fialkowska).
Philipp, Dorothee: Auf zwei Pole ausgerichtet. Die Pianistin und Cembalistin Edith Picht-Axenfeld. In: Neue Zeitschrift für Musik 151.9. (1990), S. 26-28.
Pietsch, Thomas: Zwischen Konzertflügel, Orgel und Clavichord. Gespräch mit Edith Picht-Axenfeld aus Anlaß ihres 80. Geburtstages. In: Concerto 10.12.1. (1994), S. 36-37.
Rappoldi-Kahrer, Laura: Memoiren. Dresden 1929.
Reis, Claire Raphael: Composers, Conductors, and critics. New York 1955.
Restout, Denise (Hg.): Landowska on Music. London 1965.
Samaroff, Olga: An American musician's story. New York 193.
Schenck, Janet Daniels: Adventures in music: a reminiscence. Manhattan School of Music, 1918-1960. New York 1961.
Schumann, Eugenie: Erinnerungen. Stuttgart 1925.
Schuyler, Philippa Duke: Adventures in black and white. New York 1960.
Sessions, Ruth Huntington: Sixty-odd: a personal history. Brattleboro 1936.

Slenczynska, Ruth: Music at your fingertips; aspects of pianoforte technique, advice for the artist and amateur on playing the piano (unter Mitarbeit von Ann M. Lingg). 1961. Reprint New York 1974.
Slenczynska, Ruth/Biancolli, Louis: Forbidden childhood. Garden City, N. Y. 1957.
Soltan, Christina: Under strange skies. New York 1948.
Tagliaferro, Madalena: Quase tudo.memórias; tradução de Maria Lúcia Pinho. Rio de Janeiro 1979.
Thode-von Bülow, Daniela (Hg.): Franz Liszt als Lehrer. Tagebuchblätter von Auguste Boissier. Berlin/Wien/Leipzig 1930.
Tureck, Rosalyn: An Introduction to the Performance of Bach. 3 Bde. London 1960.
Varró, Margit: Der lebendige Klavierunterricht. Hamburg 1929.
Verne, Mathilde: Chords of remembrance. London 1936.
Vogel, Heinrich: Aus den Tagebüchern von Elly Ney. Tutzing 1979.
Walker, Bettina: My musical experiences, London 1890.
Wieck, Marie: Aus dem Kreise Wieck-Schumann. Dresden/Leipzig 1912.
Wohl, Janka: François Liszt, Recollections of a Compatriot. London 1887.

Quellennachweise

»Die Überhandnahme der Frauen in der Musikkunst« (Motto). Aus: Anton Rubinstein. Die Musik und ihre Meister. Berlin/Leipzig, 1890. S. 100-101.

Clara Schumann. 1819-1896

»Die Ausübung der Kunst ist mir die Luft, in der ich athme«. Aus: Clara Schumann und Johannes Brahms. Briefe aus den Jahren 1853-1896. Herausgegeben von Berthold Litzmann. 2 Bde. Breitkopf & Härtel, Leipzig 1927. Bd. 1: S. 245-246, 297, 303-304, 330, 332-333, 366, 397, 453, 479, 482, 622-623; Bd. 2: S. 6, 41-42, 52, 68, 126, 218, 284, 426, 522, 526.

Clara Schumann und Robert Schumann. Briefwechsel. Kritische Gesamtausgabe. Herausgegeben von Eva Weissweiler. 2 Bde.

Stroemfeld/Roter Stern, Basel 1984, 1987. Bd. 1: S. 43-45, 58, 79, 107, 112, 115-116, 159, 195-196, 328-329. Bd. 2: S. 352-353, 388, 424, 458, 469, 484, 532.

Robert Schumann. Tagebücher (1836-1854). Herausgegeben von Gerd Nauhaus. 2 Bde. Stroemfeld/Roter Stern, Basel 1987. Bd. 2: S. 103-104, 110, 115, 119-120, 125-126, 129-130, 137, 144, 150, 156, 162, 178, 181, 195-196, 223-225, 257, 261.

Berthold Litzmann. Clara Schumann. Ein Künstlerleben nach Tagebüchern und Briefen. 3 Bde. Leipzig 1923. Reprint: Georg Olms Verlag, Hildesheim 1971. Bd. 1: S. 392, 396-397, 399, 405-406. Bd. 2: S. 42-43, 97, 118, 143-144, 146, 163-164, 203, 209, 228-229, 254-255, 267-268, 272-273, 279, 288-289, 304-305, 309, 317, 325, 331, 364, 381-382, 398-399. Bd. 3: S. 19-20, 26, 35, 42-44, 46, 93, 98-99, 112, 117-118, 136-137, 145, 157, 195, 201, 223, 225, 228, 274, 331, 346, 364, 378, 403-404, 424-425, 434, 438, 451-452, 472, 495, 525, 531, 533, 558, 562-563, 568, 573, 578.

Amy Fay. 1844-1928

»Sie spielen wie ein Nußknacker«. Aus: Amy Fay. Musikstudien in Deutschland. Aus Briefen in die Heimath. Robert Oppenheim, Berlin 1882. S. 3, 8, 14-17, 19, 21-27, 32-33, 37-38, 43-44, 46-49, 51, 57-58, 60-62, 64, 65-68, 70-74, 82-89, 93-94, 103-104, 115-126, 128-131, 134-138, 144, 147-148, 160-162, 167-169, 197-198, 200.

Mathilde Verne. 1865-1936

»Das Unterrichten ist ein untrennbarer Teil meines Wesens«. Aus dem Englischen übersetzt von Eva Rieger. Aus: Mathilde Verne. Chords of Remembrance. Hutchinson & Co., London 1936. S. 17-39, 41, 43-52, 54-61, 64-65, 68-69, 72, 74-76, 80-84, 86-94, 98-101, 103, 155, 180-182, 184-185, 189-195, 236-237, 279.

Adelina de Lara. 1872-1961

»Gebt mir die Ruhe und die Abgeschiedenheit der BBC«. Aus dem Englischen übersetzt von Eva Rieger. Aus: Adelina de Lara. Finale. In Zusammenarbeit mit Clare H. Abrahall. Burke Publisher, London 1955. S. 11-17, 19, 21-25, 29-30, 32-38, 40-46, 47-57, 69, 70-73, 132-134, 174, 179-181, 201-204, 209-212, 215-218.

Clara Haskil. 1895-1960

»Wenn ich wenigstens des Teufels Adresse wüßte«. Aus dem Französischen übersetzt von Monica Steegmann (mit Ausnahme der im Original deutschsprachigen Briefe an das Ehepaar Röntgen). Aus: Clara Haskil. Originalbriefe. Manuskripte mit freundlicher Genehmigung von Michel Rossier, Präsident der »Association Clara Haskil, Vevey«.

Lili Kraus. 1905-1986

»Das Klavier ist ein phantastisches Instrument«. Aus dem Englischen von Monica Steegmann. Aus: Elyse Mach. Great Contemporary Pianists speak for themselves. Dover Publications, New York 1991. S. 146-155.

Rosalyn Tureck. geb. 1914

»Gerne würde ich Johann Sebastian Bach begegnen«. Aus dem Englischen von Monica Steegmann. Aus: Elyse Mach. Great Contemporary Pianists speak for themselves. Dover Publications, New York 1991. S. 158-160, 162-170, 173-177.

Moura Lympany. geb. 1916

»Ich bin Konzertpianistin und kein Showgirl«. Aus dem Englischen von Eva Rieger. Aus: Moura Lympany und Margot Strickland. Moura. Her Autobiography. Chester Springs PA/Peter Owen, London 1991. S. 11-16, 18-23, 35-36, 39-61, 63, 66-71, 74-75, 79-80, 91-95, 101-102, 108, 110, 112-113, 115-118, 124, 132, 133-135, 168-170, 172-174.

Bildnachweise

Clara Schumann: Kohlezeichnung von E. Bendemann, Dresden 1859
Amy Fay: Information Coordinators, Detroit
Mathilde Verne: Hutchinson & Co, London
Adelina de Lara: Burke Publisher, London
Clara Haskil: Roger Hauert/Verlag R. Kister, Genf (Seite 246 und Umschlag)
Lili Kraus: Dover Publications, New York
Rosalyn Tureck: Metuchen, London
Moura Lympany: Peter Owen, London

NAMENVERZEICHNIS

Biographien · Leben und Werk im insel taschenbuch Eine Auswahl

Theodor W. Adorno. Kindheit in Amorbach. Bilder und Erinnerungen. Mit einer biographischen Recherche. Herausgegeben von Reinhard Pabst. it 2923. 227 Seiten

Alexander der Große. Die Biographie. Von Johann Gustav Droysen. Mit einem Nachwort von Angelos Chaniotis. it 3038. 739 Seiten

Lou Andreas-Salomé. Eine Biographie. Von Cordula Koepcke. it 905. 474 Seiten

Jane Austen. Leben und Werk in Texten und Bildern. Von Angelika Beck. it 1620. 212 Seiten

Johann Sebastian Bach. Eine Biographie. Von Charles Sanford Terry. Mit einem Nachwort von Klaus Peter Richter. it 2588. 304 Seiten

Bertolt Brecht. Sein Leben in Bildern und Texten. Mit einem Vorwort von Max Frisch. Herausgegeben von Werner Hecht. Gestaltet von Willy Fleckhaus. it 1122. 351 Seiten

Die Brentanos. Eine deutsche Familiengeschichte. Von Klaus Günzel. Mit zahlreichen Abbildungen. it 1929. 330 Seiten

Die Schwestern Brontë. Leben und Werk in Texten und Bildern. Herausgegeben von Elsemarie Maletzke und Christel Schütz. it 814. 230 Seiten

NF 38/1/7.05

Caffarelli. Das Leben des Kastraten Gaetano Majorano, genannt Caffarelli. Von Hubert Ortkemper. Mit Abbildungen. it 2599. 261 Seiten

Im Dienst des Dalai Lama. Die Erinnerungen seines Leibarztes Tenzin Choedrak. Mit einem Vorwort des XIV. Dalai Lama. Übersetzt von Carola Feist und Mechthild Russell. it 1059. 368 Seiten

Dostojewski. Leben und Werk. Von Wolfgang Kasack. Mit Abbildungen. it 2267. 160 Seiten

Die großen Dresdner. Sechsundzwanzig Porträts. Herausgegeben von Katrin Nitzschke. it 3148. 350 Seiten

Elisabeth von Thüringen. Von Reinhold Schneider. Mit einem Geleitwort von Bernhard Vogel. Mit Bildern von Moritz von Schwind. it 2118. 136 Seiten

George Eliot. Eine Biographie. Von Elsemarie Maletzke. Mit zahlreichen Abbildungen. it 1973. 415 Seiten

Theodor Fontane. Leben und Werk in Texten und Bildern. Herausgegeben von Otto Drude. it 1660. 296 Seiten

Goethe. Der Dichter in seiner Zeit. Band I: 1749-1790. Von Nicholas Boyle. Übersetzt von Holger Fliessbach. it 3025. 905 Seiten

Goethe. Der Dichter in seiner Zeit. Band II: 1790-1803. Von Nicholas Boyle. Übersetzt von Holger Fliessbach. it 3050. 1115 Seiten

Christiane und Goethe. Eine Recherche. Von Sigrid Damm. Mit 10 Abbildungen. it 2800. 544 Seiten

NF 38/2/7.05

Cornelia Goethe. Von Sigrid Damm. it 1452. 260 Seiten

Goethes Mutter. Eine Biographie von Dagmar von Gersdorff. it 2925. 464 Seiten

Ottilie von Goethe. Eine Biographie von Ruth Rahmeyer. it 2875. 404 Seiten

Werthers Lotte. Goethes Liebe für einen Sommer. Die Biographie der Charlotte Kestner. Von Ruth Rahmeyer. it 2272. 270 Seiten

Georg Friedrich Händel. Von Christopher Hogwood. Übersetzt von Bettina Obrecht. it 2655. 563 Seiten

Heinrich Heine. Leben und Werk in Daten und Bildern. Herausgegeben von Joseph A. Kruse. it 615. 363 Seiten

Heinrich Heine. Mein Leben. Autobiographische Texte. Herausgegeben von Joseph A. Kruse. it 3154. 200 Seiten

Hermann Hesse. Werk und Wirkungsgeschichte. Von Siegfried Unseld. Mit zahlreichen Abbildungen. it 1112. 414 Seiten

Hermann Hesse. Leben und Werk im Bild. Herausgegeben von Volker Michels. Mit dem ›kurzgefaßten Lebenslauf‹ von Hermann Hesse. it 36. 258 Seiten

Marie Hesse. Die Mutter von Hermann Hesse. Ein Lebensbild in Briefen und Tagebüchern. Von Adele Gundert. Mit einem Essay von Siegfried Greiner. Mit frühen Lithographien von Gunter Böhmer. it 261. 261 Seiten

NF 38/3/7.05

Hölderlin. Chronik seines Lebens. Herausgegeben von Adolf Beck. Mit zahlreichen Abbildungen. it 2873. 270 Seiten

Friedrich Hölderlin. Eine Biographie. Von Pierre Bertaux. it 2652. 730 Seiten

Hölderlin und Diotima. Eine Biographie. Von Beatrix Langner. it 2716. 228 Seiten

E. T. A. Hoffmann oder Die Tiefe zwischen Stern und Erde. Von Eckart Kleßmann. Mit zahlreichen Abbildungen. it 1732. 592 Seiten

Peter Huchel. Leben und Werk in Text und Bildern. Herausgegeben von Peter Walther im Auftrag des Brandenburgischen Literaturbüros. it 1805. 336 Seiten

Erhart Kästner. Leben und Werk in Text und Bildern. Herausgegeben von Anita und Reingart Kästner. it 386. 213 Seiten

Marie Luise Kaschnitz. Eine Biographie. Von Dagmar von Gersdorff. Mit Abbildungen. it 1887. 364 Seiten

Katharina die Große. Memoiren. Übersetzt von Erich Boehme. Mit einer Einleitung und einem Nachwort von Hedwig Fleischhacker. it 1858. 467 Seiten

Harry Graf Kessler. Eine Biographie. Von Peter Grupp. it 2533. 430 Seiten

Königinnen auf Zeit. Katharina von Medici. Maria von Medici. Anna von Österreich. Von Anka Muhlstein. it 3132. 351 Seiten

NF 38/4/7.05

Lawrence von Arabien. Leben und Werk. Von Werner Koch. Mit einem Bildteil und Lebensdaten von Michael Schroeder. it 1704. 190 Seiten

Vögel, die verkünden Land. Das Leben des Jakob Michael Reinhold Lenz. Von Sigrid Damm. it 1399. 425 Seiten

Das Ende König Ludwigs II. Von Philipp Fürst zu Eulenburg-Hertefeld. Herausgegeben von Klaus von See. it 2734. 192 Seiten

Thomas Mann in Davos. Eine Spurensuche. Von Reinhard Pabst. Mit zeitgenössischen Fotografien. it 3146. 220 Seiten

Thomas Mann in Venedig. Eine Spurensuche. Von Reinhard Pabst. Mit zeitgenössischen Fotografien. it 3097. 256 Seiten

Katherine Mansfield. Leben und Werk in Texten und Bildern. Von Ida Schöffling. Mit zahlreichen Fotografien. it 1687. 261 Seiten

Die Mendelssohns. Bilder einer deutschen Familie. Von Eckart Kleßmann. Mit zahlreichen Abbildungen. it 1523. 320 Seiten

Das Leben Michelangelos. Von Herman Grimm. it 1758. 865 Seiten

Claude Monet. Von Georges Clemenceau. Betrachtungen und Erinnerungen eines Freundes. Übersetzt von Hannah Szàsz. Mit farbigen Abbildungen und einem Nachwort von Gottfried Boehm. it 1152. 140 Seiten

Mozart. Von Wolfgang Hildesheimer. Mit einem Bildteil. it 3126. 430 Seiten

NF 38/5/7.05

Mozart. Leben und Werk in Texten und Bildern. Von Gernot Gruber. it 1695. 286 Seiten

Gabriele Münter und Wassily Kandinsky. Biographie eines Paares. Von Gisela Kleine. Mit zahlreichen Abbildungen. it 1611. 814 Seiten

Franziska Nietzsche. Ein biographisches Porträt von Klaus Goch. Mit zahlreichen Abbildungen. it 1623. 392 Seiten

Friedrich Nietzsche. Leben · Schriften · Zeugnisse. Von Ralph-Rainer Wuthenow. Mit zahlreichen Abbildungen. it 2601. 175 Seiten

Nijinsky. Der Gott des Tanzes. Von Romola Nijinsky. Mit einem Vorwort von Paul Claudel. Übersetzt von Hans Bütow. Mit zahlreichen Fotografien. it 566. 404 Seiten

Novalis. Dokumente seines Lebens und Sterbens. Herausgegeben von Hermann Hesse und Karl Isenberg. it 178. 220 Seiten

Otto IV. Der wiederentdeckte Kaiser. Eine Biographie. Von Bernd Ulrich Hucker. Mit zahlreichen Abbildungen. it 2557. 676 Seiten

Edith Piaf. Ihr Leben in Texten und Bildern. Von Monique Lange. Übersetzt von Hugo Beyer. Mit einer Discographie. it 516. 230 Seiten

Lorenzo Da Ponte. Geschichte meines Lebens. Mit einem Nachwort von Jörg Krämer. it 3091. 540 Seiten

Marcel Proust. Leben und Werk in Texten und Bildern. Von Renate Wiggershaus. it 1348. 358 Seiten

NF 38/6/7.05

Monsieur Proust. Erinnerungen seiner Haushälterin. Von Céleste Albaret. Aufgezeichnet von Georges Belmont. Übersetzt von Margret Carroux. Mit einem Bildteil. it 3047. 547 Seiten

Puschkin. Ein Dichterleben. Von Rolf-Dietrich Keil. it 2782. 468 Seiten

George Sand. Leben und Werk in Texten und Bildern. Herausgegeben von Gisela Schlientz. it 565. 407 Seiten

Mary Shelley. Eine Biographie. Von Muriel Spark. Übersetzt von Angelika Beck. it 1258. 363 Seiten

Schiller, Lotte und Line. Eine klassische Dreieicksgeschichte. Von Ursula Naumann. Mit zahlreichen Abbildungen. it 3079. 200 Seiten

Schillers Sohn Ernst. Ein Psychogramm in Briefen. Herausgegeben und mit einem Nachwort versehen von Hilde Lermann. it 2788. 295 Seiten

Arthur Schopenhauer. Leben und Werk in Texten und Bildern. Von Angelika Hübscher. it 1059. 368 Seiten

Clara und Robert Schumann. Eine Biographie. Von Wolfgang Held. it 2715. 260 Seiten

Charlotte von Stein. Eine Biographie. Von Doris Maurer. Mit zahlreichen Abbildungen. it 2120. 304 Seiten

Peter Tschaikowsky. Eine Biographie. Von Edward Garden. Übersetzt von Konrad Küster. it 2232. 302 Seiten

NF 38/7/7.05

Giuseppe Verdi. Eine Biographie. Von Christoph Schwandt. Mit zahlreichen Abbildungen. it 2696. 304 Seiten

Antonio Vivaldi. Eine Biographie. Von Michael Talbot. Übersetzt von Konrad Küster. it 2217. 378 Seiten

Voltaire. Leben und Werk in Texten und Bildern. Von Horst Günther. it 1652. 129 Seiten

Das Leben des Voltaire. Von Jean Orieux. Übersetzt von Julia Kirchner. it 1651. 1024 Seiten

Wilhelmine von Bayreuth. Eine preußische Königstochter. Neu herausgegeben von Ingeborg Weber-Kellermann. Mit Illustrationen und sieben Porträts. it 1280. 562 Seiten

Marianne von Willemer und Goethe. Geschichte einer Liebe. Von Dagmar von Gersdorff. Mit zahlreichen Abbildungen. it 3150. 302 Seiten

Stefan Zweig. Leben und Werk im Bild. Herausgegeben von Donald A. Prater und Volker Michels. it 532. 362 Seiten

Berühmte Liebespaare. Von Johann Wolfgang Goethe und Christiane Vulpius bis Simone Signoret und Yves Montand. Herausgegeben von Thomas Schröder. Farbig illustriert von Hans Hillmann. it 2532. 304 Seiten

Frauen am Klavier. Skizze einer Kulturgeschichte. Von Stefana Sabin. Mit zahlreichen Abbildungen. it 1988. 98 Seiten

Frauen im Rampenlicht. Lebensberichte berühmter Schauspielerinnen. Herausgegeben von Monica Steegmann und Ingrid Kaech. it 3048. 330 Seiten

NF 38/8/7.05

Frauen mit Flügel. Lebensberichte berühmter Pianistinnen. Von Clara Schumann bis Clara Haskil. Herausgegeben von Monica Steegmann und Eva Rieger. it 1714. 402 Seiten

Fünf Dichter – ein Jahrhundert. Frank Schirrmacher über George, Hofmannsthal, Rilke, Trakl und Benn. it 2549. 190 Seiten

Göttliche Stimmen. Lebensberichte berühmter Sängerinnen. Von Elisabeth Mara bis Maria Callas. Herausgegeben von Eva Rieger und Monica Steegmann. it 2502. 339 Seiten

Die großen Komponistinnen. Von Hildegard von Bingen bis Germaine Tailleferre. Vorgestellt von Danielle Roster. Mit zahlreichen Abbildungen. it 2116. 435 Seiten

Luise F. Pusch (Hg.)
- Mütter berühmter Männer. Zwölf biographische Portraits. it 1356. 490 Seiten
- Schwestern berühmter Männer. Zwölf biographische Porträts. Redaktionelle Mitarbeit: Jutta Wasels. it 796. 561 Seiten
- Töchter berühmter Männer. Neun biographische Portraits. it 979. 468 Seiten

NF 38/9/7.05

NF 62/1/4.01

Mozart. Von Wolfgang Hildesheimer. Mit zahlreichen Abbildungen. 416 Seiten. Leinen

Leopold Mozart. Von Erich Valentin. it 2224. 223 Seiten

Nannerl Mozart. Leben einer Künstlerin im 18. Jahrhundert. Von Eva Rieger. Mit zahlreichen Abbildungen. 404 Seiten. Leinen

Puccini. Von Mosco Carner. Übersetzt von Anna Wheill. Herausgegeben von Gerhard Allroggen. Mit zahlreichen Abbildungen. 879 Seiten. Gebunden

Clara und Robert Schumann. Von Wolfgang Held. it 2715. 262 Seiten

Mikis Theodorakis. Die Wege des Erzengels. Autobiographie (1925-1949). Von Asteris Kutulas. 482 Seiten. Gebunden

Mikis Theodorakis. Bis er wieder tanzt. Erinnerungen. Herausgegeben und übersetzt von Asteris Kutulas. 200 Seiten. Gebunden

Peter Tschaikowsky. Von Edward Garden. Übersetzt von Konrad Küster. it 2232. 302 Seiten

Giuseppe Verdi. Von Christoph Schwandt. Mit zahlreichen Abbildungen. it 2696. 304 Seiten

Antonio Vivaldi. Von Michael Talbot. Übersetzt von Konrad Küster. it 2217. 378 Seiten

o. Christian
Klaus Modick (3.12.)
Keyserlings Geheimnis

NF 62/2/4.01